库

通 识 课 堂 系 列

博雅弘毅　文明以止　成人成才　四通六识

经典的滋养
阅读的改变

武汉大学基础通识课优秀论文集

（中国精神卷）

主　编　倪素香　左亚文
副主编　杜莉秦平

WUHAN UNIVERSITY PRESS
武汉大学出版社

图书在版编目(CIP)数据

经典的滋养 阅读的改变：武汉大学基础通识课优秀论文集. 中国精神卷／倪素香，左亚文主编. -- 武汉：武汉大学出版社，2024.12. -- 珞珈博雅文库. 通识课堂系列. -- ISBN 978-7-307-24450-4

Ⅰ. C53；C955.2-53

中国国家版本馆 CIP 数据核字第 2024FW4097 号

责任编辑:沈继侠　　　责任校对:鄢春梅　　　版式设计:韩闻锦

出版发行:**武汉大学出版社** 　（430072　武昌　珞珈山）

（电子邮箱:cbs22@whu.edu.cn 网址:www.wdp.com.cn）

印刷:武汉邮科印务有限公司

开本:787×1092　1/16　印张:21.75　字数:443 千字　插页:2

版次:2024 年 12 月第 1 版　　2024 年 12 月第 1 次印刷

ISBN 978-7-307-24450-4　　定价:98.00 元

总　序

黄泰岩

　　摆在面前的三本书，散发着淡雅的清香。它们是武汉大学三门基础通识课的优秀论文集。

　　武汉大学对通识教育的探索已经有几十年的历史。从20世纪80年代的选修制、90年代的人文素质教育发端，到了21世纪又经历了三个发展阶段。2003年全校的"公共基础课"改为"通识教育课"，明确提出"通专结合"，这是1.0阶段。2013年，建成通识教育七大领域的近千门课程，这是2.0阶段。2016年，确立"以成人教育统领成才教育"的通识理念，重构通识教育四大模块，建立起由600门左右课程构成的通识课程体系。应该说，每一步探索，都体现出鲜明的武汉大学特色。

　　在这些特色中，尤其值得一提的是，武汉大学开设了三门基础通识课。这三门课程分别是2018年起开设的人文社科经典导引、自然科学经典导引和2021年起开设的中国精神导引。这三门课程，武汉大学全体本科生都必须学习。据我所知，将通识课程设为必修，这在内地高校尚属首次。随着这三门课程的开设，大体建成了武汉大学通识教育3.0版体系。

　　武汉大学的三门通识基础课以撰写论文的方式结课，学校通识教育中心组织专家评审，每年从两万余篇结课论文中评选出两百余篇优秀论文，分"人文卷""自然卷"和"中国精神卷"结集出版。摆在我面前的这三本书，就是"百里挑一"的三本优秀论文集。

　　通识教育的重要性自不待言。可以说，它是世界高等教育发展的一个趋势。我们知道，大规模的、精细化的分科教育主要源起于近代科学革命的内在理念（近代曾被称为"分析的时代"）和社会生活对工程技术的强烈需求。从短期来看，分科教育可以很快把学生培养成有一技之长的专才，能自己谋生，对社会有用。坐而论道，不如起而行之。从这一点来看，分科教育极大地推动了人类文明的发展。但是，我们也要看到，科技以人为本。任何技术都要服务于人。人是要有一点精气神的。对人的培养，应该优先于对才的培养。局限在狭小的专业领域里，当然可以作出巨大的成就。但我们更希望新的一代不但可以从专业角度去解决问题，还有能力从更大的背景去理解自己所在的专业，去理解自己所在的社会和在这个社会中自己生命的价值。庄子曾经说，"知天之所为，知人之所为者，至矣"。通识教育，从根本上说，就是成人教育，就是理解人、成为人的教育。

正是基于这样的理解，我们开设了人文社科经典导引和自然科学经典导引这两门必修课。在前一门课程中，学生研读《论语》《庄子》《坛经》《史记》《文心雕龙》《红楼梦》《历史》《斐多》《审美教育书简》《论法的精神》《国富论》和《正义论》，它们是公认的思想经典，已经或正在塑造人类的思维方式。阅读这些经典，学生能体认到仁性、天性和悟性，理解人的使命、博雅与爱恨，并在历史、生命和审美中，追求自由、理性和正义。我们要培养活生生的人，而不是作为工具的人。德国哲学家康德说，"人是目的"。这些人文经典正是对人作为目的的深刻诠释。后一门课程则在希腊哲学、物理世界、生命领域和科学方法四个方面选取了 10 本书，这些书在科学发展中具有里程碑式的意义，或者是对科学发展史的总结。从柏拉图现象世界与理念世界的二分，到亚里士多德指出"求知是人的天性"，从牛顿革命性地用数学刻画物理世界的规律，到爱因斯坦对时空本性的揭示，从达尔文对自然选择机制的阐发，到沃森等对 DNA 结构的发现……这些科学经典既是人类知识进步的坐标，也是人类理解自然界的伟大范式。我们希望，大一学生通过一年的经典阅读，既有家国情怀，又有世界眼光，更胸怀人类和宇宙，认同人类文明的共同愿景。

习近平总书记多次强调，"教育是国之大计，党之大计"。教育的根本性问题是"培养什么人、怎样培养人、为谁培养人"。我们培养的是社会主义建设者和接班人。社会主义建设者和接班人肩负着"谋求人类福祉、推动社会进步、实现国家富强"的卓越追求，必将终身服务于强国建设和民族复兴的伟大目标。经过慎重的学术讨论和精心的教研准备，武汉大学又开设了中国精神导引课程，希望通过这门课程的学习，增强学生对中华民族优秀传统的认识，发扬让我们民族"站起来""富起来""强起来"的精神动力。"00后"大学生，独立意识更强，面临的选择更多，差异化更明显。与此同时，作为数字时代的原住民，他们接触到的社会思潮更多元。他们生活的时代，是中华民族伟大复兴的时代，也是世界百年未有之大变局的时代，在这样的背景下，学习中国精神导引，有利于引导他们去做一个堂堂正正、自信自强的中国人。

从手边的这三本学生优秀论文集来看，我们的教学目的基本达到了。很多同学谈到了经典阅读对生命理解与人生选择的改变。彭佳琪试图阐述"经典是思想融合的载体，阅读是文明纠偏的渠道"。罗朗则选择了一个更为诗意的角度，"蝴蝶与死亡：柏拉图与庄子的对望"，将庄周梦蝶与苏格拉底面对死亡的坦然细细比较了一番。帅楚越以"进化有方向吗"为切入点，揭示了对进化论的一些常见误解以及社会达尔文主义的错误。在中国精神导引的习作集中，很多同学阐述了他们对中国精神的看法，谈到了中国精神的内涵、价值和种种体现，如在山水画中、在中国书法中、在新国潮中。郭赛君干脆批驳了黑格尔对中国精神的否定性态度。从这些文章中不难看出，同学们对思想经典是熟悉的，对科学方法是理解的，对中国精神是高度认可的。

2023 年是武汉大学建校 130 周年。学生的这三本优秀论文集，虽然尚显稚嫩，但已经显示出阅读的广泛、思辨的深入和家国情怀的浓郁。它们是学生献给校庆的礼物。这是学生成长生涯中的一小步，也是武汉大学通识教育改革的一个缩影。荀子说："不积跬步，无以至千里。"武汉大学 130 周年校庆主题是"自强担使命，拓新创未来"。武汉大学的通识教育改革，一直在路上；面向新时代新征程，武大师生勇担使命，一直在路上。

（作者为武汉大学党委书记）

目　录

中国精神的内涵与价值

浅谈对中国精神的认识 ··· 王馨彦　3

浅论中国精神的内涵及实践 ··· 陈入源　8

我们何以需要中国精神 ··· 周玉立　13

中国精神的当代体现 ··· 熊哲枭　17

中国精神的时代价值 ··· 刘承志　21

浅析近现代中国精神自觉意识的觉醒 ································· 李玥兴　27

浅谈中国精神的现代化 ··· 王家树　32

新发展理念下的中国精神研究 ······································· 周芷璇　37

从黑格尔的质疑看中国精神的存在性问题 ····························· 郭赛君　42

论《诗经》中的中国精神 ··· 李灵儿　50

论中国精神的文学表达与审美 ······································· 安子岳　56

浅谈中国精神在山水画中的体现 ····································· 李关豪　61

析中国书法蕴含的中国精神 ··· 张思远　65

中国精神在"新国潮"中的体现 ····································· 许盛桐　69

道行天下的精神

论道行天下的精神 ··· 赵　勋　75

论道行天下的中国精神 ··· 林昱清　80

论"道行天下"的内涵及其当代意义 ································· 周小琳　85

论"道"的可道与不可道 ··· 王宇菏　90

论道家的道行天下思想及现实意义 ··································· 曹哲宇　95

论庄子"无用之用"思想及当代意义 ································· 郗圣颉　100

论中外视域下的"道" ··· 赵晨浩　105

论《阴符经》中的天道观及价值 ……………………………………… 项云飞　113

和而不同的精神

浅谈和而不同精神的内涵与时代价值 …………………………………… 张欣宇　121

和而不同的内涵及时代启示 ……………………………………………… 柳起正　126

论中华文化中的和而不同精神 …………………………………………… 胡亦顺　130

论中国精神中的对立融合性 ……………………………………………… 赵晨韵　135

从和谐辩证法看中国哲学中的和谐精神 ………………………………… 涂　画　140

关于和而不同思想与孔子和合思想的思考 ……………………………… 肖　晗　144

知行合一的精神

论知行合一的精神 ………………………………………………………… 胡书畅　151

论知行合一精神的核心要义与发展 ……………………………………… 王泷腾　157

论孔子与王阳明的知行观的异同及启示 ………………………………… 周圣喆　162

王阳明"知行合一"思想与孔子知行观的对比剖析 …………………… 虞　畅　168

论阳明心学的知行合一与其当代价值 …………………………………… 林钰焜　174

浅析知行合一精神在新文化运动中的体现与启示 ……………………… 孙羽航　179

浅论中国知行观及时代启示 ……………………………………………… 李华怡　184

论修身克己精神的作用 …………………………………………………… 丁浩舟　189

论修身克己精神的体现及重要作用 ……………………………………… 宋芳芳　194

从修身克己精神看内卷与躺平 …………………………………………… 段佳欣　199

仁爱民本的精神

浅析仁者爱人与人性论 …………………………………………………… 王欣杰　207

忠恕之道与行仁 …………………………………………………………… 陈一鸣　213

论墨家兼爱非攻思想及其现实意义 ……………………………………… 刘远巍　218

浅析杜甫的仁民爱物与顽强坚韧 ………………………………………… 衡佳雯　223

以民为本精神的现代诠释 ………………………………………………… 曾　亮　228

先义后利的精神

先义后利精神的本质与当代意义 ………………………………………… 杨子潇　235

论先义后利精神及传承 …………………………………………………… 关清晨　240

浅析义利观的发展及当代价值 …………………………………………… 陈彦霖　245

浅论先义后利精神的发展与现实意义 ………………………… 李震韬　251

爱国创新的精神

论近代民族精神的创新发展 …………………………………… 刘安心　259
浅论爱国统一精神及创新发展 ………………………………… 李熙瑜　264
论爱国主义精神的内涵与表现形式 …………………………… 余天成　269
论爱国统一精神的民间传承 …………………………………… 郑廷煜　276
论自强创新精神的内涵与实现 ………………………………… 任佳琦　282
浅谈自强创新的中国精神 ……………………………………… 金凌寒　286
论奋斗精神的发展及时代启示 ………………………………… 冯玉蓉　291
论庄子无用之用思想对创新精神的启示 ……………………… 蔡宏林　295
浅谈思乡情怀中体现的自强精神 ……………………………… 付　硕　299
浅析自强创新精神的体现与价值 ……………………………… 朱利佳　303
浅析基于《左传》的中国士大夫精神 ………………………… 张卓飞　308

不朽大同的精神

浅析"三不朽"精神的内涵与意义 …………………………… 廖成诚　317
论"三不朽"精神对司马迁的影响 …………………………… 李静怡　322
论"三不朽"精神对颜真卿的影响 …………………………… 葛恒卓　327
从反乌托邦谈大同精神及其当代价值 ………………………… 陈奕锦　333

中国精神的内涵与价值

浅谈对中国精神的认识

王馨彦　土木建筑工程学院（2021302191304）

【指导教师评语】 中国精神是什么？在几千年文明发展过程中是如何形成的？其内涵包括哪些方面？论文提供了一位年轻作者的思考。从古代先民改造自然的实践智慧，到古代先哲思考社会治理、人格修养的思想智慧，以及近代以降一代代知识分子拯道济世的求索之路，中国精神不仅根植于民族灵魂深处，也体现于几千年来中国人不断追求、奋进的历史征程当中。论文层层追问，是作者在此方面所作的初步探索。（中国传统文化研究中心　余来明）

摘　要：在几千年的历史进程中，中华民族形成了独特的、反映其民族特性的中国精神，指引中华民族走上实现民族复兴的伟大道路，为实现中国梦提供精神动力。本文主要从中国精神的内涵、意义与发展路径三个方面浅谈对中国精神的认识。

关键词：中国精神；中华民族；认识

中国精神是中华民族在5000多年的发展过程中所形成和积淀下来的以爱国主义为核心的民族精神与以改革创新为核心的时代精神的有机统一，是中华民族实现伟大复兴的精神引领，是中国共产党领导人民砥砺前行的精神信仰，是亿万中国人民顽强拼搏、开创未来的精神寄托，是中国实现社会主义现代化的精神支柱。

一、中国精神是什么

中华文明是世界上唯一一个发展至今却未曾中断的文明，中华传统文化博大而睿远，而以爱国主义为核心的民族精神就是从中华优秀传统文化中凝结出的精神结晶，亦是从几百年来中华民族饱受的屈辱与磨难中锤炼出的精神武器，也是中国人民始终像石榴籽一样紧紧拥抱在一起的精神力量。中华民族在5000多年生生不息的发展中逐渐形成了独特的精神品格、精神风貌，它们深深地融入中国人的骨髓与血脉，积淀成伟大的以爱国主义为核心的民族精神。民族精神深刻反映了中华民族的内在品格、道德观念、心理状态等，是中华民族生存与发展的根本精神动力。

改革开放以来，在继承和弘扬民族精神的基础上，结合时代发展的特点形成了以社会主义核心价值体系为导向，以时代的发展为重心的时代精神。在不同的时代背景下，国家发展、社会进步、民族复兴所需要的精神指引存在差异，时代精神则是由各个历史阶段的时代精神中具有普遍价值的精华萃取凝练而成。在社会飞速发展的今天，在国际社会急剧变革的形势下，时代精神能够紧跟时代发展步伐，顺应时代变革潮流与时俱进，不断赋予自身以新的精神特质，为中国在时代洪流中挺立潮头提供精神指引。

民族精神与时代精神统一而又相互融合，共筑伟大的中国精神。民族精神更多地反映了中华民族在5000多年的发展历程中积淀的深厚的人文情怀、民族底蕴，体现了整体的民族意志品格，是中华民族得以长久发展的精神依托；时代精神则赋予中国精神以新的时代特征，更多地反映了社会的发展方向，为中国特色社会主义道路指明方向，为中国精神增添鲜活的时代色彩。这两种精神相辅相成，和谐贯通，民族精神为时代精神积淀了深厚的历史底蕴，时代精神为民族精神增添时代特征，它们都是形成中国精神不可或缺的部分。

中国古代以孔孟为代表的先贤共同创造了灿烂而辉煌的中华文明，从舍生取义、杀身成仁的仁义思想，自强不息、厚德载物的刚毅精神，到民惟邦本、民富国强的人本主义，以和为贵、和而不同的和同观念等，为中华民族观念、信仰的形成与发展提供了价值指导，为中国精神的繁荣奠定了深厚的文化基础。

近代以来，中华民族面临严峻的生存危机。在内忧外患的局面下，仁人志士开始了沉痛深刻的精神反思，促使中华民族开始了精神上的觉醒，中国精神也进入了近代化民族性转型时期。以林则徐开眼看世界为开端，中华民族认识到物质方面的落后性；洋务运动的兴起则将反思由感性转变为知性，主张"西体中用"；而戊戌变法、新文化运动、辛亥革命则将反思由外在真正深入内在，即精神上的反思，虽然最终都以失败告终，但足以推动中华民族在精神方面学习西方民主科学、爱国进步的先进思想；中国共产党的成立、工人阶级登上历史舞台又进一步将革命精神融入中国精神，形成了伟大的红岩精神、沂蒙精神、老区精神等宝贵的精神财富；抗日战争时期，在中华民族无数英烈抛头颅、洒热血为争取民族解放与独立而英勇斗争中，形成了众志成城、视死如归的抗战精神；中华人民共和国成立后，中华民族从一穷二白开始了艰苦卓绝的奋斗，形成了铁人精神、大寨精神等，为中国精神的建设添砖加瓦；发展到社会主义改造时期，中国精神完成近代化转型。

改革开放后，在共产党的领导下，中国走上了一条具有中国特色的社会主义道路，为中华民族带来了翻天覆地的巨大变革，在实践的过程中，中国人民不断丰富中国精神的内涵，形成了抗震救灾精神、创新创业精神、特区精神、垦荒精神、工匠精神、女排精神……中国精神的传承与创新是一场永远没有终点的接力赛，我们都是冲刺者。

二、为什么要弘扬中国精神

在经济全球化的现实背景下，面对国内外各种重大的风险挑战，各国的竞争不仅是科技水平、军事力量、经济实力等"硬实力"的比拼，还有"软实力"的较量。如果理想信念不够明确，精神信仰不够坚定，精神层面就会"缺钙"，就可能会导致我国受到不良精神导向的影响。随着多极化与信息全球化的深入发展，"灰犀牛""黑天鹅"事件不断发生，各国的问题日益暴露。恐怖主义、单边主义、保护主义、民族割裂等思想的出现，扰乱了不少人的价值取向与价值判断，从而导致了精神虚无、信仰缺失等局面的出现，阻碍国家的发展与时代的进步。因此，在当前国际形势下，谁的文化软实力水平更高，谁就能够在日益激烈的国际竞争中占据制高点，这要求我们在社会主义核心价值体系的指导下，坚守中国精神，维护我国意识形态的安全，在现代化国际竞争中赢得话语权。把握世界发展大势，顺应时代发展潮流，抢占未来发展制高点，需要发扬伟大的历史主动精神。[1]

历史和现实充分证明，中华民族能够在无数崎岖险阻中仍能屹立不倒，不断发展壮大，战胜前进道路上一切困难的根本就在于中国精神的伟力。中国精神不仅是中华民族生产和生活方式的智慧结晶，而且是其文明发展的不竭源泉。[2] 只有以习近平新时代中国特色社会主义思想为指导，弘扬具有强大文化感召力、民族凝聚力、科技创新力、世界影响力的中国精神，为当世与后世提供发展方向与路径指导，筑牢精神的根基，增强文化自信与民族自豪感，使中华民族真正承担起民族复兴的大任，凝心聚力、砥砺奋进，中国才能真正向实现中华民族伟大复兴的中国梦跃进。

---

① 张杰：《在新征程中深化中国精神研究》，载《中国社会科学报》2022 年 8 月 22 日。
② 陈昱霖、罗重一：《中国精神生成的历史逻辑及其时代蕴涵》，载《江西社会科学》2022 年第 11 期，第 22~30 页。

三、如何弘扬中国精神

社会主义核心价值观是中国精神的集中体现，而传承与发扬中国精神则是践行社会主义核心价值观的重要环节。当前，我国改革和现代化建设已经进入新时代，中国精神的传承与发扬需要社会主义核心价值观为其提供价值引导与理论支撑。加强马列主义思想的引领示范作用，加强中华民族思想道德建设，坚持从国家、社会、个人三个层面实践社会主义核心价值体系，积极保障中国人民的价值取向的正确性，才能为中国精神的发展指明方向。

精神与文化不是割裂的两部分，而是相互交叉贯通的，文化是精神根植的沃土，精神是文化发展的硕果，因此，不能片面地谋求精神的发展而忽略文化的重要性。弘扬中国精神以中华优秀传统文化为根脉，以文化软实力为主要支撑。所以，要积极传承发扬中华优秀传统文化，扬弃糟粕，使其更加贴近大众生活，增强公民文化自觉与文化自信。要推动中华文化"走出去"，向世界各国展示中华文化独特的气质；同时也应兼收并蓄，吸收与借鉴其他各国文化中的先进部分，结合我国自身实际，对其进行转化，促进我国传统文化的多元化发展。放眼历史，没有哪一个国家是完全离开自己的文化传统迈向现代社会的，更没有哪一个国家的现代化是完全从外部输入的。① 充分增强中华优秀传统文化的力量，方能为中国精神的传承与创新提供更深厚的内核，促进中国精神的发展。

高等教育要立足于道德建设和培养人才，把核心价值观贯穿于教学的全过程，培养红专兼备、德才兼备、全面发展的综合性人才，承担起建设社会主义强国的大任。中国精神被发扬光大的责任，主要由青年一代来承担。青年一代真正将中国精神融会贯通于思想与行为两方面，就会产生巨大的社会影响力，推动整个社会学习与弘扬中国精神，感受中国价值。将中国精神的研究与培育主要落实在青年人身上，对于促进中国精神实现"可持续发展"起到很大的作用。因此，高校应高度重视中国精神的学习与研究，提高学生对于中国精神、中国价值等方面的思想认知，在有意识的学习研究中推进思想与价值观升华，提升道德水准。在高校推进中国精神的学习与研究有利于提升学生的思想高度，解决好为什么努力、为谁而努力的问题，给予同学们以更大的动力投身于贡献社会、贡献国家的工作与科研中，实现自身的人生价值。

中国精神的继承与发展不能只停留在冰冷的文字上，最终的落实需要每个公民切身投

---

① 杨仁忠、汪晓萌、赵殷：《"中华文化和中国精神的时代精华"的深刻内涵、逻辑理路及重大意义》，载《天津师范大学学报》2023年第2期，第1~8页。

入实践。"做事先做人，做人先立德"，思想道德对于整个社会的生存与发展具有基础性作用，如果公民道德水平不够高，甚至完全缺失道德信仰，整个社会便会失去向前发展的动力，成为一盘散沙。中国精神不只是一个观念或意识形态范畴的概念，更是民族发展的精神动力、精神支撑与中华儿女的精神依靠、精神支柱，蕴含着个人与国家的双重精神样态及二者间的相互关联性。① 只有在中国特色社会主义核心价值体系的理论指导下，开展全方位、多层次的公民思想道德建设，切实提高公民的思想道德素质，坚决拥护中国共产党的领导，树立正确的社会主义荣辱观，使"修身齐家治国平天下"的思想道德观念深入人心，激励公民崇德向善、修身养性，才能使中国精神在当代中国人的思想与行为中得以真正的发展与丰富，在中华大地上生根发芽、开枝散叶。

---

① 吕明洋：《论中国精神与哲学境界的内在契合性》，载《创新》2023年第1期，第1~12页。

浅论中国精神的内涵及实践

陈入源　动力与机械学院（2022302192154）

【指导教师评语】中国精神既是几千年中华文明传承的思想谱系，也是几千年中国实践的伟大探索。论文的探讨由观念入手，最终落脚于具体实践当中，又以其作为始终贯穿于中华民族发展的内在根源。作者对实践中国精神方法、价值的探索，虽显稚嫩，却体现了新时代青年在面对宏大社会主题时所作出的积极思考。（中国传统文化研究中心　余来明）

摘　要：本文介绍了中国精神的内涵，即以文化为根，长期积淀形成的包含民族精神与时代精神的整体性精神力量；说明了实践中国精神的目的即真正理解和传承中国精神、完善自身和促进发展；举例学习了先贤实践中国精神的方式，即应怀揣爱国之心，以美好品质约束自身来实践中国精神，并论述了实践中国精神对个人、社会和国家的影响。

关键词：中华文化；知行合一；实践

现在大多数人谈及中国精神，往往能滔滔不绝地讲出爱国精神、长征精神、勇敢坚定、自强不息，等等。但要真正做到在实际行动中体现中国精神的内涵，将所想化为所行，做到"知行合一"，并非易事。先辈通过行为凝练出来的中国精神，被学习和教育传承下来，不是为了在我们的脑海里静默，或者被长篇累牍地背诵，而应是化为骨血，支撑着躯体去行动、去实践，将信念力转化为执行力，这才非纸上谈兵的精神品格，这才是生生不息的中国精神。研究中国精神的实践，正是为了让更多的人注意到，除了了解理论知识和培养基本认知外，实践是真正传承和发扬中国精神必不可少的一环。实践是检验真理的唯一标准，同样也是延续精神的唯一途径。本文将通过"是什么—为什么—怎么办"的整体思路来阐明有关中国精神的实践。

一、中国精神是什么

研究为什么要实践中国精神，我们就得先知道中国精神是什么。

一个民族的精神是这个民族在长期生产和生活中逐渐积淀而成的行为方式在思想文化领域中的反映，中国精神，便是在中华民族5000年文明的延绵不绝中，在先辈的精神追求和行为中所体现的精神品质。

显然，中国精神是在不断变化与发展的。究其根本，我想，应该是我们的传统文化。有学者这样说："中华传统文化，既是多元的文化，也是和谐的文化，我们互相补充、相辅相成，相得益彰，最终构建成了中国精神。"①确实，毕竟在世界文化史上，中华文化是唯一一个发展未曾中断的文化，中国也是唯一一个延续至今的文明古国。正是这博大精深、源远流长的中华文化，奠基了我们相对稳定的中国精神。古代圣贤给我们留下了无数的思想和理念，无论是儒家的仁爱、墨家的兼爱，还是法家的君权法治、道家的道法自然，其中历久弥新、永不褪色的部分，便展现了中国精神的一隅。这里得先说明，"历久弥新永不褪色"不是仅指积极思想，而是说那些在时代中有着不可忽视的存在意义的文化。马克思主义哲学认为万事万物都有两面性，庄子也说："物无非彼，物无非是。"② 中国精神亦不例外，它作为一种"精神性的存在"，整体地体现了中国的精神状态，当然存在着积极面和消极面。正如老子所言："有无相生，难易相成，长短相形，高下相倾，音声相和，前后相随。恒也。"③只要是经受住时间的考验、承受住时代的变迁后仍被铭记和实践的中华文化，就称得上是被演化了的中国精神。悠悠文化长卷，随手一翻尽是至理箴言：《尚书·五子之歌》中的"民惟邦本，本固邦宁"④传达了以民为本的思想；《周易》中的"天行健，君子以自强不息"⑤规范了君子的品性；《论语·卫灵公》中的"己所不欲，勿施于人"⑥警示了做人的道理；文天祥《过零丁洋》里"留取丹心照汗青"⑦点燃了爱国的心。无论是对自我还是对家国的思考，无论是诸子百家还是三教九流，这些文化都

---

① 钟茂森著：《中国精神：四千五百年前的先祖如何教导后裔》，中国华侨出版社2011年版，第32页。

② 《庄子》，孙通海译注，中华书局2016年版，第31页。

③ 《道德经》，蒋信柏译注，蓝天出版社2006年版，第6页。

④ 《五经》，中国人民大学出版社2016年版，第163页。

⑤ 《周易》，杨天才译注，中华书局2016年版，第8页。

⑥ 《论语》，马学永译注，北京时代华文书局2018年版，第325页。

⑦ 《古今诗选》，程千帆、沈祖棻注评，陕西师范大学出版总社2019年版，第895页。

是具有鲜明民族特色和跨越时空、超越国度、富有永恒魅力、具有当代价值的文化精神。①钱茂森在《中国精神：四千五百年前的先祖如何教导后裔》中总结了十条关于中国精神的解释：一体、二相、三宝、四勿、五常、六和、七治、八德、九思、十义。进一步归纳，中国精神就是"五常五伦、四维八德"②。总之，中华文化的多元注定了中国精神内涵的丰富。

而当代对于"中国精神是什么"这个问题，习近平总书记在十二届全国人大一次会议闭幕会上已经说明，"实现中国梦必须弘扬中国精神。这就是以爱国主义为核心的民族精神，以改革创新为核心的时代精神。这种精神是凝心聚力的兴国之魂、强国之魂"③。民族精神是我们在长期奋斗中培育、继承、发展起来的崇高民族性格与气质，它包括创造、奋斗、团结和梦想精神，是我们建设中国取得成功的重要原因。而在不同的时期，又诞生了长征精神、红旗渠精神、航天精神，等等。时代精神是一个时代的人们在生产活动中体现出的精神风貌，基本内涵为改革创新、以人为本、和平发展、社会和谐、与时俱进。

故而，中国精神就是在中华文明发展中逐渐积淀并创新，以文化为根，包含民族精神与时代精神，影响民族生成和发展的整体性精神力量。

二、实践中国精神的目的

毛泽东在《实践论》中指出，实践是认识的来源、动力、目的，是检验认识的真理性的标准。就是说，要想将中国精神从血脉中唤醒，真正了解它并发挥其磅礴的力量，我们就得实践，即以某种方式进行活动来践行心中坚持的理念或者赋予其有价值的行为一个新的定义。唯有切身体会过，我们才能理解精神里所容纳的那种境界，那种"根"与"魂"；唯有实践过，我们才会不断赋予中国精神新的意义，将其创新弘扬；唯有为之奋斗过，我们才能懂中国人的志气、骨气和底气究竟从何而来。

虽然爱国教育和文化教导是中国人从小便开始接触的，但仍有极少部分人的精神状态堪忧。不断内卷内耗的青年人，的确充分彰显了勤奋好学、永不停歇的精神，但他们忘记了物极必反、道法自然的道理；而追求佛系躺平、丧颓无为的咸鱼，虽看似是潇洒自在、看淡一切的高人状态，实则是抱有不敢面对生活、自卑懒惰的平庸心理。一急一慢，虽都

---

① 左亚文主编：《中国精神导引》，武汉大学出版社 2022 年版，第 2 页。

② 钟茂森著：《中国精神：四千五百年前的先祖如何教导后裔》，中国华侨出版社 2011 年版，第 33 页。

③ 习近平：《习近平在十二届全国人大一次会议闭幕式上发表重要讲话》，载新华网，http://www.xinhuanet.com/2013lh/2013-03/17/c_115052635.htm，2023 年 1 月 24 日访问。

表现了中国精神中的一部分，但却没有找到恰当的度，致使他们向着两个极端发展。实践在此刻便显得尤为重要了。我们经过不断的尝试，合理提取中国精神当中自己需要的一部分，用行动来进行调和，以求达到事半功倍的效果，既更深层领悟了中国精神，又能获得良好的精神状态。一些人对于"爱国"这个概念并不理解，且没有实践到爱国行动上去，便没有那种热血沸腾、心焰熊熊的赤诚。实践中国精神，从中学习先辈的品质，能让我们加强爱国意识，增强四个自信，完善个人品格，促进民族和国家的发展。

三、中国精神的实践之法

中国精神作为长期积淀而成的多元丰富的民族精神，先贤们对其有着自己的解读和实践方式。

以孔圣人为例，他主张"仁"和"礼"，提出仁政思想，早期的孔子心中一直有着一份理想化的政治蓝图，他试图能够实现它，推行自己的政治理念。所以他带着弟子周游列国，同时培养弟子们的政治才能。但是多年游历终被拒，数次从政惨遭弃，于是他将重心放在了文化教育上，潜心古籍，修减《诗》《书》，增序《周易》，编写《春秋》。他想实现自己的仁政理念，希望自己能够做有能力改变整个官场风气的官。虽然实践失败了，但他也没有就此放任自己，而是将注意力放在教育实践上。所以他办私学，因材施教，弟子三千，更使千千万万的后辈受益。

又如红军将士、共产党人，他们把以人民为中心的原则融进血液，冲锋陷阵毫不含糊，因为身后就是要守护的祖国，要守护的黎民百姓。他们能翻雪山，过草地，长征二万五千里，是因为心中有着无比崇高的爱国精神。而他们的实践，又赋予了中国精神新的含义：井冈山精神、长征精神、红岩精神，等等。实践不是说要像他们一样做到抛头颅、洒热血，而是要有和先辈们一样的品性，那些奋勇直前、不畏艰险、坚韧不屈、用行动拥抱所信奉的精神的品性。

我们要想实践中国精神，首先得强调爱国精神，筑牢爱国的基石。习近平总书记在欧美同学会成立 100 周年庆祝大会上对广大留学人员提出希望，他特别强调了要坚守爱国主义精神，"不论树的影子有多长，根永远扎在土里"[1]。他希望留学生们做爱国主义的坚守者和传播者，"不论留学人员身在何处，都要把祖国和人民放在心里"[2]。作为新时代中国

---

[1] 《习近平在欧美同学会成立一百周年庆祝大会上发表重要讲话》，载《人民日报》2013 年 10 月 22 日。

[2] 《习近平在欧美同学会成立一百周年庆祝大会上发表重要讲话》，载《人民日报》2013 年 10 月 22 日。

青年，就要听党话，跟党走，积极响应党的号召，多参与社会服务，将爱国爱民实践到生活中。其次，中国精神里不乏自强不息、团结统一、勤劳勇敢、开拓进取等，我们不仅要知晓，更要向其学习靠拢。习近平总书记在2014年五四青年节上指出，"新时代青年要自觉树立和践行社会主义核心价值观，善于从中华民族传统美德中汲取道德滋养，从英雄人物和时代楷模的身上感受道德风范，从自身内省中提升道德修为，明大德、守公德、严私德"。①简言之，实践中国精神，就是要以美好精神品质约束自己的行为，做到知行合一。

四、实践中国精神的价值

中国精神是中华民族在长期的生产生活中所凝练的精神财富，是我们的内在灵魂和根本命脉，是推动社会发展的强大精神动力。实践中国精神，对个人、社会、国家，都能产生不容忽视的影响和价值。

（1）对个人。中国精神中含有很多从先辈的伟大思想和行为中凝练出的道德品格，例如，阅读杜甫的诗歌，从他的忧国忧民中我们可以学到浓郁的家国情怀；观赏和练习戏剧，我们会敬佩梨园弟子的坚持不懈、精益求精。我们在不断的实践中用这些精神品格来塑造自身，修养自我，达到一种"君子"的境界，创造出更有价值的人生。

（2）对社会。实践中国精神，能够提高人的素质，进而改善整个社会的风气。中国精神中的和谐、团结、宽容、同情等品质，有助于形成平和的、充满爱与欢乐的社会，进而让社会发挥更大的整体性作用，确保资源合理和公正的使用，建设社会主义和谐社会。

（3）对国家。国家的根本是人民，中国精神的实践让国民保持着清醒与热情，积极地参与建设社会主义现代化强国，提升中国国力，让我们的国家能够在诡谲多变的世界局势中保证自己的安全，能够从容应对时代的挑战并再次交予历史完美的答卷。

通过探究中国精神是什么，为什么要实践中国精神，以及实践的做法和影响，这些层进式的思考让我对中国精神的实践有了更为深刻的认知。中国精神是从长期的行为活动中提炼出的思想精华，而实践是对这种思想最有效率的继承，并且实践能够赋予中国精神崭新的定义，推动其创新发展。从目的、方式和影响上看，中国精神的实践对个人修养的提高、社会风气的引导、国家发展的促进都极富意义。

---

① 《习近平在纪念五四运动100周年大会上的讲话》，载新华网，http://www.xinhuanet.com/politics/2019-04/30/c_1124440193.htm，2023年5月14日访问。

我们何以需要中国精神

周玉立　电气与自动化学院（2022302071027）

【指导教师评语】 文章着重论述了关于中国精神的一个前提性问题，即我们何以需要中国精神的理由和根据。其提出的滋养中国人的精神之钙、指引中国前进的精神火炬、实现中国梦的精神之柱三大理据，是整个文章的闪光点。全文逻辑清晰，内容充实，但文字表达能力有待加强。（马克思主义学院　左亚文）

　　摘　要： 在历史长河中，中国精神对于中国的发展一直发挥着支撑作用，未来，中国精神也会一直支撑时代的前行。国家精神是国人意志的集中体现，是国家发展过程中的精神沉淀，它会随时代的发展而不断变化。中国精神对于国家、个人的发展、中国梦的实现都至关重要，本文拟以中国精神的内涵、重要性、传承以及发扬中国精神的途径为基本点进行阐述。

　　关键词： 中国精神；民族精神；本质内涵；践行途径

　　中华民族上下五千年，发展过程中屡遭挫折，却一直绵延不绝，其中的根本原因是什么？从精神与文化的角度来看，这离不开中国精神的强大支撑。民族精神在一个民族不断发展的过程中逐渐形成，是一个民族共有的生活习性在精神文化层面的映射。中国精神是什么？从儒家文化的角度看，是"讲仁爱、重民本、守诚信、崇正义、尚和合、求大同"，这是习近平总书记对中国精神和中国价值的高度概括。虽然不同的人对于中国精神含义的表述有差异，但其反映的中华优秀传统文化的内核和精髓是基本相同的。精神不是僵死的，而具有易变性。为何易变？因为时代在快速发展，不同的时代有不同的时代特征，也有不同的精神特色。精神同时也具有普遍性，中国精神则是国人意志的集中体现，它既随时代的发展而变化，也随着历史的进程而不断积淀。革命时期，无数国人因伟大的井冈山精神、长征精神而振奋，坚定了自己浴血奋战的决心，让革命的曙光照耀中华大地。中华人民共和国成立初期，"两弹一星"精神、抗美援朝精神、大庆精神、雷锋精神鼓舞中华儿女艰苦创业，使国人刻苦顽强的意志更坚定，使中国发展的步伐迈得更快更大。现如今，航天精神给人们带来力量，激励我们紧跟时代发展的步伐。"嫦娥"奔月、"天问"升天不再是梦想，而成为活生生的现实。中国精神让中国人的底气、骨气更有力量，让中国人的中国心更紧密、中国情更浓厚。中华民族和中国人民能够百折不挠、乘风破浪的原因，离不开中国精神的支撑，在往后的发展过程中，我们也需要继续传承和发扬这种精神。

一、中国精神的重要性

（一）滋养中国人的精神之钙

人如果没有精神，就没有灵魂。有精神才有思考，它让人们思考个人的价值，理解世界的意义，认识知行合一的重要性，了解阴阳相合的学说。诸多精神互相补充，互为表里，共同构成中国精神和中国力量。在中国发展的道路上，有无数可歌可泣的英雄，他们的英勇事迹各不相同，但在他们身上都展现着伟大的中国精神。抗日战争时期，刘胡兰面对敌人的阴谋，坚贞不屈，15岁便英勇就义；抗美援朝战争中，邱少云战士任烈火燃烧自己的身体，忍住剧痛一动不动，用生命与意志为部队进攻赢得了时间；扶贫工作中，黄文秀同志怀着一颗奉献、无私的心，深深扎根人民，真心为人民着想，以致付出了自己的生命。黑格尔指出，"个人对于民族精神的关系便是，他把这种实体的生存分摊给了他自己；它变成了他的品性和能力，使他能够在世界上有着一个确定的地位，成为一个聊胜于无的东西"[①]。对于民族精神与个体之间的关系，黑格尔的观点虽然具有神秘思辨的性质，但却不失其合理性。在革命战争时期，中国精神唤醒中华儿女，使大家思想解放，共同奋斗，取得胜利。中华人民共和国成立以来，经济社会得以快速发展，物质世界剧烈嬗变，这促使思想层面得到同步提升，精神面貌和社会意识也发生了巨大的变化。人们精神的变化是由历史进程和社会实践的发展变化决定的。社会发展总趋势是向上的、前进的，人们道德、精神也朝着积极、向善、向上的方向发展。但辩证地看，当代少部分国人存在精神层面的缺失问题，例如道德缺失、信仰失落、拜金主义、极端个人主义等现象存在。实践证明，我们需要大力宣传和弘扬中国精神，补足精神之钙，让中国精神成为中华儿女增强

---

① ［德］黑格尔著：《历史哲学》，王造时译，上海世纪出版集团2003年版，第73页。

自信与自豪、健康成长的精神支撑。传承和发扬中国精神，对于国人而言，最有效的方法便是时刻坚持社会主义核心价值观的指引，时刻记住肩上的责任，在社会实践中发挥自己的作用并证明存在的意义。爱国精神让我们时刻牢记祖国的嘱托，把自己的前途与国家命运紧密相连；敬业精神让我们坚守岗位，做好自己的工作，承担自己的责任，为社会建设尽己所能；诚信精神让我们以真心处世，多一份真诚，少一份虚假，使人与人之间更加团结友爱；友善让我们以热心待人，用爱关怀身边的人，让世界变得更加温暖。

（二）指引中国前进的精神火炬

1921 年中国共产党诞生，自此，中华民族和中国人民的面貌焕然一新，党所提出的"为人民服务"的根本宗旨与"以人民为中心"的执政理念，归根结底都传承和发展了"仁者爱人""以民为本"等中国精神。将马克思主义与中国国情结合起来，坚定不移地走自己的路，充分彰显了"和而不同"的中国精神和"自强不息"的中国主题。

一个民族长久赖以生存的灵魂便是精神，当民族精神达到一定的高度，便是这个民族在历史的洪流中屹立不倒、奋勇向前的时候。[①] 中国精神是中华民族五千多年历史的积淀，贯穿于近现代中华民族的复兴历程，尤其在中国的快速崛起中，中国精神具有不可或缺的重要作用。"两弹一星"精神的支撑，让无数科学家为祖国的富强和国防事业的发展而不断奋斗，不顾个人安危，甚至甘愿隐姓埋名，离开家人。邓稼先、钱学森等科学家不顾阻拦，英勇回国，为中华人民共和国的发展贡献巨大力量。"载人航天"精神不断鼓励我们以发展祖国航天事业为崇高使命，助力于国家航天技术稳步提升。以爱国主义为核心的民族精神时刻指引我们前进的方向，奏响爱国主旋律，共同为祖国繁荣发展而奋斗。以改革创新为核心的时代精神为我们与时俱进提供精神指引，加速国家科技力量的增强。

奋斗百年路，启航新征程。在向全面建成社会主义现代化强国奋斗目标迈进的过程中，我们更要接过传承与弘扬中国精神的接力棒，砥砺初心，不负使命。

（三）实现中国梦的精神之柱

伟大事业的完成需要精神的支撑，伟大梦想的实现需要伟大精神的托举。实现中国梦的伟大征程，同样离不开精神的支撑与托举。中华民族的精神支柱始终是以爱国主义为核心的民族精神，这也是中国奋进的强大动力。强大的物质力量是民族复兴所需要的，而精

---

① 王引兰：《中国精神的时代内涵及其伦理支撑》，载《伦理学研究》2021 年第 3 期，第 89～96 页。

神的强大支撑也同样不可或缺。在几千年的历史洪流中，中华民族生生不息，展现出强大的生命力，饱受挫折又不断涅槃重生，这离不开中国精神的一脉传承与不断发扬。中国精神扎根于连绵不断的中华文明历史，沉淀于中国人民艰苦奋斗的热血壮志之中，让各族人民像石榴籽一样紧密相连。我们要用战略思维、辩证思维、历史思维、发展思维来正确认识当代世界和国家的局势，坚定道路自信、文化自信，在实践中传承中国精神，在传承中发展中国精神，在发展中实现中国梦，从而引领新征程，开创新局面。

二、中国精神的传承与发扬途径

精神的传承，不是简单的宣传，而是由内而外的精神认同，是精神的自我反思。精神对于大多数人而言，是无法真正言表的、不自知的、无意识的。我们无法很好地感受到本体的精神所在，也无法轻易地看到本体的缺陷所在。但在中国发展过程中，有无数英雄挺身而出，他们的英勇事迹都体现了美好的品质和优秀的中国精神。对于当代大学生而言，学习英雄，就要学习他们的精神，增强历史使命感，树立爱国情怀，坚守先义后利的原则。尊重英雄，不忘先烈事迹；尊重历史，形成正确的历史观。这些是传承和发扬中国精神的前提。中国精神的传承和发扬，是精神世界与物质世界同步构建的过程。要提高人们的主观认知能力与逻辑辩证能力，加强社会主义核心价值观建设，坚定理想信念。精神世界的塑造，要以不忘历史、放眼未来为追求，以民族团结、国家富强为己任，在实现中国梦的过程中传承和践行中国精神。

回溯历史，以爱国主义为核心的民族精神薪火相传，驱动着民族复兴的梦想的历史车轮奋勇前行。放眼当下，以改革创新为核心的时代精神鼓荡神州，激励着我们在逐梦的道路上锐意进取。中国的漫漫发展路，一直有中国精神的支撑与指引，实现伟大中国复兴梦的路途需要弘扬中国精神。新时代，新征程，当站立于新的历史方位之上，作为中华儿女的我们信心百倍，决心踔厉奋发，继往开来，自觉地成为中国精神的传承人和践行者。

中国精神的当代体现

熊哲枭　弘毅学堂（2022300004057）

【指导教师评语】本文首先指出中国精神是民族精神与时代精神的有机统一，进而指出不能将中国精神的当代特征简单归结于时代发展的结果，而忽略其历史背景与本质属性，这一论断引人深思。本文接着以"女排精神""工匠精神"为典型案例，深入阐发了中国精神在当下的体现。如"女排精神"具体表现为：扎扎实实、勤学苦练、无所畏惧、顽强拼搏、同甘共苦、刻苦钻研、勇攀高峰，并且与中国精神核心内涵中自强创新的精神和爱国统一的精神一脉相承。总之，本文将理论与实际、宏观与微观的分析很好地结合了起来，材料丰富，论证深入，格式符合学术规范，是一篇优秀的论文。（哲学学院　连凡）

摘　要：中国精神的时代特质在当代具有丰富多样的体现形式。在中国社会生活方式、生活态度与价值理念发生巨大变革的背景下，深入理解当代中国精神对适应时代变化，促进社会发展具有重要意义。

关键词：中国精神；当代；时代性

中华文化是人类历史上唯一未曾间断的文化，在人类数千年文明发展史中延绵不绝，体现出强大的生命力。发源于中华文化的中国精神源远流长，博大精深，既依托于中国厚重深邃的历史底蕴，又具有显著的包容性与变动性，是民族精神与时代精神的有机统一。中国精神的时代特质在当代具有丰富多样的表现形式。在中国社会生活方式、生活态度与价值理念发生巨大变革的背景下，深入理解当代中国精神对适应时代变化、促进社会发展具有重要的理论意义。

一、中国精神的当代特征

作为民族精神和时代精神的统一，中国精神始终处于不断流变的过程中，并通过不同时代的具体化得以彰显。自近现代以来，中国发生了翻天覆地的社会变革，现代化程度不断加深，在向西方学习的过程中，对西方文化进行了批判性的吸纳与借鉴。同时，中国的社会格局与中国传统文化有着千丝万缕、密不可分的联系，深远而独特的中华文化已融入中华民族的民族基因，对中国社会发展始终有着潜移默化的影响。在社会主义建设的过程中，中国通过探索和实践走出了一条独特的社会主义道路，其产生的社会主义先进文化同样丰富拓展了中国精神的内涵。正如黑格尔指出，精神并不如石像般静止不动，而是如洪流般生命洋溢，"离开它的源头愈远，它就膨胀得愈大"[1]。中国精神始终具有向上向前发展的特性，通过对自身历史传统的追溯、反思以及与其他文化的交流互鉴，最终立足于当下、着眼于现实，被赋予丰富的时代内涵与现实意义。

因此，中国精神在今天具有的当代特征，是外界环境与其内在特性共同作用下的必然产物。需要指出的是，中国精神的当代体现并不能用"现代文明"一词来简单概括。广义上的"现代文明"是一种过于空洞的抽象，与中国精神的"实体内容完全分隔"[2]。因此，将中国精神的当代特征简单归结于时代发展的结果，而忽略其历史背景与本质属性，是失之偏颇的。

二、中国精神在当代的具体体现

改革开放以来，中国精神的发展进入新的阶段。随着社会主义核心价值观的提出，中国精神具有了更加丰富的当代诠释，成为中华民族团结一心、赓续奋斗、追求美好幸福生活的坚实底气与不竭动力。在文化、科学、体育等众多领域，中国精神具体化为众多优秀的时代精神。下面选取若干典型代表进行具体分析。

---

[1]　［德］黑格尔著：《哲学史讲演录》（第一卷），贺麟、王太庆译，商务印书馆1959年版，第8页。

[2]　吴晓明：《当代中国的精神建设及其思想资源》，载《中国社会科学》2012年第5期，第4页。

（一） 女排精神

女排精神是中国女子排球队铸就体坛传奇的精神瑰宝，孕育于中国女排向世界冠军进军的过程中。其具体表现为：扎扎实实、勤学苦练、无所畏惧、顽强拼搏、同甘共苦、刻苦钻研、勇攀高峰。女排精神与中国精神核心内涵中自强创新的精神和爱国统一的精神一脉相承。女排队员们始终保持战略定力，通过高强度的训练与战略的动态调整改进实现对自我的突破，在状态低谷时及时反思调整、吸取教训、找回最佳竞技状态。女排队伍发展不息、面貌日新、不断超越过去的自己，体现了自强创新精神的自我发展性与主观能动性。20 世纪 70 年代，袁伟民担任中国女排主教练后，将欧美国家的力量型打法与亚洲式的灵活型打法结合起来，形成中国女排的独特打法。① 2013 年，郎平聘请多国专业训练师加入女排，打造中西复合型团队。女排团队思想保持开放，始终求新求变的态度，正与自强创新精神中创新不止、勇于开拓的特质相合。女排姑娘们以赛场上升国旗奏国歌为每场比赛的目标，朴素的爱国情感流淌在赛场上挥洒的汗水中，她们为国争光的思想与行动是对爱国精神的生动诠释与阐发。

女排精神建构于中华人民共和国成立以来的世界体育竞技环境下，丰富完善于新时代中国体育强国建设的过程中，得到了广泛认同与发扬，集中体现了中国精神中的自强、创新、爱国等核心内涵。

（二） 工匠精神

工匠精神可溯源至中华文明始源时期，在当时发明出各种工具，便利人们生产生活的能工巧匠，被誉为"圣人"得到尊崇。《说文解字》曰："'工'，巧饰也。"《汉书·食货志》曰："作巧成器曰工。"可见自古以来工匠们对技艺精益求精的追求。此外，真正的工匠还追求蕴含于技艺中的"道"，希望通过技艺的精进领悟到"道"的真谛，得到人生境界的升华。如《庄子·养生主》中的庖丁，能以"解牛之术"得"养生之术"，达到"所好者道也，进乎技矣"的境界。

新时代语境中的工匠精神，是对中国古代工匠精神与工业革命以来西方工匠精神的提炼与融合。一方面，它吸纳了西方工业发达国家（如德国）制造业的发展经验，追求产品品质的完美与生产过程的精确可控化，工人们对技术和技艺有着"宗教般的狂热追求"，

---

① 马金玉：《排球运动的起源与演变——由中国对世界排球的贡献引发的思考》，载《体育文化导刊》2006 年第 9 期，第 55 页。

甚至超过了对利益的角逐，① 这样的现象在资本主义国家实属罕见。另一方面，它继承了中国古代工匠专精一技、至善以臻的追求愿景，注重对工匠自身精神境界的磨砺和提升。这样的精神特质使得工匠精神与中国精神内涵中道行天下的精神与修身克己的精神相契合。在中国工业化不断推进的进程中，涌现了一大批具备新时代工匠精神的"大国工匠"，如火箭"心脏"焊接人高凤林，蛟龙钳工顾秋亮，航空制造能手胡双钱等，他们的事迹使得工匠精神的内涵在新时代得到进一步弘扬与发展。

新时代大国工匠不仅应掌握扎实过硬的专业技能，同时还应拥有专注细致、冷静耐心等精神品质与敬业务实、爱岗敬业的价值追求。在社会风气日益浮躁的当下，倡导工匠精神是我国工业发展的必然需要，也是对中国精神的回望与呼唤。

三、中国精神在当代的重要价值

2013 年 3 月 17 日，习近平总书记在十二届全国人大一次会议闭幕会上谈道："实现中国梦必须弘扬中国精神。这就是以爱国主义为核心的民族精神，以改革创新为核心的时代精神。这种精神是凝心聚力的兴国之魂、强国之魂。"② 中国精神于数千年中华文明中积淀至今，是牵系着每个中华儿女的精神纽带。随着中国梦构想的提出和中华民族伟大复兴目标的确立，弘扬中国精神在提高民族凝聚力、增强民族认同感方面的重要性越发凸显。

中国精神中的传统人文精神，是中华文化发展的基础，指引着民族文化继往开来、向史而新。同时，历史地变动着的中国精神是面向未来的，中国精神具有与时俱进的当代价值。无数的实践证明，中国精神是提升综合国力的重要因素，是战胜各种矛盾和困难的力量源泉，是全面建成社会主义现代强国的精神动力。面对时代沧桑巨变，中国精神的内涵也不断拓展丰富。随着"中国式现代化"一词的提出，中华民族在伟大复兴之路上的历史坐标再次更迭，但中国精神在当代的价值依然无可替代，中国精神的光辉永不褪色。

---

① 李工真著：《德意志道路：现代化进程研究》，武汉大学出版社 2005 年版，第 68 页。
② 《习近平：在第十二届全国人民代表大会第一次会议上的讲话》，载新华网，http://www.xinhuanet.com/293Ih/2013-03/17/c_115055434.htm，2023 年 5 月 14 日访问。

中国精神的时代价值

刘承志　计算机学院（2021302111441）

【指导教师评语】论文从历史和现实之维阐释了中国精神的内涵、特性与时代价值。特别是论文着重论述了中国共产党在革命、建设和改革各个历史时期，对中国精神的提炼和重视，有一定的新意。论文提出培育和弘扬中国精神对实现中华民族伟大复兴具有重要意义，也颇有针对性。论文主题明确，思路清晰，层次分明，论证充分，观点明确，写作规范，是一篇良好的学术论文。（马克思主义学院　倪素香）

摘　要：中国共产党在革命、建设和改革各个历史时期，都非常重视民族精神和时代精神的提炼。阐释、培育和弘扬中国精神，对推进新时代中国特色社会主义事业、实现中华民族伟大复兴具有重要意义。

关键词：中国精神；民族精神；时代精神；价值

以爱国主义为核心的民族精神和以改革创新为核心的时代精神，是中国精神的主干，也是理解、阐释中国精神的两大支柱。在第十二届全国人民代表大会第一次会议上的讲话中，习近平总书记指出，实现中国梦必须弘扬中国精神。这就是以爱国主义为核心的民族精神，以改革创新为核心的时代精神。① 可以说，中国精神是民族精神和时代精神的有机整合。民族精神和时代精神相互贯通、融为一体。一方面，具有深厚历史积淀的民族精神为时代精神提供丰厚的滋养；另一方面，当前中国人民所展现的时代精神，也在不断丰富和拓展着民族精神的内涵。

---

① 《习近平：在第十二届全国人民代表大会第一次会议上的讲话》，载新华网，http://www.xinhuanet.com/2931h/2013-03/17/c_115055434.htm，2023 年 3 月 17 日访问。

一

中国精神是一个民族生命力、创造力和凝聚力的源泉，没有了它，民族团结与发展建设就成了"无本之木，无源之水"，失去灵魂，民族就不可能有自尊、自立、自强。

（一）中国精神可谓是中华文化发展的灵魂

中华民族文化是一个丰富博大的有机整体，既包括汉民族文化也包括少数民族文化，源远流长，博大精深，对人类文化的发展与进步产生深刻影响。历史上"和为贵""和也者，天下之达道也""天下为公"；新时期的"和平共处五项原则"，反对霸权主义，维护世界和平的心声，使中华民族在世界上享有了"和平民族"之誉，赢得了"和平的使者"之称。从岳飞的"精忠报国"到文天祥的血染大都；从戚继光、俞大猷抗击倭寇到郑成功收复台湾……这些是中华民族抵御外侵、抗击外侮的伟大的爱国精神的生动写照。"天行健，君子以自强不息""穷则变，变则通，通则久"是几千年来中华民族气节和道德情操；"先天下之忧而忧，后天下之乐而乐""天下兴亡，匹夫有责"、全心全意为人民服务等以天下为己任，无一不有着中华优秀传统文化烙印，是民族精神的精华，体现出鲜明的民族性。

（二）中国精神是历史性与时代性的有机结合

以爱国主义为核心的团结统一、爱好和平、勤劳勇敢、自强不息的伟大民族精神是贯穿古往今来中华民族的基本精神，尽管时代不同，但爱国主义从来都是动员和鼓舞中华儿女团结奋斗的光辉旗帜，是打牢全国各族人民团结奋斗的思想基础。它始终激励无数仁人志士英雄豪杰为中华民族生存发展前仆后继、自强不息。团结统一是中华民族生存、延续和发展的精神支柱，它已深深烙印在中华民族意识之中，是维系和促进祖国统一、民族团结的牢固纽带，在和平统一祖国的今天更有其重要的现实意义。在第十三届全国人民代表大会第一次会议的讲话中，习近平总书记指出，"中国人民是具有伟大创造精神的人民""中国人民是具有伟大奋斗精神的人民""中国人民是具有伟大团结精神的人民""中国人民是具有伟大梦想精神的人民"，[①] 可以说，这也是对民族精神的凝练。创造、奋斗、团

---

① 《习近平：在第十三届全国人民代表大会第一次会议上的讲话》，载新华网，http：//www.xinhuanet.com/politics/2018-03/20/c_1122566452.htm，2023 年 4 月 19 日访问。

结、梦想不仅是民族精神的主要内容，也是对当代中国时代精神的新的阐释，体现着时代精神的要求。凭借着这种民族精神，中国人民创造了辉煌灿烂、富有生命力的中华文明，也必将在新时代创造新的辉煌。

值得注意的是，社会主义核心价值观也是当代中国精神的重要体现。社会主义核心价值观全方位体现了中国精神，并实现了国家精神、社会精神和个人精神的统一，凝结着全体人民共同的价值追求，对中国精神的培育和弘扬发挥引领作用。

二

中华民族是一个历经 5000 年文明发展史而逐步融合、发展起来的各民族共生共存、共同发展和繁荣的共同体，其间锻造和凝练出来的"中国精神"是中华民族共同体所拥有的共同的精神财富。中国精神的这种民族性主要体现在如下几个方面。

（一）多民族不同的文化并存及发展

中华民族是由诸多民族逐步融合起来的，其间经历数千年文明发展史，这种"多民族文化"以中华传统文化为基础和主体（主干），同时也发展起其他各个民族不同的文化（分支）。中国文化精神富含中华民族的"文化基因"，此亦为中华民族及其文化与世界各国各民族存在着差异性之本因。文化的多样性、多元化是世界文明发展大势所趋，也是当今及未来国际社会之需，此为人类之主观愿望所无法改变的自然结果。漫长的中华文明发展史，一个突出的特征就是"中华民族的多元统于一体"，在这一发展历程中，各个民族的宗教信仰、经济和文化交流可谓相互依赖，也形成一定的互补性，随着其相互之间的文化认同的逐步加深，各民族间形成了共同的向心力、凝聚力，这是中华民族作为一体的根本原因。2500 年以前，中国历史上形成了诸子百家争鸣的局面，后来周边各个民族逐步融入，使得文化多元之势得以奠基；特别是宋元以来吸纳了世界各种文化，加之鸦片战争爆发后，近代中国被迫输入更多的外来文化，所以中国文化多元化和多样性更加突出。在这种长期的历史演变中不断进行知识的积累，经过凝结升华将更加完整的传统文化与各个民族文化并存及发展的局面呈现在我们面前。立足于现实，中华民族的各种文化具有较大的差异性，当然这也是由不同地区的地理环境造成的。此即中华文化多元之特征。

（二）"共同体意识"的认同性

中华民族认可、认同这一民族共同体意识和精神。这也是近现代以来由外敌入侵而带来的边疆危机和民族危机形成的更加坚定也完全得以强化的一种群体意识和精神共识，此为近现代以来"中国精神"凝练和提升的呈现。这种认同性在 20 世纪得到进一步提升。首先，20 世纪初期因内忧外患加深了上述"两大危机"，孙中山先生领导的辛亥革命最终推翻了清王朝的统治，建立了中华民国，结束了统治中国 2000 多年的封建君主专制，带来了全新的"共和国"新气象；其次，接下来的军阀统治并没有带来国内局面的好转，相反却使得危机加深，五四运动是一个伟大的转折，铸就了时代精神。1921 年中国共产党的成立开启了一个全新的时代，革命实践带来的精神和文化的认同是共产党人所追求的伟大目标和理想，因为这种精神和理念的实践所包含的对象是广大民众，这也是民族大团结的基础。中华人民共和国成立后，我国政府始终重视做好民族团结工作，其目标是建设各民族共有的精神家园。这种目标在改革开放以来得以加强，在新时代又将社会主义核心价值观作为这种"共同体意识"的核心理念，进一步强化和凝练为全国人民的"五个认同"，即对伟大祖国的认同、对中华民族的认同、对中华文化的认同、对中国共产党的认同、对中国特色社会主义道路的认同。

中华民族历经数千年的融合，从先秦时期秦国自西北入主中原地带，到北魏拓跋氏汉化，再到元朝和清朝的统治者们接受政治体制及儒家传统，数千年的中华传统文化影响到周边各民族的日常生活的方方面面，成就了今日各民族的"文化共识"；文化传统的自我认同也是最基本的社会共识，是其他一切共识的基础。而当下，"现代中国文化依然是一种伦理型文化"，中国社会及各民族具有这种伦理型文化的共同认知。

（三）价值观的趋同性

价值观既有多样性，也具有一定的趋同性。不同的民族及群体最初都具有自身独特的价值观念，不过随着交流甚至融合趋势的加强，主流价值观也逐渐被接受。因此，当今世界，价值观的多元化呈现于全球各区域，但每个地区、国家和民族也存在着主流的价值观。中华民族也是如此，从古代到今天，多元化的价值观始终存在于各个民族之中，不过，自汉武帝"罢黜百家，独尊儒术"以来，以儒家文化为核心的中华传统文化及其价值观也逐步影响到中原王朝的周边民族，甚至影响到周边其他的国家和地区。至今，如同"伦理道德认同"一样，新时代中国各个民族的价值观既存在着多样性，也拥有一种主流价值观，亦即社会主义核心价值观。价值观的趋同性也是民族精神、民族气质的融通性。中华民族是由诸多民族逐步融合起来的，其间经历了漫长的"磨合期"，此处精神气质的"融通性"，指的是我国各个民族对"中国"这一国家主权、传统文化、道德伦理、核心价值观、实现中华民族伟大复兴中国梦等精神财富和理想愿景的融会贯通，其间各个民族在历史上相互沟通，逐步融合、融洽，最终相互理解、认同和贯通。

三

立足于当下，展望未来，中国精神具有永恒的活力和生命力，以及持久且强大的影响力。

一方面，中国精神是对中国社会持续深化改革开放的现实需求的回应。就现实维度而言，中国精神是社会主义核心价值体系的根基和精华内容，是中华民族精神的高度概括，也是时代精神的充分呈现。它是对重大现实需求的回应，是一种灵活、动态、开放的多元价值体系和文化，各种价值……彼此配合、相得益彰，就像交响乐一样。另一方面，中国精神是未来全面建成社会主义现代化强国乃至实现中国梦的底蕴和支撑。中国精神是中华民族凝心聚力之魂，也是中国数千年文明发展史积累起来的传统文化及思想的基础和精华，是连接、增强各民族人民的精神纽带，而放眼于未来，这种精神更是引领中华民族走向伟大复兴中国梦的精神动力。习近平总书记强调："实现中国梦必须弘扬中国精神。这就是以爱国主义为核心的民族精神，以改革创新为核心的时代精神。这种精神是凝心聚力的兴国之魂、强国之魂。"[1] 中国精神是我国各个民族的精神之魂，其内涵丰富而深刻，它的生命力和影响力即将呈现于国际社会；其与"一带一路"倡议和人类命运共同体的理念相辅相成。

在当代中国，构筑中国精神具有为中国人民提供精神指引等重要价值。近代以来的中华民族多灾多难，正是在中国共产党的领导下，在中国精神的激励和指引下，中华民族才逐步从积贫积弱、任人宰割的状态中挣脱出来。今天的中国比历史上任何时期都更接近、更有信心和能力实现中华民族伟大复兴的目标。但必须清醒认识到，中华民族的伟大复兴不会一帆风顺地实现，在这个过程中会出现无数的艰难险阻。因此，需要大力弘扬以爱国主义为核心的民族精神和以改革创新为核心的时代精神，从而为中国人民战胜各种风险和

---

[1] 《习近平在第十二届全国人民代表大会第一次会议上的讲话》，载《人民日报》2013 年 3 月 18 日。

挑战提供精神指引。

构筑中国精神，可以为中国道路提供精神力量。任何一种发展道路都离不开精神力量的支撑。实践表明，中国特色社会主义道路符合中国国情，是实现社会主义现代化、创造人民美好生活的必由之路。中国道路具有丰富的创新内容，受到全世界的广泛关注。要把这条道路坚定不移地走下去，需要中国人民持久地发扬中国精神。只有胸怀梦想、敢于创造、团结合作、不懈奋斗，中国道路才能不断取得成功，并彰显自身的世界意义。

构筑中国精神，可以为中国智慧和中国方案提供精神内核。改革开放以来，中国的发展成就举世瞩目，日益走近世界舞台的中央。中国共产党不仅为中国人民谋幸福，而且也为全人类的进步事业而奋斗。中国共产党领导下的中国找到了一条适合自己的现代化发展道路，同时也努力为解决人类共同面对的问题贡献中国智慧和中国方案。中国智慧和中国方案绝不是单一的经济、政治层面的，思想、观念、价值观的层面也不容忽视。而中国精神，正是中国智慧和中国方案的关键内核。只有构筑中国精神，我们才有能力为世界作出更大的贡献。

浅析近现代中国精神自觉意识的觉醒

李玥兴　电气与自动化学院（2022302191191）

【指导教师评语】 文章紧扣中国精神内在的自我意识觉醒这一主题，对什么是主体的自觉意识、主体自觉意识的外部刺激、内部矛盾，以及内外部矛盾的相互作用所造成的精神的自我嬗变，都进行了较为深入的探讨，具有较强的学理性和思辨性。尤为可贵的是，该文作者秉承"文从己出"的原则，整个文章皆是"用自己的语言说话"，没有时髦的"辞令""套语"，而且有一定的哲理性，虽然文字上还显得有些稚嫩，但这种学风是值得提倡的。（马克思主义学院　左亚文）

摘　要： 中国精神的自觉意识以主体意识为前提，根植于主观与客观、内部与外部的矛盾。在矛盾中，中国精神确立了主体性，近代的国家民族危难、现代的思想变迁、外部的刺激与内部的矛盾一并将中国精神的自觉意识推到历史的台前。

关键词： 自觉意识；中国精神；主体；中华文化

中国精神是中华民族经过 5000 年文明发展，从长期的生产实践活动中总结提炼出有别于其他民族的精神，它是辜鸿铭口中青春永葆的精神，是梁卓如呼唤的民族魂。纵观历史，中国精神经历了自觉意识多次的无奈沉寂和反思觉醒，才至于如今的较清醒的自我认知。笔者将通过介绍自觉意识含义，探讨近现代中国精神自觉意识觉醒的现实基础与重大意义。

一、近现代中国精神自觉意识的觉醒

自觉意识即对自我的正确认知，中国精神的自觉意识代表着对精神来源的追溯，对精神在当代表现的觉察，以及对精神在未来发展的内涵的感知。自觉意识形成的过程是：首先回溯精神的来源，探求精神背后的现实内涵与历史底蕴，由表及里，寻找精神的内核；再由核心重新理解表述，形成对精神更深刻的理解。其次，在对于精神内涵有了符合时代背景的认知后，自觉意识进行下一步精神拓展的主要表现形式为面对外来、多元化的文化时由内而外自发展现出的文化自信。对自我有了明确定位与认知，对于外来也就不至于无所适从以至丢失了基本的自信。最后则是中国精神的引领作用，即中国精神深厚的历史底蕴使我们面对未知的未来之时以自觉替代迷茫与惶恐，更重要的是有行事的准则与参考。

（一）　主体意识的缺失——真空的时代

自觉意识是对于自身的觉察，其前提是主体意识，强调自我的存在，意识到将自我放于思考事物的主体。面对客观世界，主体要将观察视角在适当时刻转向自我，从观测世界并做出反应转为观测自我的行为。这不是一件容易的事，自觉意识的觉醒首先需要意识到自我的存在，意识到并接受自己作为观测者的地位，承认自我视角的局限。希腊德尔斐的阿波罗神庙上刻着最著名的一句箴言便是：认识你自己。意识到自我的存在最初往往无法来自自省，相反，是外界的刺激使主体意识到自我在世界上占有的空间与地位，不断的刺激为主体大致描绘出界限即自我存在的空间。

如果一种精神在较长时间内封闭自我，故步自封，那么必要的外界刺激的缺乏会使得精神本身陷入真空境地，在一次次与外界"沟通"无果且自身内部缺乏内驱力时，精神的自我意识与主体意识便会在似乎永恒的固定中渐渐逝去。

至于中国精神层面，清政府统治时期，与不断完善的封建皇权集权制度并行的，是不断减少的文化包容度与高度集中的思想层面统治。整个社会——由清政府至黎民百姓，都沉湎于"天朝上国"的幻梦中。内部的自驱力被扼杀，加之"闭关锁国"的对外政策，主观性与客观性的同步缺失扼杀了主体意识的成长空间，遑论尚处于萌芽阶段的自觉意识。1840 年鸦片战争前，中国精神便被封存在似乎永恒的清政府统治所造成的真空中，其内涵仍在丰富，但却一直处于"人莫不饮食也，鲜能知味也"[①] 的阶段。

（二）　外部刺激逼迫内部反思——近代的探索

激发并保持主体意识，在此基础上发展出自觉意识的根源便在于矛盾。其主要表现为

① 《大学·中庸》，王国轩译注，中华书局 2012 年版，第 53 页。

从客观与主观两角度进行的自我反思。客观源于外界刺激，是外界与自我的矛盾。外界对于自我的碰撞使精神保持主体意识，接触到无法从内部观测到的方面，进而促进对于这一方面的自我反思。主观则是由精神本身内部的矛盾引发的思考。多元化的中国文化意味着不同思想间存在差异与分歧，思想间的碰撞带来的内驱力便是主观自我反思的起点。百家争鸣时期文化的繁荣，不同思想流派皆有生存与发展的空间。这一时期中国精神鲜明的自我意识便是在春秋战国政治格局的不断变化（外界刺激）与不同思想流派间的争论与冲突（内部矛盾）的共同影响下表现出的重要特征。

至于近现代，客观的外界刺激主要表现为近代帝国主义由政治军事经济层面发展到文化层面的入侵。当鸦片战争的炮火在和平的表象上炸出巨坑，捆绑中国精神的锁链也随之一颤。随着丧权辱国的协议一张张签订，怀揣着发财梦想的外国商人带着他们多元的文化一起涌入这片古老大地，中国与外国的利益矛盾、国家存亡的危急时刻，这些外部刺激为中国精神的自觉意识的觉醒提供了客观环境；而外国文化的逐步入侵与中国传统文化的矛盾，则为之提供了内部深层矛盾的温床。

应对客观层面的外部刺激，中国作为承受主体自发完成了由表及里、由器物到精神本身的曲折探索。洋务运动时期，人们坚称"师夷长技以制夷"，希望"中学为体，西学为用"，仍保持中学为核心，坚守君主专制的基本制度及其伦理道德与纲常名教体系，仅学习西方的技术。这是面对外部刺激和威胁采取的直接应对尝试。但西方技艺与工业革命的产物裹挟着不被察觉的思想理念与政治政体逐步蚕食着清政府的地基，深层的文化刺激只有发展到威胁正常社会生活时才会被注意到。当1894年中日甲午战争惨败，梁卓如坦言："吾国四十余年大梦之唤醒，实自甲午战败割台湾、偿二百兆以后始也"[1]，直接应对外部威胁的措施失败，更为贴近生活的威胁令中国的许多知识分子与统治集团内部的一些人员不得已将视线转向更深层的阶段，开始对中国本身的政治政体进行反思。这种反思与尝试一直持续到以孙中山先生为代表的革命派将理论彻底付诸实践。但同样，骤然发生的袁世凯窃取革命果实与接下来的军阀割据的混乱场面又让对于政治体制的探索陷入僵局。此时，与国家危亡同步，更深层次的反思——对于传统伦理道德体系的拷问终于开始了。新文化运动高举"德先生与赛先生"的旗帜，公开提出反对旧道德，提倡新道德，更有甚者提出"全盘西化"的思想。虽为过激之言，有矫枉过正之嫌，但正是从彼时起，精神层面的讨论使中国精神的主体意识得到确立，人们开始意识到精神层面的问题。当梁卓如呼喊"中国魂"时，他试图将精神具象化，这必然面临对于精神本身的界定与扬弃。这也代表对于中国精神自我的认知与反思开始了。在跌跌撞撞的摸索中，中国精神如同尼采精神三变过程中的狮子，面对沙漠深处那条每一片鳞甲上都闪着"你应当"自傲的巨龙，喊出神

---

① 梁启超著：《戊戌政变记》，中华书局1954年版，第1页。

圣的"否"字，否认传统文化中的糟粕，否认巨龙那套"事物的一切价值——闪耀在我的身上"① 的说辞。此后车轮开始旋转，自我反思成为回顾的习惯。

（三）神圣的肯定——新中国新开端

走过被迷茫、困惑、绝望与希望所充斥的近代，中华人民共和国的成立开创了历史的新篇章。但无论对于一个落后的农业国还是百废待兴的新政权，这都是一段充满矛盾的艰难历程。我们经历了全面的反孔思潮，经历了小心翼翼地睁眼看世界，接纳外来新事物，其中就包括外来的文化与思想，也同样经历了 24 个字的社会主义核心价值观的提出，看到了"中国精神"的首次亮相。在矛盾中，中国精神确立了主体性，近代的国家民族危难、现代的思想变迁、外部的刺激与内部的矛盾一并将中国精神推到历史的台前。意识到自我的存在，自觉意识便也渐渐觉醒。2013 年习近平总书记在十二届全国人大第一次会议闭幕式的讲话中第一次明确提出"中国精神"。他说："实现中国梦必须弘扬中国精神。这就是以爱国主义为核心的民族精神，以改革创新为核心的时代精神。这种精神是凝心聚力的兴国之魂、强国之魂。"② 其实，强调中国精神是中国精神自觉意识发展至一定阶段的必然，成功树立主体意识，下一步便需要一句神圣的肯定，对于过去起源的肯定，对于现在存在形式的肯定。唯有使现存的明正且言顺，人们才对或遥远或近在咫尺的未来有信心。

中国精神的自觉意识在现当代有多重表现形式，其中有意识地总结近现代以新形式呈现的中国精神便是之一。具体精神有新民主主义时期的井冈山精神、社会主义建设时期的"两弹一星"精神、改革开放和社会主义现代化建设新时期的载人航天精神以及中国特色社会主义新时代的脱贫攻坚精神，等等。以上的精神是依据历史的维度划分，从时间与事件中提炼出的核心。能有意识地从现有重大事件中提炼抽取抽象精神，一是代表高度重视本事件，二是高度重视精神层面的思想建设，三是代表对于事件本身有较为高屋建瓴的概括意识与反思意识，是精神主体有意识地在与客体互动。主体从客体中被提炼出，同时主体又推动客体的发展。近现代中国精神以中国共产党人的精神谱系为核心，发挥引领激励作用，激励一代代共产党人坚守初心，心怀远大理想，恪守行事原则，为社会主义的建设不断奋斗。

---

① ［德］尼采著：《查拉图斯特拉如是说》，钱春绮译，读书·生活·新知三联书店 2007 年版，第 22 页。

② 《习近平谈治国理政》（第一卷），外文出版社 2018 年版，第 40 页。

二、中国精神自觉意识觉醒的意义

中国精神的自觉意识其重大意义主要表现在时间、空间两重维度。

首先，就时间维度而言，中国精神的自觉意识沟通过去、现在与未来。当中国精神主体性确立，对于自我的反思与探索将精神自然而然地导向精神的起源，"和"文化、"仁"的思想、"自强创新"的精神，等等，这些中国精神根源于中国的深远历史。在探寻过程中，我们不仅在寻精神，更重要的是寻根，寻找支撑民族跨过苦难的精神源泉，与一个个抽象词汇背后点点滴滴的故事。是深厚的现实基础支撑起一个精神，这一个简单的词汇背后是跨越空间与时间维度的社会生活。其次，明白自己从何出发、经历了什么，才知道自己是谁。明白了自己是谁，对于现在与未来中国的发展有对内、对外两方面的重大意义。对外而言，面对如今多元化的文化冲击，坚守优秀传统文化，兼收并蓄，敢于并善于吸收外来文化的精华，其底气便在于文化自信。而实现文化自信的一个重要组成部分就是明确中国精神，从而做到了解、相信、信仰自己的文化传统与精神内核。同时，对于中国本身，中国精神作为一个精神抽象的核心，本身也具有引领作用。自觉的中国精神有自我扬弃的意识，能随着时代的发展不断丰富自己内涵的同时抛却为时代所淘汰的东西，无论是在面对一些重大抉择，抑或是生活小事，中国精神都有参考价值，并作为行事原则而存在。

从空间维度来谈，主要表现为内外矛盾调和。纵观近现代中国史，我们应始终保持中国精神的主体意识。虽然近现代中国精神主体意识起于内忧外患，但新时代有新方法。对于外界刺激，我们将外界威胁转化为与外部文化的积极交流与沟通，以文化上的碰撞代替国家、军事力量的较量；对于内部矛盾，国家创造有利条件，为文化繁荣、民族和谐、国家统一的思想留有生存的空间，在不断的交流碰撞中保留符合时代要求的精神，这不仅丰富了动态的中国精神，也为中国精神的进一步发展提供了永久的内驱力。

之所以要保持主体意识，其核心还是在于对中国精神的自觉意识的维护。时常叩问自己为何人，来自何方，又向何方而去。明白这三个核心问题，也就明白了为何要珍惜、保护自觉意识并为其进一步发展演化提供沃土。

浅谈中国精神的现代化

王家树　　弘毅学堂（2022300002010）

【指导教师评语】论文以"中国精神的现代化"为主题，讨论了"中国精神"现代化的原因、内涵、途径等重要问题。论文的一大亮点是作者从六个方面阐述了"中国精神"现代化的内涵，尤其"寻求古典中国精神的现代化表达""吸收容纳西方精神中的有益部分""激发人民群众的深层中国精神力量"等观点，均有一定的理论意义和现实价值。论文结尾讲到中国精神的现代化又会反哺中国发展，使得文章的立意更高。（哲学学院　秦平）

摘　要：在中国现代化之路上，中国精神的现代化必不可少。但我们究竟该如何定义它，如何落实它，落实之后又会有什么好处？本文立足于当下中国的现代化进程，以中国精神为核心，尝试从较深的层次和实际角度论述中国精神现代化的含义，其较为宏观的落实措施以及对中国现代化进程的影响，表达对中国精神的信心和期待，重在为读者提供一种思路和方法以供参考。

关键词：中国精神；现代化；民族复兴；文化

中国精神，博大而久远，亘古而流长，这是我们所熟悉的，可是如今，现代化浪潮滚滚而下，资本主义的文化大举入侵，似乎将我们的精神冲刷殆尽。实则不然，5000年的文化底蕴不是说走就走的，它只是暂时隐匿了一段时间，蛰伏于我们的生活之中，不曾离去。而如今西方对我们的文化入侵愈演愈烈，正是我们拿起这把最有力的文化之剑，去保卫我们所生活的这片热土的时刻，但是这把剑似乎有些锈斑，需要我们去重新打磨一下，去让它的本质从文献中显露出来，走进生活的方方面面。且看如今少数现代青年缺乏目标与动力，一味地被一些价值观所引导，最终走上了精致利己主义或是享乐主义的道路，走完一生，便会发现什么也没有，什么也没剩下。人性本当如此吗？绝非，那尘封了多年的中国精神正在呐喊，什么才是作为一个中国人应有的作风和精神，什么才是一个中国人的可为和可不为，什么才是最美的，我们要做的就是让那中国精神的声音响彻整个中华大地，让世界好好看一看，中国精神的力量究竟有多么强大。再言，中华民族正要走出伟大复兴的关键一步，而民族的复兴，必须要伴随文化的复兴，而那蕴含在文化里的中国精神，也必然要亮其锋芒，光耀四方，否则，民族复兴不过是一纸空谈。《易经》有言：天地变化，圣人效之。此时此刻，正是中国精神向着现代变化之时，变则兴，不变则亡。

一、什么是中国精神的现代化

中国精神的现代化，包含方方面面，这里我选择以下六点论述：取其精华，弃其糟粕；寻求古典中国精神的现代化表达；吸收容纳西方精神中的有益部分；激发人民群众的深层中国精神力量；深入挖掘原有的中国精神；继续探寻新的中国精神。

第一，取其精华，弃其糟粕。5000 年的文化，有类似于三纲五常那般封建迷信或者落后于时代的部分，我们不能全要。也有其超越于时代不会被历史湮灭的精华，我们要把它挑出来并发扬光大。

第二，寻求古典中国精神的现代化表达。中国精神虽然有精华，但其媒介以文言文、诗歌为主，往往过于古老，容易让普通人费解或误解。而现代的新型媒介如视频、小说、海报等则更易于理解、方便传播，我们就可以将古代的中国精神同现代的媒介相结合，创造出诸如论语连坏画、河南卫视传统舞蹈这种新颖的表达，从而碰撞出璀璨的火花！

第三，吸收容纳西方精神中的有益部分。中国精神固然有其不足，但我们可以借鉴西方精神中的合理成分，对其进行重新诠释，从而实现对中国精神的丰富与升华。但此过程必须慎之又慎，不可改变中国精神的内核，而且不能颠倒主次，中国精神在这个过程中应始终占据主导地位。

第四，激发人民群众中的深层中国精神力量。我们任何时候都离不开人民群众的支持，中国精神的现代化更是如此。中国精神是由人民群众创造的，我们应该将中国精神同人民群众的需求紧密结合，将其贯彻在日常点点滴滴的工作和生活之中，这样才能让人民群众充分感受到中国精神的力量，从而将其内化于心、外化于行。正如在新冠疫情中诞生的抗疫精神，便是人民群众的中国精神力量被激发后诞生的新时代的中国精神。

第五，深入挖掘原有的中国精神。中国很多古代文献都没有被完全解读，还有一些内容是可以有多样化的解读，但目前这方面的工作还做得很不够。例如目前甲骨文只被破解了一小部分，这就需要有更多的专家学者去研究和挖掘其中的精髓，将其融入中国精神，由此才能构建一套完整的中国精神叙事体系，丰富中国精神的内涵。

第六，探索新的中国精神。时代在变化，生产力的发展终将创造新的生产方式，而新的生产方式又会创造新的经济基础，从而构建出中国精神新的内涵。这些新的内涵促进了中国精神的与时俱进，只有一个与时代紧密结合的精神才能得到人民群众的理解与认可，进而被传播与接受，从而生生不息。近代以来，我们已经在这方面作出了许多有益探索，例如凝练出了红船精神、长征精神等。

二、中国精神现代化之本——经济基础

在如今的市场经济体制下，物质生活相比于原来富足了很多，人们的欲望也被市场无限放大，再加上娱乐方式丰富多样，并且很多人陷入其中不能自拔，中国精神也因此遭遇了前所未有的巨大挑战，而中国精神该如何存活下去，成为一个异常重要的问题。

在思考这个问题之前，首先我们应该弄明白：中国精神的基础是什么？中国精神来源于中华文化，而中华文化则来源于中国人数千年来的生产生活方式，整个国家的生产方式决定了整个国家的民族精神。

因此，要想使得中国精神真正现代化，我们就必须从生产方式入手。

市场经济要求人们去不断逐利，再明智有德行的人不能好好地利用市场，也会被市场淘汰。

更具体一点，中国精神的现代化必须从看似与其毫不相干的市场经济入手，不改变经济基础和生产方式，中国精神就将失去它的心脏。你要一个失去心脏的人如何与一个心脏旺盛跳动的人战斗呢？

可是，问题在于，我们再也回不到过去，过去中国精神的依托一去不复返了。所以，我们必须为中国精神找到新的经济依托。而这个过程，便是中国精神现代化最重要的一点。

而我的观点就是改变市场。当符合中国精神要求的人能够在市场上乘风破浪，我们又怎么用得着担心中国精神没有人愿意接受呢？当符合中国精神要求的人能够在工作中受人尊重时，我们又如何会担心中国精神叫好不叫座呢？

首先从教育开始。应试教育固然能量化一个人的能力，但是一个人的中国精神却是无法被量化的，再加上巨大的学业压力，一些以素质教育为主要内容的课程学生往往会不听或者不认真听，最后的效果被大打折扣。但是如果强行降低学生的学业压力，会使学生在市场上的竞争力减弱。那有没有一种方法，能够降低学生学业压力的同时又不会减弱他们在市场上的竞争力？答案是提高效率，用最少的时间，教最有用的课程，不必贪多学时，

让学生用最少的时间学到最多的东西，这样学生就能在不改变市场竞争力的前提下挤出来时间。但是，他们有时间了，那这个时间用来做什么呢？去玩，这点受市场影响是难以改变的。因此，最重要的就是如何让学生在自主休息时接触到更多的中国精神。那么我们何不将中国精神的讲解变成一种"玩乐"，而我认为，中国精神仅仅是一本书，一堂课，一学期，是讲不明白的，一切都要以实践为本，而实践恰好是一种"玩乐"，而一个事情如果变成一种"玩乐"，那它便能跟随一生，自然不用担心时间的问题。因此，便可以由老师带领学生去社会中实践，去看一看社会上有哪些中国精神的范例，去随处学习，并且这门课可以贯穿学生的学业生涯。另一种方式，就是在社会上创造更多富含中国精神的讨喜的文化产品，类似于游戏、电影、视频、实体周边等。如此，中国精神才能更加深入人心，这也便是中国精神的现代化表达，本质上是为中国精神在娱乐市场上创造了一个经济基础：中国精神相关娱乐市场。

再谈市场，市场的本质是商品交换，每个人利用自己的工作能力赚钱，再用赚来的钱买自己想要的东西，而其中对人影响最大的就是工作。所以，第一条便是要改变工作，给予符合中国精神的工作足够的尊重与优待，比如农业要给予补贴，这些看似经济调控的措施，对于中国精神却有着举足轻重的影响。当勤劳的人民不再受苦受难，中国精神现代化的实现也就指日可待了。

三、中国精神现代化反哺中国发展

中国发展推动中国精神现代化的发展，而中国精神现代化亦会反哺中国发展。正如邢斐先生在《中国教育报》中所言："我国的现代化发展既需要强大的物质力量作为保证，更需要强大的精神力量作为指引。中国式现代化是中国人民在长期奋斗中逐步实现的，彰显出伟大的创造精神、奋斗精神、团结精神、梦想精神，这既为中国式现代化提供了强大精神支撑，也同时深刻影响着当代中国发展进步和当代中国人的精神世界。"中国式现代化，讲究以人为本，发展，重点也在于人。既然如此，满足人的各种需求就显得尤为重要。而人的需求包含物质和精神两方面。根据马斯洛需求层次理论，可以预见的是，随着人民物质生活的逐渐丰富，其精神需求也必将快速增加，而我们必须为此作好准备，中国精神现代化便是其中的重点之一。一旦实现，将在根本上为中国现代化进程注入源头活水。那么中国精神的现代化究竟如何反哺中国发展？

首先，中国精神现代化将有利于国民素质的提升，诸如"中国式过马路"，中国游客乱丢垃圾等类似现象将会有所减少，而这又将会一定程度上降低管理成本，提高社会运行效率，塑造良好而独特的中国人形象，从而提高我国的国际形象。与此同时，人们的精神世界将会更加饱满，精神追求将会更加远大，这会增加人民向上向善的动力，指引正确的人生方向，提高工作效率，诸如盲目追星和把时间浪费在垃圾游戏上等不良现象也将会大大减少。

无论是抗疫时医护人员的奋勇请缨，抑或是华为公司在面对美国制裁时的空前团结，学生在进行学习合作时的分工有序，大到国家发展，小到个人生活，都离不开中国精神的支撑，我们构建的这种强大精神，才是中华民族屹立于世界民族之林的根本所在。中国的现代化进程，只有在中国精神的护航之下才能平稳推进。

新发展理念下的中国精神研究

周芷璇　弘毅学堂（2022300004065）

【指导教师评语】本文结合中国精神的各个方面阐释了创新、协调、绿色、开放、共享的新发展理念，指出其中蕴含着自强创新、和而不同、道行天下、天下大同、以民为本的中国精神，指出中国精神与新发展理念的结合是一条必经之路，一方面使传统中国精神现代化，另一方面使新发展理论特色化，从而将传统与现实、理论与实践结合起来，并能促进新发展理论更好地发展。总之，本文具有一定的理论意义和现实价值，行文格式遵守学术规范，是一篇优秀的学生论文。（哲学学院　连凡）

摘　要：创新、协调、绿色、开放、共享的新发展理念，蕴含着丰富的中国精神，诸如自强创新、和而不同、道行天下、天下大同、以民为本。中国精神注入新发展理念，不仅让中国精神现代化，也让新发展理念特色化。在当代，知行合一与爱国统一的中国精神的培养以及融合，有助于新发展理念更好地贯彻。

关键词：中国精神；新发展理念；现代发展

新发展理念是习近平新时代中国特色社会主义思想的主要内容之一，意义重大。中国精神是蕴含于民族、国家与时代的内核与灵魂，是一种历史性的存在。新发展理念和中国精神都具有强烈的国家与民族特色，内涵极为丰富。在新发展理念中寻找中国精神、解读中国精神，是对新发展理念与中国精神的多维理解，有助于大众更好地消化两者的精髓。

一、新发展理念中体现的中国精神

创新发展旨在提供充足的发展动力。在当代，创新是引领国家高质量发展的第一动力。新发展理念中，"创新"被置于第一位，足以见得其重要程度。

（1）自强创新的精神是中国精神中重要的组成部分之一，并且与创新的发展理念遥相呼应。其中，自强精神与创新精神是一脉相承的。举例来说，洋务运动创新技术、开创新政，为的是民族自强，救亡图存。结合来看，自强精神是创新精神的核心内驱力与目的所在，创新精神是自强精神的实现方式与外在表达。

新时代里，追求发展上的创新，不仅体现了民族中敢于开拓、乐于开拓的创新精神，而且展现了不断进取、超越自我的自强精神。"神舟"飞天，"蛟龙"深潜，港珠澳大桥飞架大湾……大国重器和重大工程是自强创新精神的当代表达。

自强创新精神强调因时而动。《诗经·周颂》中"维天之命，于穆不已"①，强调着外部环境的不断变化。这与如今时代日新月异的变化性、进步性是相吻合的。《周易》中写道："天行健，君子以自强不息"，意为天道无休止地运转，君子也应当效法之，刚健自强，永无停止。每个时代都有自己的"天道"。智能化、自动化、科技化、高质量化已成为当下发展模式的必然走势，选择顺应发展趋势，选择适应时代走向，即选择了创新的发展道路。

新发展理念中的创新理念，在中国化的话筒之下，表达为致力于追求适应高质量发展而求新求变、因势而变、乘势而上，结合中国国情，走中国道路。

（2）协调发展对应我国发展过程中存在的不平衡现状。协调发展要求物质文明与精神文明的发展、城市与乡镇的建设发展、不同区域的发展等方面做到齐头并进。

协调的发展理念，蕴含着和而不同精神中的"和合文化"。和合学奠基者张立文先生也认识到发展中存在的不协调方面。他认为中国自现代以来面临的三大挑战中包含"五大冲突"，而五大冲突的内容与协调发展所关注的矛盾有相似之处，即人与自然、人与社会、人与人、人的心灵、不同文明之间的冲突。因此，面对这样的矛盾问题，张立文先生探源中国和合文化，开创和合学。

从儒家倡导的人和论，到和合文化，再到"构建社会主义和谐社会"的概念，历代中国人民见证和而不同精神的变迁。在今天，和而不同的精神依旧熠熠生辉。协调发展理念的背后便是一个"和"字，要求人民以和谐的态度来看当今社会发展的部分矛盾之处，同时也要求建设者们以和谐的思维统筹全局，协调发展各个区域与各个方面。

（3）绿色发展瞄准人与自然的共处模式。随着发展的进行，我国资源紧张问题日益明显，粗放式发展给生态环境带来了巨大的压力。在这样的背景下，人民群众对优美的生态环境、放心的饮食安全、清新干净的空气更为渴求。故而，要想实现可持续性发展，绿色发展道路是中国人民的必选之路。

---

① 《诗经译注》，周振甫译注，中华书局2010年版，第464页。

生态观在中国思想发展史上早有出现，中国精神中的"道行天下"精神就有所涉及。譬如《道德经》中"道法自然"的意思是道是自然生成的，它效法、学习自然。道是至高无上的，道犹取法自然，人类又怎能无视甚至凌驾于自然之上？道行天下的精神要求人类要遵道而行，按客观规律行事，自然要顺应自然发展。在新时代发展过程中，这个"道"就是生态系统调节能力，也是工业发展和自然恢复的关系。越来越多的乡村脱贫策略转向发展旅游业，严格落实"绿水青山就是金山银山"。

同时，绿色的发展理念，也与"和而不同"精神有千丝万缕的联系。和而不同的"和"字，也包含着人与自然的和谐。这一"和文化"与"天人合一"的儒家思想密不可分。"天人合一"是人与自然平等的宇宙观，有利于促进人与自然协调发展的生态文明。朱熹有云："因天地自然之利，而搏节爱养之事也。"[①] 他也强调保护自然，顺应万物生长规律，才能创造出人和自然和谐共处，相互协调的良好局面，实现我们今天所说的"可持续性发展"。

（4）开放发展放眼于国内外发展的动态关联。开放，是把世界请进来，也是自己大方地走出去。开放强调打破国与国之间的高墙壁垒，与其他国家团结合作，开创互利共赢的良好局面。

中国精神之世界大同的精神则对我们实施开放时所应具备的胸襟与气度作出了要求。开放的发展理念，既是追求国家自身的经济发展，也是追求国家能在世界的舞台上扛起一份责任。它体现了当下之中国在世界舞台上依然描绘着大同蓝图，并为大同世界而不懈奋斗，不断出力。"金砖国家"和"一带一路"倡议是中国对"大同"理念的践行。

"世界大同"的精神在中国精神发展史上的映射便是大同世界的最高理想。从孔子师生问答中的大同世界，到康有为与孙中山建设大同世界的憧憬，再到今天"人类命运共同体"的家喻户晓，中国的发展一直是向外张开怀抱的，体现着兼收并蓄，共建大同世界的胸怀。

（5）共享发展聚焦发展经济的"蛋糕"分配问题。改革开放后，我国经济不断实现腾飞。收获了改革开放的成果，也要考虑如何共享成果。"全面小康""共同富裕"是我国践行共享发展理念的最好写照。

中国精神中"以民为本"的精神恰恰为共享的发展理念提供了文化内涵与精神内核支撑。"民本"一词，充分说明了人民是治国理政的基础部分，也是治国理政的价值导向，爱民、保民、富民是对执政者的根本要求。

但当代的共享发展理念，又是对封建统治下"民本"理念的扬弃。用毛泽东同志的妙喻来说，封建统治者的"爱民"如同"爱牛"，无非是让其更卖命地劳动。而当下的共享

---

① （宋）朱熹注：《四书章句集注·论语集注》，中华书局1985年版，第158页。

理念，则是真真切切地从人民的利益出发，为人民着想，为人民谋福祉。这是新发展理念对中国精神创造性转化、选择性发扬的例证之一。

由于中国源远流长的历史，中国精神的发源须追溯到离当代人过于遥远的时代。脱离了感同身受的历史背景，再加上陌生的语言环境，当代人理解中国精神更为困难。因此，中国精神需要结合现代化的语境，依托一个时代化的载体来进行表达与传承。

诸如"道行天下"对于大多数普通人来说，理解起来有一定的难度，备感抽象。但新发展理念将"道法自然"现代化地表达为"绿色发展"，揭示了两者按客观规律办事、顺应自然与天道的共同本质。

人类社会在不断的发展中探索出的发展之道逐渐趋同，许多的发展观念得到了多个国家的认可与践行。而中国的新发展观念可以在中国精神里寻找根源，具有中国特色，与西方治国理念与思想文化区分开来。绿色发展观是全球都在践行的发展观念，从古至今，从过去到现在，无数人都强调着这一思想。比如西方的康德所说的"人为自然立法，实现人的自律与自然的和谐统一"①，同样蕴含着生态环保的理念。中国绿色发展观背后有"天人合一"这一历史悠久、中国文化气息十足的儒家思想作为支撑，彰显出中国特色。

二、践行新发展理念仍需运用中国精神

新发展理念不仅需要被读懂，还需要被大众践行。因此，中国精神中知行合一的精神在新发展理念的落实上显得尤为重要。

列宁针对革命进行了有关知行的论述："没有革命的理论，就不会有革命的运动。"②毛泽东同志进一步提出："马克思主义的哲学认为十分重要的问题，不在于懂得了客观世界的规律性，因而能够解释世界，而在于拿了这种对于客观规律性的认识去能动地改造世界。"③ 知与行密不可分，彼此作用于对方，也相互促进着。新发展理念是根据曾经的经验教训总结出的发展之路，在理解了它背后的内涵后，付诸实际行动才能赋予新发展理念实际意义。同时，践行新发展理念，也是对自身理解与理念本身的检验。因此，新发展理念需要我们知行结合，知行并重。

新发展理念是我国的特色理念之一，是中华民族独特又宝贵的精神财富。让人民群众笃信、践行新发展理念，犹需以爱国统一的中国精神作为信念支撑和凝聚中心。

---

① 转引自俞晓红主编：《女性·文化·社会：纪念三八国际劳动妇女节 100 周年文集》，安徽人民出版社 2010 年版，第 67 页。

② 《列宁选集》（第 1 卷），人民出版社 2012 年版，第 311 页。

③ 《毛泽东选集》（第 1 卷），人民出版社 1991 年版，第 292 页。

爱国统一的中国精神随着历史的发展也不断丰富完善着。到了当代，爱国统一的精神不仅表现为爱国家的土地、爱国家的人民，还表现为爱国家的建设、爱国家的制度与理念。爱国统一的精神之于中华儿女，犹如精神之钙，为他们注入建设祖国的决心与斗志，也为共产党人坚定服务人民的信念，增强国家和民族认同感。鼓励他们贯彻落实国家的新发展理念，坚定地走中国特色社会主义道路。

新发展理念和中国精神都是中国的优秀思想文化，值得大众去研究，思考它们的内生关系，找到它们各自的内在逻辑和两者的紧密关联，并在全国乃至世界的注目下传承、发扬、实践，从而促进二者的共同发展。中国精神的当代映射与世界化表达也不仅限于新发展理念。当下，中国不断在世界的平台上贡献出中国方案、中国智慧，在国际问题的处理上显示出中国态度、中国胸怀，它们无不蕴藏着中国精神，也自然可以作为今人与后人研究中国精神的载体。

从黑格尔的质疑看中国精神的存在性问题

郭赛君　弘毅学堂（2022300001001）

【指导教师评语】中国精神是否存在，即中国精神的合法性问题是中国精神导引课程的基础课题之一，所以，本选题是有价值的。此文从黑格尔否定中国精神的合法性入手，从四个方面有针对性地进行批驳，同时亮出自己的观点。其思路完整，逻辑清晰，观点明确，故此推荐。（马克思主义学院　杨建兵）

摘　要： 德国哲学家黑格尔在《历史哲学》中国篇中曾提到关于中国精神存在性的看法。他称"凡是属于'精神'的一切，一概都离他们（中国）很远"，即在他眼中，中国社会是没有"精神"存在的。显而易见，黑格尔的观点较绝对，具有其不合理性。在理解的基础之上反驳黑格尔的观点，有利于对中国精神存在性及其内涵的进一步明晰。

关键词： 中国精神；黑格尔；存在性

德国哲学家黑格尔在《历史哲学》中国篇中否定了中国精神的存在性。需特别指出，因为黑格尔的《历史哲学》发表于 19 世纪，正值中国的清朝统治时期，所以这里的中国社会特指"中国传统社会"，而非现当代社会。黑格尔在《历史哲学》中详细列举了他对于中国传统社会的看法，以阐明其否认中国思想存在性的原因。

一、对黑格尔观点的解读

想要探讨黑格尔否定中国精神存在的原因，首先，应明晰他对于真正存在的"精神"的定义。

黑格尔认为西方的宗教信仰是带有"精神"的，而中国没有发展程度较高的宗教，故没有真正的"精神"。此外，英国外交家乔治·马戛尔尼的看法与黑格尔呈现高度一致性，他认为中国人没有信仰是因为没有宗教。黑格尔口中的"精神"和马戛尔尼口中的"信仰"内在逻辑是相通的，所以在这里，可以把它们看作同等之物。

宗教确实是一种信仰，但这并不代表信仰只包含宗教。将宗教当作唯一信仰确实带有西方式思维的偏见，但这也引导着我们去思考一个问题：两人何以认为宗教是一种近乎唯一的信仰？黑格尔《历史哲学》中有如下解释：

"因为我们所谓宗教，是指'精神'退回到了自身之内，专事想象它自己的主要的性质，它自己的最内在的'存在'。在这种场合，人便从他和国家的关系中抽身而出，终究能够在这种退隐中，使得他自己从世俗政府的权力下解放出来。但是在中国就不是如此，宗教并没有发达到这种程度，因为真正的信仰，只有潜退自修的个人、能够独立生存而不依赖任何外界的强迫权力的个人，才能具有。"①

用黑格尔的话解释，宗教是一种纯粹的人类内心活动。在进行宗教活动的时候，世俗政府的权力是毫不干涉其中的，人因此可以拥有一种非常隐私的、丝毫不受外界干扰的空间，从而自发地产生完全代表个人意志的思想。而信仰，则是人对一个事物发自内心的狂热追求，它的成立前提，即对此追求事物怀有无比确凿的信任。

两者结合来看，宗教情结恰恰解决了人类思想的本质性问题，既对于世界发源的疑惑与不安，而且由于它的产生是独立自主的、代表个人意志的、不受外界强迫的，故自然可以获得人确凿的信任，进而被定义为一种"信仰"，或说"精神"。

而中国人的思想呢？中国社会流行的思想可以获得这种来自人本身的信任感吗？黑格尔认为，中国人的思想因为受到了皇权的严重干涉，丧失了这种信任感，进而不能被称作"精神"。在《历史哲学》中，黑格尔不止一次提到的中国的君主问题，部分列举如下：

"'实体'简直只是一个人——皇帝——他的法律造成一切的意见。"

"在国家之内，他们（中国人）一样缺少独立的人格；因为国家内大家长的关系最为显著、皇帝犹如严父，为政府的基础，治理国家的一切部门。"

"除掉皇帝的尊严以外，中国臣民中可以说没有特殊阶级，没有贵族。"

"天子实在就是中心，各事都由他来决断、国家和人民的福利因此都听命于他。"

"在中国，那惟一的、孤立的自我意识便是那个实体的东西，就是皇帝本人，也就是'权威'。"②

---

① ［德］黑格尔著：《历史哲学》，王造时译，上海书店出版社 1999 年版，第 137 页。
② ［德］黑格尔著：《历史哲学》，王造时译，上海书店出版社 1999 年版，第 137 页。

可以看出，黑格尔对封建君主呈较为强烈的抨击态度。在他眼中，中国君主意志过分强烈，它几乎毫不留情地侵占了市民的个人意志，让市民没有给自己留下丝毫隐私的、纯粹的、不受皇权打扰的精神空间，中国人的思想亦因此难以产生确凿的信任感与真正的精神。

黑格尔还列举了中国人的种种表现，以证明中国人丧失了真正的精神。在此以《历史哲学》中黑格尔对中国为官和刑罚制度的看法为例：

> "政府官吏们的尽职，并非出于他们自己的良知或者自己的荣誉心，而是一种外界的命令和严厉的制裁、政府就靠这个来维持它自己。"

> "一顿笞打原是极易忘怀的，但是对于有荣誉感的人，这是最严厉的刑罚，这种人他不愿意他的身体可以随意受人侵犯，他有比较细致的感觉的其他方面。中国人就不一样，他们认不出一种荣誉的主观性，他们所受的刑罚，就像我们的儿童所受的教训；教训的目的在于改过自新，刑罚却包含罪恶的正当处罚。刑罚警戒的原则只是受刑的恐惧心，而丝毫没有犯罪的悔过心。"①

在以上文本中，黑格尔表明，中国官吏的尽职尽责是虚伪的，因为它并非源自自身的上进心、责任感或荣誉心，而是源于对君主强权的恐惧。刑罚也是同样，它之所以可以对中国人产生约束效果，仅仅是因为人民恐惧皮肉之苦，它并不能真正地触碰人们的羞耻心。

在这里，黑格尔的文本中强化了一种"恐惧感"，即普通市民对于皇权的恐惧感。正是在这种恐惧感的驱动下，人们可以履行自己的社会职能，维系稳定的社会秩序。而这种稳定只是一种虚伪的、脆弱的表象，它站不住脚，因为它根源于政治外力的强迫，而非根源于人们内心对于现实情况的认可与信任。黑格尔否定这种政治恐惧感对思想的玷污，认为它不能算作精神，因为真正的精神，一定是人自发产生的、不受其他因素干扰的。

黑格尔认为，中国人民在封建君主面前是非常谨小慎微的，是奴性的、自贬自抑的。君主的权力可以膨胀到随意地取走他们的性命，而他们却丝毫不反抗，不追求任何人性的尊严、人格的自由。他们只是全然恐惧于、臣服于封建君王，并认为这本身是一件理所应当的事。但是，历史的现实告诉我们，中国人面对君主的暴政并非没有丝毫反抗。正是因为反抗，才会有一个政权被另一个政权推翻，才会有历朝历代的更迭。对此问题，黑格尔评述道："中国很早就已经进展到了它日的情状；但是因为它客观存在主观运动之间仍然

---

① ［德］黑格尔著：《历史哲学》，王造时译，上海书店出版社 1999 年版，第 134 页。

缺少一种对峙,所以无从发生任何变化,一种终古如此的东西代替了一种真正的历史的东西。"① 可见,黑格尔直接否定了中国历史的存在性,认为中国的朝代更迭不过是历史的循环往复。"历史存在性"问题可以和"精神存在性"问题有所互通。在这里,黑格尔侧重强调的不是历史本身,而是"历史精神"。虽然中国的朝代在更换,但是推翻前一个朝代后,建立的下一个朝代还是封建君主制王朝。黑格尔认为这样的更迭是无意义的,因为没有任何一个朝代可以展现出个人意志和君主意志的对峙,或反思到君主意志干涉了个人自由。相反,每一个朝代反复性地走上了前朝的老路,所以,黑格尔认为中国历史是没有精神进步性的。

此外,对于被广泛视为中国传统社会精神代名词的儒家思想,黑格尔也发出了反驳:

> "孔子只是一个实际的世间智者,没有一点思辨的哲学,只有一些善良的、老练的、道德的教训。"②
> "他(孔子)的思想中含有一种反复申说、一种反省和迂回性,使得它不能出于平凡以上。"③

由此可见,黑格尔轻视儒家思想,认为其乃浅层的道理,而非深层的哲学。这当然与他自身对儒家思想了解不足有关,但同时,儒家思想在某种程度上确实是统治阶级用于控制社会的手段。

黑格尔在《历史哲学》中曾提到三纲五常的问题:儒家思想不断僵化异化,尤其在黑格尔所处的清王朝时期,已经在很大程度上演化成了禁锢人思想的封建礼教。儒家的"道德"在黑格尔眼中不再是一个褒义词,反而变成了封建君主专制的帮凶,因为儒家道德观的立足点不完全为"个人",例如"君君臣臣父父子子"的封建孝道与忠君思想,是为了维护君主至高无上的地位而设立。由此,儒家思想与强权政治的结合使思想丧失了它的纯粹性,黑格尔自然不会将其归纳为一种"精神"。

二、对黑格尔观点的反驳

黑格尔对中国精神的存在性几乎持一种全盘否定的态度。诚然,他的观点具有可取之

---

① [德] 黑格尔著:《历史哲学》,王造时译,上海书店出版社 1999 年版,第 117 页。
② [德] 黑格尔著:《哲学史演讲录》(第一卷),贺麟、王大庆译,商务印书馆 1959 年版,第 119 页。
③ [德] 黑格尔著:《历史哲学》,王造时译,上海书店出版社 1999 年版,第 141 页。

处，但是太过极端，完全扼杀了中国思想中的进步因素，因而丧失了合理性。至此，对黑格尔的反驳如下：

首先，黑格尔非常注重精神的"自觉性"问题。自觉性，即思想是自主、独立、自发产生的。在其认知中，如果一种精神不具有自觉性，那么它就不配被称作为"精神"。

可以说"自觉"是"精神"的一种属性，也是精神的一种来源。并不否认"自觉的精神"是一种优秀的"精神"，但是这并不代表"自觉"是令精神得以成为"精神"的决定性属性。中国古代社会的思想因为君主意志的干涉确实难以做到完全自觉，但并不能因此决断与政府权力相挂钩的思想就完全没有其存在价值。

此处并非想要削弱"自觉"对于"精神"的重要性，而是想要否定其独霸性。如若只将"自觉"归结为精神的一种普通属性，即可发现还有众多属性可以与"自觉"并存，如"内容""影响力""社会效益""持久力"，等等。如果仅因为精神的源头模糊，就跳过其余属性对精神的加成，直接抹杀精神的整体存在性，实在有所偏颇。很多中国传统思想不但具有思辨性的内容、对当时社会的风气作出了积极的引导，而且在现当代社会仍能保持源源不断的活力，故既有较高的存在价值。

此外，中国传统思想并非完全丧失"自觉"。仅用一个例子即可推翻黑格尔"中国无精神"的绝对性理论：中国古代的"三不朽"思想。

三不朽，即中国古人通过延长价值生命来超越自然生命的思想准则，其主要内容为立德、立功、立言。立德，即在社会范围内提出、推广一种道德文化，并产生良好的文化效果；立功，即参与了保国救民、扶危济贫的事业；立言，即著书立说，并在社会范围内广为传播。

由以上定义可见，"三不朽"思想中体现了"自觉"的萌芽。"不朽"，乃灵魂不朽，它代表了人们对于实现自身价值的本能渴望，引领人民从自身寻找关于生命意义的答案。虽然这其中的"自觉"同黑格尔口中的不尽相同，它并不关乎个人意志与君主意志的对峙，也不关乎人民有意地为自己的人格争取自由，但是人民对"三不朽"思想的认同至少发自内心、摆脱了封建皇权控制，故可以作为对黑格尔言论的有力辩驳。

其次，将黑格尔所提到的那种自由、自我意识觉醒、对君主意志的反抗精神作为中国精神的唯一实质性内容是不妥的。否则，中国精神与西方精神将丧失差异。

在此并非否定自由精神的意义，相反，自由精神勇敢地捍卫了个人权利，是非常重要的精神因素。自由精神发源并发展于西方社会，为中国古代社会所缺乏之物。在现当代社会中，中国积极地从西方社会纳入并吸收了这种精神。但是，精神是有国度的，每个国家、每个民族的精神是具有差异性的，中国思想并非西方思想的复制品。仅因中国传统思想缺乏自由的因素就抹杀了其整体的存在意义，此种评判标准体现出典型的西方中心主义。

以道行天下、和而不同、知行合一、仁者爱人、先义后利、以民为本等为代表的中国传统思想，它们的力量在当时虽然不足以颠覆封建王朝，唤醒民众从根子里丧失的自觉性，但它们作为一种带有中国色彩的思想，是独特的、绝无仅有的、区别中国与其他国家的重要因素。故黑格尔不能以西方思想为唯一判断标准抹杀中国思想的独特性。

最后，在黑格尔口中，中国的思想是政治的傀儡，民众是思想的傀儡，君主通过思想控制民众。此看法之所以可以做到绝对的坚固，有一个重要前提为其保驾护航，即政治、思想、民众之间的影响均为单向。但事实并非绝对如此。

在此以儒家思想为例予以反驳。"仁者爱人"思想中包含"亲亲之杀，尊贤之等"的因素，故在黑格尔看来是一种用以通过强化家庭等级秩序，以稳固皇帝父性至高地位的伦理纲常。但是，这种思想中还包括"民胞物与""亲亲而仁民，仁民而爱物"的因素，它们明显起到了约束统治者的功效。此外，儒家还有"以民为本"的思想，它提倡德治、仁政、民贵君轻，让统治者成为"内圣外王"之人。注意，虽然"外王"仍然成立，但其前方有"内圣"对其加以制约，使王权不再是肆无忌惮的、毫无节制的。

由上可见，君主对于思想的控制力并非单向的，思想也可以反过来控制君主。以儒家为代表的中国传统思想，它的身份并不仅仅属于傀儡，由于它在漫长的历史进程中太过于深入人心，遂可以做到部分脱离君主控制，成为一个超越一切的上位者。它对于民众抑或君主都具有普遍的约束力，虽然约束的形式并不相同，但足以证明使黑格尔的看法得以成立的"单向作用"的逻辑前提并非牢固。

所以，中国传统思想并不仅仅是黑格尔口中平庸的道德，也不纯是僵化的工具，它拥有隐秘的活力、潜力，只是这份能量在传统社会遭到了部分压迫与扭曲，让它看起来不那么纯粹。在现当代社会，我们提炼其中之精华，除弃其中之糟粕，塑造了真正的中国精神。但若仅承认当今社会之思想为精神，否认传统社会之思想为精神，却又有所偏颇。毕竟传统思想是当今思想之重要源泉。

此外，黑格尔还曾指出另一个观点：一般人对于一个民族的精神本身是无所知晓的，因为各个人"固然是他们追求和满足他们自己的目的，同时又是一种更崇高、更广大的目的的手段和工具，关于这一种目的，各个人和各民族是无所知的，他们无意识地或者不自觉地实现它"①。

他这是在说，民族精神是一种更高层次的存在，是普通人很难有意察觉到的。想要重塑一个民族精神，必须从捍卫个人意志、个人内在独立性出发，进而推广到整个民族。在推广的过程中，每个人都是在实现自己的目的、满足自己的追求，没有人会顾及整个民族的精神会发生怎样的改变，但是阴差阳错的，整个民族的精神就在这种每个人的个人追求

---

① ［德］黑格尔著：《历史哲学》，王造时译，上海书店出版社 1999 年版，第 26 页。

之中得到重塑、再生。

黑格尔的逻辑是：个人意志先于民族意志，民族意志甚至是隐形的。但这个法则并不适用于全部社会。中国的"天下大同"思想，正是证明着中国人从一开始就将视角放置在了"全社会""全民族"的角度去考虑，而并非从个体出发。《论语》中有云："道之行也，天下为公。"这里的"道"，就是中国人眼中关于世界本质性、本源性的探索。中国人认为，"阴阳之道"在天下是"公"的，即符合于天下万事万物的，无论天子、庶民还是自然万物，大家都一样，谁都逃不掉。这表明了儒家以社会的和谐、安乐为最终目标，早已诞生了"整体""民族"的意识，并将其放在先行的地位。

中国这种先行的"民族意志"不可以被简单地等同为"君主意志"。"道"并不是仅适用于庶民而不适用于天子，也并非天子强加给庶民，既然它是中国人眼中适用于世间"所有"的基本法度，那么天子也必然包括其中。这种大同的观念可以理解为君主蓄谋于控制社会主流思想的手段，未免太过狭隘。

由此可见，中国传统社会思想的运行逻辑与黑格尔口中西方社会思想的运行逻辑是相悖的。黑格尔认为，个人意志先于民族意志；而儒家认为，民族意志先于个人意志，为了让全社会的意志、全民族的意志得以和谐大同，需要调节每个人的意志，让他们做到尊礼尚仁。两种逻辑的相反足以证明黑格尔的民族历史观并不是在所有社会都适用。黑格尔之所以会惊讶于、大力批驳中国人的奴性、自暴自弃、自我贬低，正是因为他误将中、西方社会的底层思想逻辑认作相同，他是站在西方的思维视角思考中国问题，自然难以准确理解中国社会。

此外，我认为让黑格尔对中国精神包容性下降的因素，还包括当时西方社会变革的影响。黑格尔青年时期正值法国大革命兴起，启蒙思想广泛传播，故他本人深受民主自由思想的熏陶。在西方国家广泛进行资产阶级革命、建立新兴民族国家并快速崛起的时候，中国仍处于封建君主专制王朝，施行自给自足的小农经济，明显是处于落后的局面。故黑格尔是站在一种更先进的制高点、站在时代的前列回首思考中国问题的，中国的环境与他自身所处环境的巨大落差，会不自觉地令他对中国的落后感到夸张化的惊疑，导致他心中中国的模样格外蒙昧、矮化。在这种非理性情绪的推动下，他的评价自然难以做到完全客观。

需要承认的是，中国的封建王朝确实对民众的思想产生了压迫。统治者控制社会主流思想、排斥异说，以维护自己政权的稳定性，以三纲五常为代表的异化的封建礼教，强烈地禁锢了人们的精神世界，使人们变成封建政治摆弄下的玩偶。很多情况下，民众对此默默接受，并不是因为其不想反抗，而是因为他们中的大多数处于一种无意识的状态，其普遍的思考根本不会触及"自觉性"的领域，因为本体的"自觉性"恰恰是中国思想逻辑下的一个巨大盲区。这种无意识、无自觉虽然不算先进，但在中国当时的社会历史条件下，也是无罪过的，民众只是安于当时的社会大环境，并非天生具有奴性。历史的发展有其自然规律，不能一蹴而就。当代的我们理应对过去的时代怀有理解之同情，不能用过分超前的眼光去评判一个封建时代。在当时历史条件所允许的前提之下，中国传统思想已经绽放出了耀眼的光彩。

很明显，黑格尔的观点与当下中国人的社会主流价值观是相悖的。中国人普遍认为中国传统思想是现当代中国精神的活水源泉，对其总体是持赞美态度的，而黑格尔却强烈地批驳了中国传统社会中的思想问题，但这并不代表黑格尔的学说会推翻中国人对中国精神的信念感。相反地，思维在矛盾中得以升华和完善，黑格尔的质疑可以成为重新审视中国精神的一个重要突破口，让中国精神的内涵在问题和指责中得以被更好地理解。

论《诗经》中的中国精神

李灵儿　电气与自动化学院（2022302071052）

【指导教师评语】文章以《诗经》为研究对象，从五个方面较为深刻地分析了其中蕴含的中国精神的特质，试图从中来追寻中国精神的本质内涵和基本特点。其研究视角较为新颖和独特。全文引经据典，论证周详，语言规范，耐人寻味，值得一看。（马克思主义学院　左亚文）

摘　要：从《诗经》中我们不只能够体会到绚烂缤纷的文学魅力，还能为蕴藏于其中的中国精神所深深感动。这些精神不仅彰显了周代先民的生活面貌，而且成为源远流长、博大精深的中国精神的开端。本文选取《诗经》中主要体现了爱国精神、民本精神、忧患精神、自强精神、中庸精神五种精神的篇目进行赏析，并体悟其意义。

关键词：《诗经》；中国精神；意义

《诗经》作为中国古代诗歌的开端是最早的一部诗歌总集。它内容丰富，作为周代社会生活的一面镜子，具有重大的历史考古价值。同时，它以中华文学源头的身份，在中国文化基本精神的滥觞与形塑的先秦时期，奠定了中华精神的重要基础。本文拟以有限的篇幅，浅论《诗经》中所体现的深远的中国精神。

一、心系家国，忧国忧民的爱国精神

爱国主义在华夏文明的历史长河中，始终是诗词文赋咏叹的主旋律。其作为中华民族精神的核心，形成于中华上下 5000 年漫长的社会历史发展过程。在周朝的《诗经》中，这种爱国主义精神就得到了鲜明而热烈的体现。作为占《诗经》诗歌总数一半以上的爱国诗篇，直接或间接表达了中华民族早期的爱国思想。因此，爱国主义可以说是《诗经》最基本的思想内容之一。《鄘风·载驰》："载驰载驱，归唁卫侯。驱马悠悠，言至于漕。大夫跋涉，我心则忧。"① 此诗描绘了这样一个令人感动的故事：听闻卫国被攻略，许穆夫人腹热心煎，昼夜车马兼程，奔赴前线，用血泪挥就这首《载驰》。当时的盟主齐桓公深受感动，派遣军队协助卫人戍守城邑，同时卫国民众也在许穆夫人爱国精神的鼓舞下打起精神，重建家园。外敌侵略，家国飘摇，铁血男儿操戈披甲，互相激励，《秦风·无衣》中 "岂曰无衣？与子同袍。王于兴师，修我戈矛，与子同仇"② 的诗句，以增强语气的重章叠句手法，展现了普通兵士护国佑民、勠力同心、共赴国难的爱国大义精神。《小雅·出车》也是一首反映周时为保卫祖国、抵抗侵略的爱国诗篇，它歌颂了南仲将军在 "王事多难，维其棘矣"③ 猃狁入侵的国难民危之际，率师出征，军民同心，同仇敌忾，"不遑启居"④，以 "忧心悄悄，仆夫况瘁"⑤ 的自我牺牲精神和 "天子命我，城彼朔方"⑥ 的英雄气概，最终取得 "执讯获丑，薄言还归" "猃狁于夷"⑦ 的巨大胜利。⑧ 其实，在《诗经》的爱国诗篇当中最为家喻户晓的应该是《小雅·采薇》中的 "昔我往矣，杨柳依依。今我来思，雨雪霏霏"⑨。此诗篇表面上以凄美的春柳冬雪之景为衬托着重叙写戍边征战生活的艰苦，严肃的主题之下抒发了思乡的忧伤深重情绪，使其中爱国情感的显露似乎不是那么明显。然而忧郁并不降低这首诗作为爱国诗篇的价值，相反，它表现了人的纯朴、理性的思想和有血有肉的感情。正是这种简朴的真实性，赋予了这首诗茂盛的生命力与感召力，以对猃狁的仇恨为外衫，大大增强了爱国情感的表现力。更富有魅力的是，将这首诗与其他爱国诗篇对读，眼前便能呈现出这位士卒，重誓 "死生契阔，与子成说。执子之手，与子偕老"⑩，也高吟 "岂曰无衣？与子同裳。王于兴师，修我甲兵。与子偕行"⑪。其为家国奉献的一生与起伏跌宕的情感经历，令百代读者深深动容。《诗经》是一部深刻体现中华民族初期爱国精神的诗著，可以说开启了诗词的爱国主义先河，对现代爱国精神

① 《诗经》，王秀梅译注，中华书局 2006 年版，第 73 页。
② 《诗经》，王秀梅译注，中华书局 2006 年版，第 178 页。
③ 《诗经》，王秀梅译注，中华书局 2006 年版，第 253 页。
④ 《诗经》，王秀梅译注，中华书局 2006 年版，第 255 页。
⑤ 《诗经》，王秀梅译注，中华书局 2006 年版，第 253 页。
⑥ 《诗经》，王秀梅译注，中华书局 2006 年版，第 254 页。
⑦ 《诗经》，王秀梅译注，中华书局 2006 年版，第 256 页。
⑧ 孙静、侯绪浩、徐媛：《〈诗经〉中的爱国主义》，载《青年生活》2019 年第 29 期。
⑨ 《诗经》，王秀梅译注，中华书局 2006 年版，第 251 页。
⑩ 《诗经》，王秀梅译注，中华书局 2006 年版，第 39 页。
⑪ 《诗经》，王秀梅译注，中华书局 2006 年版，第 179 页。

的阐发具有极其深刻的意义。

二、以人为本，现实主义的民本精神

"民惟邦本，本固邦宁"①，在中华历史的治国理政理念中，以民为本高频出现，贯穿于整个历史发展的过程之中。追本溯源，即可于《诗经》中寻到首端。《诗经》展现了一种具有自然属性的人的主体地位，可以视为中华民族以人为本的民本精神的体现。在治政认识层面，周朝执政者告诫自己："无念尔祖，聿修厥德。永言配命，自求多福。殷之未丧师，克配上帝。宜鉴于殷，骏命不易！"②（《大雅·文王》），并建构了一套统治者须"明德慎罚""敬德保民""以德配天"的完整理论，提出了中国传统政治的重要古训。在诗歌素材层面，通览《诗经》可知，大多数诗歌都是以人的生产生活、情感变化、爱情婚姻为主要话题，生动地体现了"人性化"的元素。它不仅流露出浓郁的现实主义气息，更是中国精神中源远流长的以人为本精神的生动注脚。例如，《卫风·氓》中对女性悲惨婚姻生活的关注，"三岁为妇，靡室劳矣；夙兴夜寐，靡有朝矣。言既遂矣，至于暴矣"③；《魏风·硕鼠》中对受剥削民众的同情，"硕鼠硕鼠，无食我黍！三岁贯女，莫我肯顾"④，等等。同时，《诗经》的民本思想不仅体现在题材使用方面，也通过对人的价值认识体现出来。原始的"以神为本"的宗教神学观念，通过实践认知，已被周人的理性精神逐渐替代，例如《商颂·长发》中叙述，商汤王得授镇圭大圭等执政之宝，他既不争竞也不过于松弛，不过于刚硬也不过于柔和，施政理念始终保持从容宽裕，因此无尽福禄降临他。尽管仍是神话背景，但是作者已经认识到如此的好运是得益于商朝人自身的努力。相较于其他文明的神话故事，我国的《诗经》并没有过多地将精力花费于虚无的想象，而是关注人民的冷暖饥饱、作息哀乐的烟火气息，显示了中华民族自古以来就有的以人为本的精神内核。

三、反躬内省，居安思危的忧患精神

中华文明虽成就辉煌，也历经沧桑。中华在浩瀚的历史长河中也面临过无数的危难，

---

① 参见《尚书》（卷七）。
② 《诗经》，王秀梅译注，中华书局 2006 年版，第 315 页。
③ 《诗经》，王秀梅译注，中华书局 2006 年版，第 85 页。
④ 《诗经》，王秀梅译注，中华书局 2006 年版，第 148 页。

虽然有时回肠九转，千钧一发，但是常能化险为夷，涅槃重生。其中促成避祸的重要因素之一，便是另一种熠熠生辉的中国精神：反躬内省，居安思危的忧患思想。这种思想引导自我审查，自我反思，自我革新，以最小的成本获得最高的效益。《诗经》作为真实反映周朝时期人民社会生活的史诗，忧患意识在诗著当中可见一斑，与"天命靡常"的深刻反思相辅相成。《诗经》的作者们疾呼："宜鉴于殷，骏命不易。命之不易，无遏尔躬。"①（《大雅·文王》），告诫周文王在功勋卓著时仍需不忘初心，以求善始善终。在相传为周成王所作的《周颂·小毖》中，也有这样的自诫："予其惩，而毖后患。莫予荓蜂，自求辛螫。肇允彼桃虫，拼飞维鸟。"② 其意在通过招惹蜜蜂会招致蜇伤与小小鹪鹩可以成为桀骜不驯的大鸟两个事例，告诫自己要吸取教训，不再犯同样的错误。郑玄为其注释："毖，慎也。天下之事当慎其小，小时而不慎，后为祸大。"③ "惩前毖后"的成语由此而来。当忧患意识内化为中华文化的基因，浓缩为中华民族的精神之时，便如《唐风·蟋蟀》所说，"无已大康，职思其居""无已大康，职思其外"④ "无已大康，职思其忧"⑤，即使是在休闲娱乐之时，也时刻保持着应有的节制与警惕。类似的还有"暴虎冯河"一词的出处："不敢暴虎，不敢冯河。人知其一，莫知其他。战战兢兢，如临深渊，如履薄冰。"⑥（《小雅·小旻》）以《诗经》为开端，这深沉的忧患意识早已成为中华民族思想心理的一部分。魏徵的《谏太宗十思疏》中居安思危及欧阳修的忧劳兴国，逸豫亡身的思想等便是有力的证明。

四、艰苦奋斗，步履不止的自强精神

中华儿女最鲜明的优秀品质之一就是艰苦奋斗、自强不息，此精神品质自古以来就是中国精神中不可或缺的一部分。而《诗经》作为一部以周王朝时期人民的社会生活为重要题材的诗集，其大量诗篇生动而深刻地再现了先秦民众的社会生活面貌，形象地折射出于早期中华历史时期，华夏民众就形成且具备的自强奋斗精神，并集中体现于《大雅》。在仍是以农为本的古代中国时期，周部族始祖后稷"好耕农，相地之宜，宜谷者稼穑焉"⑦，

---

① 《诗经》，王秀梅译注，中华书局 2006 年版，第 315 页。
② 李浩：《〈诗经〉与中国文化精神》，载《大公报》2018 年 12 月 9 日。
③ 李浩：《〈诗经〉与中国文化精神》，载《大公报》2018 年 12 月 9 日。
④ 《诗经》，王秀梅译注，中华书局 2006 年版，第 151 页。
⑤ 《诗经》，王秀梅译注，中华书局 2006 年版，第 152 页。
⑥ 《诗经》，王秀梅译注，中华书局 2006 年版，第 282 页。
⑦ （西汉）司马迁撰：《史记》，中华书局 1963 年版，第 112 页。

因此帝尧命他管理农业。后稷领命，"荓厥丰草，种之黄茂。实方实苞，实种实褎。实发实秀，实坚实好"①，后如《史记·周本纪》中所言："天下得其利。"②《公刘》写公刘继续遵循后稷以农为本的方针，"笃公刘，于胥斯原"③，令民心向周，吸引了远近百姓都来归顺安居，周进一步兴起。而在动荡时期的《绵》中，在敌对势力逼迫的穷厄之境，古公亶父不得不率族人由豳迁至岐。感其仁爱，豳人扶老携幼相从。在新的环境中，古公亶父与随迁百姓同舟共济，共克时艰，不仅让群众迅速安定下来，还划定了土地疆界、设置了百司宗庙、建立了城郭，基本完成安邦立业。《皇矣》《大明》写周太王、王季、周文王三代苦心孤诣、筚路蓝缕，联合各个力量，与商纣会战于朝歌郊外，终于以铜墙铁壁的军民之心推翻了殷商的残暴统治。览毕《生民》到《大明》，读者目睹了一曲波澜壮阔的民族崛起史诗，唱诵着"周虽旧邦，其命维新"④（《大雅·文王》）的自强不息、开拓进取精神。这种刚健有为、自强不息的精神对后世影响深远，而且越是当国家民族身处困境之时，其光芒就越发显现，而这自强不息的精神，兴起了历史中无数一穷二白的颓丧，再铸了多少彪炳史册的辉煌。⑤

五、中和包容，修身克己的中庸精神

绵延了上千年的中和中庸儒家精神，是最能体现中国传统文化的思维方式和实践原则的思想之一。中和中庸强调在为人处世中把握好分寸，不走极端，并以持中、稳健、理性、包容、调和为主要处世风格。而与其相对应到个人层面的是沿用至今的修身克己精神，其强调克制自己的情绪与欲望，避免过于强烈。以上两种精神作为如今中国精神的主要特征，源远流长，早在周代就已发端，而《诗经》中的篇章就体现了伟大的文化传承与民族精神的延续。例如《周南·关雎》中君子对梦中情人的追寻，由"君子好逑""寤寐求之"⑥ 到"琴瑟友之""钟鼓乐之"⑦ 的变化，以及字里行间的爱恋情感回环往复，虽趋浓而终不腻，可以看到《关雎》中那既饱含真挚的情感，又有礼有节、中正平和的男女之情。而这便是男子处理自己爱恋情感的克己之道以及恋爱社交关系的中和中庸精神。不

---

① 《诗经》，王秀梅译注，中华书局 2006 年版，第 335 页。
② （西汉）司马迁撰：《史记》，中华书局 1963 年版，第 112 页。
③ 《诗经》，王秀梅译注，中华书局 2006 年版，第 341 页。
④ 《诗经》，王秀梅译注，中华书局 2006 年版，第 312 页。
⑤ 李浩：《〈诗经〉与中国文化精神》，载《大公报》2018 年 12 月 9 日。
⑥ 《诗经》，王秀梅译注，中华书局 2006 年版，第 2 页。
⑦ 《诗经》，王秀梅译注，中华书局 2006 年版，第 3 页。

仅有浪漫的爱情抒发，还有大量体现诚挚亲情友情的诗篇，例如《小雅·常棣》中"常棣之华，鄂不韡韡，凡今之人，莫如兄弟"① 歌颂了手足之情的深厚与珍贵；《小雅·伐木》中"伐木丁丁，鸟鸣嘤嘤……嘤其鸣矣，求其友声"② 向往的是纯真的友情。典例如云，恰好印证了孔子对《诗经》"乐而不淫，哀而不伤"的评价。以上中和中庸、修身克己的精神完美融入《诗经》抒情方式，奠定了中国诗歌的抒情传统。在此后的 2000 多年里，亲情、友情与爱情主题被文人墨客反复、真挚而克制地诉说，形成了异于西方的民族文学特色。

六、蕴藏于《诗经》的中国精神之意义

由以上的浅薄解读，可以大概看出《诗经》蕴含中国精神之广泛，之富有，之深刻。从文学角度来说，其选取的题材（例如爱国、民生）、抒情的方式（例如中庸）、歌颂或批判的重点（例如自强不息）以及在字里行间透露出来的思维习惯（例如忧患意识），等等，都以一个中国早期文学先驱身份，奠定了中华文学的基础特色，引领了后世中华文学的蓬勃发展，开启了中国文学特色的形成道路，令后世读者可以从中国浩瀚几千年的文学著作中发现《诗经》的影子以及逐渐以其中精神为中心的思想浓缩升华过程。从精神塑造角度来说，《诗经》中的许多精神在当代都有着深刻的意义与崇高的地位。无论是作为民族精神核心的爱国主义精神、"人民就是江山"的以人民为中心的发展思想、保持"进京赶考"的忧患意识，还是在抗疫中彰显伟大力量的自强不息精神、重视多样包容的大度中庸思想，都一定程度上显现了《诗经》的影响。

总之，经由以《诗经》为代表的先秦典籍的不断建构与后代文史著作的凝练升华，爱国精神、民本精神、忧患精神、自强精神、中庸精神成为中华民族文化中不可或缺的一部分，支撑着中华民族不断革故鼎新，成为世界文明史上最耀眼的明珠之一。

---

① 《诗经》，王秀梅译注，中华书局 2006 年版，第 239 页。
② 《诗经》，王秀梅译注，中华书局 2006 年版，第 244 页。

论中国精神的文学表达与审美

安子岳　电气与自动化学院（2022302071037）

【指导教师评语】该文从文学的视角分析了中国精神与中国文学二者的辩证关系，论证了在中国文学中所体现的中国精神及其对中国精神的作用，逻辑清晰，视野宏大，文字流畅，融文学与哲理于一体，不失为一篇优秀之作。（马克思主义学院　左亚文）

　　摘　要："中国精神"是全新历史坐标下习近平总书记提出的新理论命题，文学作为社会文化的一种重要表达形式，是再现一定时期和一定地域的社会生活的一种重要载体，如同树木的年轮般忠实地记录着国人精神世界的盈阙，中国精神的文学化表达，是马克思主义文艺思想中国化的产物，是中国文艺发展的无形之风结出的有形之果。"中国精神"是时代和历史相融合的产物，其对民族精神深沉眷恋、对时代精神无畏彰显以及真善美统一的内涵是中国当代文学不断蓄息演进的精神之源。本文试图在当代全新历史方位中构建中国精神的背景下审视文学作品在中国精神的形成与演进中提供的逻辑链条。

　　关键词：中国精神；中国文学；新文学

一、中国精神对于文学表达的艺术性修饰

在中国现代文学多种精神立场中，既受传统文化潜移默化的影响，也受西方现代思潮的影响，然而中国文学有着和西方文学不同的文学精神，具体体现在作家独特的艺术思维和作品独特的价值取向上，即内容重于方法，形象重于感悟，朴实重于猎奇，民族特色重

于个人风格。① 在此以《边城》与《百年孤独》为例论述自然精神对于文学表达的修饰。

"小溪流下去，绕山阻流，约三里便汇入茶峒的大河……静静的河水即或深到一篙不能落底，却依然清澈透明，河中游鱼来去皆可以计数。"② 边城的故事是由水开始的，而水也是几乎成了小说的主角。这样的文字在《百年孤独》中也有对应："那时的马孔多是一个二十一户人家的村落，泥巴和芦苇盖成的屋子沿河岸排开，湍急的河水清澈见底，河床里卵石浩白光宛如史前巨蛋。"③ 这样两条河流，一条见证了翠翠的爱情故事，一条目睹了布恩迪亚家族七代人的生死，为人类丰盈的文学宝库注入源头活水。

边城中的水是美丽的，水不仅浸透了《边城》的主题，也渗透了《边城》的故事本身："深潭中为白日所映照，河底小小白石子，有花纹的玛瑙石子，全看得明明白白。水中游鱼来去，全如浮在空气里。"④ 明净透亮的水和清新脱俗的描写颇有皆若空游无所依的意境，与之不同的，马孔多的水，使我印象深刻的，则是那场四年十一月零二天的淫雨，可以说这场雨是布恩迪亚家族乃至马孔多的转折点，"暴雨倾盆破空而降……将种植园里的残株连根拔起"⑤。奥雷里亚诺·布恩迪亚上校看完最后一次马戏靠着树干死去；阿兰妲妲为自己的寿衣缝上最后一针后安然离去；已有120多岁的马尔苏拉说："是真的，我等雨停了就死。"⑥（马孔多）环境如此湿润，仿佛鱼儿可以从门窗游进游出，在各个房间的空气中畅游。⑦ 暴戾淫长的雨水加之沉闷的天气，带给人一种强烈的不安烦躁，二者在直观感受上与边城之水有很大的区别。

如果说阴雨连绵揭示了马孔多的悲剧命运，那么温情的溪水一定承载着牧歌情调与世外桃源之美吗？相反，我将两者联系的另一原因是在我阅读《连城》的过程中找到了《百年孤独》身上的孤独感：边城之水滋养着一代又一代茶峒人，而爷爷死于风暴之夜；妈妈、大佬都死于酒水。而那种和谐宁静、清新自然的环境带给我的是时间停滞的压迫感，那是封闭自守的宁静表象下的实质，一如何塞·阿尔卡蒂奥·布恩迪亚对于时间停止的惊恐。茶峒人因水安乐或忧患，不知桃源外的世事更迭；马孔多则在雨水中兴盛朽落。《边城》是简笔画式的故事，而《百年孤独》则有复杂的人物线与叙事，而两者站在不同的文化背景，却以水为载体，指向了同一个主题——文化弱势的悲剧。

对于这种外来文化对土著文化的冲击，马尔克思给予了马孔多一个如同《圣经》中洪

---

① 李齐鑫：《中国当代生态小说中自然的回归》，载《青年文学家》2012 年第 5 期，第 220，222 页。
② 沈从文著：《边城》，译林出版社 2015 年版，第 5 页。
③ ［哥伦比亚］加西亚·马尔克斯著：《百年孤独》，范晔译，海南出版公司 2017 年版，第 1 页。
④ 沈从文著：《边城》，译林出版社 2015 年版，第 5 页。
⑤ ［哥伦比亚］加西亚·马尔克斯著：《百年孤独》，范晔译，海南出版公司 2017 年版，第 273 页。
⑥ ［哥伦比亚］加西亚·马尔克斯著：《百年孤独》，范晔译，海南出版公司 2017 年版，第 277 页。
⑦ ［哥伦比亚］加西亚·马尔克斯著：《百年孤独》，范晔译，海南出版公司 2017 年版，第 274 页。

水灭世的结局，这是对于殖民主义与自守的土著文明的双向批判——水孕育生命，文明毁灭于水。而沈从文先生则给予边城一个充满诗意的中国式的开放式留白结局，这一点沈从文在题记中也已提道："这作品或者只能给他们一点怀古的幽情……也许尚能给他们一种勇气同信心。"①

这样的悲剧在《边城》中只有以简明的叙事才可以表达，一切事件都是自然发生，这也是符合中国人的审美的：将自然与生命的运行统一，生是水的丰盈，死是水的再生。古往今来的所有故事，都浓缩在这洁白的文字中了，文字的铺展如水到渠成般自然，情感如水流浸没读者的内心，仿佛是读者与作者间达成的默契的文化共识，形成了拥有相同精神格局的人才能进入的精神领域，使洁白如水的文字涌现出感染人心的力量。

二、文学层面的反思对于中国精神演进的重要作用

精神的内在觉醒是起伏上升的，精神运演的行程是曲折前行的，在不断试错与纠偏的过程中，反思在其中担任着尤为关键的角色。黑格尔将反思分为三种类型，首先是外在的反思，指人对于表象形态的再认识，其次是机智的反思，体现认识到内在矛盾的否定性思维，最后是理性的反思，体现将矛盾的对立面统一起来的辩证思维。而基于文学层面的反思是第三层次的反思，是作家从政治、社会层面上还原错误思想的荒谬本质，在文学作品中实现一般社会现象的特殊复现，并追溯到先前的历史，从一般地揭示社会现象的谬误上升到对于历史经验教训的总结上，目光更为深邃，主题更为深刻，理性色彩更为强烈，在此以《伤逝》为例论述文学层面的反思对于中国精神演进的重要作用。

《伤逝》是鲁迅先生创作的极少数爱情题材的小说，表现在落后的时代背景下被新思想启蒙影响的知识分子对于封建制度的反抗。然而这未能燎原的星星之火，预示着《伤逝》悲剧的结局，但同时其悲剧性的结局对于反映当时的时代内容具有不可磨灭的意义。文章中体现冲破封建礼教和对自由的向往、女性觉醒、个性解放、讽刺男性中心主义这些超越当时社会的先进思想。超前地反映着丰富的时代内容。

从子君的身上我们看到了封建社会对于女性的扼杀，涓生与子君为追求个性解放与美好的爱情，与晦暗的时代扭打在一起，子君坚定而勇敢地宣称她是她自己的，谁都没有干涉她的权力。如此进步的思想不仅具有先进性，而且具有影响社会的巨大力量，然而鲁迅的反思也正是在此。女性觉醒的发展是由一个个"子君"的牺牲推动的，她们敢于反抗落后的时代，勇敢地走出封建大家庭的束缚，追求个性解放，囿于历史条件，没有真正接受

---

① 沈从文著：《边城》，译林出版社 2015 年版，第 3 页。

启蒙思想的子君仍然摆脱不了旧思想的束缚，她对涓生的过度依赖，缺乏谋生能力，让她在被涓生抛弃之后走向了死亡。子君幸福的梦破碎在这个无情愚昧的时代，死于这个终将被覆灭和抛弃的时代中。它反映出的是在那个时代中没有地位和经济能力的女性最后只会在家庭和社会中遭遇不幸的时代悲剧。而涓生在一切开始时不懂得珍惜，在一切结束时方才忏悔，他看似是在对是否爱子君的问题里来回犹疑，不如说他在新潮思想和封建思想中来回徘徊，他的新思想仍然只停留在口头上，已经与现实脱离了。更为深刻的思考在于"启蒙者反启蒙"的悖论，人是不应该被启蒙的，而涓生认为子君没有脱离旧思想的束缚本就带有启蒙者的傲慢，启蒙者变成了另一种形式的地位标志，而涓生并没有意识到自己不完全的启蒙，不可避免地导致分手，徒留子君走向那"没有墓碑的坟墓"。

中国精神的产生不是偶然的，是民族遭受危机遇到挑战的产物，是精神觉醒和自我反思的产物，其必定是艰难的矛盾的过程。[1] 文学作品以其独特的视角与广泛传播性及感染力，在精神文明演进中承担着不可或缺的作用，也留下了一个个经典作品记录着思想变迁的轨迹。

三、中国精神培育中对大众文学审美的引导

习近平总书记《在文艺工作座谈会上的讲话》中对"中国精神是社会主义文艺的灵魂"这一核心观点进行了细致的阐发，并针对文艺与中国梦、文艺与时代、文艺与人民、文艺与"中国精神"及党对文艺领导五个大方面的关系进行了系统性的诠释，指出了当前文艺工作中存在的问题，并为新形势下文艺工作发展方向作了进一步说明。足见文学作品对于中国精神的真实反映与广泛传播的重要作用，更见国家对于当代中国精神培育与普化过程中文学所承担的责任的重视与关切。

第十届茅盾文学奖评奖势必贯穿着"中国精神"的思想特质。国家性文艺奖项，其评奖条例、标准都蕴含着"中国精神"的深刻内涵。梁晓声创作的长篇小说《人世间》再现改革开放的艰难与复杂，表现中国人民的光荣与梦想，徐怀忠创作的《牵风记》以1947年晋冀鲁豫野战军挺进大别山为背景，展现战火中的爱恋与人性，以独特视角探寻爱国者的内心世界，体现出"中国精神"的进步性和创新性。

在总结历代领导人文艺思想的基础上，习近平总书记提出"中国精神"这一饱含着当代中国与传统中国相结合的主题观念，对引领中国当代文艺理论的新发展具有极大的理论

---

① 孙军：《试论甲午战争与近代中国民族意识的觉醒》，载《大连干部学刊》2014年第6期，第36~38，58页。

意义，也对大众审美的引导提出了新的要求，茅盾文学奖的评选也体现出中国精神作为文艺建设的重要因子对引导大众审美有着教化作用。

四、对当代文学创作的建议与期望

当下中国文学面临着深刻的精神危机，部分作家脱离社会现实，处于自我封闭的创作状态，同时也表现出严重的市场化趋向。这种危机也渗透到各类文学奖的评选中，使之丧失了重要的文学导向作用。当代文学创作需要以中国精神为核心，将个人"小我"与"国家"大我融为一体，把"为民代言"与"文以载道"等传统中国文人的家国情怀和情感冲动投射到文本中，努力传播当代中国精神和文学理想，体现中华优秀文化和中华美学精神，融思想性、艺术性、批评性于一体，与当下强调的文化自信相呼应，为世界文学视野下中国文学的发展注入活力。

浅谈中国精神在山水画中的体现

李关豪　电气与自动化学院（2022302191259）

【指导教师评语】 本篇论文聚焦山水画中留白所表现的谦逊之道、山水画内在的修身克己，以及山水画中的自由思想。选题视角独到，视野开阔，文辞优美，将中国精神的发掘与艺术鉴赏相结合，展现出了不错的艺术修养和文学素养。既有历史关怀，也具有现实意义。另外如果可以进一步深化学理性表达，文章还能更上一个层次。（马克思主义学院　吴默闻）

摘　要： 山水画是中国精神的载体，中国精神是山水画的底蕴，山水美景固然引人入胜，但其中蕴含的中国精神又何尝不是璀璨夺目呢？俗话说："透过现象看本质"，如果仅仅看到山水画所表现出来的美景，那么即使是传承千年的画作也终归会流于浮表；通过山水画去理解其中绵延千年的优秀中国精神才算真正进入画中世界。本文以山水画中所体现的部分中国精神——"谦逊之道""修身克己"以及"自由精神"来浅谈中国精神在山水画中的体现，以此来体悟千年文化的深厚底蕴。

关键词： 中国精神；山水画；体现

从东晋顾恺之到清代董其昌再到近现代山水画家，山水画走过了近 1700 个春秋，在这历史长河中，诞生了许许多多优秀的山水画家。他们犹如漫长黑夜中闪耀的群星，为无尽的黑夜带来黎明的曙光，他们不仅留下了流芳千古的佳作，也留下了无可替代的精神财富；这些佳作的存在为中华文化添上了绚丽的一笔，为中国精神的表现形式开辟了别样的道路。经过时间长河的洗涤，它们中蕴含的中国精神已然成为不可或缺的一部分，其本身的价值也非金钱所能估量。时至今日，它们仍然是山水画家创作的优秀模板，为国民学习中国精神提供指导，在部分领域发挥着不可磨灭的作用。

一、山水画中留白所表现的"谦逊之道"

中国山水画中的留白，是山水画重要的艺术表现形式之一。南宋画家宗炳提出"夫圣人以神法道，而贤者通；山水以形媚道，而仁者乐。不亦几乎"①，清代画僧石涛进一步在"一画论"中提出"一"是万物的开始，是简化留白的依据。又经过近现代黄宾虹、齐白石、李可染等大家的探寻，留白逐渐向多元化的方向发展，这意味着中国山水画留白的内涵上了一层新台阶。山水画中的留白极具中国美学特点，使整个作品画面、章法更为协调——精美而有意地留下相应的空白，留下想象的空间，留下耐人寻味的"谦虚之道"。宋代马远的《寒江独钓图》以严谨的线条描摹，画一叶扁舟，描一位老翁，摹一支长篙；漂泊的扁舟上有一位老翁俯身垂钓，如影似的长篙依在船旁，船旁以淡墨寥寥数笔勾勒出水纹。画面中大部分是留白，留白部分生动地勾勒出江水如烟的形态，让人觉得寒气逼人，天地一色。留白之处有一种语言难以表述的意趣，是空疏寂静，还是萧条淡泊，抑或是万物静籁，真令人思之不尽，这恰到好处地将柳宗元《江雪》中的空寂画面完美地展示出来，这无尽的留白将老渔翁与天地相容，没有一点突兀之感，彰显了道家"天人合一"的状态。同时，留白不与线条相争，而是主动将空间让给线条。线条引人注意，留白则有着"落红不是无情物，化作春泥更护花"之感，很好地诠释了中华民族的"谦逊之道"。无尽的留白不禁让人联想到雪天的清晨，天地一片银白，银白的雪映照雪白的云，雪白的云映衬银白的雪，天地一色，人与自然一体，万物和谐，每一缕呼吸都是如此的协调，每一处摇动都是如此"彬彬有礼"，谁也不愿意打破宁静，几声鸟叫，更显万物俱静；缓缓升起的炊烟，给冰冷的世界添加了些许温度。恰如此景，山水画中的留白给人一种宁静之感，特别是在这个车水马龙的时代，浮躁的心灵需要山水画的洗涤，嘈杂的世界需要"中国精神"的抚慰，留白所表现的"谦逊之道"需要每个人用心感受，恰如法国雕塑艺术家罗丹曾说："世界上并不缺少美，只是缺少发现美的眼睛。"② 我们的世界从来都是丰富多彩的，只是世俗的忙碌遮住了我们的双眼，我们慢慢地变得骄傲自大，渐渐失去属于我们的谦虚，因此，我们需要重新擦亮明媚的双眸，拾起蒙尘的"谦逊之道"。

---

① （宋）宗炳著：《画山水序》，人民美术出版社 2016 年版，第 202 页。
② ［美］丹尼斯·J. 斯波勒著：《感知艺术》，史梦阳译，中国广播影视出版社 2021 年版，第 68 页。

二、山水画内在的"修身克己"

何为"修身克己"？东汉许慎的《说文解字》中，已有对"修""身"二字的解读。"修"的字义为"饰也。从彡，攸声"。① 在《现代汉语小词典》中，"修身"的字义较其在《说文解字》中更为丰富，它将"修身"一词解释为"努力提高自己的品德修养"。从古至今对"修身"有不同的解读，但"修身"的内涵却不曾剧变。谈及修身就不可避免地谈及山水画，纵观古今，优秀的山水画家无一不是修身克己之人，没有平静、恬淡的心态很难创作出优秀的作品。每一幅山水画的创作在于"澄怀观道"，这需要画家全身心地投入创作，投入大山大水的怀抱，体悟自然万物的无穷变化和生生不息。明代山水画家夏圭便是很好的例证，夏圭虽然身处宫廷，却"出淤泥而不染"，不与奸佞小人同流合污，不追名逐利，一心将精力放在绘画中，创作出《溪山清远图》《长江万里图》等优秀作品。明代王履赞曰："粗而不流于俗，细而不流于媚。有清旷超凡之远韵，无猥暗蒙晨之鄙格。"② 清代董其昌对"北宗"山水，多有偏见，却对夏圭十分佩服："夏圭师李唐而更加简率，如塑工之所谓减塑者。其意欲尽去模拟蹊径，而若灭若没、寓二米墨戏于笔端。他人破觚为圆，此则琢圆为觚耳。"③ 夏圭的画法或多或少受到了佛教禅宗的影响，主张"脱落实相，参悟自然"。修身克己在他身上得到了很好的体现。当然，除了画家外，山水画本身也能传达一种修身克己的理念。中国山水画讲究一种情景交融的意境，意境是中国山水画的灵魂，所以追求意境自古以来便是优秀画家的传统。画家通过山水画来表达自己内心的情感，将自己的思想感情融入其中，从而将精神的高度与艺术的深度有机结合起来。中国山水画的意境，能使欣赏者通过联想产生共鸣、受到感染，培养欣赏者一种静心、不强求、顺其自然的品质，进而使欣赏者的精神得到淬炼，修养得到提高，这在当代显得更加重要。快节奏的生活使绝大部分人没有时间思考生命的意义，没有精力修身养性。同时，面对生活中形形色色的诱惑，不少人迷失了自我，甚至走上违法犯罪的道路，究其原因是对自我的克制不足，没有将"修身克己"的思想贯彻落实。将山水画中所蕴含的中国精神普及到国民的生活中，或许可以丰富整体的精神内涵，在社会上形成"修身克己"之风。

---

① （清）段玉裁注：《说文解字注》（第二版），上海古籍出版社1988年版，第424页。
② （明）夏文彦著：《图绘宝鉴》，山西教育出版社2017年版，第68页。
③ （明）董其昌：《画眼》，载《美术丛书》（初卷第三辑），浙江人民美术出版社2013年版，第46页。

三、山水画中的"自由思想"

自由的思想在《庄子》中得到了集中体现。庄子追求的是一种绝对的自由，但是一切自由都以自律为前提，绝对的自由是不现实的、是难以实现的，因而人们无法真正去践行庄子所说的自由。与之形成鲜明对比的是中国山水画中的相对自由，它是以一定的前提为基础的自由，是当代倡导的自由。中国山水画不似西方油画一般色彩斑斓，它仅有黑白两色（这或许是因为中国古代不易制作鲜艳的颜色，仅由纸张的白与墨水的黑构成画面），不注重光、色、空气、投影等客观因素在透视中的地位和作用。山水画家也几乎不会描绘一个固定视点、固定光源建构出来的世界，他们讲究提神太虚，以世外洞天的立场观察大自然的脉搏律动，结合多方的视点，绘成一幅空灵的诗情画境。中国山水画没有固定的格式模板，全凭画家的自由发挥，画家基本也是即兴而作，毫无任何束缚。同"书圣"王羲之创作《兰亭集序》一样，可能山水画家也没办法"复制"自己即兴而作的画作。另外，与西方油画不同，山水画不受画面的限制。油画通常会用整个纸面表现具体的事物，给人一种拥挤之感；而山水画中有大量的留白，给人留下丰富的想象空间。同一幅画，不同的人对留白有不同的见解，留白可以是湖泊，可以是天空，可以是雪后的世界，可以是回不去的年华……没有人是对的，也没有人是错的，欣赏者是自由的，但自由并不意味着可以脱离画作而凭空想象，就像是风筝的自由不能脱离线的束缚。《人世间》的作者梁晓声先生在评论《人间》的时候提到了"以约束为前提的自由"，同理，欣赏山水画也需要以画面本来的内容为前提，切不可指鹿为马，夸夸其谈，破坏艺术本来的意味。当然，这并不是说不能发表自己的看法，而是不应该随便发表自己的看法，经过思考之后得出些许感悟，方是对美的尊重。

中国精神是我们祖国最宝贵的精神财富，是凝聚和激励全国人民团结奋斗的强大精神力量。在全球化、多极化的发展进程中，我们需要弘扬中国精神，让全世界看到山水画之美，中国精神之美，中国文化之美，吸引更多热爱中国的朋友学习和体悟中国精神，将中国精神推向世界的舞台。

中国精神源远流长，华夏文明经久不衰，山水美景千古长存，绝世画作代代相传。山水画中的中国精神是每一个中国公民都应该学习体悟的"美"，深厚的底蕴需要数万的国人传承，浮躁的时代需要千年的雨露滋润。希望此文能够唤起更多的人学习、思考、传承中国精神。中国精神是一个国家、一个民族的魂。国之魂者，立国之本！

析中国书法蕴含的中国精神

张思远　土木建筑工程学院（2022302191672）

【指导教师评语】 书法是中国传统艺术、文化之瑰宝，其传承与发展的过程，本就是中国精神延续和发扬的过程。本文便立足于中国书法，对其中所蕴含的传承创新精神、细大不捐精神、自然随心精神、和而不同精神进行了论说，其视角选取和展开别具一格，不失为一篇佳作。（中国传统文化研究中心　聂长顺）

摘　要： 汉字作为世界上为数不多的象形文字，从古至今就以其独特的魅力屹立于世界文字之林，它是我们文化自信的坚实基础；而中国书法便是将汉字之美体现得淋漓尽致的方式、它古风古韵却不乏时代的创新，发展至今构成了一套完整的艺术体系令无数人心驰神往。仔细品味，我们就可以从中发现中国书法蕴含着的一系列有指导作用的思想精神：传承创新精神、细大不捐精神、自然随心精神与和而不同精神。

关键词： 中国书法；传承精神；局部与整体；心性

作为中华文化的重要载体，书法的演变和发展历程处处闪烁着独特的中国智慧、中国精神。溯源中华上下 5000 年，中国书法的历史长河波澜壮阔、流淌至今，以其或典雅端庄、或行云流水、或秀丽古朴、或恣意奔放的形姿，浓缩着最贴切民生的中国精神，故称其为中国书法精神。

一、赓续的传承，合理的创新

中国书法得以延绵不断并时时注入新鲜活力，是历代书法家乃至普通民众的传承和创新的结果。首先书法的传承依托于古代的刻拓技术和后来发明的造纸术。在没有纸张之前，人们选择将文字刻在各种硬质物品上流传，正如甲骨文因其文字刻在龟壳、兽骨之上而得名，金文因其文字刻在青铜器之上而得名。乃至后世，直至造纸技术成熟发展，碑刻也是书法传承的一种重要手段。例如东汉时期的《乙瑛碑》，用碑刻技术体现隶书的端庄典雅；北魏的《龙门二十品》，用刻字技术将"锋芒毕露"的魏碑风骨刻在龙门石窟的墙壁上；楷书四大家之一的唐朝欧阳询的《九成宫醴泉铭》，用刻字技术尽现欧体的险峻秀美。然而，刻拓难免会有所消磨，让部分字迹不可见；而且刻拓技术受限于工匠的个人技术差异、审美差异和自身书法水平，并不能完全还原墨本，例如有一种说法，魏碑的笔画的入和出都完全露锋、形成了方正的直角，是不符合毛笔的行笔规律的，这反而是工匠刻字时用的刻刀的结果，因此在临摹魏碑时不能一味地追求用毛笔表达出魏碑的"锋芒毕露"。于是随着造纸术日渐成熟，刻拓技术也逐渐被淘汰。相比之下墨本更能够还原用笔时的轻重缓急，让一些技法例如飞白，能更好地呈现在读者面前。

书法的传承创新主要体现在笔法的传承创新和审美风格的传承创新。说到笔法，我不禁想到米芾，愚以为他是在书法创作之中笔法最丰富、最具想象力的书法家，但是他的书法并非无根无据。他崇尚"二王"即王羲之和王献之的书法，并刻苦临习，终得其真谛。不仅如此，他在谙熟"二王"作品的同时也开创了自己的一些笔法，例如"蟹爪钩"正是米芾的经典技法之一。此谓书法传承创新的有力例证。说来惭愧，古人尚且追求书法的传承，今人却有人囫囵吞枣地学习古帖之后便浅尝辄止、自视清高，最终偏执地自成一派，被戏称为"江湖体"。此类书体不时触犯书法的大忌，例如厚重油腻的用笔，拙劣模仿某种动物形态的结字，不明所以的低质量长线条、飞白，再把其不入流的书法作品与利益挂钩，获得无谓的头衔，欺骗一无所知的群众，造成拙劣品趋之若鹜，高古品无人欣赏的可悲局面。

古人的书法传承和创新已经达到了文化灿烂的高点，同时这也是中国传统文化的一个缩影，没有古人的传承创新精神就难以有如今屹立于世界的中华文化。但是如今，时代的交接棒交到了我们手中、传承创新传统文化的重担也落到了我们肩上，我们却面临着大众审美趋于贫乏、浮躁的人们不愿再与传统文化深度对话、把传承创新传统文化与名利掺杂在一起的局面。身处围墙之中的我们应当敲响警钟、争做那个打破局面的人，发扬传承创新精神。

二、以小成其大，点滴汇百川

书法的精妙之处在于事无巨细，小到一个笔画、大到整篇作品的布局都值得琢磨，以小成其大，点滴汇百川，处理好部分和整体之间的关系、以局部之灿烂成就整体之辉煌便是蕴藏在中国书法之中的中国精神。我暂且将其分为四个层次：单个字中的笔画、字与字之间、列与列之间、整体。首先，单看一字，每个笔画都有藏锋、露锋和粗细的变化，用笔也有逆锋、中锋、侧锋之分；笔画之间的间架错落、整个字的结构考量，只有都做好了才能呈现视觉上的最佳观感。随后，字与字之间也要考虑一定的倾斜角度的区别，大小的对比、粗细的对比。篆、隶、楷就会显得相对规整，通常要落在同一中轴线上、大小也几乎相同，传达的是整洁的美感；行书、草书之间，字与字之间的关系则更为灵动，体现为上一个字和下一个字之间的牵丝连带、字与字之间的大小粗细对比更为夸张、不时有长笔画占据大篇幅。之后，列与列之间也许相互对齐、也许相互穿插，当两列同一位置附近出现同一个字的时候，为求变化，通常追求不同的写法，如把捺改为反捺。只有把以上协调到位，整体才会显得风格统一。这便是书法之中部分与整体的意趣。

将此书法精神运用得当便可以处理好部分与整体之间的关系。每个部分应当清晰定位、各司其职、发挥自己最大的功用，才能成就整体的高效运行，正如我国自主研发设计的北斗卫星导航系统，它由 55 颗卫星构成，每颗卫星各司其职、协调运行，共同织成一张"天网"。整体对于薄弱的部分不应当放弃，而是照顾到每一个细节、每一个角落才能成就更为强大的整体。放眼国家范围，这正是近年来我国大力开展脱贫攻坚的初心，唯有让国家的发展成果渗透到民众的每一个角落、真正改善普通百姓的生活、手牵手不落下一个地走向小康，才能让国家整体经济实力进一步增强、让人民的凝聚力更为牢固。再放眼世界，中国提出"人类命运共同体"理念，追求世界各民族的繁荣安定，并且亲力亲为，主动率先帮助周边各国发展基础设施建设，真正践行以小成其大，点滴汇百川的中国精神。

三、心性的折射，精神的寄予

书法不是冰冷的技法的堆砌，而是自然书写抒发心境、寄托精神的产物。一篇篇流传千古的书法作品正因为人们可以从中领会到作者的心境，有一种穿越时空在纸墨上对话的感觉而显得格外有感染力。我们在"草圣"张旭的奇作《肚痛贴》上可见一斑，这是张旭在身体不适时提笔写下的狂草作品。整篇作品笔墨酣畅淋漓，饱蘸一笔后直至笔枯墨竭才蘸下一笔；粗细对比极其鲜明、笔画圆中带方、长线条运用自如自然，磅礴雄浑之气扑面而来。此外还有苏轼的行书佳作《寒食帖》。那时，苏轼由于文字狱被贬黄州，第三年在当地寒食节之时不堪被贬的苍凉、惆怅，将心中的惆怅和郁闷用笔墨文字表达。《寒食帖》开篇字迹循规蹈矩、大小粗细仍然含蓄表达，正如同苏轼积郁已久的内心，但在尾声之处，似乎苏轼内心的委屈之处被触动、因感到前途一片渺茫而悲怆，内心的伤感不能自已，"哭途穷"三字不由自主地被放大、用笔粗犷。但在随后的"死灰吹不起"五个字，又对其加以控制，仿佛是有意克制自己的情绪释放，抑或是感到无力走出困境，显得张弛有度、张力十足。

我们常说"字如其人"，其实这是王阳明的"知行合一"论的一种具体表现。愚以为在此方面做得最佳的人便是颜真卿。他一生刚正不阿、正气凛然、一身忠骨、将爱国统一的中国精神铭刻在骨子里。作为楷书四大家之一的他，他的颜楷显得丰腴雄浑、筋骨结合、开阔挺拔、方正不移；比欧阳询、柳公权少了一分娟秀，多了一分雄伟；比赵孟頫少了一分柔美、多了一分挺阔。他的字中的方正之美并非最易被大众接受的，正如同他的刚正不阿、直来直往也让他在阿谀奉承的佞臣之中格格不入。然而这并不能消磨、打压他对国家的忠心，他责任感十足，揽国事为己事，即使有被贬的风险也挡不住他直言进谏；在国家危亡的安史之乱时期，他救亡图存，率领义军对抗叛军、身先士卒，光复河北，为国家统一立下汗马功劳。这正是他雄伟的书法背后蕴含的爱国统一精神。

四、尊重差异，各美其美

在书法这片海纳百川的文化海洋之中，贯彻至今的、也是最令人着迷的是其多样性。主流的书法字体大致有甲骨文、金文、篆书、隶书、楷书、行书和草书，除此之外，诸如魏碑、瘦金体、真书这类书体也散发着独特的魅力。在书法长河流淌的历程之中，每一字体都是一座不可磨灭的里程碑，它们没有因为时代的变迁就遭到摒弃，也没有因为书体之间的差异而显得谁会相形见绌，它们执着属于自己的独一无二的美在书法的灿烂文化史上熠熠生辉。

这正是中国书法精神中极为重要的"和而不同"的思想，费孝通先生曾给出了高度概括的十六字理念"各美其美，美人之美，美美与共，天下大同"。诚然，当我们将自己置身于世界文化之林，我们应当秉承的正是这种包容开放的思想。清朝闭关锁国、故步自封，将自己与世界隔离，愚昧地主动放弃了与世界文化交流的契机，固执地贬低排斥外来文化，于是自食其果。当今的我们不应当走向两种极端：一种是以自卑的姿态与外界对话，不假思索地接受外来文化输入；另一种是目中无人、以自我为中心、随意评判和贬低，像一个高傲而幼稚的孩子。当前中国应当汲取中国书法精神的养分，坚实文化自信的底气，以开放包容的姿态与世界文化交流，尊重不同文化之间的差异，营造美美与共的大同世界。

中国精神在"新国潮"中的体现

许盛桐　水利水电学院（2022302191336）

【指导教师评语】本文以"新国潮"发展进程为线索，论述其体现的中国精神。文章指出："新国潮"不只是一种时尚潮流，更是对中国精神的一种当代诠释；从"新国潮"初诞中折射的自强创新的精神，同样能给予当代的其他领域以巨大的指导价值；"新国潮"的崛起，离不开先义后利精神与爱国主义精神。本文选题新颖，层次分明，论证有理有据，分析现象后的本质，具有一定的现实意义和启发性，格式基本符合学术规范，是一篇比较优秀的文章。（哲学学院　连凡）

摘　要：在当下，我国经济内循环建设如火如荼，而"新国潮"的概念无疑是这一建设的有力推手。作为一个新兴概念，"国潮"本源自服装设计的一种思路，如今已经推广成为国货"潮化"的一种新风格和新趋势。"国潮"之潮并非机缘巧合，恰如其名，"国潮"与其他潮流的区别在于"国"字——这是凝练了中华文化的中国新潮，这是承载了中国精神的时代大潮。本人从"新国潮"发展的几段进程来透析其与中国精神的紧密联系。

关键词：新国潮；中国精神；爱国主义；和而不同

近年，"新国潮"已经成为互联网时代品牌营销的新方向。所谓国潮，目前并没有统一明确的定义，从字面上理解，"国潮"二字，"国"是中国特色，"潮"是新颖潮流。所谓中国特色，可以指唐诗宋词、宫廷纹饰、京剧脸谱等传统文化符号；也可以指近代以来国内兴起过的经典格调、老字号等。而新颖潮流则包括时尚设计、潮牌联名、前沿科技，等等。

然而徒有上述之"国"与"潮"的简单缝合，"新国潮"是难以成为如今这股备受年轻人青睐、不可忽视的消费趋势的。更重要的是，无论是"新国潮"的诞生还是发展，都离不开中国精神这一元素于灵魂层面对于"国"与"潮"的有机融合。可以说，"新国潮"不只是一种时尚潮流，更是对中国精神的一种当代诠释。

一、新国潮之初诞

2018 年——"新国潮"的"元年"。当年 2 月，中国李宁在纽约时装周上亮相，以"悟道"为主题，"番茄炒蛋"的经典配色，"中国李宁"红底白字，简约而不简单地用中国元素席卷全场。与此同时，时装秀开场不到一分钟，电商平台上的同款商品就已经销售一空。自此，曾因经营策略不当而衰落的李宁，同"新国潮"风格一道兴起，重焕青春光彩。同期，其他品牌的设计风格以借鉴国外为主，缺乏自主创新意识；相比之下，李宁在发展严重受困，连年亏损的情况下，极大地发挥了自强创新的精神，将目光转向了中华传统文化，大胆地从汉字、中国红、苏绣等元素出发，守正创新，将其与时尚设计有机结合，最终实现了扭亏为盈，乃至开创国潮时代的巨大成果。

李宁以创新而求自强，以自强创新的精神化解了公司面临的危机。若不是这股自强创新精神，将"新国潮"从百废待兴中催生，恐怕"新国潮"这道浪潮也不会来得如此汹涌。"新国潮"之初诞本身就离不开自强创新的精神：既有对"国"中饱含的传统文化的坚守，又有对品牌自身形象、对传统文化元素的超越，更有将"国"与"潮"刚柔兼济、"你中有我，我中有你"的恰当融合……从"新国潮"初诞的这段经历来看，若不是这股自强创新的精神拼搏创造，所谓的成功与伟业就无从谈起。

从"新国潮"初诞中折射的自强创新的精神，同样能给予当代的其他领域以巨大的指导价值。不论是应对新冠疫情这般重大公共卫生事件，还是推进阻力重重的经济全球化，抑或是面对当今世界百年未有之大变局，再或是实现我国第二个百年奋斗目标的伟大征程，无一不需要自强创新精神提供强大动力。

二、新国潮之崛起

如今，"新国潮"已从服装设计领域的星星之火，蔓延到包括影视、餐饮、日化等诸多领域，"新国潮"名副其实地走在了崛起之路上。"新国潮"的发展如此迅猛，少不了多方因素的同频共振，形成发展合力。

一方面，"新国潮"无论体现于哪一领域，其主体终究是国内企业。因此，较之国外企业的单纯逐利乃至采取一些具有政治取向性的举措，国内企业，尤其是一些搭着"新国潮"崛起浪潮而复兴的"老字号"们,在利益之外,更多了一份社会责任感,一份人情味。这其实是我们中华民族"先义后利"精神的一种体现。依靠这种精神,"新国潮"产品在对比外国商品时,获得了越来越多的青睐。举例来说,2021 年 3 月,包括 H&M、耐克、匡威、阿迪达斯等家喻户晓的国外品牌,以所谓压榨劳工为由,宣布不再使用新疆棉,引发轩然大波,遭到官方谴责和群众抵制;同年 7 月,河南郑州突发特大暴雨,洪灾之下,鸿星尔克在自身业绩并不理想的情况下捐出 5000 万元的物资,瞬间博得了网友的赞许,随之而来的便是一阵"野性消费"之风,促使鸿星尔克这家老字号再度复兴。中国企业普遍拥有的这种先义后利的精神,必然成为"新国潮"崛起的重要助力。

另一方面,"新国潮"崛起中的消费主力为年轻人,或者说"Z 世代"。由"95 后""00 后"构成的"Z 世代"成长于中国综合国力高速发展的时期,充分享受到了时代红利,他们中的大多数拥有富足的物质生活,表现出强烈的爱国热情、文化自信和对主流意识形态的认同,也就是普遍意义上的"爱国主义"精神。反映在消费层面,便是"新国潮"对于"Z 世代"具有极大的吸引力。从元气森林、蜜雪冰城等新生品牌的备受欢迎,再到大白兔、李宁、回力等老字号的翻红,分析其消费群体构成,"Z 世代"是毫无疑问的主力,其拥有的爱国主义精神带来了"新国潮"的崛起。

因此,在"新国潮"崛起的这段历程中,秉持着先义后利精神的中国企业与富有爱国主义精神的消费者群体形成合力,形成了一种互惠互信的正向循环,不断提升新国货的口碑、地位,不断促进"新国潮"市场的繁荣。所以说,"新国潮"的崛起,同样离不开先义后利精神与爱国主义精神。

三、新国潮之未来

当下,"新国潮"市场的繁荣发展有目共睹。"新国潮"已经走过三个阶段,定义不断拓展:国潮 1.0 时期,一众老字号商品回春,此时的国潮尚处于萌芽阶段,集中于服装、食品、日用品等生活消费范畴;国潮 2.0 时期,国货通过品质升级、品牌化运营,在手机、汽车等更多高科技消费领域开花,打造出更高品质的商品;国潮 3.0 时期,国潮内涵再扩大,中国品牌、中国文化以及中国科技引领了全面全新的国潮生活,此时的国潮不仅限于实物,更有民族文化与科技骄傲的潮流输出。如今的国潮正在向世界输出来自中国的潮流新思路,是国人对于中国经济、文化、科技实力的全面自信。①

---

① 参见 2021 年 5 月 10 日由百度与人民网研究院联合发布的《百度 2021 国潮骄傲搜索大数据》报告。

我们不妨放眼"新国潮"的未来，它将从一种设计转变为一种态度——一种"和而不同"的精神。"和"对应着"国"，中华文化经过数千年的历史积淀，成为中华民族的一种集体无意识，一种扎根内心的共同的文化基因；"不同"对应着"潮"，日新月异的时代新风潮与特立独行的时代新风潮相呼应，造就了多元的世界。纵览历史，中华文化中诸多光怪陆离的神话传说，经历无数古人今人的解构改造，同一个"IP"在新国潮的加工下，展现出不同的姿态，或是承于不同载体，或是展现不同形象，新国潮中诞生的诸多"同素异形体"使人民群众"众口得调"；横观中外，我们的综合国力日渐强大，我们的经济日益腾飞，我们更加希望5000年的传统文化能够走出国门，向世界分享文化瑰宝，必将是"新国潮"担此大任，用一种生机勃勃而非老气横秋，一种平易近人而非居高临下，一种潜移默化而非咄咄逼人的姿态，让世界变得更加多元。让"新国潮"内在的和而不同的精神、理念、理想参与到人类命运共同体的建设进程中去。

然而，当今的"新国潮"虽然声势浩大，却也出现了一些产品，只将所谓国货元素随意拼接，便妄想成为那只"风口上的飞猪"，这类产品实质上反映着面对"新国潮"，部分商家随波逐流、盲目跟风、流于表面、流于形式的现象。这种现象的出现实际上与"新国潮""和而不同"的内在本质背道而驰。展望之余，我们也需反思，一味地迎合市场，一味地追求"国潮"之名、之形，而忽略其精神、其内涵，这样的"潮"注定走不长远。

"新国潮"是国货潮，是时代潮，更是精神潮。"新国潮"中翻红的老字号，崛起的新品牌，诠释的新形象，带领的新风尚备受欢迎和喜爱；"新国潮"发展中体现的自强创新、先义后利、爱国主义、和而不同等中国精神更是当下人民群众精神的导引与寄托。沉积了几千年的中国精神之瑰宝，将在过去、现在和未来继续谱写"新国潮"之奇迹，赓续新时代之华章。

道行天下的精神

论道行天下的精神

赵　勋　土木建筑工程学院（2022302191681）

【指导教师评语】本篇论文聚焦道行天下精神，通过选取中西方部分有代表性的观点探讨道的概念，通过对《老子》《易经》等经典文献的剖析，探讨了道的本质，认为需要通过辩证法研究道，应该遵循万事万物的基本规律以运用道的精神以应对自然和社会。全文行文流畅，结构完整，思路清晰，思想性和理论性强。但是全文仍有有待提高之处。例如，第一部分"道的阐释"均涉及道家思想，从标题上也有所重叠。建议在摘要中呈现全文四部分内容的具体观点，将第一部分调整为引言，第二部分对道的诠释可以进一步分层，使论文在学理性上更突出。（马克思主义学院　吴默闻）

摘　要： 本文对于道行天下这一精神的解读，从中国道家对道的阐释出发，通过对老子所说的道的概念进行研究分析，得出对道的基本认识。而后从道所具有的辩证统一的性质出发，提出用辩证法来研究这一精神，最后得出当今我们应如何运用道的精神来面对自然和社会。从这三个方面进行阐述，帮助大家深入学习并理解道的深刻内涵。

关键词： 道行天下；辩证法；老子；《道德经》

何谓道？怎样算作"道行天下"？这是一个十分复杂和玄奥的哲学问题，对道下定义是很难的。中华民族作为一个喜好哲学且智慧的民族，上自官吏士人，下至庶民百姓，都信奉和崇尚阴阳之道。可以说中华文化是"道"的文化，中华民族是讲道的民族，信道的民族，为道的民族。中国古代哲学就叫"道学"或"理学"，"道"就是一把打开中国传统文化奥秘的钥匙，要了解中华文化，就必须领悟和把握"道"。

一、中国对道的阐释

要论道，不可避免地要提到道家——中华民族独有的一种哲学学派，在道家学派中，"道"是一个十分宏大且范围广泛的概念，老子之"道"，在一般意义上，指的是天、地、人的客观规律和基本法则，主要侧重于对规律的解读。老子有一句话，"道可道，非常道"，其字面意思就是说，道是不能够言说的或者能够说出来的都不是真正的道，即"道"是不能被下定义，甚至不能言说的。老子讲："有物混成，先天地生。寂兮寥兮，独立而不改，周行而不殆，可以为天下母。吾不知其名，字之曰道，强为之名曰大。大曰'逝'，逝曰'远'，远曰'反'。"① 这段话是对他心中的"道"的一个描述和解释。意思是说：在天地尚未诞生之前，有多种条件有机地混合在一起，形成了一种寂静无声又无形的原始空间环境，而这个环境的构成条件就是"道"。而这种"道"，其本质是一种独立的存在个体，这种个体不会产生本质的改变，并构成了诞生天地的条件与环境。这种个体的状态，是一种可自主反复周而复始的混沌状态。这种东西就是天地万物的原始形态和生成天地万物的基础条件。对于这种东西，我不知道它叫什么名字，或者该叫什么名字，所以，我就把它叫作"道"。总结老子所说"道"的观点，道有如下含义：一是道是世界的本原（本体），是世界从本原出发而产生的本原（本体）；二是道是世间万物运行、发展所遵循的规律；三是道是世界所有历史的形成、产生和发展的述说，即道的所有历史的自我产生、自我发展、自我表现、自我完成，都是以自己为本原、以自己为本质的，是一切万事万物的统一。

由于无法了解"道"具体的状态，因此勉强地形容它是广大而又无边无际的，"道"在广大而又无边无际的同时还会运作不息，深远无际，永不停止且还能回归其本源。

通过老子讲的这段话，我们可以对"道"有一个简单初步的了解，然而这样我们依然不知道这个"道"到底是什么，我们继续分析。在老子的心中，所谓的"道"就是物质的形成条件，而从"有物混成"这句话当中还可以看出来，"道"也有规则、规律之意，关于这一点主要是体现在"混"这个字上。所以，"道"的原始含义就包含了两点；第一点：它是由多种条件有机组合在一起而形成的，是产生天地万物的来源。第二点：它是所有规则和规律的原始状态，也就是说，宇宙运转和事物运行的规律就是"道"。即"道"是一个抽象的概念，而无具体的实形。

但不止于此，中国人的道涉及宇宙规律、人文地理，并总结为三才，对应三道——

---

① 引自《道德经》第二十五章第一节。

"天道""地道""人道"，包括天地万物运行之法，社会发展之法，以及人如何与自然相处，与社会相处的规律。如：

> "昔者圣人之作《易》也，幽赞于神明而生著，参天两地而倚数，观变于阴阳而立卦，发挥于刚柔而生爻，和顺于道德而理于义，穷理尽性以至于命。昔者圣人之作《易》也，将以顺性命之理。是以立天之道，曰阴与阳；立地之道，曰柔与刚；立人之道，曰仁与义。兼三才而两之，故《易》六画而成卦；分阴分阳，迭用柔刚，故《易》六位而成章。"①

是说先贤创作《易经》时，深深祈求神明而创出了著法。于是以天数三与地数二为依据确立阴阳刚柔之数，观察卦中刚柔两化而产生各爻的变迁，然后和谐顺成其道德而运用合宜的方法治理天下，又能穷极奥理，尽究万物的性质以至于通晓自然命运。由此可见，中国古人的聪明才智是何等惊人。老子提出了"道生一、一生二、二生三、三生万物"②的学说，我们也可以从这一点来解读他对道的思索，处于原初状态的无法被人描述的道是一切诞生的根本基础，由它产生了混沌的宇宙形态，或者说宇宙最开始的样子，各种原料物质杂乱无章地分布在其中，为"一"，又称"太一"。太一，就是宇宙的本源，万物从那里来，又回到那里去。老子曰："视之不见，名曰夷；听之不见，名曰希；搏之不见，名曰微。此三者不可致诘，故混而为一。"③ 从老子的话中得出，他对于"一"思考，其特征有三点，分别为"夷""希""微"。"夷"指用眼睛看不到的东西，"希"指用耳朵看不到的东西，"微"指用手去捉，又捉不到的东西。故太一之态，是无形无物之象也。恍恍惚惚。但万物皆由"一"衍化，道生一、一生二、二生三、三生万物。而"二"大多数情况认为是阴阳二气，由这二者构成了宇宙的基本框架，而万物都有阴阳两面，包括五行的五种元素都有分别对应的阴阳形态，其中甲木、丙火、戊土、庚金、壬水为五行之阳；乙木、丁火、己土、辛金、癸水，五行属阴，万物都由它们演变而来。至于"三"，是指因对立的两个方面矛盾、冲突而产生的第三个者，或者说是阴阳的周期变换。如此，最后的"三"生万物就很容易理解了，构成万物的基本原料，遵循一定的法则规律运行，不断演变，于是产生了万物，演变出了一个丰富复杂的世界，这便是中国人的道。

西方观点中也有相通的地方，存在主义者海德格尔有些相同的看法，他所说的"在"

---

① 引自《易经·说卦传》。
② 引自《道德经》第四十二章。
③ 引自《道德经》第十四章。

与老子的"道"有很多的相同点。他指出，"在"不可定义，如"物质""精神""理念""感觉""意志""上帝"等，是对"在"的说明，而不是对"在"本身的界定。存在自身的特性决定了它的表现形式有很多，而又都为存在本身。它是一个综合而又独立的个体，无处不在而又不可定义，万事万物都包含在其中，但它又是一个不够确切的存在，它混沌未知，无法定义。这与中国对道的解释不谋而合。

由上可得，道的本质是一种我们难以用语言来描述的东西，是一种内涵丰富，范围极广，无处不在而又不可捉摸的东西，构成了宇宙，推动其运行，支配着世界的发展。

二、如何研究道

对道的研究，需要用辩证法来看待，因为其具有对立统一的特点。"道"作为万物的本体，蕴含着阴阳矛盾在其中，自身是一种对立统一的特性的集合。包含常与变、动与静、兴与亡，我们对它的认识要辩证地看待。

天地运行有序，生老病死，岁岁荣枯，都自有其规律和道理。苏轼在《赤壁赋》中写道："盖将自其变者而观之，则天地曾不能以一瞬；自其不变者而观之，则物与我皆无尽也，而又何羡乎！"则是蕴含着这样的道理，变与不变是同时存在的，但无论我们从哪方面看，能看到的只有一方面，取决于我们看待的角度。而对于其中的变与不变则是对立统一的，变与不变虽然相互对立但是又可以共存在一起；而道所包含的道理也是这样，阴阳五行相生又相克；生命个体的死亡与生命本身的繁衍不息也如此……

中国哲学的思想中，有人提出用"合二而一"来概括阴阳辩证思维，提出这一命题的是明清时期的哲学家方以智。他在《东西均》这本书中，谈论到事物运动变化的内部原因时，提出了"交"这个概念。他说："'交'也者，合二而一也。"（《东西均·三征》）所谓"交"，是指对立的两个方面其实也有相互关联，有一条线可以串联起两个方面在同一纬度上，虽然相互对立，但是又相互影响。在他看来，事物之所以能够发展，恰恰是因为阴阳对立的两个面彼此之间相互制约、相互改变的奇妙关系。他还说，相反的东西之所以能成为发展的原因，就是因为它们之间既相互结合、补救，又相互对立、斗争（即"相胜"），因而得以相辅相成。由此来看，我们既可以从"合二而一"来看待，也可以从"一分为二"来看待；换句话说，"合二而一"与"一分为二"都是阴阳辩证思维的概括，前者强调"合"的作用，后者强调"分"的作用，它们的基本含义是完全一致的。

三、道法自然遵道而行

万物都有自己运行的方式和方法，而我们需要做的就是遵循其中的规律来办事。我们常说天人合一，道法自然，就是说我们要顺应自然界中的发展规律，按照客观规律办事，就能够达到一种出神入化的境界，借用天地自然之力，辅助自己在办事情时能事半功倍。

对于我们常说的道来说，它的规律既包含自然规律，也包含社会规律。有一种说法是这样的，研读老子之道让我们学会如何与自然相处，如何让自我去融入自然，如何去调节自己的心态去适应自然；学习孔子之道让我们如何与社会相处，如何去与社会中其他人相处，以及如何处理好个人与个人、个人与集体之间的关系。中国的古人用他们的智慧书写了他们对道的感悟，教会我们如何去适应自然，适应社会。

"离了阴阳无道；所以，阴阳是道也。"这种阴阳之道，既是本体论，又是方法论，指导我们按照观察阴阳矛盾的方法去看待问题，分析问题和解决问题，无论是处理个人的生活，还是企业管理、国家治理，都要遵循阴阳之道的方法，"两手抓，两手都要硬"①。例如个人自我管理，要能屈能伸，知荣辱，甘进退，耐得住寂寞，守得住繁华；如企业管理要讲刚柔并进、相辅相成；如国家治理，就要讲刑德相辅、阴阳相和，所有这些都不能只从一个方向来看，宽严有度，方能遵道而行，从而达到道法自然的境界。

---

① 引自《邓小平文选》（第三卷），人民出版社 1993 年版，第 378 页。

论道行天下的中国精神

林昱清　弘毅学堂（2022300007023）

【指导教师评语】论文从"道"的本体论、"道"的辩证性、"道"的当代意义三个层面，对作为"中国精神"的"道"进行了较为系统的分析。选题富有中国性、经典性与时代性，研究意义较显著。思路总体遵循由哲学及文化、由历史入当代的线索，具有一定特色与可行性。语言也采用了规范的现代汉语，简明晓畅。（哲学学院　肖航）

　　摘　要：几千年来，中国文化长期延续发展，其文化与哲学，始终是以"道"为中心，围绕其不断发展和变化。道行天下的中国精神是中国人的精神内核，也是中国百家文化的主干。老子之道的思想博大精深，既揭示宇宙万物的本原，又阐释天地万物运行的规律，更是中国诸子百家究天道、立人事、推人道的哲学根源。本文将从本体论的角度对"道"进行简单的解释，并探讨其辩证性与其对当今中国的指引作用。

　　关键词：道行天下；本体论；辩证性；未来导向

　　什么是中国精神？中华民族精神蕴涵着我国古老中华文化的精髓，是我国传统文明长久发扬的重要理论基石。中华文化的基本理念是中华文化成长历程中的精神的内在力量，是引领人类的文明奋勇前进的重要理念。中国精神是我们心中永恒的灯塔，它将照亮我们为实现中国梦而努力奋斗的漫漫前路，它能够决定一个民族独有的思维模式、行为方式、文化心理、性格特征、价值取向，等等。而在此之中，我们中华民族的最高文化精神是什么呢？如果只能用一个汉字来回答的话，毋庸置疑，就是"道"。作为体现中华民族精神的"道"，它有着丰富的内涵与层次，最高的是宇宙和世界本源之道，下一级是天道和人道，再下来是各类具体化的道，这都是道的表现与运用，从而构成了一个有关道的丰富并且复杂的系统。

一、对"道"的本体论解释

"道"的哲学，在中国哲学中，是以老子《道德经》中"道"的概念为基础，以历史为主线。但是，拘泥于时代对思想的影响，老子之"道"在春秋时期还并未达到本体论的层次。在进入战国时期以后，"道"的概念，经由传播和后人的解读，出现对其的本体论解释。战国时期人们的哲学思想，在学术化、深度化、抽象化都达到了一定的高度后，才能统一提升一个哲学概念的层次。关于道的概念和认识必须是从人们通俗认知中逐步提升到社会观念中，然后才能进一步析出道的本体成分。比如说，道的最初概念所指乃是君主指挥军队出征讨逆，后来概括出这种行为的正当性、合理性和具有信仰特征的性质。接着就能进一步进行泛指，如天道、人道之类的说法。

"道"的本体论意义，包括本体与超越的层面。道家主张"自然本体论"与其所发生事情之间是有着内在逻辑关系与本质关联性质的。自然本体论的主要内容，对"道"本身也有着深刻的解释与理解。自然本体论在其意义上有四个内容：自然形成本身、自然生成万物、自然生成人化万物和自然化物态。所谓"自然本体论"实际上就是自然本身的本体论说。道家认为"自然本体论"最大的价值在于以自己所认识、把握和理解得来的关于"天地与万事万物"间关系以及它们之间发生关系的规律、法则等。

"自然本体论"是道家哲学最大的精髓所在。《清静经》中："大道无形，生育天地；大道无情，运行日月；大道无名，长养万物。"[1] 这里的道是道家对万物本质的解释。道家认为，道是宇宙之起源，天地之本始。它无形无象，无所不在，不增不减，永恒常存。它本无形而不可名，但却真实存在。

《老子·第二十五章》曾言："有物混成，先天地生，寂兮寥兮，独立不改，周行而不殆，可以为天下母。吾不知其名，字之曰道，强为之名曰大。"[2] 老子把"道"看作宇宙万物的大本大源，天地万物都由它孕育，故其为"万物之母""众妙之门"。掌握自古就有的"道"以驭当今的现实，能知道往古的始源，这就是道的要旨。但是"道"并非一种物质性的实体，也非一种精神性的存在。对事物终极本体的追求始终是一个可望而不可即的目标，但它引导人们为之进行永无止境的探索。所以，探讨如此高深的本体论问题具有十分重要的现实意义。越是抽象的，就越是本质的；越是本质的，就越是现实的。

---

[1]　（唐）杜光庭撰：《清静经集释》，吕纯阳等注，中央编译出版社 2015 年版，第 1 页。
[2]　参见《老子·第二十五章》。

"道"不仅仅是规律，是本体，它更是精神，是主客、思有、心物的统一。

二、"道"的辩证性

"道"的辩证性，是一切哲学的基础，是哲学发展的动力。哲学是世界观和方法论的统一，哲学又是辩证法的集中体现。在中国哲学史上，几乎所有的哲学家都认为"道""理""太极"这些表征事物普遍本质、规律的范畴，其中蕴含着阴阳矛盾，并非一个僵死的实体。"道"作为万物的本体，它蕴含着阴阳矛盾于自身之内。单独的阴或单独的阳都不能称其为"道"，非得要阴阳建立了内在的统一的关系，才是"道"。"道"作为客观世界的存在，无论在人类历史上还是在自然界中都具有特殊性，没有现成的定论。《道德经》有云："道可道，非常道；名可名，非常名。无名，天地之始，有名，万物之母。故常无欲，以观其妙，常有欲，以观其徼。此两者，同出而异名，同谓之玄，玄之又玄，众妙之门。"[①]《道德经》中把宇宙万物归结为一个整体，每个事物都具有统一性。而人所理解的世界和事物也不同。有人认为宇宙具有绝对性，有人认为宇宙具有相对性，还有人认为宇宙具有绝对性，这三种不同的观点都没有明确指出宇宙发展过程中，必然形成某种统一、永恒现象。

人类的历史是从"道"开始的，而哲学作为辩证法的基本观点，是唯物辩证法在哲学中的集中体现，其实质也就是辩证地看待事物和世界。任何东西都包括人和世界的存在，而任何事物都有其相对性和绝对性相对立的一面，都不可能完全相同甚至完全相反，因此马克思主义把绝对的唯物主义与相对的唯心主义统一起来了。唯物论就是从世界上的一切事物中，找到产生人类对事物主观认识与客观实际关系及其规律性的最本质东西，这就是我们常说的形而上学。抽象地讲世界和万事万物都是客观存在着的，只不过"道"属于我们看得见无形且不可测的一部分。所以，要认识世界、改造世界不能离开"道"。辩证法要求对"道"要作有系统、全面、辩证的观察、分析和评价。认识本身就构成了对客观现象与事物的描述与评价；了解事物的发展变化规律则使我们更好地认识自己和改造自己，完善自我。无为和有为是两个不同类型的思想，在它们之间又有联系。无为，即没有作为，因为它是不存在的。有为，即无而为也，因为它不存在时却又有作为。无为和有为可以统一起来。有为与无为有着鲜明的区别。无为与有为并不相矛盾，它们可以相互转化。

所以，中国道学的辩证法就是一个多维的辩证思维，这里既包括一分为二，又包括一

①　参见《道德经·第一章》。

分为三和一分成多的思想方式。

三、"道"对当今中国的指引作用

中华文化博大精深，各民族在文化上各有不同的理解和体现，这一点毋庸置疑。"道"既是中国文化中重要的精神内核，又是中国人在生活中形成的思维方式和行为方式。"道"既存在于中国文化里，又同时存在于中国人的生活中，因此中国人的生命存在一种特殊的文化氛围和生存状态，即在物质层面由内而外地寻求自我实现和精神升华，从而形成中国人自身对于世界的认知意义和价值判断。这一点，其实就是"道行天下"文化精神内涵中蕴涵着人类思维规律和价值取向在其中的体现和呈现。中国传统文化在这种精神引领下与之相适应而生生不息地发展下去。而这种成长又会通过文化来实现，最终实现人与人之间的和平相处。这就是"道"文化精神对人类社会发展进步作出的巨大贡献和其蕴含的巨大价值。

人类最早出现的文明形式，实际上就存在于物质层面。古希腊和古罗马的先民，在长期社会和物质发展进程中渐渐形成了一套对自然万物有全面认识和深刻理解的理论。他们发现世界万物存在着这样或那样的规律和作用，并将这些规律赋予了自然物以及事物自身。这一思想成为文明起源阶段最重要的因素之一。而在中国古代，早已出现"天人合一"这一思想理论，认为天地万物在一个更高的维度上生长共存。这种天与神之间是互相联系，又相互制约、相互促进的关系，而这一关系又深刻影响着人与自然万物在不同维度上的思维模式和行为模式。这种精神同样在人类各民族文化中有着非常深刻的体现和应用。例如，对整个人类文明和社会来说，宇宙法则赋予人类智慧和才能的根本动力，是人类智慧得以发挥其作用并得以不断提升的根本原因所在。在某种意义上，宇宙法则就是人类所创造出来的万物在不同维度上的发展规律和生存方式。

"道"是宇宙、自然的规律，也就是天地之间的原理。它贯穿于中国文化始终，同时又深刻地影响着人的生命成长以及思维方式。中国宇宙自然本是不分种族、性别和阶层，具有同一性的。这就意味着，人类在认知世界上存在着同一种文化传统——天人合一的思维方式。所以"道"的存在就体现了人类是宇宙万物及与此相适应的文化系统中存在的共同价值取向和认识论基础。"道行天下"的文化精神内涵就体现了这样一个观点：人类要想得到超越自我、超越语言文字局限来创造独特世界并生存下去，最根本的方式就在于不断追求自身实现。在这里，"道"作为事物运行所依据和遵循的规律和原则，对任何一种事物形成或扩大都具有决定性意义和作用。我们可以将它理解为"道"与所有事物发生联系时我们都要遵循或承认它所产生出的这种规律性，然后由这种规律性去发展、约束、改造其他事物和现象，从而实现整个自然界及整个人类社会自身的和谐发展。

对此，从中国文化中可以找到一个很好的解释。中国文化认为世界有四大物：天、地、人、物。这四大基本特征决定了人类的生存和发展与万物生命有密切联系。而中国人自身又具有特殊的世界观和价值观，在这种世界观和价值观中体现出独特的人生观和价值观，即中国人自身对于世界的判断和价值判断。正如《大学》所言："君子之于行，无所不用其极。"[①] 人类社会在很大程度上是通过对人性观念进行社会层面的规范来维持和实现自身利益与目的之社会形态。人类文化也以这种形式存在而不断传承。因此世界上绝大多数国家和民族在认识、理解和看待人类社会发展与进步中都存在着巨大差异性。在这个意义上对人类文化传承有重要意义。

任何一个国家和民族，都不可能独善其身，我们都需要借鉴他国文化，从自己出发，找到一条适合自身发展之路。而这条路在任何国家和民族都必须找到，在今天的中国也同样如此。只有在不断借鉴他国经验的基础上，寻找符合自身发展之路这条路才有可能成功，这也就是中国文化传承中一直倡导的"博学而笃志、切问而近思"的思想品质和精神品格。如果说中国文化中的博学在当今世界文化交流中日益加深，那么中国文化精神是人类文明发展中永不过时、永葆生机与活力的精神动力，而这也正是"道行天下"中国精神在当今世界文化交流中所呈现出来的深刻内涵和独特魅力。正如习近平总书记所说："构建人类命运共同体是世界各国人民前途所在。万物并育而相害，道并行而不相悖。只有各国行天下之大道，和睦相处、合作共赢，繁荣才能持久，安全才有保障。"[②] 只有坚持开放的合作关系才能促进人类文明和谐发展。只有构建人类命运共同体才能真正维护人类和平与安宁！也只有这样才能实现中华民族伟大复兴！

---

① 参见《大学·第三章》。
② 习近平：《高举中国特色社会主义伟大旗帜　为全面建设社会主义现代化国家而团结奋斗——在中国共产党第二十次全国代表大会上的报告》，载《人民日报》2022 年 10 月 26 日。

论"道行天下"的内涵及其当代意义

【指导教师评语】"道行天下"是中国精神中理论性和抽象程度最高的一种；作者能迎难而上，以"道行天下"为选题，对中国精神中"道"的内涵、"道"的理念运用作出了独具特色的解读，选题合理，有一定的理论性。论文的一大特色是语言运用能力较强。此外，作者能灵活运用多种理论，结合丰富的文献来论述主题。（哲学学院　秦平）

　　摘　要：道行天下价值理念的内在认知牢牢根植于我国传统文化，其具体解释可在儒、道、佛三大代派思想中追溯。中国人向来是最守规矩的，任何超出社会认知行为边框的行为都会招致严厉的惩罚。但历史中无数事例诉说着，那些打破中国传统社会之"边框"来追求心中之道而不惜忍受社会惩罚的人，大多是先窥到"道"之足迹的先驱者。大道三千，对道的勇敢、自由追求的精神在当今社会依旧具有重大意义。

　　关键词：道；道行天下；内涵；意义

　　有一种概念，它是玄妙的，不可言说地屹立于中国传统文化中，数千年来为无数人所上下求索，飞蛾扑火般地追求着，却没有一个人能稍稍窥得它的真颜。无名生万物谓之道。老子言：玄之又玄，众妙之门。道行天下，德泽人寰。道，是中华精神思想体系中的核心内容，亦是中国传统哲学之内核，是人们毕生追求的社会、人生哲学上的最高范畴。"道"是孕育森罗万物的摇篮，又是制约寰宇四方运行的标尺。

　　人生而欲寻道，不得道者郁郁。中国古代历史是万千人民寻道路上谱写出的诗篇，在当下我们需接受历史的火炬，做逐道而行的理想主义者。故道之精神依旧在当代具有对人民精神层面的指引与重大意义。

一、中国精神思想中"道"的内涵浅析

老子言："道可道，非常道。名可名，非常名。无名天地之始；有名万物之母。故常无，欲以观其妙；常有，欲以观其徼。此两者，同出而异名，同谓之玄。玄之又玄，众妙之门。"① 何为道？道的精准定义究竟是什么？世上最具智慧的人面对这些问题都会缄默。按照老子之道家本初思想，道是无法被定义甚至是不能言说的。就如同量子微观世界中观测就会坍缩，不观测才会叠加的神秘现象，一被定义或者言说，"道"就并非"道"了。老子曾言，知者不言，言者不知。庄子也曾说，言者所以在意，得意而忘言。虽然无人能对道进行定义，但我们却可以阐释其本质属性，如海德格尔所言，可以 Discover（揭示）。

道是规律标尺。人法地，地法天，天法道，道法自然。即人的活动和自然界的万千变化都要遵从一个规律，就是道。考古调查显示，在西周早期的金文中就出现了"道"字。从它的字形分析得出，其本义指道路。由于道路平坦规整而四通八达，在历史中慢慢引申出条理、规则、法则、公理的含义。道者，日用事物当行之理。故道，在这种意义上，指的是客观自然遵循运行的道，它是不会为人的意志所转移的。作为天地自然中的生灵，人类若想存活，就必须效法遵循这"道"。"道也者，不可须臾离也。"② 守道，遵循规律，人类才能办好事情，不然做任何事情都会无功而返，白费力气。

道是万物本真。老子在《道德经》中的文字体现了他的一种朴素的唯物主义价值观。而"道"概念的提出也具有相应的内涵，上下四方，古往今来，宇宙万物的演化及万事的本原，"玄而又玄"的奥秘，都归结于"道"。"道"，这个宇宙本真概念的提出，对沿袭于周代的神鬼宗教之观念具有很强的冲击性，推动了社会思想的进步。老子说："道冲，而用之或不盈。渊兮，似万物之宗。挫其锐、解其纷、和其光、同其尘。湛兮，似或存，吾不知谁之子，象帝之先。"③ 道是万物之祖、万物之本真，是宇宙众生的大本大源，森罗万物由它派生。

而在哲学意义上讲，"道"这种作为本原性的存在，既无法像独立的具体实物一样被触碰感知，又不是纯粹的精神概念。这种绝对真理是客观的，但并非完全独立的，而是一种形而上的存在且在无限的、形而下者的感知中被定义出来的。列宁有言：绝对真理是由无数相对真理的综合构成的。仔细琢磨其中的奥义，我们不难明白，对宇宙极性本原的求

---

① 参见《道德经·第一章》。
② 参见《中庸·第一章》。
③ 参见《道德经·第四章》。

索结果始终是可望而不可即的奢求，但又在某种意义上说，有求，方有道。所以是人类本身曾无数次艰难求道之过程为"道"本身又赋予了一层意义上的金光，甚至让它显现出几分神意。所以，只要我们知晓"道"就在那里，它终究是存在着的。这种存在性可以于精神上持续引导无数的人们投身于永无止境的探索中，进行"明知不可为而为之"的伟大而壮烈的事业。

道是集成理念。在古文中"道"由于字形字义的解释可引申出精神、理念、道理之义，这是"道"的更深层次的内涵，此时已经上升到了思想精神的范畴上。从该角度来观察，人类社会中处处是"道"，处处行"道"。饮茶讲究茶道，浅斟慢酌，勤和简静。从饮茶这一行为动作中凝选升华出的一种心性处世涵养心灵的精神理念，就是茶之文，是"道"。"若作酒醴，尔惟曲糵；若作和羹，尔惟盐梅。"① 调和五味，适中得宜。君子心性平和，温文尔雅，尊上慈下，使诸事莫相争，这是调和之道。

华夏社会之道大也哉。我们说茶道、剑道、花道、棋道；我们崇尚师生之道、夫妻之道；我们应用发展着的学习之道、处世之道、成功之道。世间万物各有各的道，各求各的道，各行各的道。万道归真，不仅仅是众道表面上讲究的某方面的技巧规则，更重要的是其背后贯穿着的普适意义上的精神理义。

二、中国精神思想中"道"的理念应用举例

八卦占卜之道。"道"作为万物规律之凝练，阴阳相生之义理，远在上古时期我们的先祖就认识到了这种存在于事物本身及森罗万象之间的阴阳演化关系。伏羲衍"八卦"，文王作《周易》。在文字还未成形的上古时代，作为部落首领的伏羲使用图画的表现手法创制阳爻和阴爻图案，代表了"道"的基础——"阴"与"阳"。八卦阴阳的创制意味着在当时原始社会的先祖就已经初步捉摸到了"道"，这反映在他们对于阴阳演化关系的思考中。八卦中"阴""阳"为两仪，是八卦的基础，生衍出四象以及八卦。"太阳、太阴、少阴、少阳""乾、坎、艮、震、巽、离、坤、兑"。八卦两相交错，又可衍生出八八六十四卦，三百八十四爻。此时"道"以八卦的形式展现出来。在中国古代这复杂的卦象以及其涉及的深奥神秘的义理，作为占卜的根据之一，在极大程度上影响了中国人的思维方式与行为模式。

顺应天时之道。在古人心目中"道"这种玄而又玄的义理往往与另一个神圣的概念"天"紧紧联系在一起。普通人在一天天的生活劳作中没有什么多余的思绪去思考探索过

---

① 参见《尚书·说命下》。

于抽象的哲学意义上"道"的存在，他们仅仅能通过周遭事物运行的规律来感受这种最原始的"道"之存在。"野芳发而幽香，佳木秀而繁阴，风霜高洁，水落而石出者，山间之四时也。"① 这是万物四时之道。"不违农时，谷不可胜食也；数罟不入洿池，鱼鳖不可胜食也；斧斤以时入山林，材木不可胜用也。"② 这是顺天生产之道。"臣事事而君无事，君逸乐而臣任劳。"③ 这是君臣之道。"居天下之广居，立天下之正位，行天下之大道；富贵不能淫，贫贱不能移，威武不能屈。"④ 这是大丈夫之道。诸如此类。要想成为一名堂堂正正的君子，就必须守这些道，顺应天意，不违天时，顺时而为，应道而行，如此方能心无所虚，以至圣人之境。

三、"道行天下"的当代指向性意义

治国需道。"学不际天人，不足以谓之学。"⑤ 如果道不能发挥其现实指导意义，我们也就没有必要去谈"道"了。追溯历史中的治国之道，无为而治、以刑治国或是依法治国，这些方法都划定了相应影响的圈子，都是道。而统治者们向来都遵循"宽猛相济，刑德相辅"的政策方略。子曰："政宽则民慢，慢则纠之以猛；猛则民残，残则施之以宽。宽以济猛，猛以济宽，政是以和。"⑥ 行政应使宽和和严厉调和平衡，使二者相互融洽和谐，以治政事，这是为政之道也。

修身需道。君子的德性修养需做到"刚柔并济，阴阳相和"，而遵循"道"，就是君子调节自身行为规范的途径方法。法律之道划定了人所能自由活动的最低线。"法律，是道德的最低要求。"人们不能盗窃，不能抢劫，不能暴力斗殴等。社会之道对如何成为一名合格公民作出了行为规范，如扶危济困、尊老爱幼、遵守公德。这个层次上的要求就属于柔性要求了。这些属于人们社会道德上默认规定的行为规范，一个人如果在社会上打破这些规范，就会受到其他人的谴责，自己的良心也会受到拷问，但并不会受到刚性的惩戒。个人之道对达成"至善"之本我提出了规范。助人为乐、见义勇为、刚直坚毅……这些品质都是在自我修炼过程中预想达到的目标。由这三层次的"道"可见，君子之修德，应刚柔结合，把底层的刚性要求同柔性的自我规范结合融洽，通过年年日日的践行，不断

---

① 引自《醉翁亭记》节选。
② 引自《孟子·寡人之于国也》节选。
③ 引自《孟子·离娄章句下》节选。
④ 引自《孟子·滕文公》节选。
⑤ 引自《观外物篇》节选。
⑥ 引自《左传·昭公二十年》。

提高自身的道德修养，不断向至圣之境迈进。

人生需道。古人常叹天地逆旅光阴过客，吾辈是行人。以个人的身份站在前无溯源头，后不见终点的行路上，该何去何从？世界或平庸无聊，世人许庸碌乏味。寄生天地之间，俯仰亦似无以得真理一瞬，又何以过日？寻道，大道三千，吾逐道而行。每个人对于自己该遵循的道都有异，但所有的人生之道于我们来说都宛如悬挂于苍穹之上的银河，明亮华美，永远璀璨，永远闪耀，永远令人满怀期待。从燕雀安知鸿鹄之志，到满城尽带黄金甲，再到雄鸡一声天下白。稷宫的读书声，骆驼的旌铃声，大漠的琵琶声；奋战的嘶吼声，执着的脚步声，激昂的国歌声……这些是谁的道？我的道是什么？你们的道又在何方？

逐道而行。奉献我们所有的虔诚肃穆。坚定守望，至死方休。纵使逐道之旅崎岖漫长，失败的阴影如影随形，但是改变世界的往往也是逐道者。

所以须重思，何为道之意义？故有亿兆黎庶奔走于求道之路，足下生之尘或可积为山岳。抑或可预见来者求道之路上熙攘盛景。如灼灼曜日，如幽幽清光，高悬头上，引人追逐。当亿万人都为同一目标而栉风沐雨披荆斩棘时，或许过程本身就是一种意义吧。

论"道"的可道与不可道

王宇菏　电气与自动化学院（2022302191483）

【指导教师评语】 该文较好地论证清楚了道本质意义及道的可道和不可道之间的辩证关系，并且试图从哲学的角度说明认识道、了解道的必要性，对中国哲学中"道"的这一概念进行了基本的解读，具有一定的理论性。文章在写作过程中的逻辑性较强，观点论证较为充分，语言流畅，用词准确，体现出作者对于道这一个概念有着一定的理解和领悟。（马克思主义学院教授　左亚文）

摘　要：《老子》开篇写道"道可道，非常道"。基于此，对于道的可道和不可道的本质意义及其辩证关系展开论述。首先，从变与不变的辩证角度对"常道"的本质属性进行解释，并援引原文指出道是造物根源、规律典范和阴阳辩证。然后指出道的"可道"是意义和功用层面上的揭示和描述，道的"不可道"是语言层面对本体的无可言说。随后对于论道、言道以及对道进行阐释的必要性进行说明，并从中国哲学——道学和认识的超越性这两个角度进行论证。

关键词：道；《老子》；可道；不可道

《老子·第一章》首句就写道"道可道，非常道"①。意思是说，"道"如果可以言说，就不是"常道"——本体实质意义上的"道"了。诚然老君已经阐明"道"无法言说，又自著五千言传世，引发后世无限纷纭，其间的悖论性可见一斑。

一、可道与不可道

先解"常道"，这里所说的"常"并非永不止息的、绝对的变动，也不是恒然不动、

---

① 《道德经》，张景、张松涛译注，中华书局 2021 年版，第 1 页。

静态的，实际上可以看作一种变与不变相统一相作用的中庸之法，是一种以理性视角注视下将表象与本质在更高维度的整合统筹之后的扬弃，这也就是说，虽然道的语言表征不一（如"道"又可称之为"大""太一""朴"等），但在实质上却又未曾发生改动，所以"常道"也即指向它的本体和实质。

"吾不知其名，字之曰道，强为之名曰大。"① （《老子·第二十五章》）名是本名，字是表字，字可解名，依笔者愚见，不妨暂且用"大"这个"名"来借代道的本体，那么"道"作为"字"大概是一种对于道的揭示与阐明，也就是侧重于对道的意义和功用等非实体要素与特征的论述和解说，但却不能够限定其本体。在这种意义上，不妨说"道"的本体无法言传，即不可道，但是"道"可以诠释，即可道，所以对"道"进行以下简释并阐释其不可道的原因。

关于"道"，一则是创生万物的宇宙本体、造物根源。《老子·第二十五章》有云："有物混成，先天地生，寂兮寥兮，独立不改，周行而不殆，可以为天下母。"② 依此之言不难想见，"道"既然先三千世界而生，必然无法用后天所生的事物概括或等同，换句话说也只有"道"本身，才能成为自己的表征和界定，因其特有的唯一性以及空阔的无限性，我们只能将"道"看作一种无根无形无法言传无法触及的非物质非精神的"形而上"的所在。"强"为之名，是假借某一名词来借代"道"，又有"道常无名……始制有名"③，天地万物作为一种"有"的所在，皆有常名，天地万物的"有名"是由"无"孕育而生的，所以道作为"无"的所在，已然突破其语言学含义的极限，无法命名。

二则"道"是一种规律和典范。如上对于"道"的这种人为的勉力阐释作为一种"人"之道，必定会限于社会人事从而不能突破语言表意与"非对象化"的围城。假借《西游记·第九十九回》言："盖天地不全。……乃是应不全之奥妙也。岂人力所能与耶！"④ 天地不全，人力所限，这表现在对道的言说、修身治世以及人治之法对于自然之道的仿效上。在此"道"被阐释为一种典范性的规律，需要被人类效法遵循，所谓"人法地，地法天，天法道，道法自然"⑤ （《老子·第二十五章》），强调对于自然客观法则的效仿，因此，老子提出"为无为则无不为"，也即无为而治，效法"道"，顺应客观事物的本性而行事，舍弃并废除纷繁事物，顺遂自然让万物自生自长各尽所能，返璞归真、大智若愚。所谓"反者道之动"，"大曰逝，逝曰远，远曰反"⑥ （《老子·第二十五

---

① 《道德经》，张景、张松涛译注，中华书局 2021 年版，第 99 页。
② 《道德经》，张景、张松涛译注，中华书局 2021 年版，第 99 页。
③ 《道德经》，张景、张松涛译注，中华书局 2021 年版，第 129 页。
④ 吴承恩著：《西游记》，人民文学出版社 1955 年版，第 1186 页。
⑤ 《道德经》，张景、张松涛译注，中华书局 2021 年版，第 99 页。
⑥ 《道德经》，张景、张松涛译注，中华书局 2021 年版，第 99 页。

章》），天地不全，物极必反，这不仅合乎中庸之道，同时也是自然的不变规律和根本法则，《周易·乾》："上九，亢龙有悔。"① 天地流转，万物相反相成，某种事物发展到了极致和极点，就会转向完全相反的境地，《老子·第四十五章》："大直若屈，大巧若拙，大辩若讷"②，所以老子主张万事不可求全，认识到个人的局限性和客观发展的限度，寡欲弃智，知足才能全身避祸，否则欲壑难填自得祸患。

三则"道"是阴阳辩证。《易传·系辞上》："一阴一阳之谓道。"③《老子·第四十二章》："道生一，一生二，二生三，三生万物。万物负阴而抱阳，冲气以为和。"④ 所以说道实际是一种阴阳合和体，是一种矛盾的统一，是主体和客体的综合，道作为一种天地纲常、自然法论，有着辩证的意义。《老子·第二章》："天下皆知美之为美，斯恶矣；皆知善之为善，斯不善矣。"⑤ 智叟在愚民之间才被对比出来，而丑恶的所在才成就了美，英雄肝胆须得懦夫鼠辈的映照，这些对照表明的是一种关乎本质意义上的矛盾与对立，以及深藏在其中的内在联系。而将这种辩证法与现代唯物论相统一，就形成了马克思主义中的辩证唯物主义。

老子出关，著述五千，废言而又立言，毋宁说是一种解构又兼建构的哲学和语言学的突破，老君的哲学刺穿本质、冶炼纯粹，是于各种客观与具象事物的抽象总结，所谓"玄而又玄，从妙之门"⑥ 大抵如此。汉语文字是表意字，词汇表意模糊富于暗示意味，这种暗示性充分体现在中国文化中，无论是绘画艺术还是诗歌，用钱锺书先生在《谈中国诗》中言："这是一种怀孕的静默"，且现代汉语不遵循严格的语法逻辑体系，这就使得汉语表述含义的无穷尽，所以哲学论作也如是，如《老子》简简五千，以诫世箴言形式出现，《论语》是语录体辑录，《庄子》则是寓言与神话，汪洋辟阖，仪态万方，这些论作多用格言、譬喻和列举，言辞极简而意味隽永，所谓"此中有真意，欲辩已忘言"。正是基于语言的这种暗示性，道不可道，哲学论著中言语的语境与范围大大缺失，而主要是依靠言语背后深广的隐喻义竭力去暗示，以此传道悟道。基于此，悟道由于已经认识到道的深刻显像和内涵，语言中介相应地会渐渐淡化，无须多此负累，即所谓"得象忘言"，老子对于语言的建构与解构也大抵在此。

综上可知，大道无形，而人的认知受限；认知有限，基于语言特征与社会文化环境限制，其表达困难又或者表达产物难于理解；表达有限，基于个体的受教育程度与理解差异

---

① 《周易》，刘慧译注，黄山书社 2016 年版，第 2 页。
② 《道德经》，张景、张松涛译注，中华书局 2021 年版，第 191 页。
③ 金景芳、吕绍纲著：《周易全解》，上海古籍出版社 2017 年版，第 595 页。
④ 《道德经》，张景、张松涛译注，中华书局 2021 年版，第 178 页。
⑤ 《道德经》，张景、张松涛译注，中华书局 2021 年版，第 10 页。
⑥ 《道德经》，张景、张松涛译注，中华书局 2021 年版，第 1 页。

性，这些浩如烟海、汗牛充栋的文献资料（这些文献实则本身就是"道"的残缺性偏颇性的表述）更增加了人们对道的认识的难度，在这种意义上，我们说道不可道。

二、论道的必要性

已经认识到"道"的不可道，然而我们也要认识到论道、言道以及对道进行阐释的必要性，所谓道行天下，道至大至广、囊括万物，一则"道"对于中国的民族与文化以及哲学具有深远意义。"得道者多助，失道者寡助"①（《孟子》），这显示出道是中华民族的普世追求和治世哲学；《论语·里仁》有"朝闻道，夕死可矣"②，《论语·微子》"天下有道，丘不与易也"③ 展现出君子文人修齐治平、立功立德立言的对于个人价值实现、仕途理想以及伦理规范、道德礼制的追求；又有《师说》："师者，所以传道授业解惑也"④，这是师道，更兼以花道、茶道和足道的文化理念与人文主义，道已经熔铸了中国人民的文化精魄，流淌于文化血脉。所以说中国文化是道的文化，中华民族是讲道的民族。

同时中国哲学也被称作"道学"，不妨在此简述"道学"。哲学是对人的本我存在的一种规范性的思考，所谓"我思故我在"，同时可以从存在推演到宇宙演化论以及对思考本身的思考。杨振宁先生说过"哲学的尽头是宗教"，而哲学与宗教大抵是人类为了直面自然的伟力、死亡的阴云、族群的斗争以及终极的理想而创造的一种具有神圣与永恒性质的规范体系，企图在不朽中寻求庇护。中华民族是爱好哲学的民族，宗教文化却相对欠缺，费孝通在《乡土中国》中阐明，中国基层社会具备一种乡土性，在差序格局下，此乡土社会则主要依靠"礼治"的维系，这种社会结构和格局决定着道德观念和文化伦理，所以中国没有西方"团体格局"下平等爱人的宗教文化，有的是以自我为中心的有等级差序的爱和依附在私人关系上的道德伦理。辜鸿铭先生在《中国人的精神》中阐释了由于儒家文化在广义上可以作为一种国家宗教，其道德秩序和教化体系可以作为某种教义指导和约束大众的社会生活。冯友兰先生在《中国哲学简史》中谈到宗教可以看作哲学与某种仪式典范的综合体，而哲学是可以更直接地接通超道德的价值，恰恰是由于中国人拥有哲学所以不十分地关注宗教。

二则论道实则是一种有限的残缺向无限的神圣层面的一种超越。《理想国·第七卷》中提到可知世界的太阳作为一种"善"的理型，代表着绝对真理和一切善的成因。柏拉图

① 钱逊著：《孟子读本》，中华书局 2010 年版，第 63 页。
② 钱穆著：《论语新解》，九州出版社 2019 年版，第 74 页。
③ 钱穆著：《论语新解》，九州出版社 2019 年版，第 379 页。
④ 《韩愈散文选集》，韩嘉祥注，百花文艺出版社 2009 年版，第 61 页。

在这著名的洞喻中构造了一个永恒理念的可知世界和抽象意义上的完美模型，同时也看作道所创生的万象在绝对意义上的映射。我们深知"道"至大无外，深知绝对真理只存在于理念世界不可抵达，"人是一堆无用的热情"①，然而人类作为一种寻求意义的生物本身就是悖论性的所在，身处历史中要洞穿历史，在有限的现世里想穷尽无限，欲知而终于不知，人类的历史循环往复，而这种意义上的超越万古不废。哲学层面的认知追求不可废止，实践层面的行动前行不可退转，一旦停歇，人类将困于方寸，自我中心、利己主义的意识将盖过寰宇万物的宇宙认知格局，人的苦心修炼须得不休不殆。

不妨以鲁迅先生《故事新编·出关》作结，"老子作过别，拨转牛头，便向峻坂的大路上慢慢地走去。……去了两三丈远，还辨得出白发，黄袍，青牛，白口袋，接着就尘头逐步而起，罩着人和牛，一律变成灰色，再一会，已只有黄尘滚滚，什么也看不见了"②。老君留此五千玄言出关而走，"道"的可道与不可道，吾等纷纷纭纭终于什么也看不见了。

---

① 史铁生著：《病隙碎笔》，湖南文艺出版社 2014 年版，第 49 页。
② 《鲁迅小说全集》，人民文学出版社 2013 年版，第 367 页。

论道家的道行天下思想及现实意义

曹哲宇　电气与自动化学院（2022302191496）

【指导教师评语】本篇论文以道家思想的现实意义为主题。全文分为六个部分，包括导言和结尾，每一部分的标题都恰当而精练。全文围绕着"道"可意会不可言传的特征，围绕"一阴一阳之谓道""道法自然"和"无为而治"这三个核心观点，分析道家思想的现实意义。全文文笔流畅，结构完整，逻辑清晰，条理分明，在比较开阔的视野下有良好的现实观照。但是仍有一些方面有待提高，如标点、注释的规范性有进一步提升空间；个别引文，尤其是体现重要观点的引文，需要进一步注意引用的准确性。若能掌握论文的基本格式、要求等，学术规范性可进一步提升。（马克思主义学院　吴默闻）

摘　要：从老子提出"道"这一概念，"道"至今已有 2000 多年的历史，经过 2000 多年历史洗礼，道家思想的精神实质发生了一些变化，但其核心精神内核一直持续影响着中国社会。文章围绕着"道"可意会不可言传的特点，从"一阴一阳之谓道""道法自然""无为而治"三个道家核心观点来分析"大道之行"的思想及其对当下的现实意义。

关键词：道；一阴一阳之谓道；道法自然；无为而治；道行天下

作为我国三大教之一——道教的开山鼻祖，史圣专门为老子作传，可见道家对我国的影响之深，那么究竟什么是"道"呢？道家思想又有什么现实意义呢？2000 多年前，一位见证了周王朝衰败的老人骑着青牛缓缓出函谷关，函谷关总兵伊喜见老人便将其拦下，要求其写文章后方可过关。老人大笔一挥，片刻间便成文。"道可道，非常道；名可名，非常名。"从此流传开来。此文便是道家开山经典《道德经》，而那位牛背上的老人，便是道教始祖——老子。

史圣司马迁曾在被称为"无韵之离骚"的《史记》中专为老子作传《老子韩非子列传》，并详细记录了老子出关作《道德经》这一史实：

> "关令尹喜曰：'子将隐矣，强为我著书。'于是老子乃著书上下篇，言道德之意五千余言而去，莫知其所终。"
>
> ——《史记·老子韩非子列传》

一、何为道

在阐述何为"道"之前我们首先要先明白一个概念，那就是，"道"是一个玄之又玄的概念，道，是可意会不可言传的，是可以言说而不能被定义的。

先说说不可言传。老子在《道德经》第五十六章有言："知者不言，言者不知。"道家所言之道"非常道"，道是万物的规律，也是一种精神，道是你，也是我，世间万事万物皆可称之为"道"。"道"是一个无限的概念，而无限的概念又怎么能够言说呢？所以说，道是"非常名"的，从古至今，包括老子在内，从来没有哪一位道家人物为"道"去下一个准确的定义。当然，道就是道，没有人能为其定义。

再说说可以意会。虽然道的整体不可被定义，但我们可以将我们所经历的事物称为道，"道"在此意义上，是可以通过语言的途径传播的，即"道"是可以被意会，可以被言传的。一个人干了好事，你可以传播他的君子之道；水往低处流，这是水的运动之道；人们在闲暇时品茶，体悟其中的茶道。所以说，道虽然整体不可被言传，但在局部上可以言说。

从老子提出"道"这一概念，"道"至今已有2000多年的历史，经过2000多年历史洗礼，道家思想的精神实质发生了一些变化，但其重要的几点精神内核一直持续地影响着中国社会。下面，就让我们从"一阴一阳之谓道""道法自然""无为而治"三个道家核心观点来分析"大道之行"道家思想的现实意义。

二、一阴一阳之谓道

"离了阴阳无道"，"阴阳是道也"，《二程遗书》中如此描述"道"与"阴阳"的关系，短短数字便道出了"道"与"阴阳"密不可分的关系。"道生一，一生二，二生三，三生万物。万物负阴而抱阳，冲气以为和。"这里的"二"即太极，即为阴阳。何为阴阳，我们可以在太极图去寻找答案：红鱼为阳，黑鱼为阴，阴阳相依，和合一体，是为太极。通俗来说，阴阳即为万物的对立，火是阳，则水即是阴；雄为阳，雌即为阴。古代朴素唯物主义认为，万物皆有其阴阳对立面，而"道"即为万物，所以，"道"即为"阴阳"。"一阴一阳谓之道"，就是指"道"是阴阳对立面的统一，这是"道"的本性。这里要注意的是，"道"不是孤阳也不是寡阴，只有阴与阳统一之后才能称之为"道"。

道家的阴阳之说是中国古代文化卷帙上浓墨重彩的一笔，影响着古人生活的各个方面。作为中国文化一大代表的中医就深受道家阴阳思想的影响。"阴阳学说"是中医学的核心学说之一，它从两分法的辩证观点出发，总结探讨人体的生理、病理和治疗规律。"阴阳"最初来源于中国古人对自然界温度的直观认识，即所有表现为寒冷的现象，或能引发人们寒冷感觉的事物都属阴，最直观的如冬季低温则为阴，夏季温热则为阳。在中医学中，人们认为人体与自然，以及人体各系统之间应该保持一种协调的状态，如果不能的话就意味着身体里有一种疾病。因此，中医注重调节受损的生理功能，恢复阴阳平衡。小时候大人们所讲的"春捂秋冻""滋阴补阳"之说就是中医阴阳学说的一种具象化。结合今日的医学，不难看出所谓"滋阴补阳"其实是一种对人体内环境的一种调节。

不只是医学，阴阳之说在古代文学艺术中也有体现。"天对地，雨对风，大陆对长空。山花对海树，赤日对苍穹。雷隐隐，雾蒙蒙，日下对天中。"《笠翁对韵》以对对子的形式对儿童进行声律启蒙，而这里的山与地，雨和风又何尝不是一种阴阳呢？古人讲究对韵，什么样的东西才是对上呢？那便是阴阳。古人常常将阴阳之物写进诗的上下阕，以此来对，这正是受到了道家的阴阳关的影响。

放眼现代科学，道家所说的阴阳本质上就是一种万物的对立，这种对立是符合世界发展的规律的，电子的一正一负，数字的一加一减，力与其反作用力都与道家的对立统一思想是切合的，我们至今在面对一件事时，仍然会采取考虑道家的阴阳关来解决。阴阳的统一与科学上的对称是不谋而合的。老子所创立的道家能够在 2000 多年前便发现宇宙万物的对称美，这一点怎么能不让人感慨呢？

道家学说中的"道"揭示了整个宇宙世界存在的内在规律，猜测到了宇宙对称原则的普遍性，展示了一个在阴阳对立统一基础上所形成的有序对称宇宙图景，这是道家"阴阳论"的伟大现实意义。

三、道 法 自 然

我们在前面说到，"道"是宇宙间的万事万物，"道法自然"作为道家思想的另一大核心内容，这里的"道法"又是什么呢？我认为这里的"道"指的是规律，是万事万物运行的道理，法则。而法呢，就是依据，凭借。《道德经》言："人法地，地法天，天法道，道法自然。"老子用顶真的文法，将天、地、人乃至整个宇宙的深层规律精辟涵括、阐述出来：人在天地间，做事应该顺应天道，应该按照自然的法则去做事，去效法自然，而绝不应该违背自然道理。道家强调了自然力量之大，其对天地自然与人的关系的理解不仅能够很好地解释人类历史上的某些事件的必然，也能为我们如今的某一些人类共同面对的问题提供解决方案。

回看历史，无数的事件都在论证着"道法自然"的正确性。忆往昔，对黄土高原的乱砍滥伐、过度放牧带给了那个富庶之地的人们漫天黄沙；英国的过度商业化带来了黑死病的惩罚；美国的疯狂建设后，人们面临的是地震与天灾。看今朝，过度的工业化带给了人们上升的气温，极端天气在各地上演；氟利昂的排放带来南极臭氧层空洞，海平面上升成为人们面临的共同问题；人们对于生态系统的破坏带来了物种的大灭绝，基因多样性降低。人们反抗着自然，不能得自然之"道"，因此受到了自然的惩罚，我们就是自然的一部分，我们无法脱离自然而独善其身，唯有去顺应自然，道法自然，方可更好地立足于世。

如今，越来越多的中国人开始注意到自然的力量，理解"道法自然"的奥妙，我们开始依据道家的自然之理为解决自然问题提供独特中国方案，我们将"人与自然和谐共生"作为行事准则，开始将"绿水青山就是金山银山"作为经济发展的准则。道法自然为我们阐述了人类与自然和谐的生态伦理精神，从可持续发展的意义上说，道家"道法自然"的观念，对于我们今天纠正现代文明的物质主义价值导向、人与自然关系上的人类中心主义价值观念，重新认识人与自然的关系，遵循自然、社会生态系统自组织演化规律，充分发挥自然、社会生态系统自组织演化机制、过程在社会文明发展过程中的作用，具有积极意义。

四、无 为 而 治

道家"道法自然"的思想告诉了我们人类在面对自然时应该顺应自然，不要去刻意干预自然，面对自然的事物做到"不作为"，"无为而治"作为道家治世的核心思想，更是将道家这种不作为的思想表现到了极致。"无为而治"顾名思义就是要求统治者在治理国家时不过多地干涉国家内政，人们不去刻意地追求自身的名利。作为道家学说的另一位代表人物，庄子在其《逍遥游》中说道："至人无己，神人无功，圣人无名。"这三种做人的境界，庄子认为，只有能够舍弃一些外来之物，达到无为之境，方可被称为圣人。道家道德哲学的基本内容为"无为""无欲""无私""无争"，以柔软的方式去救治生命本能的盲目冲动，平衡人的自然本性和外物追逐引起的精神散乱，以开放的心灵破除执着，创造生命。老庄的无为思想虽确实存在着一些消极避世的思想，但不可否认的是，老庄作为古代帝王学术思想确实为后世的统治者提供了治国之方。

汉、唐、元，每一个朝代的兴起都因无为而治而产生，无为而治第一次被用作治国之方是在西汉初年，刚刚经历改朝换代的大汉百废待兴，为了振兴大汉，统治者们采用黄老之术，将休养生息的无为之策作为发展方针，统治者们减少赋税，鼓励农民耕种，强大的西汉王朝立于世界东方。到了李唐，唐王更是以李耳后代自居，将老子奉为太上老君，同时要求官员不要过多干预百姓。李世民在《贞观政要》中说道的"当须更并省官员，使得各当所任，则无为而治矣"便是最好的论证。由游牧民族建立的元朝更是将老庄之法贯彻到了极致，更改税收政策，行省自治等政策无不体现了老庄之法。在如今的市场经济制度之下，无为，方可有为。"为不为，则无不治"正是老庄思想所告诉我们的。

德国著名历史哲学家、历史学家奥斯瓦尔德·斯宾格勒在《西方的没落》书中指出，每种文化都有一种独特的基本象征，那么中国文化的象征是什么呢？我认为中国文化是不可名状的"道"，道是天地间阴阳万物的统一，是宇宙万物运行之规律，中国的"道"即中国的哲学，历经历史的沉淀，道家思想作为一种独特的中国精神，深深烙刻在每个中国人骨子里。我们研究"道"，我们运用"道"，我们"道行天下"。

论庄子"无用之用"思想及当代意义

郗圣颉　水利水电学院（2022302191231）

【指导教师评语】本文论证了庄子"无用之用"思想中的"道"的精神及其当代意义，紧跟时事，从当下"躺平"风气出发，呼唤人们在内卷社会对于个人内心价值的重新审视，全文结构完整，论证逻辑清晰，切入点明确具体。本文指出："无用之用"是一种不以追逐他人或社会的期望为出发点而形成的对个体本身有客观好处的特质；在今日内卷的社会中，我们再次重提"无用之用"的精神，不是号召长久性的"躺平"，而是呼唤人们对于个人内心价值的重新审视，给生活在压力下的青年人提供一个别样的思考角度，以获得在步步紧逼的生活中稍得休憩的空间，此对个人和社会具有重要意义。（哲学学院　连凡）

摘　要：庄子是我国先秦时期著名的思想家、哲学家，作为道家学派在被黄老之学异化之前的代表性人物，他的思想虽以消极避世为主，但其独特的价值观、生命观在如今社会压力普遍过大，"内卷"风气席卷职场的环境中能发挥出独特的抚慰人心、缓解压力的作用。

关键词：庄子；无用之用；道行天下

"躺平"是现代人面对繁重的学习、工作、生活压力时，暂时停止工作，放下对名利的追求，让自己的身心得以休憩的行为模式。但多数时候青年人口中的"躺平"更多的是一种暂时性的状态调整或是自嘲，等到压力感略有减轻，青年一代仍然会踏上梦想的征途。而笔者认为，"躺平"的精神本源其实在于老庄哲学，而其中庄子对有用与无用的独特思考，正是可以缓解青年人因过度追求现世的"有用"而产生的焦虑感的一剂良药。

一、"无用之用"的含义

我们想要了解什么是"无用之用",首先就要看看什么才是所谓的"有用"。按照普遍意义上的理解来讲,一个"有用"的东西是在某种特定的时间和情景下有着明确具象的意义的,比如我们吃饭时用餐具夹取食物,此时的餐具就会自然被定义为是有用的。因此,对于"用"的判断是基于他人和社会的。而所谓"无用",就是对他人和社会不具备某种现实的具体意义。《庄子·人间世》提到这样一株巨树:"仰而视其细枝,则拳曲而不可以为栋梁;俯而视其大根,则轴解而不可以为棺椁;舐其叶,则口烂而为伤;嗅之则使人狂酲三日而不已。"① 在当时的资源利用法则下,从人的角度去看,这树是"无所可用"的:枝条弯曲无法承重,树根纹理螺旋无法做棺材,叶子有毒灼人肌肤,气味让人晕厥三日不醒,然而正是这样的无用,成全了树本身,得以"终其天年"。这样的矛盾引发了庄子的思考,当人们都去追逐有用之用时(这也正是现今社会的状态),那些看似有用的特质反过来伤害了自身,此时选择放空心思去享受无用之用,才是明智的选择。由此,我们可以将"无用之用"定义为:不以追逐他人或社会的期望为出发点(有时甚至是与外部期望相反)而形成的对个体本身有客观好处的特质。

二、从"道"的精神看无用之用和有用的辩证关系

庄子向来善于从道的辩证法的角度提出一些极具思考价值的概念,虽然这些思考往往是反直觉且抽象的,但却蕴含着深刻的辩证哲学内涵,如:"有始也者,有未始有始也者,有未始有夫未始有始也者。有有也者,有无也者有未始有无也者,有未始有夫未始有无也者。"② 根据这样的逻辑,对于"用处"来讲,也就自然有"有用之用处"和"无用之用处"。但从社会实践来看,几乎所有人都在追求"有用之用处",而作为另一面的"无用之用处"被频频忽视。"二程"说:"离了阴阳无道。"③ 便是强调在现实中,"道"的两个方面是不能被拆分的,是必然共存的。若只是片面强调其中一方面而忽视另一方面,即出现"阴阳失衡"的情况,无论是个人还是社会都会"患病"。这种辩证统一性,正是

---

① 《庄子》,萧无陂注,岳麓书社 2018 年版,第 74 页。
② 《庄子》,孙通海译注,中华书局 2007 年版,第 38 页。
③ 章敬土编:《周子通书·张载集·二程集》,天津古籍出版社 2017 年版,第 287 页。

"道"的精神的重要部分，鉴于社会生活中多数人对"有用之用"早已熟悉，故在此重点从"无用之用"的角度谈这对辩证关系。

"无用之用"，与传统意义上的"有用之用"是有本质区别的。"有用"从动机，从出发点上来看就是有指向性、目的性，甚至是功利性的，比如当代中国学生从小到大在学校课堂上接触到的一切知识，大多不过是为了升学，为了成绩所"利用"的一种工具，学习在他们眼中从最初就是在想如何才能在考试中获得更好的分数，而不是满足人天性中的好奇心。而"无用之用"则恰恰相反，《庄子》中的大树长成不成材的样子并不是它为了迎合他人需求的结果，是向自身而不是向他人探索，是顺应天性的选择而已。好奇与求知是人的天性，如果学生们获取知识是向内挖掘，是为了充实自己而不是物化自己来给他人"使用"，人对获取知识的渴望本身也可以成为一种"无用之用"，但过度纠结于学习的现实意义让他们的天性变成了一种痛苦与折磨，这是过于强调争取他人期许的有用所带来的恶果。而想看一阵风，就认真地看着无形的空气在一切被有形的外表束缚的灵魂之间穿梭；想走路，就大胆迈步，不必考虑目的地在何处，如王徽之一般"乘兴而行，兴尽而反"[①]；想爱一个人，就大胆去爱，不必考虑对方的身世和家财。这些从我们内心发出的声音，是他人眼中的无用，但这才是生活在无形之中带给我们的宝贵财富。

三、"无用之用"思想对个体的意义

"大方无隅；大器晚成；大音希声；大象无形"[②]，真正能对生命有所裨益的东西，往往不是那些我们所刻意追寻的，生命真正的答案应该藏在"无用之用"中。台湾名嘴蔡康永说过这样一段话："人生最重要的东西，其实大多没有什么用：爱情、正义、自由、尊严、知识、文明，这些一再在灰暗时刻拯救我、安慰我的力量，对很多人来讲'没有用'，我却坚持相信，这些才都是人生的珍宝，才经得起反复的追求。人生，并不是拿来用的。"如果一个人只是为了别人的期望而活，无论成了为了多么有用的样子，他事事考虑别人的看法，只不过是悲哀地活成了别人意志的傀儡而已。尝试放下一定的期许，在经历困难和内耗的时刻学会暂时"躺平"，忽略掉是否有用这个主观的、局限的评判标准，不仅可以大大舒缓生活压力，放松紧绷的神经，更可以在向内挖掘内心需求的旅程中更好地体验人生的更多乐趣，过上自己心中认可的精彩生活。在当今"内卷"化严重的社会风气之下，在心中竖起"无用之用"的评判标准，可以有效避免过度的无效竞争，因为这些竞争多半只

① 支旭仲主编：《世说新语》，朱孟娟编译，三秦出版社 2018 年版，第 143 页。
② 《道德经》，李正西评注，安徽文艺出版社 2003 年版，第 91 页。

是在企图胜过他人一头的不合理评判体系中被人为赋予了价值,与一个自然人的内心需求可以说是大相径庭。当一个人体会到"无用之用"的大智慧时,是否在无效竞争中胜出这样的问题已经不会困扰他的内心,他将会有更多的时间和精力去投入他真正想做的事情上,从而提升个人的幸福感。除此之外,"无用之用"对于安抚在社会竞争中处于下风或竞争失败的社会成员有良好的作用,如果说儒学是中国人心中的生活常规,那么以"无用之用"为代表的老庄哲学可以扮演好人们在遭遇困境时的"医院""药店"的角色,让人们暂时可以安然接受"躺平",把自己抽离追求功名利禄的无形图圄之中,让心灵获得医治,让灵魂得到涤荡。这对缓解在社会竞争中处于下风群体的心理压力有着巨大的积极作用。

四、"无用之用"思想对社会的意义

首先需要强调的是,推崇对"无用之用"思想的重提,并不是教唆人们完全放弃为他人、为社会作出贡献。人是社会性的动物,谈及人必然要谈及社会,一个人不可能真正脱离他人和社会的评价体系而成为完全独立的价值个体,所以像老庄一样对世事一律采取消极躲避的态度是不可取的。一方面,这样完全放弃社会价值的做法是不负责任的自私行为;另一方面,由于人的社会性,这样的实践事实上也是不能存在的。事实上,由于长期浸润在儒家的积极入世理念中,中国人的民族精神中已经自然拥有了对家国社会的高度责任感,所以即使我们主张在当今社会再次大力重提"无用之用",也不必担心会因此冲淡社会大众的责任感。在这样的广泛思想同质化的社会中,"无用之用"作为一些异质化的元素,一方面可以增添社会思想的多元化,另一方面,通过广泛改善社会个体的心理状况,可以达到提高社会生产效率的作用。因为如果社会中处于下风的人们的心理状况长期得不到改善,对他人和社会期望的殷切追求的原动力终有耗尽的一天,那时这些人反而会成为整个社会中较危险的不稳定与因素,所以社会需要让这些人得到放松,只有通过调整人们的精神状态,让他们能够以饱满的热情投入生产生活,才是对社会整体收益最大的方式。

经过以上论述,读者可能会有疑问:即使是"无用之用",最终不仍然归结到了"用"这一个字上吗?这样的质疑其实并不无道理。笔者认为,"无用之用"也还远远不是庄子理解中完美的人生,实现"无用"不过是对整个在追求"有用"的世界的一种反向超越,要是再去刻意追求无用之用,反而又重新落回刻意功利的俗套中去了。庄子所追求的终极目标,在《逍遥游》中可以得到比较完整的呈现。即便是实现无用之用,终究不过仍在"用"的范畴中，而"乘天地之正，御六气之辩"① 以实现几乎是不可能的"无所待"，才是庄子在摆脱了一切功利性的"用"之后对人生的终极目标。也正是因此，《逍遥游》的结尾才会说"至人无己，神人无功，圣人无名"，在庄子看来，人生境界越高的人，越能懂得放下功名，才越能跳脱出这个讲究"有用"的世界。

庄子所代表的先秦道家文化虽然不是长久以来中国社会的思想主流，但仍然是中国精神的重要组成部分。在今日内卷的社会中，我们再次重提"无用之用"的精神，不是号召长久性的"躺平"，而是呼唤人们对于个人内心价值的重新审视，给生活在压力下的青年人提供一个别样的思考角度，以获得在步步紧逼的生活中稍得休憩的空间，此对个人和社会具有重要意义。

---

① 《庄子》，萧无陂注译，岳麓书社 2018 年版，第 2 页。

论中外视域下的"道"

赵晨浩　弘毅学堂（2022300002019）

【指导教师评语】本篇论文逻辑清晰，视野宏阔，汇融中西，聚焦于"道"这一哲学概念，详细论证了道的本体论和道的辩证法，每一部分的论证皆视野开阔，思考深入，有理有据，具有一定的理论意义和现实价值，行文格式合乎学术规范，是一篇优秀的学生论文。(哲学学院　肖航)

摘　要：老子认为道是至一性的存在。道必须被理解为生，且表现为生成万物。道是不可言说的，认知道应从对其自身的感知出发。圣人理解和认知道的本源，其关键在于达成"虚静与无为"。以道为核心的辩证法中包含的"一分为多"思想与现代系统论有共通之处。海德格尔认为道由自身产生，一切源于道路；语言的本质是在实现其自身言说功能的过程中开辟道路；在四元世界中人居住在天地之间，等待诸神并相伴其他要死者，便是富于诗意的栖居。托利认为"未显化状态"（即"道"）是万物的无形源头，众生的内在存在；体验与本体连结的最大障碍在于认同思维；词是路标而非路标所指向的终点；宇宙的宁静存在于个体之内；生命的终极意义是在显化道的过程中回归本体（道的又一无形本质）。

关键词：中外；道；本体论；辩证法

哲学上讲的万物本原既不是一种独立的物质实体，也不是一种单纯的精神实体，而是关于万物的终极本质与绝对真理。它是客观的，但不是感性的，也并非独立的，而是作为形而上的事物通过无限的形而下的感性存在而显现出来。"道本体论"相对于自然实体论是一个巨大的进步，因为它将"道"立足于纯粹哲学的基础之上。

一、"道"之内涵：本体和至一存在

"道"这一语汇本指"供人行进的道路"，老子最先将其抽象为统摄万事万物发生、发展和消亡的至一规律，并在《道德经》中论证了其存在的性质。在老子论证的基础上，海德格尔立足于 20 世纪工业化的时代背景，通过与"方法"的对比，赋予了"道"自身生成的属性。而托利则通过"本体与形式"这一基本矛盾关系对"道"进行了阐述。尽管在这三位哲人的论述中，"道"的内涵被不同的词语代表和形容出来，但其本体地位却一以贯之。

（一）老子：有与无的矛盾体

老子揭示了道与德的关系："孔德之容，惟道是从。道之为物，惟恍归惚；惚兮恍兮，其中有象。恍兮惚兮，其中有物……其精甚真，其中有信。"① 道是德依凭遵循的法则，德是道的具体表现。"道之显现为一，既非作为整体之中的一，也不是作为事物实体的一切，亦非贯穿于万物的某个元素，而是使事物成为可能的'统一'。这个统一是聚集的力量，它使事物统一于自身并成为统一体。只是通过道的一，天才成为了天，地才成为了地，万物才成为了万物。"② 道只是作为其自身而存在着。道与天地万物等万般具象化实体有本质不同，它自身便是空无（但并非一种无秩序的、混沌态的空无）。道之中包含有和无的双重属性，构成一种矛盾着的统一体。

"尽管道自身无法规定，但它却显现出来。它的显现活动不仅是与万物相区分，而且是在万物之一的意义上无相区分。无不是作为某物去否定另一个某物，所以它实际上无法如同某物一样显现出来。"③ 这里的生应当理解为有与无的矛盾统一。道"生而不有，为而不悔，长而不宰"④。由于道自身包含着矛盾，因此包含着自否定，这种自否定规定着道以一种生生不息的状态沿着时间的维度向前运作和发展。道不仅生成万物，而且将自身的矛盾特性根植于天地万物之中。任何个体对于道的偏离和误解即是对于自身本性的违背，任何违背自身本性的行为都是对于生命存在意义的颠覆。

---

① 参见《道德经》。
② 彭富春：《海德格尔与老子论道》，载《江汉论坛》2013 年第 7 期，第 42~49 页。
③ 彭富春：《海德格尔与老子论道》，载《江汉论坛》2013 年第 7 期，第 42~49 页。
④ 参见《道德经》。

老子说："道生一，一生二，二生三，三生万物。万物负阴而抱阳，冲气以为和。"①
老子在此描述了宇宙的生成过程。与《圣经》中上帝创造万物不同，道作为一种至为抽象
的法则规定了道。一、二、三等数字的扩大象征万物从简单到复杂，从单一到繁多的过
程，而不是某种定量化的具体规定。

（二）海德格尔：自身开辟的道路

海德格尔关于存在的思想主题乃是道路。他说：也许"路"一词是语言的原初之词，
向沉思着的人们劝说着。老子诗意般的思想的主导词称为道，道并非意为"本真"的道
路……但是，道是那能推动一切的道路，所谓的一切亦即：从那里我们首先可能去思考，
理性、精神、意义、逻辑本真地言说的……那么，也许在道路中隐藏着思考着的言说的所
有秘密。也许当今统治方法的神秘的力量亦来源于此，即这些方法，不论其效力，也只是
一条巨大的隐蔽的河流的分支。这条河流推动一切并为一切开辟了其自身路径的道路。

海德格尔对于道路的认识不同于人们对于这个语汇的一般看法：道路只是联结两个地
域的途径。这种观念将道路视作一种工具性的存在，其具有并且仅仅具有功利性。显然这
偏离和误解了道路的本性。在近现代科学中，方法——作为工具论道路观的强化版——被
大大提升了地位。海德格尔认为，虽然方法与现代科技工具相关，但前者更接近道路本
质。这是因为：方法源于道路。这种方法不是人类思维的主观产物，而是一种源于客体自
身的、规定其自身的道路。前者是对于事物的伤害和扭曲，而后者则能把事物揭示出来。
与工具性的道路观不同，海德格尔所理解的道路是本源性的，道路即是本体。作为本源的
道路自身开辟、自身生成。道路是道路的给予者与创立者。道路不是人走出来的，也不需
要人们去行走。在此种意义下，道路是自身运行的。道路推动道路，道路源于道路，这便
构成了一种逻辑闭环性的、有关于道路的万事万物的生成法则。

（三）托利：未显化状态

托利认为本体作为无形不灭的本质，不仅超越了所有的生命形式，更深深根植于每种
生命形式之中。也就是说，作为个体最深的自我和真实的本质，个体可以在每个当下接触
到它。当个体的思维静止时，只有当注意力完全集中到当下时刻时，个体才会感受到本
体，尽管从心智上永远无法理解它。托利在此基础上指出：重新觉知到本体，并保持这种
觉知体验的状态就是开悟。个体能够开悟，能够进入超越身体形式的、泯灭了内体与外体

---

① 参见《道德经》。

区别的、纯粹存在的无形领域就是其真正的解放。它将个体从形式世界的束缚与认同中解放出来，这便是生命因分裂演化而造成多样性之前的那种无差别状态。这种状态中自在包含有一种深深的宁静与和平，有着喜悦与充沛的活力。托利将纯意识比作光，并认为无论何时当个体处于未显化状态时，其就于一定程度上对光变得透明。这样的纯意识便是个体的真正本质。

托利认为，气作为个体身体内部的能量场是其外体与源头的桥梁。它处于显化形式世界与未显化状态当中。因而，气相对于未显化状态来说是永恒运动的。当个体将其注意力投射于内在身体中时，就是在沿着这条河流走向其源头。当个体达到一种绝对静止状态时，他便超越了内在身体，超越了气，而来到了无形的源头——未显化状态。臣服——放下对本然的事实的心理——情绪的抗拒——会避免客体将其自身与他人，其自身与世界隔离开来。抗拒事实加强了个体小我赖以生存的孤立感，从而越来越强烈于显化状态，受限于由孤立形式组成的世界。个体在形式的世界中受困越深，其形式认同与外在形骸就越发难以逾越，与内在维度的联结就越浅。而在臣服状态中，个体的形式身份退化了，未显化状态就较易于透过身体显现。

二、"道"之体察：认知本体的方法

"道"作为一个高度抽象的概念，似乎难以把握和认知。在充分论证"道"的内涵的基础上，三位哲人分别阐述了认知和体察"道"的方法。老子和托利更强调"观"——一种对于周遭万物的纯粹的、不附丽任何功利性和目的性的感知的意义和作用，而海德格尔认为在有意识状态下的连续性思考确立了人的主体性，开辟了林中空地，进而成为揭示大道的具体模态。

（一）老子：以道观道

可被感知的对象是那些感性世界中的、能诉诸人的感觉器官的、从而成为认知的材料的真实存在者。道是一，但既非宇宙整体的一部分，也并非宇宙整体自身。其一向对于可被感知对象而言有着根本的不同。正如老子所说："视之不见，名曰夷；听之不闻，名曰希，博之不得，名曰微。"[①] 在老子看来，一般意义上的学识、思想、智慧皆是背离道的；这在于它们不仅违反了道的自然属性，甚至违背了道的真实属性。老子认为，

---

① 参见《道德经》。

“智慧出有大伪”①，这显然是人为的，虚伪的。人们越沉溺于谋划，就越发严重地抛弃和丧失本性与本心。圣人必须抛弃这样的学识，也就是所谓的“绝圣弃智”②。老子强调了在探求“道”的过程中观的价值。这里的观是指用心地看。观是洞见。老子反对从客体之外的立场去观照事物，指出欲达成真正的洞见，人必须从这一事物本身出发去观照它。故“以身观身，以家观家，以乡观乡，以邦观邦，以天下观天下。吾何以知天下之然哉？以此”。③ 如果说到观道的话，就是以道观道，“故常无，欲以观其妙，故常有，欲以观其徼。”④ 从无观无，可知其精妙；从有观有，可观其边界，这便是以道观道的基本形态。

（二）海德格尔：以“思”开辟林中空地

思对本有的追问指向主体。思追问本有，亦即追问“是谁”，指向主体所发起的某一事件，指向一个现象中的关系的力以及决定那些力的关系的起源关系。在思与本有的关系中，主体与“思”是能动的方面，客体是受动的方面，是人和思主动地发起和建立人与构的关系，正是在这种关系中“本有”确立自身，显现自身。人之思犹如茫茫黑夜中划破长空的闪电，人则如同处在“本有”的幽暗之中。但人有思想，思想凝视某物时就会驱离幽暗，使其向人们敞开。海德格尔用林中空地来形容这种去蔽与开显的作用。而正是这样的“思”将“无意识”化为“有意识”，从而揭示和显化自身生成和推动的道路。

（三）托利：做观察思考者

托利认为，一个人的脑海中总是充斥着各种声音，而这种不停地进行分析、比较、推测、评判、抱怨、选择的声音伴随视觉印象构成了个体的“心理电影”。以过去的形势判断当下，预测未来，我们一定会得到完全歪曲的理解。而这种偏见便是人类伤害和被伤害的根源，也是人类背离本我的根源。托利认为，只有经常倾听大脑中的声音，特别关注那些重复性的思维模式，才能真正成为一个“观察思考者”。当个体在倾听那种声音时，不

---

① 参见《道德经》。
② 参见《道德经》。
③ 参见《道德经》。
④ 参见《道德经》。

应去作任何评判，以防由同样的声音从后门乘虚而入。那里有一种声音，而我在这里倾听它，观察它。这是自我存在的感觉而并非思维，它超越了个体的思维。

三、道之指归：生命的终极归宿

"道"是天地运行的永恒不变法则，在对于第一因的无限回溯和对万事万物结果的无限瞻望中，三位哲人给出了自己对于宇宙和生命归宿的思考。而这些探讨可以导出人之为人的意义，从而对"物质与意识的关系"这一哲学上的基本问题进行回应。概括地来讲，三者都要求个体摆脱功利之心和偏见态度，回归生命的原初状态。

（一）老子：回归镜面心灵

老子将人的心灵比作一面神秘的镜子，即所谓玄鉴与玄览。镜子的本性就其自身而言是空的，但它能反映事物。心灵也如镜子一般，虽自身空无，但能反映和思考事物。虽然这个心镜就其自身而言是干净而光明的，但事实上却因被污染而有瑕疵。其中有各种各样的类型与原因，最严重的便是心灵的自身遮蔽。这就是人们长期怀有的偏见与成见。从此出发观察万物，虽然人们自以为看到了事物的本性，但实际上未看到任何东西。于是，老子说："企者不立；跨者不行；自见者不明，自是者不彰；自伐者无功，自矜者不长。"[1]一切从自身意愿出发的思想与行为最终都无法达到其目的。老子要求涤除玄签，使其无瑕，让心镜回到光明的本性，而能映照万物，与道合一。这才是为道，而不是为学。为道与为学在根本上是不同的。老子对比了三者："为学日益，为道日损。损之又损，以至于无为。无为而无不为。"[2]为学和为道都相关于人的心灵。心灵虽然本性是空无，但在现实中却为关于事物的各种知识充满。为学就是增多关于物的知识，而为道就是要减少这种知识。为学是向外的，为道是向内的。在为道的过程中，人令心灵虚静，而体验到道的虚无即存在。作为最伟大的为道之人，圣人都是由外到内的。"不出户，知天下；不窥牖，见大道。其出弥远，其知弥少。是以圣人不行而知，不见而明，不为而成。"[3]这在于天道在内不在外。因此，向内才是正道而行，向外则是背道而驰。

---

[1]　参见《道德经》。

[2]　参见《道德经》。

[3]　参见《道德经》。

（二）海德格尔：语言与排钟

海德格尔答道：既非神，也非人，而是在诗意意义上的语言在说话。据此，海德格尔对语言本身作了区分。语言可分为道说与陈述，其中道说是语言的本性。这个本性可理解为所谓宁静的排钟。语言以这种方式聚集了天地人神。但是，陈述并非宁静的排钟，而是对于这样的宁静的排钟的遮掩物。陈述的终极形态并非某种历史性的命题，而是现代化的信息，在彼时的时代语境下，该种信息汇聚成流，致使陈述性的语言已不可能发挥道说的功用。正是在技术的世界里，无家可归式的流浪出现了。语言言说，是将语言从自身之外的非语言性恢复到它自身的语言性。诗意语言的言说因为实现了其本性，所以，诗意语言是纯粹的。与此相反，工具性语言是对于语言本性的背离和扭曲。语言的本性是林中空地（它如同排钟，而排钟的奏鸣是多种声音的聚集。宁静不是无声而是使宁静。在这样的意义上，使宁静比一切运动更具运动性），语言的道说敞开了所谓的林中空地。在此地带，接近与遥远同时存在着。万事万物在一方面保持某种形式的遥远，又在另一方面保持某种形式的接近，于是万物互相生成。在天地人神的四元世界中，人居住在天之下，地之上，等待诸神，相伴其他要死者，这便是诗意的栖居。

（三）托利：空无与宁静

托利认为，空无即是定静，也是孕育万物的温床，而大部分人对其一无所知。当个体完全认同于他们的身体，心理形式时，他们便对自己的本质毫无认知。他们知道世界，只是他们看不到上帝。每种声音都源于寂静，又消失在寂静之中。而且宁静所存在的每一刻，都被寂静围绕着。每一个物体或身体都源于无物，并被无物包围，最终又归于无物。托利认为，正如同佛教中的"色即是空，空即是色"①，万物的本质都是空。空间和寂静是同一件事的两个方面，是相同的"无物"。当个体有意识地与未显化状态相联结时，他会珍惜、热爱并深深尊重显化状态下的每一个生命形式，因为它们皆是超越形式的那个合一生命的一种表达。世界的一切对该个体已不再重要，用耶稣的话说，"你已经征服了世界"②，用佛陀的话说，"你已到达了彼岸"。

空间和时间包含两个基本事实（上帝的两个属性）：无限和永恒。在个体的感知上，似乎它们存在于个体之外，实则在个体之内时间和空间都有对应物，揭露它们和个体内在

---

① 参见鸠摩罗什的《般若波罗蜜多心经》。
② 参见《约翰福音》第十六章。

的真正本质。空间的内在对应是寂静，无限深入无念的领域；时间的内在对应是临在，永境的当下意识。当时，空作为未显化状态在内在被实观时，对于外部，空依然存在，但不会再约束个体。据此，托利得出结论：世界的最终目的不在于世界中，而在于超越世界。这个世界就是为了实现未显化状态而存在的。个体的存在犹如浩瀚海洋上泛起的一个个涟漪，失去意识的人认同于涟漪的特殊性和个别性，却忽视了其作为无数海浪的一部分而具备的一般性与统一性（这如佛论所言："借假修真"）。永恒宁静和深沉的未显化状态通过海浪上的涟漪，通过芸芸众生，才能知晓自己。因此，个体存在的理由是使宇宙的神圣目的得以实现。

　　至此，我们围绕"道是什么""何以行道""道的意义"这三个问题步步深入地探讨了中外哲学家对这一概念的认识，使其以更清晰的面目展现出来。老子从"大道"的柔弱、无为、虚静、自然属性出发，引导个体效法自然，无知无欲，以使大道自身呈现。而存在主义哲学家海德格尔以流变的视角将"大道"与"道路"意义结合起来，提出一切即自身生成自身的道路。同时，不同于老子"道可道、非常道"① 的语言观，后者提出语言是存在、思想和人的根据，将"道路"和"言说"统一起来：语言作为使宁静的林中空地，自身开辟了世界，即一个四元相互映射的天地人神共居世界。身为现代心灵大师的埃克库特·托利收纳扬弃了古今思想家精华以及佛教、基督教、中国道教、印度教等宗教的教义，指出了未显化状态（即"道"）的一理万殊关系，基于此指出每个个体皆可通过摆脱思维所拼凑出的小我（即摆脱对形式世界的认同）（途径是"活在当下"）而进入临在，从而使未显化状态（永恒的纯意识）得以通过世界实现。

　　通过对比可以看出，三位哲人尽管生于不同时代、来自不同地域，但他们对于"道"的观点与看法却具有明显的相似性和传承性，可见真理会经由时间和历史的洗涤历久弥新。当人类步入信息时代，"工具性"的道被人们过分地强调了，而对本原性的道却在一定程度上缺乏重视，在这样的时代语境下，从传统"道"学中深入发掘和扬弃必然会在时代的进步和发展中发挥越来越重要的作用。

---

　　①　参见《道德经》。

论《阴符经》中的天道观及价值

项云飞　电气与自动化学院（2022302071013）

【指导教师评语】该文以《阴符经》这一传统道家的典籍为研究对象，从中发掘现代意蕴，颇有心得。行文逻辑脉络清晰，语言精练通畅，解读亦较为准确、深刻，其中个别观点有一定的新意，值得肯定。（马克思主义学院　左亚文）

摘　要：《阴符经》相传为黄帝所撰，但一般认为是后人假借黄帝之名，在黄帝原有思想基础上创造并随历史接续发展所成的思想集合。《阴符经》是道家经典著作，流传千年，对现世仍具有重要意义。而《阴符经》作为国学秘宝，自然与孕育于中华文化土壤的中国精神存在密不可分的联系。其中，中国精神的"道行天下""先义后利""和而不同"等与《阴符经》的基本理念较为契合，因此以中国精神这一崭新视角去诠释《阴符经》也有利于推出其对现世人类文明发展的意义。

关键词：《阴符经》；天道；三盗五贼；价值

日升月落，草木枯荣，春败夏至，秋去冬来，皆为暗藏"天道"的自然现象。"天道"，也就是"天行之道"，是天按一定方式运行的规律。天道观是《阴符经》的重要内涵之一，具体内容包括"行天道尽人事""天道无恩无私""三盗五贼"。

一、"天道"与"道行天下""知行合一"

《道德经》最早对"道"进行了定义，即"道可道，非常道"。① 《庄子·大宗师》：

---

① 《老子庄子》，[魏] 王弼注、[晋] 郭象注，章行标校，上海古籍出版社1995年版，第1页。

"夫道，有情、有信，无为、无形。可传而不可受，可得而不可见。"① 即"道"的存在，虽无具体的存在形式，但透过某些现象，仍能为人所觉察。"天道"关乎五谷养畜、衣食住行、祈祷祭祀，对黎民百姓的生产生活起指导作用。然而，"大音希声，大道无形"②，"天道"潜藏。因此，古人寻找各种方法去探寻这玄之又玄的"天道"。

《阴符经》开篇点明行道之路，"观天之道，执天之行，尽矣"③。观察天的自然运行之道，并且将其中的奥秘融会贯通。如果能深入钻研且掌握天道，那么就达到了最高境界。而人欲行修身齐家治天下之法，若能做到"仰观天道，顺行人事"④，也就已经到达人能做到的顶点了。那么如何才能"观天"呢？答案是"实践出真知，真知促实践"。

小到衣食住行，大到军事外交；内从修身养性，外至治国齐家；上起王侯将相，下达黎民百姓，在我们生活的每一时每一刻，在我们日常的方方面面，我们都在进行着实践的过程。在这一过程中，我们的一举一动与天地万物产生联系，天地万物则会予以我们一定的回应，我们自然而然会思考这些举动与回应的关系。

比如，我们观察黎明破晓，日回应我们以光，因此我们才知道日升生光；我们将谷物的种子埋进土壤，大地回应我们以青禾谷穗，因此我们才知道种植的奥秘。但是每个人领悟"天道"的能力是不同的，只有对这些关系进行更加深入的思索与研究的人，才能明白"事物都在运动""有付出才有回报"的"暗藏之道"。日出而作，日落而息，人们把握阴阳交替，合理安排作息；春华秋实，人们熟悉季节更替，学会耕种，传唱二十四节气。只有真正地遵守天道，"执天之行"，"观天之道"的行为才能对人有更积极的回应，才能被赋予真正的意义。

"道物关系，似同水波，水波一体，道物不二。"⑤ "天道"与"实践"也是不能分割的：缺少道，人们的实践无法得到响应，只是徒劳无果；缺少实践，"天道"的存在并不能为人们提供指引，人们难以安身立命，也不可能受教于天。《阴符经》中有"立天之道，以定人也"⑥ 的说法，只有用"天道"于"实践"，"实践"才能增进，则"天道"亦不虚也。

---

① 《老子庄子》，[魏] 王弼注、[晋] 郭象注，章行标校，上海古籍出版社 1995 年版，第 82 页。
② 《道德经》，张景、张松辉译注，中华书局 2022 年版，第 78 页。
③ 任法融著：《黄帝阴符经·黄石公素书释义》，东方出版社 2012 年版，第 24 页。
④ 任法融著：《黄帝阴符经·黄石公素书释义》，东方出版社 2012 年版，第 36 页。
⑤ 任法融著：《黄帝阴符经·黄石公素书释义》，东方出版社 2012 年版，第 5 页。
⑥ 《阴符经集释》，伊尹译注，中华书局 2022 年版，第 40 页。

二、"天道"与"义利公私""以民为本"

在《阴符经》中，"天道无私"，具体表现在"天之无恩""天之至私，用之至公"①。"天道"在《阴符经》中被称为"无恩"者，是一种没有感情偏向的存在。它不会区分高低贵贱，不管你是王侯将相还是贩夫走卒，也不会因个人、群体改变自身的运行规律。这种思想与《道德经》中"天地不仁，以万物为刍狗"②的表意一致，"天道"的存在似乎是无比高傲冷酷的，因此"天道"看起来是"至私"的。但是，天地造化万物，让万物自由生长，虽不加以私心小惠，却让万物在天地之间滋养生长，这是"天道"的大恩。当我们放低人类当前普遍具有的人乃万物统治者的心态，将人类对天道不主动维护人类自身利益而起的愤恨情绪剔除干净，从天道演化的参与者视角出发，我们又会发现，正是因为天道没有偏颇，人类才能凭借自己的智慧在千百万年的进化道路中逐渐胜出。因此，"天道"虽无为无形，实则有情有信。

中国历朝历代法律的制定也需遵守这样的原则。《阴符经》主张"天道无恩而大恩生"③，要求最高统治者合理运用"法"与"术"，做到公平公正，奖罚分明，有明确的判断标准，于是出现了"法律"的概念。如果统治者能够做到克制自己的欲望，按照合理的规则（如天道等）建立起一个治理体系，那么为人臣子者的积极性便会因稳定的奖罚系统激活，更加重视法律、规定，忠于职守。如果臣子违反了国家法律，最高统治者也不能因循私心，不能有所包庇，应给犯罪者应有的惩罚。这样，作为君主的权威才能树立，才能真正被普天大众认同。

在当今，中国的法治观建立在"以民为本"的思想上，对社会稳定运行、人民利益得以保障等方面发挥重要作用。法治的对象也不只是百姓，法治覆盖的范围应契合"天道"在社会中运行的范围。除此之外，法治也不能仅仅契合天道，更要关注百姓的需求，把人民的利益、意志、愿望统筹考虑，制定出最符合当下情况的、最能体现人民意志的具体规则，让"天道"真正地融入法律，渗透进人们的内心。

三、"三盗""五贼"与"和而不同"

对《阴符经》书名含义的理解，前人普遍认为，"阴"作"暗"解，"符"作"合"

---

① 任法融著：《黄帝阴符经·黄石公素书释义》，东方出版社2012年版，第41页。
② 《道德经》，张景、张松辉译注，中华书局2022年版，第67页。
③ 任法融著：《黄帝阴符经·黄石公素书释义》，东方出版社2012年版，第33页。

解，"阴"也就是"暗合"的意思。何为"暗合"？日地绕转产生春秋代序，日月翻覆形成昼夜晦明，气水相流形成风雨雷电。这种皮毛相附、唇齿相依、相互依存、相互影响的造化之机，也正是物与物间、人与物间相互"盗取"的联系。

何为"三盗"？天地人。天地演化为万物，然而万物在天地的演变中衰老、凋零，最终变为虚无，因此"天地"是"万物之盗"。人性贪婪，沉迷于万物的形色相味，常常争名逐利终日，劳苦不堪，最终消亡，因此"万物"是"人之盗"。人假借"火、风、地、水"以成形体，以五色五香快其耳目，以五谷五味滋养其体肤，因此"人即万物之盗耳"①。"三盗既宜，三才既安。"②天地、万物、人三者取长补短，相互获利。若三者能相宜平衡，那么此三者便能相互生养，相辅相成；若三者不能相互协调，那么此三者便会相互杀害。

"五贼在心，施行于天。"③"金木水火土"等天地五气窃取人们的命体精气，因为藏身暗处，故有"五贼"之称。人若能"观天之道"，发觉悟察五气之行用，便可至强致富、昌盛长生，所谓"见之者昌"是也。东西南北中，宫商角徵羽，酸甜苦辣咸……"五行"是"天道"运行过程中自然散发形成的五类元素的统称，"五贼"则是"五行"之间的生杀关系。五行之顺逆，生杀之机也。小则发于心声，大则布施于天地间。于自然观之，是金木水火土之相生相克，和则风调雨顺，不和则万物枯败；于人类观之，是仁义礼智信相携共进，和则政通人和，不和则国破家亡。

在中国精神中，"和合"乃两者间的协调关系，《阴符经》中的"三盗""五贼"本质上也是"和合"推演出的两种模式。《阴符经》所倡导的、追求的，是"天施地化，阴阳和合"④这种天造地化、自然而然的和谐关系。这种和谐关系一般是长久稳固的，因此它能成为维系一个社会、一个民族、一个国家，甚至一个世界和平安稳的纽带与桥梁。无论是"三盗"蕴含着的"天人合一"的宇宙观，还是"五贼"中蕴含着的"家和人和"的家国观，都是"和而不同"精神的重要表现。

四、《阴符经》的时代价值

《阴符经》分为"神仙抱一演道章""富国安民演法章""强兵战胜演术章"三章，依

---

① 《阴符经集释》，伊尹译注，中华书局 2022 年版，第 127 页。
② 《阴符经集释》，伊尹译注，中华书局 2022 年版，第 145 页。
③ 任法融著：《黄帝阴符经·黄石公素书释义》，东方出版社 2012 年版，第 46 页。
④ （清）戴德撰：《大戴礼记补注》，孔广森、王树楠、王丰先译注，中华书局 2013 年版，第 69 页。

循天地自然运行之道，效法阴阳消长变化之理，辩五行生克制化之机，作为修炼、治国、统军、驭将的道、法、术。《阴符经》"辩天人合变之机，演阴阳动静之妙"①，描述"天道""人文"，通晓"阴阳""五行"，是古代先贤智慧的结晶，对如何处理人和自然的哲学命题给出诸多重要回答。

《强兵战胜演术章》中有言"愚人以天地文理圣，我以时物文理哲"，认为天、地、人及万物，虽属性参差不同，但万物演化，乃互感形成，是为一体。中国精神中也有"天人合一"的精神内涵。《阴符经》可为我们具体学习这一精神提供指引：道体其本，致虚守静，返情归性，内修达圣，外用为王，合道为真，以道为用。吕洞宾有言曰"以精集神，以神合道，与天长久"②。前人观察天地的运行之道，恬淡世情，静心笃行，心神合一，精思固守，返情归性，搏炼运魄，驱使精、气、神三者同天、地、人三才相和，终至超凡入圣之境。

时至今日，人们总是困于世俗之烦琐，累于功利之追求，往往忽视了对"虚"，对中国精神的探索与追求。当我们从"实践""法治""和合""天人合一"等角度解读《阴符经》时，我们便能更好地自我完善、内圣外王，也能一探缺失的部分中国精神、丰实应坚持的那些精神，更能发展中国精神在我们现代这个物质丰富而精神相对匮乏的年代的实际意义。

---

① 任法融著：《黄帝阴符经·黄石公素书释义》，东方出版社 2012 年版，第 109 页。
② 《阴符经集释》，伊尹译注，中华书局 2022 年版，第 324 页。

和而不同的精神

浅谈和而不同精神的内涵与时代价值

张欣宇　经济与管理学院（2021301051234）

【指导教师评语】源远流长的和而不同精神，经历代各家各派的阐述而不断丰富发展，在现代仍有重要的时代价值。作者从历史发展、当今内涵和时代价值等维度论证了和而不同精神的独特智慧，思路清晰，文字精练，论证较充分，是一篇不错的论文。（马克思主义学院　倪素香）

摘　要：源远流长的和而不同精神，经历代各家各派的阐述而不断丰富发展，其独特的哲学智慧、包容博大的内涵以及构建和谐大同的理想情怀，在现代仍有重要的时代价值，为中国和谐社会构建、世界关系建设和人与自然的关系的改善提供指引。

关键词：中国精神；和合精神；时代价值

中国精神广博而精深，从"道之所在，虽千万人吾往矣"的坚定，到"达则兼济天下，穷则独善其身"的选择；从"各美其美，美美与共"的和谐统一，到"为天地立心，为生民立命，为往圣继绝学，为万世开太平"的共同追求；从"长太息以掩涕兮，哀民生之多艰"的忧民情怀，到"苟利国家生死以，岂因祸福避趋之"的爱国热忱；从"吾日三省吾身"的修身克己，到"仁者爱人，有礼者敬人"的关爱别人……自古至今，上千年传承，上千年积淀，上千年完善，彰显出超越时间的独特光辉。而作为中国精神重要组成部分的和而不同精神又有什么样的时代价值？如今物质文明发展迅速，而人与人之间的联系却趋向以互联网为基础，如何在现实生活中构建和谐的人际关系、建立和谐社会成为重要议题。回望和而不同精神，从中汲取精神力量，为中国谋发展，为世界谋和平。

一、历 史 发 展

早在商周的甲骨文和金文中已出现"和"的记录。"和"字作"龢"，从龠，禾声。《说文解字》释为："龢，调也。""龢"属于形声兼会意字。"龠，乐之竹管，三孔以和众声也。""龢"字的左部是古代竹管乐器的象形写法，生动形象地表达了声音之和的发生是不同音素按照音乐规律相互配合、协调的结果。在古代金文中，"龢"也通"盉"。《说文解字》释为："盉，调味也。"盉者，本为调和水酒之器具，意为饮食之调和。

后来"和"的内涵进一步发展，延伸到为人处世等多个方面，从日常语言提炼为思想范畴，从感性认识跃升到理性认识。西周末年，周宣王太史史伯鉴于西周无所挽回的衰颓之势，从分析周朝政治上的种种弊端入手，最后从哲学上概括出了"和""同"的概念，并提出了"声一无听，物一无文，味一无果，物一不讲""和实生物，同则不继"①的重要命题，延伸到道德、政治、教育、选才、养生等多个领域，把"和"与"同"相对立，求差异之和，去完全之同，将差异的元素按一定次序合理组合，创造出新的事物。

到了春秋战国时期，"和"的思想得到了丰富发展。儒家思想中，孔子曾说："舜其大知也与！舜好问而好察迩言，隐恶而扬善，执其两端，用其中于民，其斯以为舜乎！"②有子曰："礼之用，和为贵；先王之道，斯为美。"《礼记·中庸》记载："喜怒哀乐之未发谓之中，发而皆中节谓之和；中也者，天下之大本也，和也者，天下之达道也。致中和，天地位焉，万物育焉。"道家思想中，老子曾说："道生一，一生二，二生三，三生万物。万物负阴而抱阳，冲气以为和。"③墨家思想中，墨子不仅主张君臣、父子、兄弟、夫妻、君民之间要相和合，而且国与国之间也要相和合，在和合中达到"交相利，兼相爱"，在"交相利、兼相爱"中维护和发展和合。

近代以后，在西方文明的冲击下，传统"和"思想在一段时间内未受到重点关注。改革开放以后，物质生活逐渐改善的同时，人们对和谐的人际关系、社会关系、人与自然关系的渴求日益强烈。正是在这种社会心理的土壤上，逐渐滋长出"和合文化"的精神之花。如中国人民大学的张立文先生，在20世纪80年代末90年代初就开始向研究生和博士生讲授"和合学"课程，著有《和合学概论》，系统地建构了一个包含"地""人""天"三界以及理论公设和形上、道德、人文、工具、形下、艺术、社会、目标八维新学

---

① 《国语》，陈桐生译，中华书局2013年版，第568页。
② 《大学中庸译注》，王文锦译注，中华书局2019年版，第14页。
③ 参见《道德经》。

科分类在内的宏大的和合学理论体系。1996 年年底，"中华和合文化弘扬工程"开始启动。该项工程的宗旨是，研究、阐发和弘扬中华传统文化中的"和合精神"，以促进我国的精神文明建设，增强中华民族的向心力和凝聚力，推动祖国统一大业和国际和平事业。此后关于"和合精神"的研究更加广泛、深入，自普通人到学界大拿，从中国到国际，取得了许多成果。如 1992 年年初，在广东省召开的"增强中华民族凝聚力学术研讨会"上，李明华教授作了《中华传统文化中的'和谐'观念与中华民族凝聚力》的学术报告，探讨了"和谐"观与民族凝聚力的关系，促进对和合精神的当代化思考。田广清教授于 1998 年在中国华侨出版社出版了专著《和谐论——儒家文明与当代社会》，杨建华教授于 1999 年在浙江人民出版社出版了专著《中国早期和合文化》等，从更多细分领域探讨"和"文化。

二、当今内涵

在当今全球化的背景下，中国不仅是中国的中国，还是世界的中国，和而不同精神在内为追求己和、人和、社会和谐与环境和谐，在外即为国与国之间的和谐友好、全体人类的和谐、人与地球的和谐。习近平总书记指出："中华民族历来是爱好和平的民族。中华文化崇尚和谐，在 5000 多年的文明发展中，中华民族一直追求和传承着和平、和睦、和谐的坚定理念。以和为贵，与人为善，己所不欲、勿施于人等理念在中国代代相传，深深根植于中国人的精神中，深深体现在中国人的行为上。"① 又如"各美其美，美人之美，美美与共，天下大同"，构建持久和平、普遍安全、共同繁荣、开放包容、清洁美丽的世界。

三、时代价值

和而不同精神既为人与人之间的相处提供指导，同时也对如何与自己相处进行了回答。"君子和而不同，小人同而不和"是人与人相处的范本；而所谓"己和"，是指人内心的和谐，亦即人的身与心、形与神、肉体与精神之间的和谐，有利于不断提升内心的充盈，防止和克服种种因物欲膨胀而导致的"物化"现象，以心主身，用神制形，使身心相

---

① 习近平：《守望相助，共创中蒙关系发展新时代——在蒙古国国家大呼拉尔的演讲》，载人民网，http://politics.people.com.cn/n/2014/0823/c1024-25522727.html，2023 年 1 月 24 日访问。

和，神形兼备。

具体而言，和而不同精神提供了一种和谐辩证思维，即从和谐的视域出发，以和谐为基本原则和价值取向，揭示和谐性、平衡性、协调性、有序性、互补性在事物发展中的作用，并以追求事物和谐发展为目的的一种思维方式。一方面启迪将问题的正反两个方面进行比较，把握其本质，认清两个极端的"度量"界线所在，做到适度原则。在当下中国物质文明发展速度超过精神文明发展速度时，不必过度沉迷于追求高物质生活，但也不必一味强求人人都过极低的消费水平的生活，而应做到"扣其两端而执中"①，选择适合自身经济实力、适应国家经济水平的生活方式，并且多关注精神生活，丰富精神世界，提高文化道德修养，努力实现物质与精神协调发展。另一方面，启示在与他人相处时，尊重差异，求同存异，共同发展。今天的中国比以往任何历史时期都更关注、尊重、保护每个个体的个性发展，但也必须看到，在时代发展日新月异，信息技术重塑人们交往方式、思维模式的同时，人际关系尤其是家庭关系、邻里关系渐趋疏远，社会恶性案件时发，精致利己主义、"雌竞"等观念甚嚣尘上，一些人只见冲突对立，不思和谐共赢。而和而不同精神启示我们只有在每个人个性充分发展的同时，尊重他人的发展权利，在差异中求和谐，待人友善，共同发展。

和而不同精神与构建民主法治、公平正义、诚信友爱、充满活力、安定有序、人与自然和谐相处的和谐社会的内涵相契合，有利于尊重人权，保障民生，建立良好社会秩序，促进安定团结；有利于经济与环境和谐，人与自然和谐。恩格斯曾在《自然辩证法》中就人对自然的过度改造作出了警示："我们不要过分陶醉于我们对自然界的胜利。对于每一次这样的胜利，自然界都报复了我们。每一次胜利，在第一步都确实取得了我们预期的结果，但是在第二步和第三步却有了完全不同的、出乎预料的影响，常常把第一个结果又取消了。……因此我们必须时时记住：我们统治自然界，决不像征服者统治异民族一样，决不像站在自然界以外的人一样，——相反地，我们连同我们的肉、血和头脑都是属于自然界，存在于自然界的；我们对自然界的整个统治，是在于我们比其他一切动物强，能够认识和正确运用自然规律。"② 人本来是自然界的产物，在上千万年的进化后，智力发展到远远高于其他生物，对自然的改造能力也越来越强大，但人类始终必须遵循自然规律，改造自然的前提是尊重自然，否则必将受到自然的惩罚。

自大航海时代开启真正的世界史以来，国家与国家间的联系日益密切。如今，全球化已然成为不可逆的时代潮流，但面临西方一些反动势力掀起的反全球化浪潮，构建新型国际关系、促进全球化更好发展成为时代重大议题。而中国的和而不同精神提供了一种应对

---

① 《孟子译注》，杨伯峻译注，中华书局2008年版，第304页。
② 《马克思恩格斯选集》（第三卷），人民出版社1972年版，第517~518页。

方案，即"各美其美，美人之美，美美与共，天下大同"，构建持久和平、普遍安全、共同繁荣、开放包容、清洁美丽的世界，形成人类命运共同体，在尊重各个国家历史、文化、国情、主权独立的基础上，携手应对全球性问题，促进全球生态治理、抗击新冠疫情、解决贫困问题、关注男女平权、避免核战争，走生态良好、公平正义、治理有序的全球发展道路。

当然，和而不同精神并不是要消灭冲突和矛盾，无冲突无矛盾的情况是不存在的，在不同的历史阶段所追求的是，实现其历史客观条件下可达致的和谐，但不论社会发展到何种程度，绝对完善的和谐状态是没有的。因此，每一个时代的人们只能从那个时代的历史条件出发，构建当时条件下的和谐社会。而物质资料的生产活动是一个社会存在和发展的基础，也是一个社会实现其和谐的基础。一个社会的和谐，需要经济基础的支撑，此外还需要靠健全的法律制度和良好的道德风尚来加以维系。健全社会主义市场经济体系、完善中国特色社会主义法律体系与推进和谐文化建设三管齐下，建成和谐社会未来可期。

和而不同的内涵及时代启示

柳起正　土木建筑工程学院（2022302191518）

【指导教师评语】本篇论文主要阐述了"和而不同"的本质内涵和时代特征，对"和而不同"的本质，认为"和而不同"是仁的延展，它的理念应当作为个人的价值内里、社会的治理追求和国家的行事准则。论文行文流畅，结构完整，思路清晰，有自己的思考，语言生动接地气，现实性较强，体现了对时政的密切关注。但是全文仍有待提高之处。例如，格式有待进一步规范，部分语言表述有些口语化，可进一步凝练等。建议规范语言表述，增强学理性。(马克思主义学院　吴默闻)

摘　要：对于"和而不同"这个概念，其最早出现于《论语·子路》："君子和而不同，小人同而不和。"其大意是君子能够与他人保持和睦，同时坚持自己的独立性，不盲目尚同；小人只求与别人一致，且不讲原则，不会真正地与他人保持和睦。讨论"和而不同"的本质内涵才能发挥其具有的时代启示作用。

关键词：和而不同；内涵；时代启示

对于"和而不同"这一观念的产生，笔者认为其绝非偶然，因为笔者认为这一思想很好地反映了中国人的特质：随和、友善、包容，这一点或许是中国所特有的。"和而不同"这个观点是孔子先提出来的，而孔子代表的儒家思想的中心思想是"仁"，而"仁"的本意就是对人友善、相亲。可以说"和而不同"就是"仁"的延展，"仁"就是"和而不同"的内里。与人交流，不因观点冲突而对他人恶语相向，而是保持友好的态度，这就是"仁"的体现。

一、和而不同精神的内涵

从哲学的角度来看，笔者认为"和而不同"是一种事物良好发展的状态，也是一种追求良好交流环境的态度。世界如此纷繁多彩，如前人所说："一千个读者眼中有一千个哈姆雷特"，人与人之间总会产生意见、观点的分歧，如果每个人都要坚持自己的观点而且无法容忍别人的观点，一味地否定别人的思想，人与人之间就会产生隔阂，甚至说人与人之间的关系会形如孤岛，再无交集。这样一来，思想无法再次碰撞，智慧的火花再无产生的可能，人们的目光就会越来越短。正确的做法应该是，坚持自己的观点，但是也试图包容他人，愿意去倾听他人，乐意去交流，也就是"和而不同"，我们有理由相信，正是"和而不同"的思想让中国古代的先贤有了更多的思想火花。

可能会有观点认为，和而不同仅仅是认同别人的观点，然而事实并非如此。"和而不同"的"和"，指的应该是尊重、包容别人，即"我只是尊重你发言的权利，但我不一定认同你的观点"。"和而不同"的"不同"也很重要。人们常说，不能随波逐流，要有自己的想法与见解。包容别人甚至比坚持己见更加简单，因为不同的观点一定会发生碰撞，有的人面对观点交锋依然坚持己见，而有的人则只会随波逐流，不再独立思考。所以说，"和而不同"的"和"与"不同"都是重要的思想。

放眼观望当今社会，互联网的飞速发展极大地丰富了人们的日常生活。在网络这个全球村中，人们可以跨越时空的限制，与来自五湖四海的人交流。信息技术的高速发展的有利之处是加快了信息的流通，而有害之处则是，互联网的快节奏放大了人们内心的急躁情绪，而且匿名式的发言方式让人们不再顾忌恶语相向的后果。到头来只要一看见不合自己心意的言论，所谓的键盘侠就会去反驳、抨击别人。也正因为如此，有很多在网络发声的人会在正式内容之前给自己"叠buff"，也就是提前进行免责声明，以防有人对其进行攻击。然而，这种预防方式治标不治本，总有人会对你的言行发起攻击。每个人都在追求自己想要的"和"，与自己的想法有冲突的人与事都要不遗余力地抨击。更有甚者仅仅是为了反驳而反驳，进一步扰乱网络秩序，实在是令人痛心。

再比如，以国际局势为例，在多极化发展火热进行的大背景下，仍然有国家推行单边主义，大有"顺我者昌，逆我者亡"的意味在其中。这样的行为导致的结果就是混乱的国际关系，小国无法独立地拥有自己的外交主动权，只能选择依附于横行的大国，而大国就会凭借以此获得的特权进一步从政治、经济、文化等方面控制弱国。而且在国际事件的处理上，有了小国的被迫支持，大国也会有更多的话语权，从而使事件处理的公正性受到严重冲击。大国无法认同"不同"，小国无法做到"不同"，实为悲哀。

二、和而不同精神的时代价值

笔者认为，"和而不同"的理念应该被当作个人的价值内里，社会的治理追求以及大国的行事准则。前文提到过，"和而不同"本身就是对人提出的概念。爱默生说过："每个人都有不同的沸点"，我们不否认个体存在的差异。但是如果你只是一味地抵抗"不同"，那这只是在故步自封，为自己设下别人无法也不想跨过的沟壑。最好的例子就是北宋的王安石与司马光。二人在当时有着完全相反的政治主张，为了实现各自的计划，两人在朝野上都极力地相互倾轧，可谓水火不相容。开始，王安石胜过了司马光，皇上问王安石对司马光的评价，王安石没有趁机对司马光使绊子，而是大力地称赞司马光的才华与心胸，没有因为与司马光的过节而加害于他。同样，后来王安石因为触及富豪的利益被弹劾罢免，皇上重新任用司马光时也在想定王安石的罪时问了司马光，而司马光也是极力地称赞了王安石的能力与品格，保住了王安石的性命。的确，二人的政治主张大相径庭，但是两人没有因为彼此的"不同"而上升到对两人品格与能力的评价，是为真正的"和而不同"。

再来说社会层面。放眼当今社会，人们常常会感叹网络环境变得越来越奇怪了，发言变得越来越小心翼翼，生怕说错了哪句话而被整个网络攻击。渐渐地，人们只会附和评论区里的观点，自己的想法被封存了起来，有趣的灵魂无法相遇，剩下的只有公式化的赞美或者批评。更有甚者，原本好好的评论区，被"喷子"们当成了自己的靶场，见人就喷，不知道的还以为这是忏悔录。就拿 B 站 UP 主星有野来说，一次他上传了自己的动画视频，视频的主要内容就是讽刺当代网络公民的日常现状。而他的粉丝们也都各有感慨，纷纷在评论区讲述着自己的故事。可是后来，有人开始攻击评论区的观众们，因为他们认为评论的观众"三观不正"，自己要"教育一下"。可是随便翻看这样的回复都能发现，这些所谓的"教育"其实是毫无理性的谩骂。没有心平气和，没有据理力争，有的只是"一吐为快"的无脑攻击。说实话，这样的现象并不是个例，而是实实在在存在的一种病态现象。这样的社会氛围显然不利于社会的发展。只有社会能做到"和而不同"，观点与观点的碰撞才是有意义与有乐趣的，否则，"不同"所能引起的只有争吵与谩骂。

最后是国家层面。笔者认为，和而不同是最有利于一个国家与他国高质量交流的行事准则。举个最简单的例子：无论中美局势如何变化，中国都极力地支持中国青年积极与美国各界进行交流。也得益于此，中国的青年在中美摩擦中能够持续地学习美国的先进知识与技能，各种面向两国青年的交流活动依旧定期举行，例如苹果公司与 B 站 UP 主何同学的视频对话。确实两国经常有摩擦，但若因为摩擦而自封国门，无非自己断送了获取更多利益的机会，这对缓和中美关系来说，肯定是不明智的。所以，只有和而不同才能让一个国家在国际交往中取得利益。

综上所述，"和而不同"这种源自儒家的处世思想应该成为个人、社会，以及国家的行为准则。当我们谈到这种思想，我们谈的是如何与人交往，谈的是怎样追求和谐，谈的是理想的社会是什么样的。从"和而不同"被提出来到现在，已经有 2000 多年的时间了，它是那样简单，又是那样复杂。说它简单，是因为这是最基本的做人道理，说它复杂，是因为真正地做到"和而不同"，需要一颗平和的心和不被情绪蒙蔽的双眼，更要有理性的思维，能够正确地判断时局。而就当今而言，这些品质正是人们所缺少的。所以，追求"和而不同"的过程也是一次品性的修行。当人们在学习这种思想的同时，人们也在向内生长，开始深入了解自己。

笔者认为，当代大学生应当将"和而不同"这一思想学习、继承并加以践行，让这股平和之气贯彻自己的灵魂，努力成为孔子口中真正的君子，为自己，也为国家。相信，当真正做到"和而不同"的中国青年代表中国走向世界的时候，他们的一言一行都将如巍巍大山一般平和、优雅。

论中华文化中的和而不同精神

胡亦顺　弘毅学堂（2022300002046）

【指导教师评语】 论文从"和而不同"精神的历史根源、基本含义、哲学思想与现代进展等维度，试图对"和而不同"精神对于中国文化的意义进行面面俱到的分析。选题富有经典性与时代性，思路顺畅可行，语言轻松明快，文献也有一定基础，是一篇优秀的本科课程论文。（哲学学院　肖航）

摘　要： 几千年来，源远流长的中华文化长河孕育了无数弥足珍贵的民族精神，它们深深根植在历代中华儿女的血脉基因中。其中，和而不同精神阐释了君子之间相处的基本准则：和睦相处却不附和。这既体现了以和为贵的基本礼节，也反映出坚守原则的坚贞气节。当下，和而不同精神对我们个人为人处世、社会和谐运作、国家间合作共赢都有极佳的指导意义。因此，我们当深入研究和而不同精神内在的思想。

关键词： 中华文化；和而不同；民族精神

和而不同精神是中华文化的重要组成部分，"和而不同"一词出自《论语·子路》："君子和而不同，小人同而不和。"其大意为：君子能与他人保持融洽，却不附和他人的想法，对事物有自己的见解；而小人则对事物没有自己的见解，只会附和他人，也不讲求真正的和谐融洽。

一、和而不同精神的历史根源

和而不同是孔子创立的儒家思想体系的重要组成部分，其根源可追寻至中华上古文化。商周的甲骨文和金文中，"和"字写作"龢"，《说文解字》解释："龢，调也。"① 原来，"龢"字左部是古代竹管乐器的象形写法。要创作一首优美的音乐，需要"宫、商、角、徵、羽"五音以某种内在协调的规律相互配合，表现出音乐的节奏、韵律、情感、意境等诸多元素；无独有偶，在古代金文中，"龢"通"盉"，《说文解字》解释："盉，调味也。"要烹饪一道美味的佳肴，需要"酸、甜、苦、辣、咸"五味以某种内在协调的规律配合，体现出食物味觉的层次感。由此观之，我们的祖先从音乐和烹饪中对"和"已经有了深刻的认识。至于"同"，《说文解字》解释："同，合会也"，引申出"相同、一样"的意思。显而易见，"和"比"同"更高明，因为"同"只是强调相同。倘若只有一种乐音或味道，音乐就会变得索然无味，食物就会变得难以下咽了。春秋时期晏婴提出的"若以水济水，谁能食之；若琴瑟之专一，谁能听之"② 就反映了上述的道理。

后来，通过音乐和烹调的启示，"和"演化成一个非常重要的概念，即一种有差别的、多样性统一，而"同"只强调事物的相似性，因而"和"有别于"同"。正是在这种和同之辨思想的基础上，孔子在《论语·子路》将"和"与"同"的概念推广，探讨其在人际交往中的反映。

二、和而不同精神的基本含义

孔子推崇"和"，而小人间的互相附和被孔子认为"同而不和"。这是因为小人交往中人云亦云，为了趋炎附势会抛弃原则底线，在有求于人时会巴结讨好，其内心对和谐相处没有追求。小人间形成的朋党仅仅是为谋求私利而结成的小团体，不能带来利益的人都会成为排斥的对象。而君子心怀仁爱之心，真正地去爱人并与人相和，同时"富贵不能淫，贫贱不能移，威武不能屈"③，能坚守住自己的节操。故而相比建立在狭隘的个人主义基础之上的小人之交，君子善于尊重和团结他人，不搞宗派主义。欧阳修在《朋党论》有言："大凡君子与君子，以同道为朋；小人与小人，以同利为朋。"④ 毫无疑问，君子与小人有着截然相反的价值取向：君子追求仁爱道义，小人追求个人名利。孔子肯定前者，否定后者，在人际关系上强调"和而不同"的君子精神。

然而，和而不同精神的内涵其实已经超过了人际交往领域。在哲学层面上，"和"是多样性统一和差异要素的有机结合，它不排斥差异，而将差异要素通过某种规律进行"和

① 转引自左亚文主编：《中国精神导引》，武汉大学出版社 2022 年版，第 65 页。
② 杨伯峻编著：《春秋左传注》，中华书局 1990 年版，第 1420 页。
③ 《孟子》，方勇译注，中华书局 2010 年版，第 109 页。
④ 《古文观止》，钟基、李先银、王身钢译注，中华书局 2011 年版，第 725 页。

调"。"同"则是相同、重复要素的机械叠加，它排斥差异与变化，缺乏异质要素的参与和驱动，因而处于停滞、僵死的状态。① 事实上，"和而不同"就是世界的本来面貌与状态。世界上的一切事物都是包含着差异、矛盾、多样性的对立统一物，差异无法避免，正如"世界上没有两片相同的树叶"，但是"和"就是从事物差异和矛盾的动态过程中产生的。《国语·郑语》有言："夫和实生物，同则不继。以他平他谓之和，故能丰长而物生之；若以同裨同，尽乃弃矣。"② 中国的先哲首先从观察阴阳交合、五行生克产生万物与"和声""和羹"等自然现象中认识到了"和实生物，同则不继"的道理，形成了重"和"的辩证宇宙观。③

孔子从当时的时代需求出发，把"和"之哲学应用在君子的处世之道上。在"礼制"的建设中，孔子坚持"和为贵"的原则，他特别注重人与人、人与社会的和谐，也反对无原则之趋同。孔子把"和"与作为反面批评对象的"同"的阐释具体化：在人际交往中，"和"即君子之和睦，"同"即小人之趋同。在人格修养上，"和而不同"提供了一个做人的标准和价值准则，它将君子和小人区分，鼓励人人都去做涵养善性的君子。

三、古代中国和而不同精神的具体体现

在中国古代，和而不同被视为君子之间人际交往的理想形态：君子之间和睦融洽地沟通往来，同时又能容忍互相间观点、立场的差异。北宋王安石开始主持变法，成果显著，而苏轼政见上反对变法，两人政治主张矛盾。但苏轼身陷"乌台诗案"时，王安石却上书为苏轼求情："安有圣世而杀才士乎？"作为改革派领袖的王安石没有落井下石，反而上书为苏轼求情。王安石、苏轼二人虽政见不合，但彼此认同，两人的初衷皆是为国为民。同时，两人皆为文学史上的一颗明珠，在文学创作中也互相赏识，蔡绦的《西清诗话》说："元丰中，王文公在金陵，东坡自黄北迁，日与公游，尽论古昔文字，闲即俱味禅说。公叹息谓人曰：'不知更几百年，方有如此人物！'"④ 两人摒弃政治上的恩怨，相互钦佩，彼此赏识。王安石、苏轼之交算得上典型的君子之交，他们的交情符合和而不同精神：并非为了攀炎附势结交，不巴结讨好对方以获得自身利益，而是各抒己见，坚守原则，同时容忍差异，互相宽容和理解，做到了真正的公私分明。

---

① 左亚文主编：《中国精神导引》，武汉大学出版社 2022 年版，第 69 页。
② 《国语》，陈桐生译注，中华书局 2013 年版，第 573 页。
③ 方克立：《"和而不同"：作为一种文化观的意义和价值》，载《中国社会科学院研究生院学报》2003 年第 1 期，第 29 页。
④ 转引自刘乃昌：《苏轼、王安石的交往》，载《东北师大学报》1981 年第 3 期，第 49 页。

然而，我国古代所倡导的和而不同精神是具有局限性的。尽管我国古代思想家大谈"和而不同"之道，"和同之辨"的基本结论受到广泛认同，但不得不承认的是，在秦代以后的中央集权制度的大背景下，和而不同精神的发展受到限制，秦始皇的"焚书坑儒"与汉武帝的"罢黜百家、独尊儒术"让百家争鸣中和而不同的场面难以再现。并且，苏轼与王安石的例子中，和而不同精神仅仅体现在文人士大夫的私下交往领域。一旦涉及现实政治或君主的权力和主张时，和而不同精神又极少得以体现，因为真正有勇气敢不附和求同，而直言讽谏的正直之士少之甚少，也并非所有君主都是像唐太宗这样能容忍大臣异见的开明之君。要解决思想和政治、理论和实践相脱离的问题，让和而不同精神得到充分自由的发展，代表"专同"的封建君主专制制度必须被粉碎。

四、近现代中国发展蕴含的和而不同精神

辛亥革命的成功粉碎了封建君主专制，新文化运动开始了中国知识分子对中国未来道路的空前自由的大讨论。北大校长蔡元培，充分发扬了和而不同精神，在他任北大校长期间，对各种学术流派兼收并蓄，保守派与激进派同堂辩论，传统与革新思想交织，最终形成了北大"百家争鸣"的学术氛围。和而不同的实践从君子交往被拓宽到了大庭广众之下的学术交流。

五四运动开始时是共产主义知识分子、革命的小资产阶级知识分子和资产阶级知识分子三部分人和而不同的统一战线的革命运动，后来广大的无产阶级、小资产阶级和资产阶级参加，发展成为全国范围的革命运动。[①] 这一时期，共产主义从多种政治思想中脱颖而出，引导中国人民走向解放。和而不同精神被真正运用到了政治实践中，在中国共产党的领导下，广大农民、无产阶级、小资产阶级、民族资产阶级团结一致，虽然各者阶级立场不同，但却在自己的立场上谋求进步和解放，形成和而不同的统一战线。和而不同的实践再次被拓宽到了中国革命事业。

中华人民共和国成立后，作为我国的基本政治制度，中国共产党领导的多党合作和政治协商制度充分贯彻了和而不同精神，在"和而不同"中发展多党合作事业，可以使执政党和各个参政党都能以各自不同的特点和优势发挥各自的作用，而统一的目标则是社会主义建设。由此以来，执政党与参政党之间、参政党与参政党之间在和而不同的政治氛围中共商国是，同谋发展。至此，"和而不同"精神被融入新时代中国精神，其内涵又一次大

---

① 黄铸：《中国统一战线和而不同的历史传统》，载《人民论坛·学术前沿》2009 年第 7 期，第 1~8 页。

大被拓宽。

五、当代我们贯彻和而不同精神的必要性

党的十九大报告中指出："中国特色社会主义文化，源自于中华民族五千多年文明历史所孕育的中华优秀传统文化。"[①] 身处当代，中华优秀传统文化的和而不同精神焕发出了新的生机。在以"和平与发展"为主题的当下，构建人与人、人与社会、国与国之间的和谐相处状态，成为人们越发追求的理想。可以说，和而不同精神为新时代人际关系建设之策、社会健康发展之策与世界和平发展之策贡献了独到的智慧。

当今社会，个人面对错综复杂的人际关系，贯彻不同精神可以让人与人得以和谐共处。在交往中，我们应该秉持理解尊重他人、真诚待人、乐于助人的原则；同时勇于发表自己的看法，坚守原则、不卑不亢、心胸宽广、容忍异见，贯行"君子和而不同"。和而不同精神也能指导社会的和谐健康发展。"健康的社会不应该只有一种声音"，只要在合理范围内，符合法律规范的、合乎道理的异见都应该被得以保留。公民应该充分应用宪法赋予的政治权利和自由，集思广益，表达不同的意见，在同心向党、同心为国的前提下，共同维护社会的良好运行。

和而不同精神还指导着当下国与国的合作共赢。如今时值百年未有之大变局，中国提出了"人类命运共同体"理念，以"和而不同"作为其基本原则。为此，必须要反对"同而不和"的霸权主义，即一国为了让别国服从其利益，强迫其他国家接受其所谓"普世价值"。因此需在保持多元主义的同时，努力建立超越各个国家、民族、宗教的价值体系，进而让各民族、各国家加深相互理解，找到并持续创造合作契机，由此构建并扩大利益、价值的交叠区域，逐步走向人类命运共同体。

---

① 习近平：《决胜全面建成小康社会夺取新时代中国特色社会主义伟大胜利——在中国共产党第十九次全国代表大会上的报告》，载《党建》2017年第11期，第15~34页。

论中国精神中的对立融合性

赵晨韵　弘毅学堂（2022300005003）

【指导教师评语】 本文以中国精神中的对立统一性为主题，选取了其中较为典型的三种对立，即出世与入世、内敛与疏放、理性与情感展开叙述，行文流畅，文采斐然，且引用材料比较充实，叙述层次分明，有较强的逻辑性。作者在吸收学术界研究成果的基础上，能够有自己的心得体会，辩证地提出自己的看法，且言之有物、言之成理。不足之处是结构不够对称工整，如文章大部分叙述采用了对立统一性的说法，但题目却是对立融合性，第二部分论及现实意义，其他两部分却并没有对比展开论述等，可以进一步完善并总结论文写作经验。（马克思主义学院　任艳）

摘　要： 中国精神中有许多对立性的特质，出世与入世、内敛与疏放、理性与情感，等等，然而他们并不以冲突对立形式呈现，而是渗透平衡、和谐共存于民族性格之中。这些精神从悠久的历史文化中韬养培育，并在时代更迭中蜕变发展，时至现代中国，仍旧塑造着我们的精神。

关键词： 对立；融合；出世；入世；内敛；疏放；理性；情感；中国精神

阴与阳，文与武，天与地，善与恶，这些都是我们耳熟能详的中华文化中的对立概念。在极与极之间，中国人似乎有一种内在的自然惯性，不去选择走向极端迷狂或极端冷静，而是选择执两用中，在矛盾对立之中谋求两者平衡、渗透、和谐共存。这些对立概念也彰显了中国精神中的矛盾性。"它们作为矛盾结构，强调的更多是对立面之间的渗透与协调，而非对立面的排斥与冲突。"① 这种相对的平衡状态不是始终如一的静止，在有些时期由于个体在社会中的经历、思想的变化、时代的变迁而偏向其中一极，往往却因为强

---

① 李泽厚著：《美的历程》，文物出版社 1981 年版，第 52 页。

大的自我调整能力、协调适应能力最终恢复平衡。

中国精神中的对立统一性对于中国人的精神世界塑造是持久而绵长的，直至现代中国人在潜意识中仍然会受其影响。若要对其溯源，不仅仅要回到中国古代，甚至要回到对于中国思想文化起到奠基作用的先秦时代。在那时中国思想精神的框架、发展方向已定。

中国精神中对立的特质看似相悖，实则它们并不是以冲突、对抗、相互批驳的激烈形式呈现，而是协调共存，共同塑造了中国人的精神特质和行为方式。这种对立有着非常丰富驳杂的呈现形式，以下呈现较为典型的三种：

一、出世与入世

出世与入世是中国古代文人一种永恒的矛盾，不仅仅见之于笔端，见之于诗词歌赋，也见之于亲身阅历。宦海浮沉时，既渴望建功立业，又向往闲云野鹤的归隐生活；处江湖之远时，既企盼重回京师，又随遇而安地恬然自足于当下的闲逸。出世时抛掷不去世俗的关怀，入世时难以舍弃隐逸的夙愿。这种矛盾心理，与儒释道文化的影响是分不开的。仕时用儒，隐时用道，儒与道看似矛盾的价值取向给予了文人这种兼具入世情怀与出尘气质的对立特质，大隐隐于市，小隐隐于野，归隐常常无须与世隔绝，而是保持内心的平和宁静，在尘嚣之中开辟一片内心的宁和秘境。禅宗自中唐以降盛行，它舍弃烦琐的宗教仪式，认为佛事存在于日常生活之中，内化于心而外化于行，如冯友兰言"担水砍柴，无非妙道"。在世俗烟火中归隐，是因为"我"与旁人看似相类，却有着不同的精神境界。

关于文人入世有一首名诗："侧径篮舆两眼明，出山犹带骨毛清。白云笑我还多事，流水随人合有情。不及鸟飞浑自在，羡他僧住便平生。未能与世全无意，起为苍生试一鸣。"[1] 南丰先生有一身隐者风骨，对白云流水仍然含情带意，内心艳羡自在归隐的生活，然而先生无法与红尘世俗一刀两断，因而选择了出山。"苍生"是何其宏大而沉重的概念，中国文人强烈的历史使命感和责任感将小我与大我相连接。投石入海，无法改变历史洪流的去向，尽管如此仍有为天地立心、为生民立命的志向，无论山河带砺，仍要力挽狂澜。

---

① 陈师道：《和南丰先生出山之作》，载何小颜选注：《豪放诗三百首》，上海交通大学出版社2011年版，第128页。

二、内敛与疏放

中华文化的整体基调应是温和内敛、深沉宏博的，然而难道没有疏放、恣意张扬的部分吗？事实上中国人的精神本是有张扬疏狂的那一面，在整体温和圆钝的文化气质下，这种张扬几近鲜见，多存在于时代的极鼎盛时期或极混乱时期。特殊的时期有特殊的时代精神，精神上的极化也是现实中经济或政治达到一个极端的反映。但在温和内敛与恣意张狂的对比之下，更显示出一种磅礴深沉的张力。

（一）酒神精神

酒神的精神是一种悲剧性的迷醉，彻底的迷狂。痛苦、狂欢与虚无交织，在现世秩序中被压抑的一部分性格的彻底释放。从春秋战国到汉唐魏晋，在繁华与战乱的交叠嬗变之中，总有许多展现酒神精神的作品成为传世名篇，突破绳墨束缚，得以在时代罅隙中让灵魂喘息。

庄子言："若夫乘天地之正，而御六气之辩，以游无穷者，彼且恶乎待哉？"[①] 追求精神上的逍遥无依，抛掷一切有无、大小的界限，物我两忘，体现出极致的浪漫主义精神。这种精神不会诞生在一个秩序井然、歌舞升平的时代，而是一个秩序崩坏、现世破碎的战乱时代。

"蹴蛩蛩，轔距虚，轶野马，轊陶駼，乘遗风，射游骐。倏眒倩浰，雷动猋至，星流霆击。弓不虚发，中必决眦，洞胸达腋，绝乎心系。获若雨兽，揜草蔽地。"[②] 司马相如的辞赋是汉代充满气势与古拙文化的代表，充盈着力量与自信和对外征服的野心。这与汉初领土疆域的扩张、经济的复苏繁荣是紧密相关的。

"人生若尘露，天道邈悠悠。"[③] 阮籍醉酒避亲、蔑视礼法，无疑是魏晋时期酒神精神的代表人物之一。然而乱世与盛世大为迥异，如果说两汉的辞赋是在繁荣华丽之中掺杂着对虚无意义的青烟般的感伤，那么魏晋的文学作品是对灵魂压抑的极端痛苦、生命无意义的迷惘伤恸。人生犹如朝露，在早晨享尽繁华荣贵，在暮时便遭尽屠戮、颠沛流离。

---

① 《逍遥游》，载乐胜奎、李晓溪编著：《中国文化元典选读》，崇文书局2016年版，第281页。
② 《子虚赋》，载周兴泰著：《辞赋：铺陈之美》，青岛出版社2014年版，第118页。
③ 《咏怀》，载周源土编：《中国诗词名句鉴赏辞典》，伊犁人民出版社1999年版，第53页。

（二）内敛圆融

为何中国精神是温和圆融的，是内敛深沉的？在自我与外物的关系上，为何往往向内探求而非向外征服？

用历史的眼光来看，这可以用受几千年来内向型的小农经济和儒家文化的影响来解释。自给自足、一家一户的经济单位，使得人们的着眼点是向内探求，而非向外索取或扩张。向内不断探求的结果是精细的雕琢、深度与丰度上的登峰造极。

中国人看待世界的方式，是首先修养自身，再建构和谐的家庭，再去平定家国天下。我犹如一颗石子，处于一片涟漪的中心，再漾开一圈一圈的波纹，去影响在涟漪之中的他者。费孝通先生称之为"差序格局"①。

内敛与温和另一层隐含意思是"不走向极端"，在两极之中往往作出温和折中的选择。这也是"圆融"精神之所在，在对抗形式的激烈交锋之下一个中国人往往选择最折中的位置促进对立情势的软化，积极促和，执两用中。

（三）现代意义

内敛与疏放的特质在中国人身上是能够和谐共存的，这是中国人的一种现世的生存智慧，于今天仍然有不可磨灭的重要意义。内敛却不怯懦，疏放却不狂傲，应当是中国在国际社会上立足应当秉持的态度。作为一个已然深具影响力的大国，能够对外声明"永远不搞扩张"，从深层上讲这与中国文化的内敛性是分不开的。积极促进和平、互惠、共赢，是和合共生精神的现代性表现，是一种现世的智慧。

三、理性与情感

谈及理性与情感，人们常常怀抱着"中华文化中缺少理性"的固有观念，觉得中华文化中重概念的铺张、情感的抒发，缺少真理意识、理性精神。实质上这个意义上的所谓"理性"是伴随欧洲近代化进程产生的概念，而中国人的理性精神可以上溯至先秦。

先秦的理性精神，首先表现在个人与社会的统一性，在个人与社会的互动中获得个人的价值满足并贡献社会价值。再者在文学上，理性精神表现为为主观的语言形式注入客观

---

① 费孝通著：《乡土中国》，上海人民出版社 2019 年版，第 30 页。

的内容，不啻是情感宣泄。

譬如，在《孟子》中充满气势与力量感的大量道理论述，运用引用、比兴、例证、对比、顶真、反复、递进等多样的论证方法，通过逻辑推理，得出以理服人的效果。这是理性精神的彰显。虽则孟子的论辩大多不涉及直抒胸臆的情感表达，然而在孟子的遣词造句中游走的磅礴气势、洋溢的雄辩力量何尝又不是一种情感抒发，在这里情感是通过说理来传达的。纯粹理性抑或纯粹感性都是难以达到的，而在孟子的文字中可以感知到理性与情感的调和。

宋人有言，诗以言志，词以抒情。唐诗与宋词成为中国古典文学的代表形式，也意味着抒发情感、表情达意成为文学的重要内容。情感性的突出并不意味着理性的缺失——与唐诗的情感意境不同，宋诗以理趣为追求，诗中重"理"字，减少了对客观事物主观性的描摹而增加了对"理"的追求。附着于客观事物之上的不再是个人强烈的情感，而转向了对意义的遐思。在格物的过程中获取对真理的思考和义理的感悟，试图从表面性的现象走向事物的实质与核心。时至明清，对"理"的探求和对传统儒学的发展更显现出了辩证性、批判性，反传统的早期启蒙思想开始出现。

情感与理性的调和，使得人能够在自我的调和之余与社会亦达成调和，既有向外探求的动机又有自我释放的余地。相比一个经济外向型的竞争性社会，"友善""爱人"这样的价值观念更容易在一个经济内向性的社会萌育。在当今时代，中国近现代的发展吸收了西方科学与理性精神，同时也当挖掘自身具有的普适性意义和价值。

中国精神中的对立统一性实质上是"致中和"的精神抑或"和合"精神的一种反映。懂得如何度量界限，把握适当的程度，因此才能够执两用中。安拿捏"中"的程度在何处，需要"叩其两端而竭焉"①，需要将矛盾的两方面反复推敲、切磋、琢磨。"向中"是一种趋势，是价值取向，但在极与极之间仍然有相当强的包容性，因此中华文化以强调整体性、融合性、协调性为重要特征，而非不同派别、立场的冲突对立与博弈。

在对立中统一，在矛盾中融合。这也赋予了当代中国一个重要的生存智慧，"求同存异"之精神从和合共生的文化基因中诞生，在当今极化的世界中仍然能够寻觅在冲突对立中的利益结合点，让极与极的对峙在相互融合中变得更加温和协调。

---

① 《论语·子罕》，冯国超译注，华夏出版社 2017 年版，第 105 页。

从和谐辩证法看中国哲学中的和谐精神

涂　画　弘毅学堂（2022300001049）

【指导教师评语】 追求和谐与崇尚辩证是中国传统文化的两大特点，这使得中国哲学中辩证思维具有和谐的特质，而和谐的目标也内涵了辩证的标准。此文试图从中国哲学的运思方式入手透析中国传统文化中的和谐精神，并且通过这一特点来回应中国哲学的合法性问题，是令人赞赏的。该文先正面分析中国哲学的思考方法，从而挖掘其深层的和谐内核，然后，从三个方面解析中国辩证智慧的和谐机理，最后，通过中西辩证思想的比较来彰显中国哲学内在的和谐精神，层层递进，深入浅出，简单明了，不失为一篇学生佳作。（马克思主义学院　杨建兵）

摘　要：和谐精神在哲学上表现并升华为和谐辩证思维或称和谐辩证法。本文将首先分析中国哲学的思考方法，以寻找和谐精神贯通于中国哲学的条件；其次将从和谐辩证法的方法论原则中挖掘其和谐精神。最后，辩证法是西方哲学家所提概念，提及辩证法必然绕不开西方哲学。中国哲学中的和谐辩证法与西方哲学中的矛盾辩证法分别带有各自文化的特色，也具有共同的辩证法特征和理性智慧。本文将通过中西方辩证法的对比，进一步显现出和谐辩证法之中所蕴含的和谐精神之智慧，同时也希望能为中国哲学之存在性及其独特价值正名。

关键词：和谐精神；中国哲学；和谐辩证法；道；矛盾辩证法

中华民族是讲求和谐的民族，温文尔雅的和文化是中华文化的重要内涵之一。中国人民自古以来就期盼和追求着和谐。和谐精神不仅是中华优秀传统文化的组成部分，更是当代中国社会主义核心价值观的重要内容。和谐精神是极具中国文化特色的独特智慧，蕴含着温和却坚韧的力量。和谐精神在中国哲学中有着非常明显的体现。独具东方智慧特色的"和谐辩证法"，证明了东方智慧的理性光辉，也增添了人类辩证思想发展的多元化与多样性。和谐思维与和谐精神相互塑造、相互促进。探究中国哲学中的和谐精神有助于我们更好地把握"和文化"的智慧，深化对于中国和谐精神的理解，以更好地将其运用在当代社会发展和个人生活之中。

一、原因探究——中国哲学的思考方法

在中国哲学里，和谐与冲突是两个互相界定的范畴。要探究中国哲学中的和谐精神，我们需要了解中国哲学的思维方式，了解中国哲学如何处理和谐与冲突的关系，以明晰中国哲学中的辩证智慧。

"和"是中华文化的精髓，它是在东亚的中国，因地理环境、生产与生活方式以及社会制度等诸多要素的和合作用而产生的理念，中华民族拥有强烈的和谐愿望。不同的文化模式具有不同的价值取向，中国文化的礼乐文明特征显著，在此背景下，早在先秦时期儒家就凝练出了"礼之用，和为贵"等以"和"的行为价值取向，这种以适度、重用贯穿始终的价值体系，最终形成了中国的和谐思维模式。和谐思维的首要特征是其整体性，中国传统思维并未将主体和客体完全裂解，也未对两个独立对象分别研究，而将二者视作整体，注重其同一性、互动性。

遵循"和"的理念，中国哲学家虽承认冲突与矛盾，但致力于将冲突与矛盾转化为"和"，赋予"和"以统一、常变的内涵。《易传·系辞上》有言"一阴一阳之谓道"。在中国哲学史上，几乎所有的哲学家都认为"道""理""太极"这些表征事物普遍本质、规律的范畴，其中蕴含阴阳矛盾，并非一个僵死的实体。然而，中国哲学家虽然承认冲突的存在，但倾向于化解冲突。儒家认为和谐与冲突分别对应善与恶，道家则认为冲突是可以自然化解的。由此观之，在中国哲学家眼中，冲突是依附于和谐而存在的次级概念，冲突的存在使和谐之中有由冲突转变为和谐的变化。

总而言之，和谐思维在中国哲学中占据重要地位，是其重要且可贵的方法之一。它是指从和谐的角度出发，用和谐的眼光看待事物，并且将和谐作为最终目标与价值取向的思维方式。

二、"道"与和谐辩证法

辩证法，是承认运动变化，关注事务的联系和发展，蕴含对立统一思维的思想方法。

辩证思维是理性与智慧的体现，而和谐辩证法将和谐作为其出发点与基本原则。和谐思维的运用并没有破坏其作为辩证法的本质，而是很好地融合了和谐与矛盾两种视域。可以说，和谐辩证法概念本身便是一种和谐思维的运用，它将"和谐"与"矛盾"统一起来。和谐辩证法有以下方法论原则：第一，在差异中把握和谐；第二，在对立和谐系统中创生新质；第三，在"执两用中"中坚持适度。

第一点针对的是具有差异的矛盾双方。矛盾可以分为两类。一类是"正相反对"的、互不相容的、不可调节的，比如真与假、善与恶之类的相反概念。另一类矛盾是可以共存互济、共生共赢的，比如德与刑、宽与猛。然而和谐辩证法中也有对"正相反对"的矛盾的和谐化解读。《老子》第二章有云："天下皆知美之为美，其恶矣；皆知善之为善，其不善矣。""正相反对"的矛盾看似是彻底冲突、不可共存的，但是其作为单独概念的存在，是建立在与另一方的对比上的。没有丑，我们便无法界定美；没有上，我们就指不出何为下。二者互相以对方的存在为前提。类似地，老子还提出了"正言若反"的普遍原则。所谓"正言若反"即正面的、肯定性的言词中包含着反面的、否定性的因素。第一种情况，例如大巧若拙、大盈若冲、大成若缺，等等。巧拙、盈冲、成缺这些概念都是"正相反对"的，互不相容的概念，但是老子抓住了概念的灵活性，看到了对立概念之间的流动与转化，从而发掘其同一性。第二种情况，例如"曲则全，枉则直"，则揭示了看似相反实则一致的关系。第三种情况如"柔弱胜刚强"，则揭示了现象与本质的统一。

第二点，和谐辩证法中还有一个非常独特的观点——"一分为三"。道教强调阴、阳、和，认识到"无阳不生，无和不成，无阴不杀"，两个对立面加上"中和"的渗入，才可能产生新事物。一方面，"某物本身就是那个应该被排除的第三者"，这个新的事物可能就是两个相反概念的中和本身，而这一中和若可以经由调节，兼备双方的优势、化解双方相互损耗的冲突，便可以是一个充满生命力的新事物；另一方面，两个相反概念经由统合、和合，构成整体，"合二为一"便产生了一个新事物。和谐辩证法将矛盾冲突作为产生积极新质的基础，本质上还是将矛盾冲突导向了更高层次的和谐，并且对其进行充分运用，从而增加"善质"。

第三点强调创生新质。注重适度与中和。"中庸"思想便运用了这一方法论。《老子》第四十章提到"反者道之动"，即在自然界和人类社会中的任何事物，发展到了一个极端，就反向另一个极端；借助黑格尔的说法，一切事物都包含着它自己的否定。中庸之道是对生活实践具有较强指导意义的方法论原则，讲求适度，在矛盾之中找到平衡点，以求中和与稳妥，最终达成和谐的效果，这是中国人千年以来所遵循的生存之道。

三、中西对比——和谐辩证法中的和谐精神

与中国的和谐辩证法不同，西方强调矛盾辩证法，认为矛盾是辩证法的核心。在与西方矛盾辩证法的对比之中，我们可以更加明确地感受到和谐辩证法中的和谐精神。

首先来谈谈中西辩证法的不同。具体说来，有如下三点：第一，对于矛盾的界定不同。正如上文所提到，矛盾辩证法中的矛盾是不相容的、"正相反对"的矛盾，而和谐辩证法中的矛盾是可以互依共存的。第二，矛盾辩证法强调否定性原则，认为旧的矛盾体趋向于破裂，即"一分为二"，而和谐辩证法始终将矛盾处于统一体之中，趋向于融会贯通以及相互转化，即"合二为一"。第三，矛盾辩证法强调矛盾冲突是事物产生和发展的动力，而和谐辩证法则讲求调和矛盾，优化整合，促进新质的产生。概括起来讲，矛盾辩证法在矛盾双方的分裂中汲取动力，而和谐辩证法则在矛盾的统一体之中调和整合，重视对和谐统一的维护。由此我们可以对和谐辩证法中的和谐精神有更加深刻的体会，和谐精神贯穿和谐辩证法的始终。

再来说说二者的相同之处。首先，无论是和谐辩证法还是矛盾辩证法，二者都具有辩证法的形态和本质。二者都遵循辩证逻辑，以概念本性为前提，都认识到了矛盾双方的对立统一。其次，二者都表现出了对新事物的维护，最终的价值目标都是为了促进事物自身的和谐发展。最后，无论是和谐辩证法还是矛盾辩证法，都是人类思想的精华，彰显了理性和智慧的光芒，二者之间也可以相互促进，共同发展。

和谐辩证法是中国哲学重要的思想方法，和谐精神贯穿和谐辩证法的始终，中国哲学以及其思想方法塑造了中国人民、中华民族注重和谐的品质。千年以来，重和谐的价值取向，指导着世代中国人民的生活实践，可以说，"和谐"精神已深深地融入中华民族血脉，塑造了中华民族崇尚和谐、以柔克刚的智慧与韧性。

关于和而不同思想与孔子和合思想的思考

肖　晗　动力与机械学院（2022302191383）

【指导教师评语】本文角度新颖，选取了和而不同思想和孔子的和合思想的异同来进行比较，结合丰富的文献、历史背景，从起源、内涵与联系、差异及价值四个方面阐述了这两种思想的发展以及在当代的应用，结合当下国际形势和中国传统文化发展的需要，对当代青年提出了新的历史要求。另外，本文语言平实，援引例证丰富，写作规范，是一篇较优秀的学生论文。（马克思主义学院　倪素香）

摘　要：和而不同的思想理念是中国精神体系中重要的一部分，其产生、发展、应用几近贯穿整个中国历史，也时刻影响着当代人为人处世的方式和思考习惯。而在《论语》中，也有许多关于"和合"的描述，这是孔子对于这一观念的想法。通过对比这两种思想的异同，有助于了解它们的精神内涵，还有助于理解当今人们的思维方式，并对改善人们的思维方式具有非常重要的积极作用。

关键词：中国精神；和而不同；和合

对和平的热爱与对和谐的重视是中华民族自古以来的优良传统，这已在中华文化中反映为独有的和而不同的思想。这使得我们中国人在思考问题和为人处世方面与西方人有着很大区别，以和为贵、和气生财、家和万事兴等俗语更是对这种思想的直观表现。这样的思想不仅在哲学层面中有所体现，更渗透到我们生活的方方面面：五音合奏方能弹奏出悦耳的音乐，五味调和才能烹调出美味的佳肴，色调相配成就绘画之协调，阴阳相和使得身体更健康。而《论语》作为四书之一、儒家经典，直到千百年后的今天对我们为人处世仍有非常重要的指导意义。其中也不乏关于孔子对"和合"思想的理解和论述。对这二者的对比和分析，能让我们更深刻地理解中国传统"和文化"，更有助于我们实现形体与精神的统一，更好地融入社会与自然。

一、二者的起源

早在"和而不同"一词刚出现时，它与孔子的关系就早已密不可分了。"和而不同"一词第一次出现是在《论语·子路》中，孔子说："君子和而不同，小人同而不和。"但尽管和而不同是从孔子口中初次说出的，但是并非孔子率先提出的这一观点。在《论语》之前，史伯和晏婴就分别提出各自对于和与同的看法：

> 对曰："……以他平他谓之和，故能丰长而物归之；若以同裨同，尽乃弃矣。"①
> 对曰："……君所谓可而有否焉，臣献其否以成其可。君所谓否而有可焉，臣献其可以去其否。……今据不然。君所谓可，据亦曰可。君所谓否，据亦曰否。若以水济水，谁能食之？若琴瑟之专一，谁能听之？同之不可也如是。"②

这是古人和而不同思想在文本中的首次体现。虽然出自不同人之口，但都指出，要做到和而不同，先要满足三点条件：存在差异；差异的有序或有机结合；创造产生新的事物。史伯和晏婴都认为，和谐不是由相同的元素产生的，相同的元素叠加只会导致单调和乏味。唯有相同性质的物体的不同之处经过有机的整理与结合，形成一种统一形式，并且产生出全新的事物，如此才能被称为和谐。这也是和而不同的最初内涵。

而在《论语》中，孔子的"和合"观起源之一无疑是史伯与晏婴提出的和谐思想，而除此之外，还受当时时代背景的影响。春秋后期百家争鸣的开放思想以及礼乐崩坏的社会现实，都为孔子"和合"理念的提出创造了充分的条件。除此之外，"《论语》中体现出来的'和合'思想有着深厚的思想背景与历史渊源，是吸收了先哲与其他流派的思想的结果。其来源主要有两个：一是以周公为代表的西周思想，二是以老子为代表的道家思想"③。我们知道，周公创建了礼乐制度。这是中国历史上第一个较完备的制度文化形态，而孔子正是出于对这一制度的推崇，从而提出了他的"和合"思想。"礼之用，和为贵"便是一个典型的体现。老子和孔子虽然分别主张道家思想和儒家思想，却并不影响孔子一直尊老子为师。赵启迪指出，孔子曾与老子交流过"礼"的问题，认为他是通礼之人，并

---

① 《国语·郑语》，中华书局 2007 年版，第 157~158 页。
② 《左传·昭公》，中华书局 2007 年版，第 171 页。
③ 赵启迪：《〈论语〉中的"和合"政治思想探究》，河北师范大学 2014 年硕士学位论文，第 11 页。

坚守老子前期的礼乐思想。① 从以上可以看出，孔子的"和合"观念的产生和提出并非灵光乍现或者独自思考得来的，他是通过广泛地学习和借鉴他人观点，并结合当时时代需求，才创造了一套属于自己的理论。

二、内涵与联系

上面提到和而不同需要满足三个条件：差异、有机结合以及新事物的产生。而和而不同理念最终想要获得的就是它产生的新事物。这个新事物可以是优美的旋律、美味的佳肴、完美的画作等具体的事物，也可以是健康的身体、协调的心理等立身之本。对于一个国家而言，它想要得到的可以是更安稳的发展、更强大的实力；而对于整个社会甚至整个生态来说，寻求社会的稳定与和谐、人与自然的互利互惠可能是最终想要达到的结果……但无论如何，和而不同的目的一定是为自身或群体谋求福祉，以提高生活质量或提升自我修养。

而孔子"和合"思想的内涵可以分为三点：修身以安人、义以为上、以人为本。② 这也与孔子传教的初衷密切相关。孔子以修身、齐家、治国、平天下为人生目标，自然而然"和合"思想也成为孔子达成这一最终目的的工具之一。为了达到这个目的，孔子将"和"的含义进行了拓展和延伸，如"居无贫，和无寡，安无倾"中的"和"即为团结、和睦，"礼之用，和为贵"中的"和"为恰当之意，而上文提到的"君子和而不同"中的"和"则表示求同存异，更反映了孔子和合文化的本质。也就是说，传统的"和而不同"精神与孔子"和合"思想之间的关系不仅限于起源与继承的关系，还应有发展和拓宽的关系："孔子继承了我国历史上的'和合'思想，并把它运用到人类发展过程中所形成的人与自然、人与社会、人与人、人与人的心灵、人与不同文化等方面，对它加以阐明和发展，形成了系统的'和合'思想体系。"③ 而在孔子眼里，自我是非常重要的一点，因此孔子和合观念中最基础的一点便是人身与自我内心的合一，这使得每个人的个性都独特且鲜活；其次是自我与周围人关系的和合，主要分为家庭、友人和社会成员，以仁义之心换得友好关系。

---

① 赵启迪：《〈论语〉中的"和合"政治思想探究》，河北师范大学 2014 年硕士学位论文，第 9 页。

② 赵启迪：《〈论语〉中的"和合"政治思想探究》，河北师范大学 2014 年硕士学位论文，第 16~20 页。

③ 陈正夫：《孔子的和合思想与 21 世纪的和合精神》，载《南京航空工业学院学报》2016 年第 1 期，第 6 页。

三、差　　异

刚才提到，孔子的和合思想起源于传统和而不同思想，同时进行了拓展和延伸，这也导致这两者实质上存在较大的差异。如果说史伯、晏婴对"和"与"同"的讨论仅限于理论阶段，那么孔子则提供了达到"和谐"的方法。这是孔子"和合"思想的独到之处，也是孔子对这一理念最为杰出的贡献。于是，相较于传统和而不同思想，孔子更多集中于讨论如何利用"和合"思想对人们的行为进行约束和指导，从而构建以"仁"为核心的思想体系，解决现实社会中的矛盾和问题，这一观念我们称之为"中庸之道"。

孔子将"中庸之道"概括为两个方面：一是"执两"，二是"用中"。① 也就是说，在看待事物时首先要看到其两面性，抓住矛盾所在，而不是一味地回避矛盾；然后处理矛盾时不能激化它，而是应该用理性的思想去分析，取其平衡。孔子正是想通过这两种方法，达到构建老幼、朋友、师友、君民之间仁爱关系的体系，这是孔子"和合"思想的核心之处。实质作用的有无是和而不同思想与孔子"和合"思想的本质区别。

四、价　　值

在现在看来，正是由于孔子对和而不同精神的延伸和拓展，它才能继续发挥光辉，直到今天仍有巨大的影响与作用。现在我们一提到和而不同思想或是"和合"思想，第一时间想到的是以孔子为代表的儒家思想中的相关内容，这足以见孔子的思想在中华民族思想体系中的重要地位，以至于如今人们的生活方式和思维方式也受到其深远影响。所以，这里我们讨论其二者的价值，主要是讨论孔子"和合"思想的价值。

首先，孔子的和合思想，在长期发展中，凝集成中华民族非理性和非完全理性的风俗习惯、生活方式、民族心理，今天有重要的影响。② 这为现代中国人提供了思想基础，是最直观也是最重要的价值体现。其次，孔子的"中庸之道"和"执两用中"的方法为实现当下许多伟大工程提出了借鉴和约束。如天人合一、取之有度、道法自然等思想。除此之外，孔子"和合"思想还是外交、伦理、政治等方面的理论基础之一。所以说，"和

① 杨钊：《"执两用中"求"和谐"——论孔子"执两用中"的方法论对构建和谐社会的意义》，载《决策探究（下半月）》2007年第11期，第95页。

② 陈正夫：《孔子的和合思想与21世纪的和合精神》，载《南昌航空工业学院学报（社会科学版）》1999年第1期，第6页。

合"思想在今天仍具有非常重要的地位。

综上，一方面，我们应当深入学习传统和而不同思想以及孔子"和合"思想，了解它们的原始内涵，学习它们在当下的应用与价值；另一方面，我们应当对传统和而不同思想和孔子"和合"进行创造性转化，使其与如今的国情、国际形势与价值内涵相统一，从而最大限度地发挥它们在当下的作用，助力中国在实现"两个一百年"奋斗目标的伟大征程上更进一步。让传统文化再焕生机，推进现代中国发展进程，传承和而不同精神对我们来说十分重要，在如今暗流涌动的国际形势面前更是刻不容缓。可以预料，"和合"思想在今天重获新生后，一定会让中华民族伟大复兴的步伐越发稳健。

知行合一的精神

论知行合一的精神

胡书畅　口腔医学院（2020303041018）

【指导教师评语】 本文聚焦中国精神中的知行合一的精神，从知行合一精神产生的时代背景与历史沿革、道德方面的认识与践履、认识论上认知与实践的关系等方面论证了知行合一的精神的发展与时代价值。论文主题较为明确，思路较为清晰，层次较为分明，论证较为充分，观点较为明确，是一篇良好的学术论文。（马克思主义学院　倪素香）

摘　要： 中国精神在现代中国的作用越来越受到重视，本文聚焦中国精神中知行合一的精神，从时代背景与历史沿革、道德方面的认识与践履、认识论上认知与实践的关系三个方面讨论知行合一精神的时代价值。

关键词： 中国精神；时代价值；知行合一

"中国精神"是中华民族的灵魂，博大精深，内涵深刻，意义深远。如何理解中国精神，如何把握中国精神，如何应用中国精神，都是中国社会主义建设与发展，特别是中国特色社会主义建设迈入新时代时期需要讨论辨明的议题。显然，这些问题的解决特别是知行合一问题的解决，将为中国社会发展赋于新动力，丰富中国特色社会主义建设方法论。

一、知行合一精神的历史发展

"知与行"的哲学在中国由来已久。《尚书》有"非知之艰，行之惟艰"之说，《左传》有"非知之实难，将在行之"之说。在这里将知行的关系定义为认知与实践的关系，并且认为在这样的关系中实践要难于认知，同时也隐含了"先知后行"的逻辑关系。

孔子认为，"生而知之者，上也；学而知之者，次也；困而学之，又其次也；困而不学，民斯为下矣"①。孟子同样沿袭了这样的认知，并对其进行了一定的发展。《孟子》中写道："耳目之官不思，而蔽于物。物交物，则引之而已矣。心之官则思，思则得之，不思则不得也。此天之所与我者。先立乎其大者，则其小者不能夺也。此为大人而已矣。"他认为，人的良知来自内心，也就是心的自然动念便可"知"，这样的天赋也是每一个人天生所具有的。只要能立起本心，就不会受外物所惑，所行也就能发乎本心，顺其自然，即所谓"大人"。值得注意的是，这里已经模糊了知行关系为认知与实践的关系这一定义，已经开始向道德方面的认识与践履发展。但有趣的是，同时期的荀子发展了另一个方面的知行关系，《荀子》中写道，"不知天之高也；不临深，不知地之厚也""不闻不若闻之，闻之不若见之，见之不若知之，知之不若行之，学至于行之而止矣""知之而不行，虽敦必困"。这里显然荀子回归了实践与认知的关系，在此基础上开始了关于"认知上的学习"与"实践上的行动"关系的探讨。他认为，知与行在不同的讨论语境下会有不同的先后关系，换句话说，实践会产生认知，认知也会指导实践。所以荀子的观点是知与行相辅相成，你中有我我中有你。至此，关于知与行的解读正式分出了两个方向，即道德方面的认识与践履、认识论上认知与实践的关系。

程朱理学对于知行论的解读可以用朱熹"知行拆分"的思想进行概括。朱熹认为，"知行常相须，如目无足不行，足无目不见。论先后，知在先，论轻重，行为重"。朱熹对于知行的解读有三点：一是知行相互独立又相互依靠，如同眼与足一样在行进过程中一同起作用。二是在先后关系中知在行先。三是在重要关系中行更重要。

在此之后王阳明提出了"知行合一"的论断。这深刻地影响了延续千年的"知行"关系的讨论。关于其学说的一些解读，将在后续部分中进行讨论。

二、道德方面的认识与价值

先前已经提到，道德方面的认识与践履这一方面发端于孟子对知行论的解读。而后世的王阳明将这一学说系统化地在"知行合一"理论中进行了解释。阳明先生反对将知行分作两个线性的阶段，而主张求理于吾心。他说："知是行的主意，行是知的功夫；知是行之始，行是知之成。只说一个知，已自有行在；只说一个行，已自有知在。"②《大学》开篇便说："大学之道，在明明德。"明德，便是人内心的本性。所有人无论后天的善恶，在

---

① 参见《论语·季氏篇》。
② 参见《王阳明全集》，线装书局 2012 年版，第 78 页。

根本上都有这样的道德认知，私欲并不能掩盖蒙蔽这样的认知。特别是对一些事情的本能反应，这样的认知往往会占据主导地位而驱使人的行动。他举了"见孺子之入井，而必有怵惕恻隐之心焉"的例子来说明这个问题。我们的本能反应告诉了我们何为是非。这就是王守仁所说的"良知"。而我们所需要做的便是遵从这样"知"的知识，将其外化于"行"。他说："此须识我立言宗旨。今人学问，只因知行分作两件。故有一念发动，虽是不善，然却未曾行，便不去禁止。我今说个知行合一，正要人晓得一念发动处，便即是行了。发动处有不善，就将这不善的念克倒了。需要彻根彻底，不使那一念不善潜伏在胸中。此是我立言宗旨。"① 所以在社会生活中依然能见到有人做着坏事。这些人在良知出现即将主导行动时寻找借口，没有立即顺从而积极地响应良知，那对于良知就会有损耗，因而也就丧失至善了。更有甚者在恶念发端后不仅没有克倒恶念，反而将其付之于行，这样的做法在王阳明看来就是"此心光明"的反面。

王阳明曰："心无体，以天地万物感应之是非为体。"② 在王阳明的理论体系中，存在的真实情状是"心外无物"的"万物一体"之一体性存在。正因存在一体不分，故人的良知即是草木的良知。综上而言，万物皆以"心"为体，但心非存在物，故心不可以理性知而只能以心证。因此，对良知心体的"知"，不可能是主客二分式的。此外，心与物体用一如，并呈现为现实存在的一体不分，即人之意念、身行与人之在、万物之在一体不分。而正是这真实存在的一体不分，使"知行合一"之"知"与"行"皆获得了超越主体伦理道德的存在意涵，并成为"知行合一"之"合"的存在实情。③

针对朱熹"知行二分"的理论，王阳明认为知与行本是一体。知即行，行即知："真知即所以为行，不行不足谓之知。"④ 若知行二分则"已被私欲隔断"⑤，即人已因私欲而脱离良知开显的"心物一体"之真实存在，而使明觉不得完全开显，导致"知"非真知，"行"非真行。也就是说良知并没有真正的显现。换言之，"知行"二分，缘于良知开显的一体性存在断裂——主客二分化，致使"知"成为对象化的知识，"行"成为对象化的行为。相对地，正因"知"与"行"基于"心外无物"的存在一体性，王阳明将"知色""知孝""知痛""知寒"或"知味""知路"之"知"与"知行合一"之"知"相关涉。⑥ 所以王阳明的知行合一可以说是集各家之言，开发出了一套全新的理论体系。

① 参见《王阳明全集》，线装书局 2012 年版，第 175 页。
② 参见《王阳明全集》，线装书局 2012 年版，第 187 页。
③ 黄仕坤：《王阳明"知行合一"新论——基于心物一体存在视域的分析》，载《河北大学学报（哲学社会科学版）》2021 年第 3 期，第 18~25 页。
④ 《王阳明全集》，线装书局 2012 年版，第 120 页。
⑤ 《王阳明全集》，线装书局 2012 年版，第 77 页。
⑥ 《王阳明全集》，线装书局 2012 年版，第 71 页。

王阳明的理论对于当今社会很有指导意义。目前所提倡的社会主义核心价值观对个人层面提出了四个要求——"爱国、敬业、诚信、友善"。这些优秀的道德品质包括其他的道德品质都可以划归于人的"良知"之中。前面已经谈过，对于个人来说，良知可能会逐渐受到耗损，可能会受到"不善之念"的蒙蔽，这个时候如果能有外部力量的介入干预或许便能起到纠正的作用。所以今天我们在全社会倡导社会主义核心价值观，一是为了营造一种较高的、良好的社会道德，反作用于个人促进个人的道德自省，于社会促进群体的道德审视；二是为了在个人心中形成良好的价值导向，能够更好地引导人的良知不被私欲蒙蔽。一个人的朴素是非观很容易被现实的阴暗扭曲，而在一个人的成长过程中面对着数不胜数的诱惑，或是一些黑暗的社会现实。当人的三观还未健全时，很容易由这样的原因而扭曲，并且重塑而成的三观往往会出现很大的偏移，这样病态的三观无疑是很危险的。所以在倡导社会主义核心价值观的过程中，就是对人们"本心"，或者"良知"的保护，人们在依据本心的"知"而"行"后，能够得到他人的肯定与社会的赞扬，这样的道德满足感与成就感对于其良知而言是很好的正反馈。

对于社会来说，一个较高的社会道德标准需要这个社会中的人具备相应的道德素质。有学者认为，划分公德与私德，应该说只是学理上的抽象。任何行为不管是在公域还是在私域，都具有公德和私德双重规定性。二者只有"显性"和"隐性""现实"和"潜在""真象"和"假象"的区别。① 而这样的关系就决定了私德行为可能具有公德的性质，而公德行为同样也可以转化为私德行为。两者之间的相互转化在于公德与私德同出一源。无论是公德抑或是私德，都是由个人承担的。个人的主体性产生了公德与私德的分殊和并存，又实现着公德与私德的转换和互异。个体道德和社会道德是不可分割的，社会道德是构成个体道德的本质内容，而个体道德是社会道德在个体身上的内化和个性化。所以依据前文所述，当个人的"良知"，即道德品质得到提高，又可以反作用于约束它的社会道德，促成社会道德的进步与社会道德水准的提高。这样一来，又可以在个人道德与社会道德之间的相互关系中形成一个良性循环。这对于当今社会建设来说具有重要意义。

三、认识论方面的认知与实践

近代哲学家贺麟在《五十年来的中国哲学》一书中对知与行的定义是这样的："知"指一切意识的活动；行指一切生理的活动。任何意识的活动，如感觉、记忆、推理的活动，学问思辨的活动，都属于知的范围。任何生理的动作，如五官四肢的运动故属于行，

---

① 赵军华著：《法律与道德的交融》，北京出版社 2006 年版，第 123 页。

就是神经系的运动，脑髓的极细微的运动，或古希腊哲学家所谓火的原子的细微的运动，均属于行的范围。① 结合了现代心理学与生理学的定义从一个全新的视角对知行进行了界定。同时这也给出了他与王阳明不一样的认识——王阳明的知倾向于一种自然的或者说自发的心理意识活动，亦即所谓"良知"。在时间上，知与行连续发动，自然过渡，所谓"见父自然知孝，见兄自然知弟，见孺子入井自然知恻隐"②。由于强调知的自然性，在王阳明看来知不必经年累月，也不需刻苦努力得到。

而贺麟更倾向于将王阳明的"知"界定为心理上的意识，并借此发展认为真正的知是逻辑意义上的心理对外物的认识活动。在某种角度上来说这也与王阳明心外无物的旨趣相合。而对于行，贺麟更是扩大了其覆盖面，不再单指道德践履，而是指一切神经活动及其所支配的一切身体活动。

所以贺麟对"知行"的定义，彻底超脱了宋明理学家仅就道德知识与道德践履对知行关系进行探讨。他还批评王阳明"几纯属于德行和涵养心性方面的知行"③，而以之为代表的，便是发端于荀子的，对知行关系讨论的认识论上认知与实践的关系。

马克思在《关于费尔巴哈的提纲》中这样写道："人的思维是否具有真理性，这并不是一个理论的问题，而是一个实践的问题。人应该在实践中证明自己思维的真理性，即自己思维的现实性和力量，亦即思维的此岸性。"④ 所以认识论上的知行合一的时代价值与现实意义已经非常清楚了。对于国家，政策的制定与施行便是"知"与"行"的两端，所有政策的制定都源于一定的社会现实。例如医药器具药物集中采购，便是为了解决药物价格居高不下，传统药物采购模式尾大不掉的问题。而政策的施行又需要在社会中作用并受到检验，即所谓再调整。在这样一个动态过程中形成的良性循环能够促进国家向更高处平稳健康发展。正如毛泽东所言："实践，认识，再实践，再认识。这种形式，循环往复以至无穷，而实践和认识之每一循环的内容，都比较地进到了高一级的程度。"⑤

这样的模式也类似与心理学上的奥苏伯尔问题解决模式。该模式旨在提供一种广泛性的、解决问题的方法论。第一、二阶段的准备便是"知"：第一阶段为呈现问题情境命题，即以图形、符号或文字的形式给出问题已知条件和要求达到的目标，目的在于为问题解决者构成实际的问题情境。第二阶段为明确问题的目标和已知条件。问题展露出来的往往是一些浅表现象，例如前文所举例子中药物价格高的问题，其深层次的动因与逻辑关系需要进一步发掘。若问题的探寻者具备有关的背景知识，便能将问题的情境命题与探寻者自身

---

① 贺麟著：《五十年来的中国哲学》，上海人民出版社 2012 年版，第 140 页。
② 《王阳明全集》，线装书局 2012 年版，第 80 页。
③ 贺麟著：《五十年来的中国哲学》，上海人民出版社 2012 年版，第 159 页。
④ 《马克思恩格斯选集》（第 1 卷），人民出版社 1972 年版，第 16 页。
⑤ 《毛泽东选集》（第 1 卷），人民出版社 1991 年版，第 296 页。

的认知结构联系起来，从而理解面临问题的性质和条件。但是虽然在某些方面有问题解决经验或相关背景知识的探寻者能直接看出命题的意义，对于无经验的问题解决者则仍需先行理解挖掘各个概念的定义与联系，才能将问题完整地、有逻辑地认识。了解问题情境的目的在于明确解决过程的目标或终点，为随后进行的逻辑推理提供基础。而第三、四阶段便是"行"的部分了。第三阶段为填补空隙，这是解决问题过程的核心步骤。此时，问题解决者必须调动认知结构中与当前问题的解决有关的背景命题。考虑到各种外显的或内隐的推理规则，并运用一定的解题策略以使问题的已知条件和目标之间的空隙得以填补。第四阶段为检验，即检查推理有无错误，填补空隙的途径是否最为简捷，等等。这一模式不仅描述了解决问题的一般过程，而且指出原有认知结构中各种成分在问题解决过程中的不同作用。这样的方式或许稍显笼统，但也是一个很好的知行合一认识论上的实例。

就实践问题而言，中国传统认识论在根本上是要解决人的发展问题，其次是与之相关的"世界"的认识和改造问题。王阳明说："某今说知行合一，虽亦是就今时补偏救弊说，然知行体段亦本来如是。吾契但着实就身心上体履，当下便自知得。"① 知行合一从一个较高的层面为现实语境下的问题–解决提供了方法指导。这也是其时代价值之一。

---

① 《王阳明全集》，线装书局 2012 年版，第 306 页。

论知行合一精神的核心要义与发展

王泷腾　电气与自动化学院（2022302071008）

【指导教师评语】 知行观是中国传统哲学的重要内容。在知行关系上，存在着行先知后、知先行后、知行合一等几种观点，从辩证的观点看，它们各自都有自身的合理性，故彼此相互依存、相互补充。该文的新意在于，不是刻板地套用传统教科书的评判模式，而是对古代的诸种知行观及其辩证关系进行具体分析，从而作出了客观的评价。文章最后对知行合一精神在当代的践行和发展、运用与弘扬作了较为深入的阐述，使其现代价值得到了显扬。（马克思主义学院　左亚文）

摘　要： 知行合一是贯穿中华 5000 年的传统精神遗产，对当代中国有着不可替代的影响和作用。本文通过论述知行合一的发展历程、不同先贤哲人对知行合一的不同解读与推进、知行合一的核心内容及要素，阐述了知行合一对当代中国的重要意义及在当代中国的具体应用。在当代，中国共产党进一步深化了知行合一的内涵，在中华民族的伟大复兴的道路上迈出重要一步。

关键词： 知行合一；发展历程；核心要义；当代运用

明代大哲学家王阳明曾有言："知之真切笃实处即是行，行之明觉精察处即是知。[①]"作为"心学"代表人物之一，王阳明在中国对"知"与"行"认知发展的过程中起着无可替代的作用，其在学说中强调的"知行合一"更是为后世广泛认可。知行合一，与其说它是一种思想、一种精神，倒不如说它是一种境界、一种修养。通过历史的云雾，我们看见那个在二品大员府中倔强格竹子的少年，看见那个被贬龙场后不断思索的背影，看见那个忧国忧民的国之栋梁，当几个历史片段重合在一起，我们所见的，又何尝不是"知行合一"四字？阳明先生一生所明悟、所坚守的东西，在我看来，对当代人依旧起着指引的作

---

① 《传习录》，陆永胜译注，中华书局 2021 年版，第 219 页。

用，对当代中国的发展也提供了宝贵的思想遗产。

一、"知"与"行"辩证关系的发展历程

中华文化源远流长，早在战国时期就有百家争鸣的思想发展高潮，而"知"与"行"作为人类社会生活中最基本的辩证关系，自然引来无数先贤哲人的思考。历代的先哲们开创学派宣传自己的知行思想观念，有人甚至究其一生都未能找到自己想要的答案。在这其中，"知"与"行"主要走过了以先秦儒家、朱熹理学、阳明心学等为代表的几个阶段。先秦儒家是"知"与"行"关系发展的第一个高潮，儒家将知行与儒家的"礼"紧密结合，以礼制作为知行的规范，凭借"知"深刻理解礼制思想，凭借"行"积极践行礼制规范，既注重理论思想，又强调积极实践，使个人人生经验能与理想信念合一。到了朱熹理学的发展阶段，儒家礼制思想的束缚早已所剩无几，理性思考逐渐占据上风。朱熹主张"知先行后"，他认为，"知"与"行"两者对学者而言都不可或缺，只有在进行实践和亲身体验之后，"知"才能得到升华。朱熹将"知"放在"行"的前面，推崇"格物穷理"，强调常人必须先对事物有正确的认知，才能将其付诸行动。也就是说，要将格物致知作为学习的基本功，如果不能先明白道理就进行盲目实践，就很有可能偏离正确的道路，引发祸患。正如朱熹自己所言："义理不明，如何践履？"朱熹将"知"与"行"的辩证关系推向另一重境界，为后世王阳明等人的思考研究打下坚实基础。王阳明在中国历史上第一次提出了"知行合一"这个概念，是中国古代"知"与"行"关系发展的最高潮，在明代士大夫普遍注重唯心而忽略实践的时代背景下，王阳明跳出了时代思想的束缚，以"致良知""知行合一"亮出自己的思想，给出了为人为官的基本准则。从此，后人在"知行合一"的基础上不断完善发展，渐渐形成了"知行合一"本身的核心要义。

二、知行合一核心要义的基本内容与发展

相传，王阳明先生曾是朱熹"格物致知"学说的坚定拥护者和积极践行者，他曾对着竹子"格"了七天七夜却一无所获。步入官场后又因自己的年少轻狂被贬龙场，几番蹉跎与打击迫使他摒弃前人的思想，开始了自己的思考，终有"忽悟格物致知，当自求诸心，不当求诸事物"① 之语，完成了青出于蓝的蜕变。他将"致良知"作为统摄学问的宗旨，

---

① （清）黄宗羲著：《明儒学案》，中华书局 1985 年版，第 180 页。

提出"知行合一"的理念。知行合一论首先指出朱熹在"知"与"行"方面认知的不足，认为如果等到认知达到圆满后再付诸实践，人的认知又很难达到极致，那么行动也必将大大受限，甚至不了了之。阳明先生认为，知行合一首先强调自身道德和个人品格，人们应该努力做到办正确的事，拒绝做不正确的事，并且不要有不正确的念头，不断修养自己的心境，追求每个人的心纯。同时，阳明先生注重知行一体，强调知行密不可分，"行"是"知"的结果，"知"是"行"的前提，人如果只"行"而不"知"，也不过是胡乱行事；人如果只"知"而不"行"，也只是沦于空想，无法将自己的思考转化为自己的真知。知行合一并不鼓励每个人都追求成就圣人的功绩，不断探索未知领域，而是引导人们提升自己的思想境界，做到心性单纯，杜绝恶念，在当时的时代背景下有着振聋发聩的意义。阳明先生辞官退隐后致力于传授自己的思想，其弟子创建了泰州学派，甚至明末的东林党也与其千丝万缕的联系，可惜的是，在"知行"方面的思考研究，弟子们终究未能超越师傅，再进一步。

此后，每逢时局动荡，心系苍生的先贤都会积极思考知与行的辩证关系，试图从理论层面找到兴邦富国的途径，从明末清初王夫之的"知行并进"论，到民国逸仙先生的"知难行易"论，无不包含着儒家君子式的人格理想，代表着中华人文精神高尚的人格追求。这些思想在"知行合一"的基础上，切合时局情况，对先前的理论进行批判与改进，为知行观的发展作出了不可磨灭的贡献。然而，旧中国的危局并不是理论发展就能够挽救的，直到十月革命的爆发，为中国送来了马克思主义，挽救中国危局的同时，共产党人的积极探索也使得知行观再上一层楼。

三、共产党人对知行合一的践行与发展

清朝末年，外敌入侵，群狼环伺，中国岌岌可危，沦为半殖民地半封建国家已是不争的事实。无数仁人志士遍寻出路却不得其解，究其根本，古代中国的制度与文化早已落后于世界潮流，中国精神必须迎来一次彻底的革新，取外国文化之精华，去外国文化之糟粕，才能迎来新生。在这种大的时代背景下，知行合一也终于迎来了自己新的发展，共产党人将其与马列主义和中国的革命实践相结合后，迸发出强大的生机活力。当时，中国共产党受教条主义和经验主义的困扰，死搬苏联革命经验，却处处受挫，在这种情况下，"知行合一"这一古老而伟大的思想，为共产党送去了曙光。从遵义会议开始，共产党人逐渐从实际国情出发，提出了"农村包围城市，武装夺取政权"的战略方针，并取得了极大的成功。经历了数次失败后，共产党人发现，单纯依靠苏联的革命经验来开展中国革命无法取得实质性进展，只有将革命经验与中国实际国情结合起来并付诸行动，才会取得成

功。至此，"知行合一"这一思想观念开始在中国革命道路上闪耀。1937年，毛泽东同志完成了《辩证法唯物论》的撰写，其中的第二章《实践论》正是对认知与实践进行了详细的阐述。他认为，人的认识从实践产生，并且服务于实践。他在文中强调，马克思主义的唯物论"唯物地而且辩证地指出了认识的深化的运动，指出了社会的人在他们的生产和阶级斗争的复杂的、经常反复的实践中，由感性认识到论理认识的推移的运动"①，是世界历史上认识和实践的关系一次大的突破和发展。中国传统"知行合一"的精神再一次得以升华，在综合了马克思主义唯物观的思想后，更加科学、理性，更贴合中国国情。于是，以毛泽东实践论为代表的新一代的知行观诞生了，它有力地促进了马克思主义的中国化，破开了苏联革命经验对中国教科书式的束缚和限制，对中国革命实践开展起到了至关重要的作用。此后，中国共产党积极运用新型知行观开展革命运动，"知行合一"在共产党的革命运动中不断被赋予新的含义。但同样，"知行合一"也帮助中国革命运动到达一个又一个高潮。

1978年的春天，当改革开放的春风还未吹遍祖国大江南北，人们却早已展开了一场真理标准问题大讨论。"两个凡是"在全国上下引起轩然大波，在这种时代背景下，《实践是检验真理的唯一标准》在《光明日报》上发表，引发了广泛的关注与思考。邓小平指出，理论联系实际，要从实际出发，把实践经验加以概括。当时的中国经历十年浩劫，百废待兴，而国际局势风云变化让中国必须快速发展才能让自身安全得到保障。有人提倡照搬苏联建设发展的经验，遭到了党中央的明确反对。邓小平反对照搬某种先验模式，鼓励因地制宜，依照国情进行发展。作为改革开放的总设计师，邓小平鼓励将马克思主义的基本原理与我国现代化具体实践相结合，开创有中国特色的社会主义。在改革开放的春风中，中国知行观再一次得到了改进与发展，"知行合一"变得更加贴近人民生活，它要求党和国家要以理论为指导，以实践为标准，走出属于自己的中国特色社会主义道路。

迈入新时代，知行合一更加成为当代社会发展需求。习近平总书记强调知行合一的重要作用，勉励青年人做到知行合一，做新时代的实干家。同样，在新时代，"知行合一"被赋予了新的内涵，"知"既强调个人的文化修养与理论知识，更加注重具有共产主义的远大理想和中国特色社会主义的共同理想；"行"则更加强调实干精神，要求党员和新时代青年积极深入工作，亲力亲为，而不是空喊口号，搞形式主义，真正将工作任务加以落实。在新时代，"知行合一"对于中国社会发展和现代化建设仍有重要借鉴作用，在习近平新时代中国特色社会主义思想中作为重要理论观点而大放异彩。

---

① 《毛泽东选集》（第1卷），人民出版社1991年版，第286页。

四、"知行合一"在当代的运用与弘扬

"知行合一"在当代中国发挥了无与伦比的作用，对党员、对青少年的行为进行着规范与指导。从时间上看，传统社会中"知行合一"更加强调个人修养与社会道德层面，鼓励人们提升自身修为，做到"致良知"，培养自身的心性，体现了儒家"修身齐家平天下"的价值导向；而当代社会，"知行合一"则是中国精神的重要组成部分，是我们为人处世的标准，是社会向前发展的不竭动力，更加侧重认识与实践相结合，做到理论引领实践，实践反哺理论。"知"为"行"之前提，"行"为"知"之结果，不仅注重思想理论发展，还要做到脚踏实地。对党员来说，要带头践行"知行合一"，做实干家而不做空想家、空谈家，杜绝形式主义，做到言行一致，清正廉洁，在大是大非面前有自己明确的判断。作为国家的脊梁、人民的公仆，共产党员更要积极践行"知行合一"，做行动上的巨人，为党和国家贡献自己的力量；对青少年来说，要心存共产主义理想，立鸿鹄志，做实干家，积极践行知行合一。"纸上得来终觉浅，绝知此事要躬行。"① 青少年生逢其时，既要注重培养理论思维，提升个人素质与修养，又要注重实践，让青春在知行合一的浇灌下绽放绚丽之花。

---

① 《古代哲理诗三百首》，中国国际广播出版社 2014 年版，第 196 页。

论孔子与王阳明的知行观的异同及启示

周圣喆　动力与机械学院（2022302081011）

【指导教师评语】本文从比较的角度出发，对孔子与王阳明的知行思想的异同进行了结构清晰、立意明确的详细阐述，援引翔实，有理有据，以比较来得启示，论证方法科学。同时，取其精华，从国家和个人层面得出了孔子知行观的当代意义，立意深远。同时语言上多引用典故，写作规范基本达标，可以说是一篇较优秀的学生论文。(马克思主义学院　倪素香)

摘　要：孔子作为儒家的开创者，在中国古代哲学思想史中占据重要地位。尽管距王阳明正式提出"知行合一"有约 2000 年的距离，但是综合多方资料不难看出，孔子也十分重视"知"与"行"的关系。由此，两位圣人的思想穿越千年，一脉相承，从而给知行合一的中国精神奠定了基础。本文试图从孔子知行（言行）思想的具体体现，言与知的关系，孔子和王阳明知行思想的异同，进而分析其缺点和长处，最终得出其当代启示。

关键词：孔子；王阳明；知行观；异同；启示

孔子和王阳明两位圣人的思想穿越千年，一脉相承，给知行合一的中国精神奠定了基础。本文试图从孔子知行（言行）思想的具体体现，言与知的关系，孔子和王阳明知行思想的异同，进而分析其缺点和长处，最终得出其当代启示。

一、孔子的知行思想

孔子在对知行这对关系的处理上更重视行。"诵《诗》三百，授之以政，不达；使于四方，不能专对；虽多，亦奚以为？"① "君子学以致其道。"② 孔子一向重视实用，他认为道德标准仅靠学习远远不够，还一定要身体力行地去实践，这样才算对一门知识的真正习得。这一点，他自己也用一生践行着。《孔子世家》中那位风波劳顿、周游列国、郁郁不得志、被困于陈蔡之间的孔子，和弟子之间发生了如下经典对话：

> 子贡色作。孔子曰："赐，尔以予为多学而识之者与？"曰："然。非与？"孔子曰："非也。予一以贯之。"
>
> 孔子知弟子有愠心，乃召子路而问曰："诗云'匪兕匪虎，率彼旷野'。吾道非邪？吾何为于此？"子路曰："意者吾未仁邪？人之不我信也。意者吾未知邪？人之不我行也。"孔子曰："有是乎！由，譬使仁者而必信，安有伯夷、叔齐？使知者而必行，安有王子比干？"
>
> 子路出，子贡入见。孔子曰："赐，诗云'匪兕匪虎，率彼旷野'。吾道非邪？吾何为于此？"子贡曰："夫子之道至大也，故天下莫能容夫子。夫子盖少贬焉？"孔子曰："赐，良农能稼而不能为穑，良工能巧而不能为顺。君子能修其道，纲而纪之，统而理之，而不能为容。今尔不修尔道而求为容。赐，而志不远矣！"
>
> 子贡出，颜回入见。孔子曰："回，诗云'匪兕匪虎，率彼旷野'。吾道非邪？吾何为于此？"颜回曰："夫子之道至大，故天下莫能容。虽然，夫子推而行之，不容何病，不容然后见君子！夫道之不修也，是吾丑也。夫道既已大修而不用，是有国者之丑也。不容何病，不容然后见君子！"孔子欣然而笑曰："有是哉颜氏之子！使尔多财，吾为尔宰。"③

这里值得注意的是，与子路的对话中的"知"（同"智"）和"行"略有区别于本文，以及一般意义上所讲的知行合一中的"知行"概念。这段对话中，"知"是智慧，"行"是统治者去实行孔子他们的"知"。仁人的知不一定导致统治者的行，例如王子比干，清醒局势忠言进谏，反遭剖心。所以孔子的理想就是推行当世的知，即仁。子贡和颜回可以对照来看：面对子贡的动摇，孔子批评了他妥协的态度，而颜回正是道出了孔子的心声，行不能和知不匹配，哪怕在统治者处碰无数次壁，心中经世济民的理想不能变。由此看来，是否可以说，儒家推崇的士的弘毅，也来源于对知行合一的坚守？坚守内心的正道，不做违背良知的禄蠹，想必这也是孟子"虽千万人，吾往矣"的底气所在。

---

① 《论语译注》，杨伯峻译注，中华书局 2017 年版，第 152 页。
② 《论语译注》，杨伯峻译注，中华书局 2017 年版，第 226 页。
③ （西汉）司马迁撰：《史记·孔子世家》，中华书局 1959 年版，第 1931~1932 页。

实际上，《论语》中正面提到"知行"的篇目并不多，倒是有几篇涉及"言行"的，毕竟孔门有"德行、言语、政事、文学"四科。

> 宰予昼寝，子曰："朽木不可雕也，粪土之墙不可圬也！于予与何诛？"子曰："始吾于人也，听其言而信其行；今吾于人也，听其言而观其行。于予与改是。"① （《论语·公冶长》）
>
> 君子耻其言而过其行。② （《论语·宪问》）
>
> 子贡问君子。子曰："先行其言，而后从之。"③ （《论语·为政》）

言行两相对比，孔子显然把"行"放在了更重要的位置。这是因为太多时候"所言"不能反映"所知"。英文俗语即有"sometimes people don't mean what they say, sometimes don't say what they mean"一说，表明心口不一是常见现象。但是因为知行合一，所知可以通过所行看见端倪，所以孔子提倡"先行其言""听其言而观其行"，实际上这也是他不得已的行为，因为他理想的君子人格，言与知应当是一致的。他多么希望能够"听其言而信其行"啊！然而在那个时代，又有多少人做得到"言忠信，行笃敬"呢？

二、王阳明与孔子知行观的异同

儒学自孔子创立始，经历千百年的演变，到了王阳明的时代，朱熹的学说已经成为官方规定的标准解释。然而对朱熹"知先行后"这一似乎普遍被士人接受的观点，王阳明却提出了自己不同的看法：

> 某尝说知是行的主意。行是知的功夫。知是行之始。行是知之成。若会得时，只说一个知，已自有行在。只说一个行，已自有知在。古人所以既说一个知，又说一个行者，只为世间有一种人，懵懵懂懂的任意去做，全不解思惟省察。也只是个冥行妄作。所以必说个知，方才行得是。又有一种人，茫茫荡荡，悬空去思索。全不肯着实躬行。也只是个揣摸影响。所以必说一个行，方才知得真。此是古人不得已，补偏救弊的说话。若见得这个意时，即一言而足。今人却就将知行分作两件去做。以为必先

---

① 《论语译注》，杨伯峻译注，中华书局 2017 年版，第 51 页。
② 《论语译注》，杨伯峻译注，中华书局 2017 年版，第 174 页。
③ 《论语译注》，杨伯峻译注，中华书局 2017 年版，第 18 页。

知了，然后能行。我如今且去讲习讨论做知的工夫。待知得真了，方去做行的工夫。故遂终身不行，亦遂终身不知。此不是小病痛，其来已非一日矣。某今说个知行合一，正是对病的药。又不是某凿空杜撰。知行本体，原是如此。今若知得宗旨时，即说两个亦不妨。亦只是一个。若不会宗旨，便说一个，亦济得甚事？只是闲说话。"（《传习录·徐爱录》①）

知行原是一件事，人需要先形成概念，有了做某事的念头，才会作出对应的行为。王阳明认为，良知本存在于人的心中，为何不能做出对应的良行，因为很多人被私欲和鱼龙混杂的外部世界迷惑了。因此阳明提出"致良知"，发掘内心已经具足的良知，由它指导自己的行为。

如前所述，孔子更重视"行"的功夫，反对只说不做。而王阳明更进一步认为"知""行"一体两面，只是同一事物的不同表现形态罢了，孔子提倡的行笃敬，倘若没有良知的支撑，只能沦为泡影，比如"出则孝，入则悌，泛爱众，而亲仁，行有余力，则以学文"② 这样看似先行后学的行为，但是所有行为不是凭空产生的，孝悌等也许来自家长的教诲，也许来自同龄人的感染。不是生而知之，而是外物激起了个人的良知，所以学文和行不能分割开来讲。这是王阳明比孔子高明之处。

孔子的知行思想也存在着一些明显的缺点，这同时也是孔子的整个思想体系在当时的缺点。例如《论语·子路》中的：

> 樊迟请学稼。子曰："吾不如老农。"请学为圃。曰："吾不如老圃。"
>
> 樊迟出，子曰："小人哉，樊须也！上好礼，则民莫敢不敬；上好义，则民莫敢不服；上好信，则民莫敢不用情。夫如是，则四方之民襁负其子而至矣，焉用稼？"③

孔子所推崇的行，是行大道，履大义，推行治国安邦之道，让整个社会恢复夏商周三代的礼，至于为稼为圃之道，他没学过也不愿学，这不是孔子轻视劳动的表现，而是人各有志，孔子觉得没必要学。但是也恰恰因为人各有志，不是所有人都能成为统治阶级，统治阶级也不是那样理想化的"好礼""好义""好信"。轻视底层人民绝非孔子本意，但是在后世统治者外儒内法的统治理念下，这也就造成了底层劳动人民的"行"往往不被重

---

① 《传习录》，中国画报出版社 2012 年版，第 21 页。
② 《论语译注》，杨伯峻译注，中华书局 2017 年版，第 5 页。
③ 《论语译注》，杨伯峻译注，中华书局 2017 年版，第 151 页。

视，也就促成了"为帝王将相作家谱的所谓正史"（鲁迅）。

孔子的知行思想在当时还是有很大的进步意义的。面对空前的礼崩乐坏的时代，无数的谎言和灾难，孔子上到为国者，下到门生弟子，都呼吁他们行动起来，不要说空话，而是切实地用自己的行动拨乱反正，改变这个混乱的时代。尽管他试图恢复的礼治和大同社会是否具有进步性值得商榷，但是这份清醒的良知和务实的精神，震古烁今，至今仍是我们学习的对象。

三、当代启示

笔者将从国家层面和个人层面探讨孔子知行思想的当代启示。

（1）我国在国际舞台上一向秉持言必信，行必果的原则。从1990年4月中国首次派出军事观察员参加联合国停战监督组织维和行动至今，30多年间，中国累计派出维和官兵近5万人次，被誉为"维和行动的关键因素和关键力量"。党的十八大以来，中国更广泛地参与联合国维和行动，标志事件是中国首次向海外派出了维和步兵分队。中国是派遣维和部队最多的国家，这与我国作为负责任的大国形象相吻合。反观某些西方国家，为了维护本国在世界许多地区的利益，奉行霸权主义侵略扩张政策，打着防卫的幌子，对别国进行侵略、颠覆和渗透，这是他们的价值观中不具备行与知与言相统一的观念，没有让知落到行的实处，而中国恪守行动负责任的态度，传承着千百年来的中国精神。

（2）当代大学生的行动力。综合自身和身边同龄人的情况，笔者发现，少数大学生存在行动力差，说一套做一套的问题，内心有宏大的愿景，但行动往往达不到预期。也就陷入了王阳明所说的"此已被私欲隔断，不是知行的本体了"，这时我们追本溯源，考虑孔子的"行"何来源源不竭的动力？那是他有崇高的理想信念做支撑。正如习近平总书记在考察南开大学时的讲话所指出的："只有把小我融入大我，才会有海一样的胸怀、山一样的崇高。"[1] "青年时代树立正确的理想、坚定的信念十分紧要，不仅要树立，而且要在心中扎根，一辈子都能坚持为之奋斗。"[2] 贪图安逸、萎靡不振，是缺乏内驱力来指引行动的表现。不能让"躺平""佛系"甚嚣尘上，更不能把书本上所学当成满纸空文，仅仅作为应付考试的资料，而是要真正思考自己的人生价值、何去何从的问题，这样才能从根本

---

① 《习近平寄语南开师生：只有把小我融入大我，才会有海一样的胸怀，山一样的崇高》，载新华网，http：//www.xinhuanet.com/politics/leaders/2019-01/18/c_1124006791.htm，2023年3月15日访问。

② 《习近平关于青少年和共青团工作论述摘编》，中央文献出版社2017年版，第23页。

上解决行动力匮乏的问题。

综上所述，孔子的知行思想在他的时代，无疑是有进步意义的。他对"行"的呼吁在当代也有一定的警示作用。当然，雏凤清于老凤声，正如程朱陆王等人陆续对孔子的知行观提出不同的见解或是加以补充那样，我们作为新时代青年，继续传承孔子知行观的薪火，结合时代要求加以改良，方不负先贤盛意，方不负祖国期盼。

王阳明"知行合一"思想与
孔子知行观的对比剖析

虞　畅　弘毅学堂（2022301152027）

【指导教师评语】论文发掘了王阳明"知行合一"思想与孔子"学而时习之"思想的相似与不同，并得出了王阳明"知行合一"思想的源头实为孔子的知行观这一结论。在深入探讨王阳明与孔子"知行合一"思想的基础上，还着眼于"知行合一"思想的现代意义。选题涉及中国哲学经典文本与当代社会主义建设，问题意识较为鲜明，语言明快流畅。（哲学学院　肖航）

摘　要："知行合一"是我国明代著名心学家王阳明的核心观点，而心学是对儒家思想的继承和发展。"知行合一"与儒家思想有什么关联？本文试分析了王阳明"知行合一"思想与孔子"学而时习之"思想的相似与不同，发现王阳明"知行合一"思想的源头实为孔子的知行观。王阳明将孔子的知行观从学习实践层面上升到了道德实践层面。阳明心学确实是对孔子实践哲学的巨大发展与创造性转化。

关键词：王阳明；知行合一；孔子；知行观

"知行合一"是阳明心学中极其重要的一个概念。而"知行合一"的思想其实早在春秋时期，在孔子的言行观中已初见端倪。王阳明知行合一的哲学体系，植根于孔子的知行观。他的"知"，就是对孔子之"学"的继承与发展，他的"行"，就是对孔子之"习"的提升与超越。他把孔子的"学而时习之"之道真正地一以贯之。王阳明的知行合一思想，最大的功绩是将知行关系从认识论引入道德修养论。但究其理论源头，实为孔子。

一、王阳明"知行合一"思想内涵

王阳明曰："某尝说知是行的主意，行是知的功夫。知是行之始，行是知之成，若会得时只说一个知已自有行在，只说一个行已自有知在。"① 王阳明之所以形成这一思想，是因为此前程朱理学主张的"格物""知先行后"思想，发展到了明代中期，导致知和行两分，形成知而不行的困境，故而"因病发药"。正如在谈到"知行合一"缘由时，他回答说："此须识我立言宗旨。今人学问，只因知行分作两件，故有一念发动。虽是不善，然却未曾行，便不去禁止。我今说个知行合一，正要人晓得一念发动处，便即是行了。发动处有不善，就将这不善的念克倒了。需要彻根彻底，不使那一念不善潜伏在胸中。此是我立言宗旨。"② 此处王阳明看似把知和行混为一谈，混淆了知和行的界限，但这恰恰是"知行合一"的妙处，只有认识到知行一体，将一念发动处的不善彻底消除，才能真正做到"致良知"。

在传统的知行观中，"知"是主观意识，而"行"则属于客观行动。但王阳明并没有对"知"和"行"的概念作出一个明确的界定，他说，"知行如何分得开？此便是知行的本体，不曾有私意隔断的"③。为此，学界一直以来便存在着诸多争论。有的主张知重于行，有的将重心偏于行，有的则认为知和行处于同等的地位。对此，高正乐先生称："王阳明的'知行合一'命题素称难解。"

"知行合一"说包含知行本体、知行互成、真知为行这三个部分。

（一）知行本体

在与徐爱论学时，王阳明曾四次提到"知行本体"。爱曰："如今人尽有知得父当孝、兄当弟者，却不能孝不能弟，便是知与行分明是两件"。先生曰："此已被私欲隔断，不是知行的本体了。未有知而不行者，知而不行，只是未知。圣贤教人知行，正是要复那本体，不是着你只凭的便罢。……知与行如何分得开，此便是知行的本体，不曾有私意隔断的。…… 某今说个知行合一，正是对病的药，又不是凭空杜撰，知行本体原来如此。"④

在《答顾东桥书》中，王阳明也两次提到'知行本体'。"知行功夫，本不可离，只为后世分作两截用功，失却知行本体，故有合一并进之说。……此虽吃紧救弊而发，然知行本体本来如是，非以己意抑扬其间，姑为是说、以苟一时之效者也。"⑤

"知行本体"，指的是知和行本身的一种存在方式，二者浑然一体，不可分割。所谓知孝不孝者、知弟不弟者，正是割裂了知和行的关系，被私欲抢夺了本体。失了本体便失了

① 参见王阳明的《传习录》。
② 参见王阳明的《传习录》。
③ 参见王阳明的《传习录》。
④ 参见王阳明的《传习录》。
⑤ 参见王阳明的《传习录》。

良知，知行合一所要做的就是通过知行的统一复原其本体。同样，知行功夫说的也是如此，正一个本体被分成两截，固然是不可用的，只会使人们陷入偏颇，在一头越陷越深，唯有二者合一并进，方可达到效用。

王阳明认为，如果将知与行统一的实践作为"功夫"，则"良知"便是"本体"，"知行合一"的过程就是"良知"之"发用流行"，亦即"致良知"的过程。

（二）知行互成

王阳明曰："知是行之始，行是知之成。"① "知是行之始"，指的是意识是行动的开始；而"行是知之成"则指行为是意识的完成。二者互为开端和结果，有知便有行，行存在了知必定存在。从这一意义上讲，知和行是互相成就的。没有开端，一件事固然无法开展；同样，烂尾或者根本就没有尾也是不现实的。唯有二者相辅相成，方可真正成事。

（三）真知为行

王阳明曰："真知即所以为行，不行不足谓之知。"② 何为真知？这里的"真"，不仅是指真假的"真"，而且还指"为善去恶"的善的"真"。"真知"的另一理解，即"良知"。"真知即所以为行，不行不足谓之知"的真实意指，就是相对"妄想"而言，必须强调行；相对"冥行"而言，又必须强调知。之所以叫作"真知行"，是因为知与行的全部过程都是以"为善去恶"为指向。"为善去恶"就是指个体在面对世上万物时，要摒除不符合道德的思想和行动，以维持自身道德人格的完满。源于王阳明的"四句教"："无善无恶是心之体，有善有恶是意之动，知善知恶是良知，为 善去恶是格物。"③ 从"知善知恶"到"为善去恶"，也就是王阳明"致良知"修养论的实现过程。因此，真知为行，方可贯彻致良知的工夫。

二、王阳明"知行合一"思想与孔子知行观的对比分析

孔子曰："学而时习之，不亦乐乎？"④ 这句话的意思是学习了并且实践它，不也是很

---

① 参见王阳明的《传习录》。
② 参见王阳明的《传习录》。
③ 姜杰华主编：《传习录全解》，团结出版社 2018 年版，第 105 页。
④ 《论语》，杨伯峻、杨逢彬注，岳麓书社 2018 年版，第 4 页。

快乐的吗？"学"字的本义是"觉悟"。"学"是相对于"教"而言的，教和学的关系是"上所施，下所效"的关系。"上所施"为"教"，"下所效"为"学"。"效"即效防，指实践，也就是"知行"中"行"的部分。"下所效"即是在仿效的实践中思考和领悟。可见学始于行、学与行相须相生。朱熹对习字这样解释："习，数飞也。从羽，从白。"①"习"字的本义是鸟类频频学飞。这本身也是一个学习、实践的过程。《史记·孔子世家》中提到"孔子去曹适宋，与弟子习礼大树下"②。这其中的"习"字，也是"演习"的意思。所以我们说"学而时习之不亦说乎"就体现了孔子的知行结合原则。此外，孔子还提到"敏于事，慎于言""君子欲讷于言而敏于行"③，"君子耻其言而过其行"④，等等。他反对夸夸其谈，反对空洞说教，反对只会背诵书义，而是倡导学行的结合，知之甚多不如切实地应用到实践中。

由此看来，王阳明"知行合一"的思想和孔子知行观是有很大相似性的。二者都强调知和行的结合，学到的知识应当运用到生活实践中才有意义。孔子所谓"学如不及，犹恐失之"⑤，即学习了知识如果不能及时运用就会失去它们。他认为"知"并不是最终目的，"行"才是行为的终点。甚至在回答"知"与"行"的关系时，孔子曾提道："弟子入则孝，出则弟，谨而信，泛爱众，而亲仁。行有余力，则以学文。"⑥ 在某种意义上，他认为"行"比"知"更重要。仅仅学习知识、理解知识是无法立足的，了解知识只是停留在知的层面，只有将知识运用到现实生活才能算彻底掌握。"知"与"行"必须有机结合，甚至达到高度统一的程度。王阳明先生说："人须在事上磨，方能立得住。"⑦ 做事是知行中行的部分，它是知行合一的必然导向。没有行上的磨炼，知只是浅尝辄止。他反对程朱理学"知先行后"的思想，提出了知行合一的理论。他认为知行断不能分为两截去做，两者不过是观念上的不同层次罢了，行是对知的进一步发展。虽然从表面上看这一思想无限扩大了"行"的内容和范围，存在着唯心主义的偏差，但是它在反对了程朱理学割裂知行的学说，特别是在冲击知先行后说广泛传播、大肆盛行后所造成的不良风气方面起了一定的作用。它的基本精神也同样是更重于行，要求人们把对道德义理的认识和实践结合统一起来。

当然，王阳明的"知行合一"思想与孔子的知行观也存在着差异的部分，"知行合

---

① （宋）朱熹集注：《四书集注》，岳麓书社 1936 年版，第 70 页。
② 《史记》甘宏伟、江俊伟注，崇文书局 2009 年版，第 307 页。
③ 《论语》，杨伯峻、杨逢彬注，岳麓书社 2018 年版，第 51 页。
④ 《论语》，杨伯峻、杨逢彬注，岳麓书社 2018 年版，第 184 页。
⑤ 《论语》，杨伯峻、杨逢彬注，岳麓书社 2018 年版，第 104 页。
⑥ 《论语》，杨伯峻、杨逢彬注，岳麓书社 2018 年版，第 7 页。
⑦ 参见王阳明的《传习录》。

一"的思想在道德层面实现了发展和创造。在王阳明那里，知行合一是道德实践的必要原则，人之所以为人所必需的便是知行合一。而孔子仅是认为学行合一是个人的学习修行层面，强调的更多的是个体的乐学乐行。孔子知行思想的核心问题是教会学生做到"知行合一"。子曰："知之者不如好之者，好之者不如乐之者。"① 从"知之"到"好之"再到"乐之"，也是"学而时习之"所谓的学习修行的过程，逐渐地从知过渡到行，再由此感到快乐。孔子不言"天道"，而只点到"乐之"。而王阳明的知行合一却从个人学习实践层面，上升到了道德实践层面。这是王阳明对于知行观的重大创造。知，是何为良知。行，是何以致良知。不知何为良知，就无法致良知。同时，只有在行动上真正遵循致良知，才能使良知的认知成为可能，这是阳明知行合一之说的根本意思。王阳明的知行合一思想，在当时完全是对人性堕落的挽救。

三、知行合一思想的古今意义

作为阳明后学的黄宗羲对王阳明这一思想的提出心领神会，他在《明儒学案》中指出，阳明先生"以圣人教人只是一个行。如博学、审问、慎思、明辨皆是行也，笃行之者，行此数者不已是也。先生致之于事物，致字即是行字，以救空空穷理，只在知上讨个分晓之非"②。明朝中期，社会矛盾尤为突出，农民与地主之间的矛盾日益尖锐，土地兼并非常严重，赋税和地租的加重使得民不聊生。

王阳明慨叹当时社会道德沦丧、世风日下的情况，他说："今天下波颓风靡，为日已久，何异于病革临绝之时，然又是人己见，莫肯相下求正。"③ 为了挽救明朝的危机，王阳明参与了带兵平定藩王的叛乱，镇压农民起义以及反明武装。但是他从种种镇压经历中深刻体会到，要救深陷危机的明王朝，单靠武力是不行的。要根除人民的反抗，真正铲除人们内心的叛逆思想，平反人们不守本分的心理，还是需要通过教育，他强调教育对于彻底改造思想的重要性。但正所谓"破山中贼易，破心中贼难"，显然教育要比镇压更加艰难，所需投入的时间和精力也更多。经过他的苦思冥想，终于找到了办法，那就是提出知行合一，从思想上消除人们对封建制度的反抗，从精神上打消人们渴望起义的念头。"知行合一"学说的提出，是王阳明为"破心中贼"而提出的方法，更是为了医治当时文盛实衰、知行脱节、只知不行的时弊。

---

① 《论语》，杨伯峻、杨逢彬注，岳麓书社 2018 年版，第 78 页。
② 参见《大云山房文稿》。
③ 赵清文著：《品读王阳明知行合一的心学智慧》，华夏出版社 2019 年版，第 181 页。

习近平总书记也特别关注知行合一，在谈到知行合一时，他根据不同的对象、不同的任务，提出了不同的要求。比如在与北京大学师生座谈时，习近平就培育和践行社会主义核心价值观对广大青年提出要求。他提道，道不可坐论，德不能空谈。于实处用力，从知行合一上下功夫，核心价值观才能内化为人们的精神追求，外化为人们的自觉。① 就如何加快发展职业教育习近平提出，要坚持产教融合、校企合作，坚持工学结合、知行合一。在考察澳门大学横琴新校区时，他希望同学们不仅要有求学求知的热情，而且要有心系国家、心系特区的担当，做到知行合一、学以致用。

总的来说，无论是古代还是现代，王阳明和习近平总书记都强调将"知行合一"运用于实际，把这一理论充分贯彻在现实生活中。以"知"促"行"，以"行"促"知"，真正将"知行合一"所蕴含的知行观落到实处。

---

① 《习近平谈治国理政》，外文出版社 2022 年版，第 173 页。

论阳明心学的知行合一与其当代价值

林钰焜　弘毅学堂（2022300002074）

【指导教师评语】论文聚焦于阳明心学的"知行合一"思想，对该命题的历史背景、内涵外延与当代意义进行了较为细致的分析。选题涉及中国哲学经典，研究意义突出；切口具体，具有可行性。思路环环相扣，逻辑较为严密。文献基础较好，言之有据。语言亦通俗易懂，明白晓畅。（哲学学院　肖航）

摘　要：王阳明是中国古代心学的集大成者与代表人物，他推崇以心为本的哲学观念，认为知行具有绝对的内在性，即"知行合一"，在阳明心学思想中具有不可或缺的地位。王阳明在批判佛老思想和朱熹理学过程中，领悟到了道德的本质和道德之所以可能的根本条件——道德主体具有内心之自觉与自律，建立其以"致良知"为核心理念的心学思想体系，不仅是"心即理也"的延伸。因此，"知行合一"是阳明心学中承前启后的思想符号。与此同时，"知行合一"这一思想对中国文化影响深远。

关键词：阳明心学；王阳明；知行合一；当代价值

心学思想是建立在历史唯心主义上的，但它关于道德生活主要依靠自律的精神及其认为德性生活就是习惯成自然的生活（知与行自然混成一体）等成为后世人民为人处世等多方面的基本道德准则，对于现代生活的方方面面仍具有启示意义和研究价值。本文试图阐述王阳明心学"知行合一"提出的历史背景和具体缘由，通过探讨所谓"知和行"的二者的关系来分析其现代的普世价值。

一、提出的缘由

阳明心学的根本是"知行合一"。"知行合一"的目的在于拯救人们的内心，缓和日益激化的积蓄已久的阶级和社会矛盾，并逐渐得到当时统治阶层的认可。据《王阳明年谱》记载，阳明先生经历了一个学习、遵从朱熹理学到批判、摒弃之的历程。王阳明最初坚定不移地追随南宋理学大家朱熹之学，对朱熹的"格物致知"思想深信不疑。那么，王阳明为什么会提出"知行合一"的观点呢？这是因为当时的社会背景。王阳明生活在明朝的中期，整个社会处于动荡和混乱之中。从现在来看，当时朝政混沌，奸佞当道，沽名钓誉之风盛行。统治王朝难于维持德行规则。"孝宗弘 治五年，先生二十一岁，……是年为宋儒格物之学，先生始侍龙山公于京师，遍求考亭，遗书读之。一日 思先儒谓众物必有表里精细，一草一木，皆涵至理。官署中多竹，予取竹格之，沉思其理不得，遂遇疾。先生自委圣贤有分，乃随世就辞章之学。"① "（明正德）三年戊辰，先生三十七岁，在贵阳。春，至龙场，先生始悟格物致知……忽中夜大悟格物致知之旨，寤寐中若有人语之者，不觉呼跃，从者皆惊。始知圣人之道，吾性自足，向之求理于事物者误也。乃以默记《五经》之言证之，莫不吻合。因著《五经臆说》。"②王阳明和其他宋明思想家面对孔孟儒学，受佛家、道家思想和农民起义利益追求的双重压力，力图批判佛和老两家，重立儒学之绝对权威。但他在批判佛老的空玄的同时，还抨击和抛弃了朱熹的理学思想，建立其影响深远的心学思想体系。

王阳明和其他宋明思想家面对孔孟儒学，受佛家、道家思想和农民起义利益追求的双重压力，力图批判佛和老两家，重立儒学之绝对权威。但他在批判佛老的空玄的同时，还抨击和抛弃了朱熹的理学思想，建立其影响深远的心学思想体系。这揭示出当时朝政混乱源自"文盛实衰"，造成大众过于求"知"却少于实"行"，各地普遍流行朱熹理学提出的所谓"知先行后""行重知轻"观。所以，王阳明怀着匡扶朝政和拯救人民的抱负，提出"知行合一"的学说，期许能改变社会现状。

朱熹的"格物穷理"的德性修养的方法论是被王阳明重点集中攻击批判的。在实际上，朱熹理学本末倒置，抛弃了"致良知"这一简约自然的根本修养德行的途径，而在支离不堪的章句和注疏中心力交瘁。这彻底背弃了儒学的精神实质。因此阳明重点批判朱熹所谓向外用力的修养途径和方法——在万事万物中、在四书五经等章句中求索道理的方法，追根求源，主张回归原初儒学的修养途径，即简约自然直接地按自我的内心良知指引进行道德行为和实践的途径提倡。《传习录》中记录了王阳明对理学的批判：

"此须识我立言宗旨。今人学问，只因知行分作两件，故有一念发动，虽是不善，

---

① 转引自屈志勤、文洁贤：《王阳明心学与康德德性学比较及现代启示》，载《南华大学学报（社会科学版）》2013年第6期，第31~35页。

② 《王阳明全集》，华中科技大学出版社2015年版，第13~14页。

然却未曾行，便不去禁止。我今说个知行合一，正要人晓得一念发动处，便即是行了。发动处有不善，就将这不善的念克倒了。须要彻根彻底，不使那一念不善潜伏在胸中。此是我立言宗旨。"①

不难看出，当时社会大众盲目坚持知行二分的思想。他主张，哪怕是心中产生了一点邪恶的念头，即使只是存在脑海里，没有投诸实践行动或是这个念头立马消失，也必须要完全地去除。他认为"一念发动处即是行"，即一旦念头浮现于人心，实际上就是在"行"了。用他自己的话说："某今说个知行合一，正是对病的药，又不是某凿空杜撰，知行本体原是如此。"② 王阳明是针对当时朱熹理学盛行导致的社会上出现许多道德和行为危机所提出来的"知行合一"思想，这是治疗社会顽疾的一剂良药，并不是空想出来的，更不是完全脱离实际的。王阳明的思想并不是要强迫"知""行"二者融合在一起，而是他认为这二者本为一体两面，并非社会流行观念所认为的"二"，故说"一"。

二、知行的关系

良知是"知行合一"的本体。王阳明说："知是心之本体，心自然会知：见父自然知孝，见兄自然知弟，见孺子入井自然知恻隐，此便是良知，不假外求。"③ 一个人的见闻感想，甚至是恻隐之心、仁爱之心等都是源于"心"生。那么，既然人本身作为行为和思想主体已经有了高度的自发性，那么实际生活中的各种实践当中，人会自然简约地把真知付诸行动，也就不会发生所谓知行不一的情况。就知行合一来说，主体引起的一切行为都是知行合一。④ 因此，王阳明把良知看作第一"意"的知，"知行合一"是以良知为本体。

知是行之始，行是知之成。王阳明认为，知是行的主意，行是知的功夫。他说："若会得时，只说一个知已自有行在，只说一个行已自有知在。古人所以既说个知又说一个行者，只为世间有一种人，懵懵懂懂的任意去做，全不解思惟省察，也只是个冥行妄作，所以必说个知，方才行得是；又有一种人，茫茫荡荡，悬空去思索，全不肯著实躬行，也只是个揣摩影响，所以必说一个行，才知得真。"⑤ 从这段话可以看出，王阳明对两种人发

---

① 《传习录》，张怀承注译，岳麓书社 2020 年版，第 251~252 页。
② 转引自董平：《王阳明哲学的实践本质——以"知行合一"为中心》，载《烟台大学学报（哲学社会科学版）》2013 年第 1 期，第 14~20 页。
③ 《传习录》，张怀承注译，岳麓书社 2020 年版，第 18 页。
④ 任凤琴：《王阳明的知行合一论》，载《前沿》2004 年第 7 期，第 185~188 页。
⑤ 《传习录》，张怀承注译，岳麓书社 2020 年版，第 12~13 页。

起了批判，其一是"只说一个知已自有行在"，不清晰地任意行事，不去思考行为的因果和也不去用心观察，只停留感性认知这一初级的认知水平上；另一种是"只说一个行已自有知在"。模糊地去思考，不愿意付诸实践，只是去浅层和直白地揣测事物及其影响。对普罗大众来说，无论是感性和理性认识，必须在实践行动中体会。若不行动不实践，绝对不可能获得真知，这样做的结果必定导致人"终身不行，终身不知"的下场。因此，我们必须珍视生命中的每分每秒，把它当作人生中独一无二的时刻。同时还要修养良心来洞察自己内心的"本然"，并且积极承担和履行道德义务和社会义务。这就是阳明倡导的知行工夫的真正的始成。

王阳明认为，知和行不是分开的两个概念，是一体的，根本上不存在"先知然后行"的说法。"知"实际上也就包含了"行"，"行"过程也是"知"的过程。"若行而不能明觉精察，便是冥行；知而不能真切笃实，便是妄想。"① 至于朱熹把"知"和"行"分开描述与行为的说法，阳明先生这样批评，"知行常相须，如目无足不行，足无目不见。论先后，知为先；论轻重，行为重"②。阳明认为朱熹理学有谬误的，会使得事物从本质或是源头开始走向荒谬或者错误。有人似乎知行之拥其一，像是只会看书缺乏实践或是只有行动没有原理指导。但是，从严格意义上说，这些现象中的行为就已经脱离了所谓真知真行的范畴。因为从阳明知行观看来，"知"并非仅仅指读书、获取知识的"知"，"行"也不是单指付出实际行动的"行"。"知行合一"并不是单纯地将理论与实践结合在一起。实际上，王阳明拓展了"知"的意义。他的"知"不同于朱熹提出的知行二分思想中的"知"。王阳明讲的"知"具有更深远和广阔的含义，它更多指的是道德认识上的、内在的"知"，更具有人的本体意义。

三、当 代 价 值

王阳明心学重视主体内心自觉与自律的思想特点能启发我们今天对于如何推进社会发展，特别是如何推动社会主义道德建设的讨论。在社会主义法治国家建设的时代背景中，社会主义道德建设非但不能忽视，更要加强。在当今市场经济建设的背景下，诚然，法律规范的调节在维护人们社会生活秩序上有不可或缺的重要意义。但道德规范的调节作用不能缺失，因为两种规范虽然在相互影响中可起一定替代作用，但由于各自起作用的主要应

---

① 转引自钟泰著：《中国哲学史》，湖南大学出版社 2018 年版，第 304 页。
② 参见《朱子语类》，中华书局 1986 年版，第 148 页。

用场景不完全相同，任何一种规范的调节作用都是不可替代的。① 对于现实生活来说，无论做什么事情，我们的"行"都必须源于真知，笃于真行，不能为了某些目的而做表面功夫，成为精致的利己主义者。特别是身处庙堂之高的官员，决不能尸位素餐，陷于功利眼中，做些徒有其表的"大事"。当一个人的内心被私欲蒙蔽了后，他就没有办法做到"知行合一"了。

"知行合一"能看出王阳明对廉政的追求。② 他强调要通过戒除个人私欲，唤醒主体良知，用行动彰显良知，将"知"与"行"融入良知的世界，实现"内圣外王"。习近平总书记曾多次在重要场合提及王阳明以及阳明心学。他曾引用王阳明《传习录》中的"种树者必培其根，种德者必养其心"，这实际上是肯定了王阳明的廉政思想，教育全中国共产党人应该坚守自己内心的良知，要根本上从内心深处杜绝任何自私自利、不利人民的恶性念头。如果我国的执政者都能做到一心为民，知行合一，立足当下，那么在不久的将来我们必将迎来中华民族的伟大复兴。

王阳明创立了中国古代心学，提出"知行合一"这一重要的思想，评判了朱熹理学，对当时的社会造成了巨大的影响。即使时光飞逝，其仍然熠熠生辉，对现代生活和社会建设仍有诸多指导和借鉴意义。

---

① 颜可达：《刍议王明阳"知行合一"理论及现代价值》，载《品位·经典》2022年第7期，第32~34页。

② 龚妮丽：《王阳明心学视域下的廉政思想》，载《赣南师范大学学报》2018年第1期，第71~75页。

浅析知行合一精神在新文化运动中的体现与启示

孙羽航　弘毅学堂（2022300004078）

【指导教师评语】本文尝试探析知行合一的精神在近代新文化运动中的体现，首先，论述了五四先进知识分子因知而行与行而后知两个方面，指出先进知识分子因思想上觉醒的"知"而开始追求民主共和、打破纲常礼教的"行"，又在这样的"行"之中感悟到新的"知"，为其后的五四运动奠定思想基础。进而指出知行合一精神是新文化运动的重要指导之一，并阐明了知行合一精神的具体内涵及其时代意义。文中引用了较多具有真知灼见的名言警句，并加以简明的诠释，富有启发意义。（哲学学院　连凡）

摘　要：作为中国精神的重要内核，知行合一精神在中国古代哲学中占据重要地位，同时，它也对中国近现代文化运动产生极大的影响。新文化运动发生于近代中国，是近代中国先进知识分子发起的反对封建的思想解放运动，对后世的思想文化发展具有深刻影响。其产生与发展过程与知行合一精神有紧密联系，分析知行合一精神在新文化运动中的体现，探究知行合一精神在新文化运动中所起的作用，具有重要的启示意义。

关键词：知行合一；新文化运动；思想与行动；认识与实践

1915 年 9 月，陈独秀先生在上海创办《青年杂志》，由此拉开新文化运动的序幕。新文化运动是先进知识分子破旧立新的思想解放运动，也是近代中国人民求知的行动。其中便体现了"行是知之始，知是行之成"的理念。对于"德先生"和"赛先生"的"知"激发了这些先进知识分子"行"的理想，而在破除封建礼教的"行"之中，他们又有了新的"知"。那么，在这种实践中，知与行的关系及知行合一精神与新文化运动的关系便可见一斑。探究这些问题具有重要的实践意义。

一、知行合一精神在新文化运动中的体现

新文化运动始于民主共和思想的传播，而以五四运动为界限。在新文化运动中可以看到的是，先进知识分子因思想上觉醒的"知"而开始追求民主共和、打破纲常礼教的"行"，又在这样的"行"之中感悟到新的"知"，为其后的五四运动奠定思想基础。

（一）先进知识分子的因知而行

新文化运动发生于 20 世纪初，始于陈独秀先生创办《青年杂志》。其兴起之由可以归结为以下几点：其一，袁世凯篡夺革命果实，列强加快侵略中国，国家内忧外患；其二，中国民族资本主义壮大，资产阶级强烈要求在中国实行民主政治；其三，西方启蒙思想的进一步传播使民主共和思想深入人心。在这当中，第三点就是先进知识分子先知后行、因知而行的表现。正是因为受到了西方启蒙思想的洗礼，才使得先进知识分子得以更深刻地认识到民主共和思想的重要性，而发起新文化运动。

被称为"新文化运动旗手"的胡适先生在《知难，行亦不易》中曾写道："始则欲求知而后行，及其知之不可得也，则惟有望洋兴叹而放去一切而已。间有不屈不挠之士，费尽生平之力以求得一知者，而又以行之为尤难，则虽知之而仍不敢行之。"[①] 而在当时内忧外患的局势下，正是有了对国家局势的"知"，对"德先生"与"赛先生"的"知"，才有了当时先进知识分子解放思想、救亡图存的"行"。

（二）先进知识分子的行而后知

在新文化运动的实践中，封建礼教被抵制，进步报刊和进步社团涌现，白话文得到了推广……这些实践活动进一步促进了思想的大解放，引导人们接受有关马克思主义和社会主义思想的新的"知"。

胡适先生在《知难，行亦不易》中也写道："行的成绩便是知，知的作用便是帮助行，指导行，改善行。"[②] 而与之相对的，辛亥革命之领袖孙中山虽持有"知难行易"的观点，却也支持行而后知的说法。

---

① 李帆主编：《民国思想文丛 现代评论派·新月人权派》，长春出版社 2013 年版，第 247 页。
② 胡适著：《中国思想史》（下），吉林出版集团股份有限公司 2018 年版，第 599 页。

夫维新变法，国之大事也，多有不能前知者，必待行之成之而后乃能知之也。是故日本之维新，多赖冒险精神，不先求知而行之；及其成功也，乃名之曰维新而已。中国之变法，必先求知而后行，而知永不能得，则行永无其期也。①

以鲁迅先生为例，他在新文化运动中发表了《狂人日记》这一惊世骇俗的白话小说，他也参加了《新青年》改组，并任编委，这些都使得他的思想更为深刻成熟，对他之后创作《呐喊》《彷徨》也起到了很大的铺垫作用。新文化运动中，诸如胡适、陈独秀、李大钊等人都因推行民主与科学的实践而得到更深刻的思想感悟，这便是由"行"而得的"知"。

（三）知行合一精神是新文化运动的重要指导之一

新文化运动主张的打倒封建旧礼教是在先进知识分子新思想的冲击下而做出的行动，而在创办新期刊、主张文学革命、反对封建礼教的行动中，他们也得到新知。胡适先生曾指出中国知识分子的弊病说："西洋人行的越多，知的也越多；知多了，行得也更多。他们越行越知，越知越行。我们却受了暮气的毒，事事畏难，越不行，越不知，越不知，便越不行。"② 新文化运动便是中国先进知识分子求知践行的一次探索。

在"近五十年来，中国人渐渐知道自己的不足了。……第一期，先从器物上感觉不足。……第二期，是从制度上感觉不足……第三期，便是从文化根本感觉不足"③ 这样的"知"之下，产生了新文化运动。这场受西方新思想与俄国十月革命影响的思想解放运动，起于国人对民主与科学的追求的新知，而在之后又影响着国人，使社会主义的新风能吹到中国大地上。在这一过程中，中国知识分子坚持着知行合一，方做到求知实干，为其后五四运动奠基。

二、知行合一精神的具体内涵及其时代意义

"知"字，从口从矢。清代段玉裁在《说文解字注》中写道："识敏，故出于口者疾如矢也。"④ "知"是人们对事物的认知、感知，并将它表达出来。而"行"在《说文解

---

① 《孙中山选集》（上卷），人民出版社 2011 年版，第 162 页。

② 邵建选编：《〈新月〉时论》，福建教育出版社 2015 年版，第 73 页。

③ 梁启超：《五十年中国进化概论》，载《最近之五十年——申报馆五十周年纪念》，1992 年版。

④ 陈才俊主编：《说文解字精粹》，安容注译，海潮出版社 2014 年版，第 9 页。

字》被认为是"人们在路上走或小跑"。知与行含义不同，却又有着许多内在关联。《尚书·说命》云："非知之艰，行之惟艰。"① 自古以来，知与行的辩证关系便是中国思想史上的重要话题。从古人的道与器的辩证关系的探究到习近平总书记提出"当代青年需知行合一"，无不在探究知行合一的理念的形成及其重要性。新文化运动作为知行合一精神的践行的具体事例，对其的分析有益于更好地认识知行合一精神的内涵和时代意义。

（一）知与行的辩证关系及其形成历程

宋明理学代表人物朱熹有云："知之愈明，则行之愈笃；行之愈笃，则知之愈明。"②"知"与"行"有着密不可分的关系。"知"与"行"的辩证关系，即认识与实践的辩证关系。实践是认识的来源、目的、发展动力和检验标准，实践决定认识，是认识的基础。而与之相应的，认识对实践具有巨大的指导作用。从新文化运动的实例中，便可看出，正是当时先进知识分子那种"为天地立心，为生民立命，为往圣继绝学，为万世开太平"的觉悟，指导着他们投身于新文化运动。

知行合一观念的形成历程早在先秦时期便已开始，在人们的实践与探究中不断完善。先秦儒家思想便已经十分重视知行问题的探讨，荀子在《劝学》中说道："君子博学而日参省乎己，则知明而行无过矣。"③ 这谈论的便是知行的关系，非博学明知无以正行。无独有偶，作为"心学"的重要代表人物，王阳明在困窘之时也悟得"知行合一"这一理念。他曾因受朱熹"格物致知"理念的影响而在院中"格"竹子的理，最终却一无所获。几经波折，他终于在生活中体悟出"知行合一"的道理。此后知行合一精神影响了中国一代代知识分子，从民主资本主义发展带来的戊戌变法，到西方民主思想传播带来的新文化运动，再到马列主义指导下的中国革命，俱与中国先进知识分子思想上的觉悟与敢于作为的行动密切相关。清末，洪秀全因在豪强的横征暴敛之下有了奋起抗争的觉悟，又通过传教的方式使底层人民团结在一起，开展了对封建势力的反抗运动——太平天国运动，其正是在农民运动体现知行合一精神的一个实例。

（二）知行合一精神的历史地位及其时代意义

站在"知行合一"这一角度来看百年前的新文化运动，令人感动的不只是先进知识分

---

① 王育颐等撰：《中国古代文学词典》（第4卷），广西教育出版社1989年版，第348页。
② 姚晓静编：《名人名言录》，经济日报出版社1999年版，第119页。
③ 《荀子》，孙安邦、马银华译注，山西古籍出版社2003年版，第1页。

子为国为民前赴后继的大胆作为，还有其孜孜不倦、敢学敢想的求知精神。知行合一精神作为中国精神不可替代的重要部分，引导着一代代中国学者怀着"吾生也有涯，而知也无涯。以有涯随无涯，殆已。"① 的胸怀不断探索求知、秉持"纸上得来终觉浅，绝知此事要躬行"的态度投身于实践。知行合一不仅是中华文化的重要内核，也是在新时代指引青年前行不可或缺的方向标之一。

从人生境界的求索，到仁人君子对高洁情操的砥砺，再到新时代青年所肩负的民族复兴大任，都需要与知行合一这一精神息息相关。时值"百年未有之大变局"，肩负时代使命的青年如能秉承知行合一的理念，求知敢为，必能在这浪潮之中更好地远行。诚如胡适先生所云："知与行都很重要，纸上的空谈算不得知，鲁莽糊涂也算不得行。"② 青年人须得戒骄戒躁，脚踏实地，更好地知行合一、全面发展，为民族复兴而奋斗。这便是传承百年的知行合一精神给我们带来的深刻启示。

从百年前战火硝烟中的新文化运动到今日激荡的世界潮流之中，知行合一、勤学敢为的青年人都是这大潮中的砥柱。知行合一精神启示着当代青年人多读"有字之书"与"无字之书"，并在社会实践中获得经验教训。那些新文化运动中的先进知识分子们，他们以自己的知识、自己的行动为双翼，而因此能丰满自己的羽翼、更好地前行。而在这新时代，青年要传承中华民族的基因、学好文化知识，以此"知"来建设中国；亦要在实践中拓宽视野，开阔眼界。如此知行合一，不断前进。

① 《庄子》，民主与建设出版社 2018 年版，第 36 页。
② 胡适著：《中国思想史（下）》，吉林出版集团股份有限公司 2018 年版，第 587 页。

浅论中国知行观及时代启示

李华怡　水利水电学院（2022302191594）

【指导教师评语】 中国精神中蕴含的宝贵智慧沿着时间长河一直流淌至今，继续润泽当代人的心田，在解决现实问题中发挥着独到的作用。作者将课堂所学致用于分析现实问题，敏锐地发现并阐述当前社会热议的"躺平"现象所蕴含的知行之辩，并在此基础上进一步导向现实问题的解决。文章指出，当代年轻人要运用中国知行观的启示拒绝"躺平"，以知导行、知而必行、行而后知，最后达到知行合一的境界，这些观点富有见地、层次清晰且叙述流畅。如果能在引证、措辞、观点提炼上再臻精确，则更能提高全篇的质量。（马克思主义学院　于涓）

摘　要： 在中国哲学的发展历史上，认知与实践常被表述为知与行，知识论与实践论相结合，从而形成了根植于中华文化沃土的知行观。知行观是中国古代哲学的重要内容，指导着人们的生产实践，随着时代的发展，知行观的内涵也在不断丰富拓深。近年来，"躺平"一词频频登上热搜，与之相关的内容也引起广大网友的热议。该现象的产生归根结底是因为当代部分青年人未能很好地践行中国知行观，甚至在知行观的把握上产生了偏差。因此，拒绝"躺平"就要从知行观入手，以知导行、知而必行、行而后知，最后达到知行合一的精神境界。

关键词： 知行观；躺平；知行合一

知行观即认知论，以个人为主体，围绕着知行的先后、分和、轻重、难易展开讨论，用知与行的辩证关系指导人们的生产和生活。当前我国正处于发展关键时期，物质水平的大幅度提高以及智能技术的迅速进步造成了某些社会个体奋斗理念的缺失，动摇了人们的初心信念。显然，这十分不利于推进我国社会主义现代化社会的建设，失去奋斗的民族就失去了灵魂，选择"躺平"的国家就选择了失败。研究中国传统知行观及其当代发展对于拒绝"躺平"、奋进新时代具有重大的指导价值和实践意义。

一、中国传统知行观的发展

《说文解字》中对知与行有着这样的解释："知，词也，从口、从矢。""行，人之步趋也。从彳、从亍。"引申来看，"知"代表人们对这个世界的知见；而"行"就代表作出的行为。知行观是中国哲学史上重要的概念，最早可追溯到先秦时期。早在先秦时期，百家争鸣，诸子学派就对知行之关系进行了大量讨论并提出许多不同见解，这些见解大部分停留在道德领域。其主要代表是儒家的孔孟之道、道家的无为之道和法家韩非子所提出的思想等。

比如儒家，孔子的《论语》开篇就指出"学而时习之"这一千古名言，这其中就包含了知与行两个方面，学就是知，习就是行，如果说学是前提，那么习就是终端。虽然"知"是"仁"的前提，但孔子认为行重于知，若没有行，知仍是空，于是主张敏行。因此在孔门中，"行"是比"知"更重要的概念。法家的韩非子曾提出"循名实以定是非，因参验而审言辞"①。意思是要按照"名"与"实"是否相符来判断"是"与"非"，要根据"参验"的情况来审查言论的对错，即要以事实为根据，用对比的方法获取知识。所以韩非子认为"行"才是"知"的目的，"行"是检验"知"的途径。而与儒、法两家不同的是，道家认为"道"才是万物的本源，理解了"道"就可以获得最本源的知识。庄子说："吾生也有涯，而知也无涯。以有涯随无涯，殆已。"② 他认为"知"是无穷无尽的，驰逐于"知"无益于性命的修养。因此道家知行观中以"行"为主，这也为后来道家转变为悟道修行打下了基础。

先秦诸子对知行观的重视引发了后世的不断讨论。直到宋代程朱学派对此深入探究和明代王阳明提出"知行合一"的思想，中国知行观的发展又登上另一高峰。其中朱熹作为宋明理学的代表人物，主张"知先行后"。《朱子语类》中说："论先后，当以致知为先；论轻重，当以力行为重。"朱子曾把"知""行"二者比作用两只脚并行走路，不能有任何一方被偏废，因为知识的进步可以促进笃行，而行为的笃行能够促进明知。而作为"心学"的重要代表人物，明代王阳明在学问中则强调"知行合一"。他认为知与行是不可分割的，是同时发生的，就像疼痛的时候会感到痛楚，寒冷的时候能感到寒意。真知与真行是无法区分开的，真行是真知的最终结果，真知是真行的发端前提。

---

① 《韩非子》，中华书局 2006 年版，第 29 页。
② 参见《庄子·养生主》。

从先秦诸家的知行观到朱熹的"知行相须"，从王阳明的"知行合一"到王夫之的"知行相资并进"，从孙中山先生的"知难行易"到毛泽东同志的"实践论"，中国知行观的思想流变过程跨越千年，浸润在辉煌的中华文化中，孕育出独特的精神特质，在中国思想史上有着举足轻重的地位。

二、中国知行观的新时代内涵

随着时代的发展，"知"与"行"的关系已经转化为理论认知与实践之间的关系。20世纪40年代，为了从根本上解决正确路线和错误路线的矛盾，毛泽东完成了哲学名作《实践论》的撰写，而《实践论》的副标题就是"论认识和实践的关系——知和行的关系"。在《实践论》中，毛泽东创造性地将知行观与马克思主义辩证法相结合，并结合对中国传统知行观的传承实现了超越。同中国传统知行观一样，毛泽东也同样重视实践，认为认识与实践是不能相分离的。但不同的是，毛泽东在马克思主义辩证法的基础上既反对机械唯物论又反对唯心论，认知与实践的关系充斥着辩证唯物主义的气息。在他看来，理性认识依赖于感性认识①，认识归根结底来源于实践；理性认识来源于实践的需要，认识的目的是改造世界，也就是指导实践。《实践论》构建了马克思主义"知行合一"论，推动了马克思主义中国化，赋予了知行观新的时代内涵，具有深远的历史意义。

在中国特色社会主义步入新时代的今天，对中国知行观的研究更是不仅仅局限传统的道德领域。2014年，习近平总书记提出："道不可坐论，德不能空谈。于实处用力，从知行合一上下功夫，核心价值观才能内化为人们的精神追求，外化为人们的自觉行动。"②其中所谈到的"知行合一"化用了明代阳明学的"知行合一"思想，又赋予了其新时代意义，即"知"是对社会主义核心价值观的认知，"行"则是对社会主义核心价值观的践行，二者之间是相互促进、高度统一的关系。步入新时代以来，党和社会始终坚持理论联系实际，具体问题具体分析，将一般性与特殊性相结合，践行"知行合一"新思想。我们党更是呼吁全体青年人"立鸿鹄志""做实干家"，既需要葆有高度的热情去认知，又需要秉持坚定的信念去实践。实际上，中国知行观新时代内涵的意义就在于指导人们不仅要拓展知识的广度和深度，更要用理论来指导实践，让中华民族伟大复兴的中国梦在奋斗中成为现实！

---

① 《毛泽东选集》（第1卷），人民出版社1991年版，第291页。
② 《习近平谈治国理政》，外文出版社2014年版，第173页。

三、知行观的时代启示

"躺平"作为频频登上热搜的网络热词，在某种程度上反映了部分社会现状。躺平作为一种主动降低欲望的生活方式，其适用对象和生活场景极其广泛：小到部分学生失去对学习的热情、得过且过而不主动拓深学识，青年人在日常工作中没有目标、只想应付完成每天的基本任务；大到某个集团在面临经济危机时仍不积极创新、丧失竞争力而止步不前，甚至是走上下坡路。其实，从知行观视角来看，出现"躺平"现象的原因主要是这些个体或者团体在"知"的认识或"行"的完成方面出现了偏差。

在"知"的方面，首先就是没有目标。苏格兰哲学家托马斯·卡莱尔曾写道："一个人没有目标，就像是一艘船没有舵。"当今社会飞速发展，许多年轻人由于被浮躁的社会所影响，再加上自身没有主见，很容易出现找不到目标的现象。《朱子语类》中记载："万事皆在穷理后。经不正，理不明，看如何地持守，也只是空。"目标不明确，万事皆空，最终只能"躺平"。另一个原因则是动力不足。当今社会处处充斥着喧嚣与压力，部分年轻人在企业中超负荷地"996"甚至"007"工作，但付出与回报却不成正比。受阻的上升空间、巨大的成长压力让年轻人对奋斗"避而远之"，选择了"躺平"。简而言之，当无法正确地认知到目标或者在认识到奋斗的艰难后，部分个体就会被迫选择"低欲望生活"，失去进一步认知和奋斗的动力。

在"行"的方面，则是人的惰性和恐惧心理在作祟。首先是惰性。我国脱贫攻坚战取得了全面胜利的当下，难免有些个体会觉得中国政策会保证我们公民的基本生活，没有必要过于努力，因此松懈了对自己的要求。于是部分年轻人就会产生依赖外界、依赖父母的惰性心理，推卸责任、知而不行、选择"躺平"。而恐惧心理也同样普遍，在外界的巨大压力下，部分年轻人因太害怕失败、没有勇气承担后果或者不敢面对不确定的结果而怯于尝试。失败所带来的心理压力让年轻人感到窒息。既然行动艰难，部分年轻人就干脆躺下不行动，逃避现实以让自己感到片刻的"轻松"。简而言之，努力太辛苦，躺平更舒服，于是就选择不行动不奋斗，用主动选择"躺平"来粉饰太平，企图伪装内心的懒惰或恐惧。

伴随经济全球化的进程，如何在复杂的时代背景下坚守勤劳奋斗这一优秀民族品质，合理运用中国知行观激发个人奋斗热情、推动国家全面发展是我们必须要认真思考的问题。中国知行观历经千年发展不断传承创新，依然能够指导当代人们的生活。当代年轻人要从中国知行观中获得启示来拒绝"躺平"，就要以知导行、知而必行、行而后知，最后达到知行合一的精神境界。

首先是要以知导行。用认知引导行为的重点是知。大儒王阳明认为，一个人若是想要成为圣人，首先就要立下成圣的志向。圣贤孔夫子正是"十有五而志于学"，才能在学习传教生涯中潜下心来做学问，最终名满天下桃李成林。而当代青年应当以知促行，将社会主义核心价值观内化于价值准则和道德信仰，将其作为自己的行动指南，提高自己的认知水平，从而达到"以知导行"的境界。

其次是要知而必行，这个重点就在于"行"。宋人陆游以"纸上得来终觉浅，绝知此事要躬行"作为留给后人的训示。而我们当代青年更应从自身做起，从小事做起，脚踏实地，笃行不怠，提高自己的实践能力，摆脱心理惰性和对失败的恐惧。要时刻记住：知理而不行就如同纸上谈兵，没有任何实际意义，更不可能让人得到提升。唯有知而必行才能提升个体的道德水平和实践能力，才能在"躺平"困境中站立起来。

再次要学会行而后知。在人生之路上，不同的行为都对应着不同的结果。作为个体的我们就应当学会"省察克治"，即要在实践中发挥个体的主观能动性，及时反思总结经验。世界每时每刻都在发生变化，我们应在理论上跟上时代，不断认识、不断创新。这启示我们要在实践中反思，在行动中收获真知。

最后就是要践行新时代的"知行合一"。2018 年，习近平总书记面对广大青年提出殷切希望——"立鸿鹄志""求真学问""做奋斗者""作实干家"，他勉励青年人知行合一，在将来为祖国作出更大的贡献。在面对"躺平"图图时，青年更应把自己的理想和人生同祖国和民族的前途命运联系在一起。我们应学会运用新时代中国知行观，践行新时代的"知行合一"精神，拒绝"躺平"，乘时代春风，放飞青春梦想，做新时代的奋斗者！

论修身克己精神的作用

丁浩冉　土木建筑工程学院（2022302191182）

【指导教师评语】 文章围绕"修身克己"这一中国精神展开论述，引用诸多历史典故，描摹了其在中国传统文化土壤中滋长、发扬的过程，并对其于现代社会的意义、影响展开了深思，可谓循其源头、通其脉络、明其价值。不独如此，作者以"个人—社会—国家"三位一体的叙述视角，阐发了"修身克己"精神在不同层面的意涵，揭示了"修身克己"精神极具生命力与传承性的因由，主题明确、结构严整、立论清晰，不失为一篇优秀学生论文。（中国传统文化研究中心　聂长顺）

摘　要： 孔子曾提出"修己""克己"，也就是本文讨论的"修身克己"。"修身克己"作为传统的中国精神，从古至今，被人们学习体悟，对人们的成长产生了深远的影响，对社会的进步也有着不可忽视的作用。"修身克己"促进人道德品行的提升，使人们在未来的路上行稳致远。

关键词： 修身克己；道德品行；行稳致远；作用

巍巍华夏5000年，涵养了生生不息的中国精神，历经圣人斟酌、前人实践、历史洗礼，今日依旧展现着顽强的生命力与珍贵的价值，指引着人们前行。万千中国精神，皆为中华之瑰宝。在此，我想谈谈我对克己修身这一精神的理解。诸葛先生曾嘱咐自己的儿子"静以修身，俭以养德"①，他希望自己的儿子能够修身养德，做一个品性好的人，颜渊向老师孔子请教何为仁时，孔子答道"克己复礼为仁"②，要做到仁，就得学会克制自己的言行。古之贤者将修身克己一直置于人生成长的重要位置，足见其宝贵的价值意义。克己

---

① 《诫子书》，载段熙仲、闻旭初编校：《诸葛亮集》，中华书局2020年版，第27页。

② 《论语·颜渊》，载《论语译注》，杨伯峻译注，中华书局2017年版，第174页。

修身，顾名思义，学会克制自己，注重修养的提升，修身养性。看似简单，实则我们要用一生去领悟，去实践，方能真正体悟到其意义。作为中国重要的传统精神之一，修身克己有着其深刻的内涵。首先就从修身、克己两方面分别谈一谈。

一、修身养性，铸利剑以平天下

《礼记·大学》中告诫世人，修身而后齐家，齐家而后治国，治国而后平天下①，这里将修身放于第一位，可见，修身乃万事之基，若要有所作为，必要先修身，不修身连家都管理不好，何谈治理国家、平定天下，创丰功伟业？君可见，吕蒙驰骋沙场，建功立业，身居高位，是孙权的心头爱卿，仍谦逊受教，读书习字，阅古文，悟经典，修身以健全自我，涵养品性；② 君可见，公孙仪位至丞相，爱好吃鱼，登府赠鱼者比比皆是，却一一回绝，坚持"无功不受禄"，修身养德，保持美好声誉。③ 成大业者，必要先修其身，不修身者，见识短浅，行为鄙陋，逞一时之勇而忘长久之宜，求一时之利而失江水之源。遍翻史册，可见项羽自刎乌江，哀其图利追功而不修身，见识短浅，错失良机却不自省，终成悲剧；④ 又见齐桓公晚年放弃修身，自矜己功沉溺酒色，悲其修身而不善终，一代帝业毁于一旦。⑤ 古往今来，修身之所以能经得起历史的考验，成为历久弥新的中国精神，它有着独特的意义，指导着世人朝着正确的方向前行。欲成大事，先修己身，既修己身，则大事易成。

我觉得将我们天生的才能品行比作顿铁较为合适，那么修身的过程便是磨铁铸剑的过程。《周易》有言："天行健，君子以自强不息。"⑥ 磨铁铸剑的过程，是持久漫长的，是艰辛而又乏味的，是需要自强不息持之以恒的努力的，因此，唯有古人所谓的君子，可以坚持修身养性，自强不息，成就一番事业，成为一代圣人。君子之所以是君子，与其自身日积月累地修身养性，修成美好品行密切相关。待利剑铸就，则面对齐家、治国、平天下，也有的放矢，功成名就，便不再那么遥远。

有人可能又会有疑问，这么说，修身是为了齐家治国平天下，那还不是为了功名，为了些身外之物？实际上，我的观点是，修身是让自己强大，实现自我对社会价值的前提，

---

① 《礼记·大学》，载杨天宇译注：《礼记译注》，上海古籍出版社2016年版，第974、975页。
② 《资治通鉴》，中华书局2011年版，第2147页。
③ 《韩非子译注》，张觉译注，上海古籍出版社2012年版，第396页。
④ 《史记》，韩兆琦译注，中华书局2008年版，第248~250页。
⑤ 《史记》，韩兆琦译注，中华书局2008年版，第688页。
⑥ 《周易译注》，黄寿祺、张善文译注，上海古籍出版社2012年版，第4页。

但并不代表着，修身的目的是成就功名。古往今来，成就功名的人不在多数，更多的是我们这样普普通通的人。作为普通人，我们就不要去修身了吗？当然不是。首先，"王侯将相宁有种乎"？① 哪有天生的圣人，都是通过自己的不断努力，修身养性，强大自我，实现自我的价值，为世人所称颂罢了。我们不是要去为了成为圣人、被人称颂而去努力，也不是为了取得功名，锦衣玉食，而是为了实现自我对社会的价值，或者说，将自我于社会的价值最大化，作出可以作为时代领袖的贡献。而这一切的前提，就是修身。此外，就算我们真的无法成为王侯将相，也依然要修身。修身不仅仅是对社会的交代，最重要的是对自己的交代，让自己不枉为人，无愧于天地，无愧于自我内心。修身可能会被人误解为，一些自命不凡的人为了拉开与平凡人的距离所采取的手段，其实并非如此。我们每个人都应该学会修身养性，因为它是我们向好的方向发展的手段，是社会整体向前的最佳姿态，贤者修身，良好德行为世人所学习，社会人人都修身，都朝着好的方向发展，那么社会不也自然而然被人们推动着向前了吗？还有，自我的修身，能让自己的精神世界得以升华，能够让自己站在更高的位置审视问题，获得更深层次的快乐与追求。正是，修身能让你从庸人变成德行良好的、为他人喜爱的君子，那我们何乐而不为呢？

二、克己复礼，濯污垢以致仁

子曰："克己复礼为仁"，要想达到"仁"，就要学会克制自己的言行，使其符合礼，这是孔圣人对我们的教诲。克己，就是要克制自己，遇事不能任性而为。学会克制自己是很重要的中国精神，人非圣贤，在这样一个喧闹的世界里，难以避免的会有一些欲望与野心，有不利于他人而利己的自私想法。身居高位者可能欲求不满，为谋得更大的权力和利益不择手段，自私贪婪；身居低位者又或不甘平庸，算尽心思，以他人为阶梯支撑自己向上，失去人最纯真的善心。荀子曾言人性本恶②，虽然我更愿意支持人性本善，但是不得不承认，人的恶念，也会自然而然地产生，人需要用自己的意念去抵制恶念，正是"克己"。

一代名臣魏徵，一生赤胆忠心，他在劝唐太宗的十思中，无不体现着克己的思想理念与精神。"君人者，诚能见可欲，则思知足以自戒"，作为君主，见到自己喜欢的东西，不要盲目获取，要以知足来警惕自己；"将有作则思知止以安人"，将要修建什么，就要想到适可而止来使百姓安定。魏徵劝导君主学会知足、学会克制自己的欲望，才能安定民心，

---

① 《史记》，韩兆琦译注，中华书 2008 年版，第 1112 页。
② 《荀子译注》，张觉译注，上海古籍出版社 2012 年版，第 336 页。

安稳天下，水能载舟亦能覆舟，作为君主，唯有克己，还天下一个太平，方能在这条舟上行稳致远。[1]

不克己，任由自己的恶念作祟，久之终会食其恶果，悔恨当初自己为何不学会克制自己。强盛的秦国，一统天下后，却只有十四年短暂的统治，究其缘由，何也？秦王之不克己致之。别人评价秦始皇，认为他没能守住天下，就给他戴上"昏庸无能"的帽子，可是，事实真的如此吗？我则以为，秦始皇不仅不昏庸，而且在历代君主中算是精明能干的一代帝王。他一统天下，设立郡县制，统一文字货币，开疆拓土，等等，自古以来，有几位君主的功绩可以逾之？那可能又有人反驳道，秦始皇起初很精明，一统天下后，自矜己功，安逸享乐，变得昏庸了。非也，秦始皇一统天下后，也丝毫不敢懈怠，勤勉持政，为守住这来之不易的江山，他又付出了多少其他君主所做不到的努力。那其失天下，何也？我以为，是他缺乏克己的精神。他有魄力、遇事果断、胆大心细，有着无数其他君主不可企及的优良精神，唯独缺乏克己的精神。位至天子，他沉不下心，他无时无刻不在害怕着自己会失去天下，他克制不住自己的恐惧与欲望，于是便有了"废先王之道，焚百家之言""隳名城，杀豪杰"等行为。天下初定，百姓需要休养生息，他却让百姓修建长城，引得怨言无数。"将有作则思知止以安人"，他没能体会到其中的克己精神，几代基业，多年心血，终毁于一旦。哀哉，悲也！

克己精神就像是一潭清澈的溪水，洗濯内心的污垢。孔子所言的仁，应是我们每个人追求的方向，但要致仁，必先洗濯心中污垢。不是每个人都能成为圣人，但致仁这条修行之路，却是我们通往更高尚的自我的必行之路，是拉开自我与牲畜的距离，成为真正意义上的人的必经之途。人有恶念，在所难免，克制恶念，却是我们每个人的职责所在。学会克制自己，让自己不被恶念所控制，做一个精明的人、理智的人，知道自己该去做什么不该去做什么，为他人、为社会、为国家着想，永远不要将自己的欲望、野心建立在他人、社会的幸福之上，生而为人，克己当是最基本的道义与精神。

三、修身克己，行稳而致远

修得美好德行，又能够克制自己的恶念，方能在人生路中，披荆斩棘，行稳而致远。修身的过程也是克己的过程，修得美好品行，精神上站在更高的高度看待问题，便自然有了克己的能力，恶念也逐渐远去；克己也同样是修身的旅途，克制自己的恶念，让自己的言行符合道义礼仪，才能有一个正确的理念与方向进行修身。不得不佩服古人们的智慧，

---

[1]　董诰编校：《全唐文》，中华书局1983年版，第1418页。

留给了我们这样一个珍贵的精神思想，在其引导下，我们正己身，除恶欲，为君子！

在品析中国精神的时候，我们不能只看其内涵，我们要思考在实际生活中，修身克己精神的重要意义。在我们的现代社会，总感觉多了份喧闹，少了点古之圣人的宁静，但这并不是我们不去修身克己的理由。克己修身的中国精神，流传下来，有着其不可忽视、不可忘却的重要力量。在现代社会中，人们总是注重利益的追求，而忽视心灵的修炼。若要走得远，不管是古代还是现代，都要学会修身克己。我们修身克己，有了美好的德行，让我们在人际交往中更舒适快乐，在事业拼搏中更能懂得张弛有度，在个人进步的同时也带动着社会如洪水般滚滚向前。除此之外，我们也知道克制自己的恶念与私欲，保持着人性的真善美，无论走到哪，都不会迷失方向，我们的脚步始终都是自己主宰，而不会成为恶念与欲望的奴隶。

我有时候会想，老祖宗留给我们的修身克己的中国精神，是一成不变的吗？随着社会的发展，今朝大异于古代，但中国精神流传至今，有着恒久的生命力与魅力。它并非一成不变，但其主导思想，其主心骨，永远都是中国精神的根脉所在，历经千年而不朽。无论身处何夕，铭记修身克己，我们总是能在时代中找到属于自己的方向，把握自己的目标，追逐想要的人生。

或许，唯有我们矢志不渝地践行体悟着这些无比珍贵的中国精神，将其幻化于自我本身，没有什么具体体现，我所做的一切，我所想的、所说的、所追求的，无不是中国精神的缩影。到那时，立于巅峰的我们，不知道会不会微微颔首，脑中浮现万千哲人的低语，"这便是我们一直所追逐的中国精神"。

论修身克己精神的体现及重要作用

宋芳芳　土木建筑工程学院（2022302191696）

【指导教师评语】 本篇论文阐述了修身克己的内涵，列举了多个有代表性的正反面事例，认为修身克己在当代有如下重要作用：可以提升个人法律红线意识，提升公民道德素养，提升个人能力，有利于保持初心，构建和谐社会，促进国家赓续发展。论文语言流畅，思路清晰，事例鲜明，现实性强，关注实事。但是全文仍有待提高之处。例如，关键词可进一步提炼，内容的理论性相较时政性偏弱。建议增强学理性，提升论文的深度。（马克思主义学院　吴默闻）

摘　要：修身克己精神是中国精神的重要组成部分，是中华优秀传统文化独特的精神标识。从古至今，修身克己精神都是重要思想的一部分，随着时代的变迁，修身克己精神的内涵也在不断变化。只有将修身克己精神与新时代相结合，才能使其适应社会发展的需要，让公民道德修养得到提高，最终更好地实现中国梦。

关键词：中国精神；修身克己；精神

在我们论修身克己精神在当代的体现及重要作用之前，我们须先阐明修身克己精神的内涵，用内涵去反映其重要作用。

一、修身克己精神的内涵

粗略地来理解，我们可以将修身克己拆分为两个词"修身""克己"来阐述。我们首先来看"修身"，《现代汉语小词典》将"修身"一词解释为"努力提高自己的品德修养"①。每个人的看法都不尽相同，如孔子认为君子修身不仅要关注自身，更要关注他人，达到儒家认为的人生目标：修身、齐家、治国、平天下。而墨子认为，后天环境对人的影响很大，君子修身应多观察左右的人，以提高自己的修养，根据他人反馈及时调整自己的行为。道家将"道"作为万物最高的行为准则，所以他们认为修身的关键是守住精神而归于宁静，因为至道的精微之处是看不见听不到的。由此可以看出，每个人对于修身都有自己的理解。而在我看来"修身"即修养自己，可以理解为修养自己的品格、身体等各个方面。只要是修养自身，将外在的物质内化为自身之品行，无论哪一个方面，都可以粗略地理解为"修身"。

其次我们再来看"克己"，《现代汉语小词典》中，"克"字不仅指"能够""战胜"，还有"克服"之意；"己"字指的是"自己"。② 儒家认为克己是为了修身，修身是为了"仁"。孔子说："克己复礼为仁。"③ 所以儒家认为克己只是一种达到"仁"的途径和方法。不仅如此，儒家的另外一位代表人物孟子也提出主张，认为"克己"的关键在于"养心"。孟子认为心是自我道德修养的基础，但过多的欲望会蒙蔽我们的道德。所以最好的"养心"方法即"寡欲"。从此可以看出儒家关于"克己"的核心思想即节制欲望。而道家遵循"道"，崇尚返璞归真，他们认为要抛却私欲而回归"道法自然"，因此他们认为克己的关键即"寡欲"。而我认为的"克己"不是节制欲望，而是控制自己。举一个简单的例子，口腹之欲也是欲望，那依据儒家的观点，我们需要控制欲望，但我认为如果口腹之欲没有危害到自身或他人时，满足欲望也未尝不可。

最后将二者联系起来，即修身克己，在实践中表现为以社会准则修养自身，规范律己。从古至今，其内涵与要求都在不断变化。由最初的儒家"君子不可以不修身"表明，最初的修身克己要求的是君子，其内涵也是要求君子心怀天下。再到墨子的"兼爱"，由"兼爱"引出"非攻""交相利"，将修身克己推向天下，成为一种道德标准。然后到道家的"道""德"，认为应发扬修身克己精神以加强道德修养，培养自身道德品质并推己及人。而到了近现代的修身克己更是被推向所有人，从"以德治国"到社会主义核心价值体系，现当代党一直强调人民应以社会主义道德规范严格要求自己，将其修于内，化于行，约束、克制自己的不正当行为。

二、修身克己精神的当代体现

阐述了修身克己精神的内涵之后，我们就要进入正题，论修身克己精神在当代的

---

① 《现代汉语小词典》，商务印书馆 2008 年版，第 854 页。

② 《现代汉语小词典》，商务印书馆 1980 年版，第 336、408 页。

③ 《论语译注》，杨伯峻译注，中华书局 1980 年版，第 123 页。

体现。

我们首先来讨论修身克己精神在当代的体现。在社会高速发展的新时代，我们提倡并大力弘扬修身克己精神就是因为当代的我们容易在无数的诱惑中迷失自我，放弃修身克己，放纵自己，底线被一点点后移，意志被一点点消磨，权力的行使一点点失范，终于走向了万劫不复。这就是现当代我们提倡修身克己精神的重要意义：让我们在诱惑中仍保持自我，拒绝诱惑，亮明个人底线，坚持个人意志坚决不动摇。无论是在古代还是近现代，修身克己精神的例子比比皆是。下面我们选取几个案例进行简单的阐述。

第一个例子跟我们大学生生活息息相关，学生曹某考上了大学，成绩非常好，但因为上了大学，身边缺少人去约束他的行为，于是他没有克制自己，放纵自己沉溺于虚拟的网络世界，沉溺于游戏带给自己的欢愉中。最终期末考试挂科，落得被开除的下场。当他回到家中，需要再战高考的时候，他终于明白当初自己作出了多么荒唐的选择。由此可见，不修身克己最终可能不会令人万劫不复，但也会让人付出惨痛的代价。

第二个例子和现代生活息息相关，是当下的热点话题——电信诈骗。现代诈骗形式多样，但最常见的还是利用了人们"贪小便宜"的心理，发送或拨打电话，告知受害者获得大奖但须先缴纳税金等，诱惑受害者进行转账。但我们换一个角度思考，如果受害者修身克己，不被这点蝇头小利冲昏头脑，而是清醒地通过官方渠道去查证或者报警，就不会有这么多受害者。多少本就不富裕的家庭因为电信诈骗雪上加霜。如果他们修身克己，又怎会落得如此境地。

第三个例子和网络生活息息相关，21世纪，网络空前发达，但随之而来的问题也越发严重。网络世界是一个虚拟世界，为了保护个人隐私，我们选择不在网络世界里展露真实身份，但随之而来的是网络世界言论自由，过于自由导致部分公民会发出自己的心声，一些无法在现实世界中说出的恶言，会随意地在网络世界发出。近年来，愈演愈烈的网暴葬送多少无辜的生命。可能是无心的一句话，却能引发网络世界的海啸。这都是因为"键盘侠"们没有修养自己的道德，更没有克制自己阴暗的欲望，将网络世界变得乌烟瘴气。

看过不修身克己带来的反面例子，我们来看看诠释修身克己最好的正面例子。

第一个例子是最美逆行者——钟南山院士。相信我们都对他不陌生，我认为他是修身克己的代表。相信很多人都知道钟南山院士在疫情期间作出的伟大贡献，但却很少有人知道他年轻的时候是运动员，所以他数十年如一日地保持着健身和跑步的习惯。即使现在80多岁了，但钟院士身体非常健康，一点小毛病也没有，这全赖于他修身克己，养成了良好的习惯。

第二个例子是燃灯校长——张桂梅。数十年如一日地做一件事情——帮助大山女孩走出大山，圆梦大学。即使疾病缠身，她依然坚持去家访，做女孩父母的思想工作。在未出名之时修身，在出名之后克己。当张桂梅这个名字被众人所熟知之时，她克制并摒弃其他的欲望，张桂梅基金会在不需要捐款时便关闭捐款渠道。我不相信当张桂梅校长病发难忍时没有出现过"拿钱治病"的念头，她只是克制了自己的欲望，因为她认为这些大山里面的女孩更需要这笔钱，这样修身克己的人怎么能不让人为之钦佩？

三、修身克己精神的重要作用

最后我们来讨论修身克己精神在当代的重要作用。

一是可以提升个人法律红线意识。根据上述的反面例子，我们可以很明显地看出，在现当代，最严重的行为就是违反法律，而修身克己很显然可以避免违反法律，当人在修身克己方面有所成就时，我相信个人的底线及法律红线意识也会有所提升，也会明白什么能做而什么不能做，从而使我们的犯罪率下降。

二是可以提升公民道德素养。中国是人口大国，有14亿多人，很显然，并不是每一个人的道德素养都很高，即使是我们自诩已经非常强大的现在，无法否认的是闯红灯、翻越栅栏等低成本的违法违规行为仍然随处可见。我们推行九年义务教育的意义也在于此，即提升公民道德素养。而推行修身克己精神对提升公民道德素养有很大的作用，在一次次的克制中渐渐提高公民道德素养。

三是可以提升个人能力。在物欲横流的现代，对我们具有诱惑力的东西太多，我们很容易迷失其中。如现在有很大一部分人沉迷于手机、电脑等虚拟世界，而忽略了现实世界，有一个笑话是：什么都不会的就是大学生，即"百无一用是书生"。但我认为这是对我们的警醒，即我们作为大学生，属于接受了高等教育的少部分人，我们身上的责任非常重，在"内卷"与"躺平"中，我们既不能被迫内卷，无意义地卷，更不能直接摆烂躺平，躺平并不能摆脱内卷，反而会对自身产生消极影响。但通过修身克己，可以摆正我们的心态，提高我们防沉迷的能力，使我们有更多的精力去提升我们的个人能力，去学习，去实践。

四是有利于保持初心。习近平总书记强调中国共产党要坚持为人民服务的初心，砥砺前行。而作为个体的我们也需要保持初心，不为外物所诱惑。尼采在《权力意志》中指出，人的本质就是权力意志，不仅包含人对生存的需求，更体现个体渴望权力与统治。个体的欲望永无止境，而我们能做的就是克制自己的欲望，选择正确的道路去实现欲望，保持初心，不要被一时的物欲迷昏了眼。修身克己，保持初心，砥砺前行。

五是有利于构建和谐社会。在新时代，中国强调"人类命运共同体"，即我们不仅是作为个体而存在，更是作为集体中的一分子而存在，所以社会的和谐就需要每一个个体去努力。而修身克己精神有利于提升个人法律红线意识和公民道德素养，当个体实现个体的和谐，从而就能推进实现个体与个体之间和谐，推进社会这个大集体和谐。

六是有利于国家赓续发展。前面已经讲到，个人属于集体，个人的修身克己能推动集体和谐，而国家是一个很特殊的集体，我们对它有情感，我们不仅希望它和谐，更希望它兴旺。而修身克己精神的作用在于，它对国家中的每一个个体起积极的推动作用，从而推动国家的繁荣、发展与进步。比如个体时时修身克己，在日常生活中塑造正确的价值观，懂得个人的进步离不开国家的发展，而国家的发展需要靠每个人的进步去推动。将个人理想融入国家理想，实现超越自我，成就自我，融入"大我"，推动"大我"。

通过上面的阐述，相信我们都能认识到修身克己精神在当代有着多么重要的作用，我认为弘扬修身克己精神刻不容缓，只有让修身克己观念深入人心，我们才能更好地为实现中华民族伟大复兴的中国梦而奋斗。

从修身克己精神看内卷与躺平

段佳欣　弘毅学堂（2022301021128）

【指导教师评语】 "内卷" "躺平" 是近几年的网络热词，同时也是真实存在的消极社会情绪和群体心态，如何帮助青年学生克服消极心理，重塑积极进取的人生观，是当下一个重要课题。此文首先分析修身克己精神的内涵及作用，接着解读 "内卷" "躺平" 的特点与形成机制，最后探讨如何以修身克己精神消解部分青年学生消极怠惰的人生态度，重建积极进取的人生观。全文思路清晰，结构合理，语言流畅，如果能够适当强化最后一部分的内容，则不失为一篇优秀的学生佳作。(马克思主义学院　杨建兵)

摘　要：近来，"躺平" 和 "内卷" 以一种生动、形象和趣味的方式表达了青年人的生活状态，反映出当下人们的生存现实和社会心理。"内卷" 和 "躺平" 之所以能够在青年群体中大行其道，是因为其所描述的社会现象引起了共鸣。面对高强度的竞争引发的 "内卷"，部分青年内心再无波澜，主动放弃，不再反抗，戏称 "躺平"。当今 "内卷" 与 "躺平" 两股势力深刻影响着青年的心理状态和生存状态。我们急需恰当处理由 "内卷" 和 "躺平" 引发的青年不良心理，而中国精神中的修身克己精神则为解决这一问题提供了一个新的思路。

关键词：修身克己；内卷；躺平

在网络自媒体时代，网络热词反映了一定的社会情绪和群体心态。2020 年，"内卷" 一词入选年度十大流行语。仿佛作为对 "内卷" 的回应，"躺平" 入选 2021 年度十大流行语。"躺平" 和 "内卷" 以一种幽默而讽刺的方式体现了当下青年人的心理状态和生存境况，犹如相互拉扯的两股力量在青年群体中愈演愈烈：高压竞争引发 "内卷"，将部分青年裹挟其中，而一些 "卷不动"、"不想卷"、仿佛看淡一切的青年则放弃竞争和反抗，顺其自然，戏称"躺平"。而修身克己精神犹如一扇门，为解决由"内卷"和"躺平"引发的当代青年不良心态问题提供了一个出口。本文涉及修身克己精神的阐释、对"内卷"和"躺平"的分析以及如何运用修身克己精神解决问题三个方面。

一、修身克己精神的内涵

修身克己精神是中国精神的重要组成部分，体现了从古至今人们对自我的反思与实现。修身克己精神之所以成为中国精神的独特标识，是因为其可以统筹整个中国精神体系。在当代中国，修身克己的标准是社会主义道德和法律。中国精神作为社会主义道德的组成部分，理应是修身克己的标准之一。由此可知，修身克己的一个重要内容就是用中国精神约束和规范自己的行为。

"修身克己"有着深厚的历史渊源。儒家主张克己复礼、寡欲以养心，主动"克己"，"修身"以完善个人品质进而逐步实现齐家、治国、平天下；在墨家看来，节用、节葬以实现"克己"，通过明察左右的人、根据他人的反馈调整自己的行为来提高自己的修养，行君子之道，方为"修身"；顺应自然、弃智、弃欲是道家主张的"修身克己"。尽管先秦时期儒、墨、道三家根据自己的核心思想对修身克己的实现路径提出了不同的观点，但都给予修身克己精神足够的重视。之后，宋明时期的程朱理学、陆王心学，及至近代梁启超等人的启蒙思想都对"修身克己"进行了阐释和发展。

《现代汉语小词典》将"修身"一词解释为"努力提高自己的品德修养"，将"克己"解释为"克制自己的私心；对自己严格要求；节俭"①。从古人对修身克己精神内涵的多样化理解以及现代的解释中，可以归纳出："修身"是通过自我修炼把社会的道德要求和行为规范内化为自身品行的过程，"克己"则是按照一定社会规范和要求节制和克制自己的欲望和行为的活动和境界。②"修身"是"克己"的目的，"克己"是"修身"的手段。与其说"修身克己"，不如"克己修身"更为准确。做到"修身克己"需要对自身有一定的道德要求，牢记什么可为、什么不可为，主动提高道德修养和修炼良好品行，朝着心中"圣人"的标准前进。

随着中国社会的进步与发展，修身克己精神也不断被赋予新的内涵。习近平总书记曾提出："道德之于个人、之于社会具有基础性意义，做人做事第一位的是崇德修身。"③明

---

① 《现代汉语小词典》，商务印书馆 2008 年版，第 854 页。
② 左亚文主编：《中国精神导引》，武汉大学出版社 2022 年版，第 286 页。
③ 《习近平谈治国理政》，外文出版社 2014 年版，第 173 页。

确了修身克己的重要性，同时点明了修身克己的具体内容——崇德修身。党高度重视社会道德建设，从"以德治国"到社会主义核心价值体系，再到社会主义核心价值观，一直强调坚持社会主义道德规范的重要性。可见，"修身克己"早已不再是令人们反感的"存天理灭人欲"，而是一种对高尚道德、崇高境界的追求。

践行修身克己精神要求我们学习并切实实践先进理论思想，对道德规范心存敬畏之心，用心中的"戒尺"自我约束，坚守道德底线，提高辨别是非、善恶的能力，从小事做起，坚持不懈，最终实现个人品德质的飞跃。

二、"内卷"与"躺平"的解读

何为"内卷"？内卷或内卷化，本意是用来描绘一种文化模式，即某种文化到了最终的形态后，局限于自身内部的复杂化转变而无法更新成新的形态。[①]经网络流传后，"内卷"被用来指代非理性的内部竞争或"被自愿"竞争。"边骑车边看电脑"的"清华卷王"风靡一时，"内卷"喧嚣尘上，部分青年群体投入"内卷"的漩涡，不能自拔。"内卷"不仅存在于高校等教育领域，更已经延伸至工作、养娃甚至粉丝追星等领域中。

社会对"内卷"的评价与解释多种多样、褒贬不一，其中否定居多。但是，对所有事物的评价都不能一概而论。万事万物都是对立统一的存在，应全面辩证地看待"内卷"。我们周围总有人享受竞争，他们积极参与竞争，高喊"有压力才有动力"，在竞争中实现自我。这些人作为"内卷"的一部分发起者，能够适应竞争规则。"斜杠青年"是其中的典型代表，在掌握多元技能后，能够实现更大的自我价值，同时有利于国家和社会的发展。内卷的另一部分发起者是这样的一群人：他们本身不享受内卷，但也主动参与竞争以实现利益的最大化。不可否认，适当追逐利益能促进社会的发展，但过度看重利益可能会导致不择手段、丑事频发，以至于社会的堕落和腐化。内卷结构中的最后一部分人就是那些盲目跟风、被裹挟的竞争者。他们也不知道为何要卷，明知会事倍功半，却仍要投入大量成本，似乎是对自己奋斗的一种证明。

综上所述，"内卷"既有积极影响，但也确实存在着不利影响。倘若任不良"内卷"继续发酵，极易导致社会内耗，甚至是恶性竞争。无价值的内耗消费大量资源，却连等值的产出也得不到，造成资源的浪费；恶性竞争败坏社会风气，将人性的恶端暴露无遗，阻碍社会道德建设，不利于社会和和谐健康发展。

万事万物都有对立面的存在，毫不意外，既然有竞争引发的"内卷"，就必然有反竞

---

① 刘世定、邱泽奇：《"内卷化"概念辨析》，载《社会学研究》2002年第5期，第96～110页。

争的"躺平"。

一部分人面对高强度竞争和有限资源之间的矛盾，选择了避世的主动"躺平"，降低对生活的期待和要求，以期减少社会分工的参加，来提高自己的幸福感与满足感。还有一部分人是被动地躺平，他们也曾有期待和梦想，努力过后却没有得到自己预期的结果，发现无论多么努力都无法改变现状，所以不得不降低预期，来使自己有一丝喘息的空间。另外一部分人处于两者之间，他们大肆宣扬"躺平"，但仍不忘奋斗。他们希望通过"躺平"来表达对"内卷"的不满与抗争，同时缓解压力，调整心态。最后一部分人是"躺平"的裹挟者，他们不曾奋斗，却看到了"躺平"带来的舒适和安逸，义无反顾地投入了"躺平"的怀抱。

总而言之，"躺平"是对"内卷"不满的宣泄，能够在一定程度上提升幸福感；可若踏踏实实地"躺"，任谁拉拽也不离地面地"躺"，则不利于青年形成积极向上、奋发图强的精神，无法实现自身的发展，更无法成为担当民族复兴大任的时代新人。这样下去，科技创新停滞不前，社会生产力后退，文化日渐萎靡，社会又如何进步？国家又如何发展？

"内卷"和"躺平"皆有消极的一面。在两者争锋对峙的今天，没有一位中国青年能置身事外。当务之急，便是寻出一条出路，中国精神中的修身克己精神对此就指明了方向。

三、从克己修身的角度看"内卷"与"躺平"

囿于"内卷"或"躺平"困境中的青年是无法实现真正的自由，自由不是漫无目的，而是奔向理想时内心的坚定与从容。正如辜鸿铭指出："要获得真正的自由，唯一的途径就是每个人都自觉循规守矩，适当地约束自己。"① 他看到了修身克己对于实现自由的重要性。而修身克己也为摆脱"内卷"和"躺平"的困境提供了一条道路。

用修身克己精神应对不良"内卷"和"躺平"，主要有以下三个方面：

首先，"修身克己"有利于青年锤炼品德，促进反躬自省。修身克己精神的内在要求是自省，通过主体内在的自我反省来达到个体自身的超越，以实现思想道德素质的提升。② "修身克己"促使主动"内卷"者自我反省，对触及底线的事情有足够的勇气说"不"，不被浮躁所淹没。裹挟式"内卷"者在反躬自省后，找到新的定位，更加理性地

---

① 辜鸿铭著：《中国人的精神》，黄兴涛、宋小庆译，海南出版社 2007 年版，第 17 页。
② 左亚文主编：《中国精神导引》，武汉大学出版社 2022 年版，第 303 页。

衡量付出与所得，拒绝无意义的"内卷"。主动"躺平"的人在自我反省中明白人生的意义在于追求和实现价值，有了直面社会真实的勇气，勇敢和"躺平"说再见。无奈"躺平"的人，自我反省后重新看到生活的希望，再给自己、给努力一次机会。

其次，修身克己精神有利于青年保持良好的心境，坚守自我。其实，主动"内卷"或"躺平"的青年只占一小部分，绝大多数青年并非一开始就处于"内卷"或"躺平"的状态，只是在社会大势之下，"内卷"和"躺平"似乎成为一种流行文化，像瘟疫般扩散，使青年多多少少都被感染到。从一开始的附和喊口号，到后来身心融入其中。"内卷"和"躺平"就如同人生的两个岔路口，总得跟着一条走，否则就是"落伍"，而修身克己精神就是对付这一妖魔的有力武器。修身克己精神拉开了青年眼前的幕布，青年看到"内卷"与"躺平"不是一道必选题，他们可以选择始终以自我发展和目标规划为中心，立足现实，以高昂的精神面对压力，做最真实的自我，不因挫折而放弃，不因失败而"躺平"。

最后，修身克己精神有利于青年砥砺初心，坚定前行的方向。修身克己精神能够帮助个体在纷繁复杂的社会中坚守初心，保持先进性和纯洁性。"内卷"和"躺平"作为生存状态，最终可以归结为面对利益时的不同选择，或竞争以夺利，或躺平以去利。修身克己精神使青年永葆初心，不将利益置于最高地位，便不会有因攫取利益引发的"内卷"，也不会有不屑利益或夺利失败后的"躺平"。青年将拂去初心上的尘埃，重整旗鼓，向着梦想扬帆起航。谁还没有"名编壮士籍"的理想，谁不曾"志欲威八荒"，修身克己精神使青年看到利益背后蒙尘的初心，踏上寻梦的征程。

因"内卷"或者"躺平"而失去自由的青年，被时代拖拽着向前走，却不知道自己的脚步究竟到过哪里，失去自我的同时也在逐渐失去梦想道路上的定位感。修身克己帮助青年通过自我反省重新看清生活的道路；通过自我坚守找到真实的自己；通过寻回初心坚定前行的方向，最终摆脱"内卷"或"躺平"的魔爪，实现个人的自由发展。我们应当坚信，风是自由的，雨是自由的，而青年也应当是自由的。

仁爱民本的精神

浅析仁者爱人与人性论

王欣杰　弘毅学堂（2022300002060）

【指导教师评语】本篇论文观点明确，逻辑清晰，视野宏阔，汇融中西，聚焦于"人性论"这一话题，从善恶之争引出古今中外哲学家对人性问题的讨论，材料丰富，问题意识突出。论文认真梳理了历史中人性论的发展，还专门论述了现代人性论和马克思主义人性论，论证视野开阔，思考深入。（哲学学院　肖航）

摘　要："人性"作为一切道德理论的核心概念，自然成为春秋战国诸子百家时代各家思想争论的焦点。任何关于人自身的思想体系，都绕不开这个关键性的问题——爱是什么？人为什么要"爱"？如何去实施爱？这些都与人性密切相关。其中，儒家思想对这个问题的阐释，深深地影响了此后2000多年的中国历史。直到今天，在实现中华民族伟大复兴的道路上，我们仍然需要思考这些问题。本文试图通过分析人性论的发展历史，来探寻这一问题的答案。

关键词：人性论；儒家；仁爱精神

一、善恶之争

在先秦时代，中国先贤对这一问题进行了激烈的争论。以孟子为代表的"正统"儒家学派认为，人性本善；而与之相反，荀子则认为，人性本恶，善是后天的作用。

《孟子》中说道："人皆有不忍人之心。"孟子把这种不忍人之心称为人的本性流露，"恻隐之心，人皆有之"，他说道。人天生就会不喜于看见他人，乃至其他生物遭受苦难，是所谓"见其生，不忍见其死"。这种同情心是无关乎功利的，仅仅是出于本心。在此基础上，孟子又提出了"恻隐""羞恶""恭敬""是非"四心，人类的这些特性共同构成了人性，这也就是人与野兽的分别。

孟子认为，这样的本性如果被后天的环境所误导，就会衍生出"恶"。正所谓"富岁，子弟多赖；凶岁，子弟多暴。非天之降才尔殊也，其所以陷溺其心者然也"（《孟子·告子上》）。生活在不同的时代，接触到不同的风气，自然就会导向不同的结果。而真正的君子正是要克服这种诱导，不断提高自己的道德修养，保持自己善的本性，最终达到"圣人之境"。

孟子学派认为，人类其实天生就有对同种的"爱"之心。这种爱心是在道德和文明之外，与生俱来，刻印于基因之中的本能。也就是说，人类之爱起源于本能。许多西方学者也持有这一观点。西方哲学家亚当·斯密将人类这种情感归因于"同情"。他认为，人类对于他人的不幸常常会有感同身受之感，会不自觉地受他人的情绪感染，从而表达出怜悯、同情或感激等情感。他在《道德情操论》中写道："人，不管是被认为多么的自私，在他的人性中显然还有一些原理，促使他关心他人的命运，使他人的幸福成为自己幸福的必备条件。"① 同样，法国思想家卢梭也发表过类似的观点。他认为，人在自然状态下天生就具有同情感，这是对于他人不幸的一种察觉。这种同情，源于人类所共同面对的苦难，因而我们会设身处地地体会他人的情感。休谟认为，同情源于自爱，他称赞同情是人最强劲有力的本性。

然而，同为儒家学派的代表人物，荀子却给出了完全不同的答案，他认为"人性本恶，其善者伪也"。也就是说，人性原本是趋于恶的，一切的善行是由于"人为"。他举出例子："今人之性，饥而欲饱，寒而欲暖，劳而欲休，此人之情性也。""今人之性，生而有好利焉，顺是，故争夺生而辞让亡焉。"（《荀子·性恶》）人类有种种自发而为的恶习，似乎并不需要外界的指引。人性之中，始终还是存在着自私的一面。与此相应，英国思想家霍布斯曾经在他的著作《论公民》中写道："如果人天生就是爱同伴的话，就无法解释为什么人与人之间的爱是个同的""谁都想成为'主宰者'，他们不仅像他人一样不爱他们的同伴，而且他们还竞相比试对同伴的怨恨。"② 虽然霍布斯的观点比较激进，但也揭示出了人性自私的一面。欲望作为源自每个人内心无法避免的本能，是无法否定其正当性的。

荀子还独创性地提出了"善伪"的观点。他认为，人类的善源自后天的教养，需要外力去扶持。这种观点其实对当时的社会就有巨大的意义。因为荀子认为孟子的思想难以适

---

① 亚当·斯密著：《道德情操论》，谢宗林译，中央编译出版社 2008 年版，第 2 页。
② 托马斯·霍布斯著：《论公民》，应星译，贵州人民出版社 2004 年版，第 4 页。

用于治国之政，在政治上可行性不高。① 荀子本人评价孟子学派"其僻违而无类，幽隐而无说，闭约而无解"（《荀子·非十二子》）。他用性恶的观点来解释礼乐乃至国家存在的必要性，正是由于人类本性趋向自利，才需要礼乐和法律去教化。

在某种意义上，这次争论以孟子的胜利告终。后世的儒家思想在孟子性善论的基础之上不断发展完善，对孟子的思想进行了改造和创新，其中自然也吸收了荀子的思想。例如，汉代董仲舒提出"性未善"，他把人性中的情、性分别对应天道中的阴阳，人性有善恶，正如天道有阴阳。为此，他提出"天人感应"，正是要通过后天的教化，发扬善的一面，对人性去恶存善。董仲舒将性善论与性恶论结合在一起，正如王充所言："若仲舒之言，谓孟子见其阳，孙卿（即荀子）见其阴。"（《论衡·本性》）董仲舒以阴阳释人性也成为此后儒家思想人性论的基础。此后，这种思想又得到了程朱理学的发扬。张载把人性分为"气质之性"和"天地之性"。前者乃是人自私之性，后者则是圣人之性。程朱理学将二者统合进人性之中，从而提出了"存天理、灭人欲"之说。他们以孟子之说为本，吸收部分荀子的观点，发展为中国古代人性思想的集大成之作。

此后的儒家思想便以弃恶扬善为底本。这种传统中国人性论思想侧重于孟子之说，同时也兼有一定的性恶之说，是中国古代朴素辩证法的体现。同时，自董仲舒开始，这种学说也为古代中国王权政治中王道教化、礼法并举提供了理论支持，因此受到历代统治者的推崇。

当然，儒家理学的精致、严密的人性观也存在着种种为人诟病的地方。程朱理学虽然承认人性的私欲，却主张"存天理、灭人欲"，主张压制人的欲望，将人的欲望与天道的理相互对立，这就会导致社会活力的缺乏。同时过于重视政治的影响，也间接抑制了科学技术、创新思想的发展。宋明理学的"复性说"，也只看重人"内性"的修养，造成了人格的扁平化、单一化、趋同化。

二、善恶的统一

性善论和性恶论看似水火不容，此后的儒家思想发展也只是少量引入部分荀子的观点。看似，我们不能同时承认二者。但是事实上，真的如此吗？

让我们再回到孔子——这个儒家学派的开创者。孔子在《论语》中并没有直接阐述他

---

① 罗翔：《"修身"和"治国"的论辩——荀子对孟子学说的批评》，载《兰州学刊》2012 年第 1 期，第 39~43 页。

对于"人性"的理解，只有寥寥数语："性相近，习相远。"也就是说，人的天性都是相似的，但是后天的习惯可以被引导。孔子没有说人性是善还是恶，而是用笼统的回答代替。纵观孔子一生的思想，我们不难发现孔子思想中对人性的看法。一方面，孔子认为人性应该是合乎"天道"的，也就是说人性中是存在仁善观念的；另一方面，孔子也不否认人性中欲望的存在。孔子曾经说过："富与贵是人之所欲""君子爱财"等。但他认为，虽然人性中存在自利的欲望，但是君子是要通过正确的手段去追求。这种追求是合乎仁和礼的。① 孔子这种思想就把人性自私的一面统一进了他的向善人生观中。

孔子所倡导的"仁者爱人"，并没有涉及具体的人性观，这也是孔子思想"务实"的一点体现。孔子的思想并不脱离实践去谈论形而上学的问题；孔子并不论述人性本如何，而只告诉我们人应该如何做。人有爱人之心，因此可以互相帮助，体恤他人；人有爱财之心，因此可以通过正当的手段去追求钱财。孔子云：克己复礼为仁。其中，克己，就是克制自己的欲望。这里并不是消灭欲望，而是将欲望压制在合理的范围内。复礼，则是用自己的行动去实践礼义。孔子认为，做到了这一点，就可以称为仁了。总之，孔子并没有把人性作为一个值得讨论的主题。在孔子看来，人性有善有恶，在人性中存在一些相同的东西，但是仅仅凭此无法达到更高的境界，因此主要在于后天的培养和习惯的养成。在孔子这种观点下，孟子和荀子的观点就统一在了一起。商国君指出，对于孔子的思想，孟子取其中的"性相近"，荀子取其中的"习相远"，这两种观点其实是一体两面。②

与程朱理学相比，孔子并不赞成压制人的欲望，而是主张顺应天道，做必要的、适度的引导，使之成为仁者，正所谓"取之有道"。

现代儒学也更接近孔子的观点。现代学者提出"道德动力学"的观点，来解释为什么人会产生"仁"的内在动力。他们认为"伦理心境决定人是一个先在的道德存在，本身就有道德的要求"③。这种观点把道德观念看作一种理性的体现，与孔子的思想颇有类似。

总之，孔子对于"人性"的看法，是综合人的自然性与社会性，所谓"以生论性"④，即不能脱离具体的人来谈论人性。这种观点即使在如今来看也并不落后。

---

① 杜超、边策：《浅析先秦儒家人性论——以孔孟荀为例》，载《今古文创》2022 年第 14 期，第 47~50 页。

② 商国君：《先秦儒家人性论辨析》，载《南开学报》2005 年第 4 期，第 59~63 页。

③ 杨泽波：《道德动力源自何处？——儒家生生伦理学关于道德动力问题的探索》，载《哲学研究》2018 年第 9 期，第 41~48，127~128 页。

④ 赵法生：《孔子人性论的三个向度》，载《哲学研究》2010 年第 8 期，第 55~61 页。

三、现代的人性观

从进化的角度来看，在人类社会的早期，人类个人的力量还很渺小，需要团体合作来克服困难。在漫长的进化中，当他人遇到危险时，如果自己不上去帮忙，那么自己的安全就可能无法保证。因此，只有对他人的危险予以回应和帮助，才能保证自身的安全。那些具有同情心的人或团体往往更容易存活下来。这种理论被称为"群体选择理论"。现代心理学认为，人的本性都是逐利的。一切帮助他人的行为最初都是为了自己的利益。当然，这里的利益，不仅有切实的利益，还包括安全感、满足感、成就感等精神上的满足。休谟认为，无论是自然道德还是人为道德，其目的都是出于"自爱"。自然道德来源于个人精神上的表现欲和满足感，例如父母之爱；人为道德来源于个人欲望与有限的资源之间的矛盾，迫使人们合作，实现共识。在这个意义上，人性无论善也好、恶也好，都是"自爱"的统一体。现代哲学从这一点出发，构建了统一的人性论观点。①

从唯物主义出发，马克思主义实践论为我们站在更高层次上理解这个问题提供了必要的理论。马克思主义人性论包含九个对立统一的辩证法：即一般的和现实的、社会的和具体的、功利的和伦理的、利己的和利群的、竞争的和合作的、"恶"的和"善"的、抽象的和具体的、稳定的和变动的、个体本位的和类本位的九类。这九个方面共同构成了所谓的人性。②

人是一切社会关系的总和，脱离了社会去谈论单一的人性是没有意义的。而群体的人性正是具体的人性有机结合的产物。因此研究人性必须从多个维度出发。应该认识到，人性之中有功利的一面，也有利他的一面。利己和利他都是人性中的一部分，无论抑制哪一方面都会导致作为完整人性的破损。马克思主义还认为一定阶段的善和恶的观念都是不断变化的，具有阶级性和时代性，因此不能对人性的善恶进行一概而论。人性在不同时代都在进行着变化。在这里，没有"抽象"的人性，没有"超越阶级"的人性，指出了长期以来人性论的核心问题，就是争论各方执着于归纳出一个普适的人性。但是，人是社会性的动物，人的道德、人的思想都是与社会息息相关的。所以人性论不能脱离具体的时代去空谈抽象的人性。

---

① 汤丽：《休谟哲学中道德行为产生的基本机制》，载《中外企业家》2016 年第 32 期，第 258~259，262 页。

② 陆剑杰：《马克思主义实践论的人性论》，载《社会科学辑刊》2001 年第 5 期，第 26~31 页。

马克思主义人性论对具体的社会实践无疑是具有重大的意义。马克思主义强调人的解放，反对固化的人性观点。在强调人与社会关系的同时又重视个人的生活。应该指出，马克思主义思想的引入，破除了传统儒家理学中禁锢的人性与私欲，使社会不会化为一潭死水。①

从现代生物学和马克思主义两个视角出发，我们对这个千年难题作出了一个回答。人性不能脱离人本身来谈，不能脱离人所生活的社会来谈。当然，这不是否认人的善恶之分。而对善的要求，则应该是人自身理性的追求，是人的精神需求，从而可以追求整个社会的幸福最大化。

四、结　语

回顾历史上有关人性论的发展与争论，我们发现，无论何种学说，都必须正确认识人的两面性。正如人是生物学的人与社会学的人的结合，人性是神性与兽性的结合。正确认识到人本身，解放人的本性，扬善疏恶。

但是，无论人性本来是何种模样，"仁"都应该伴随人发展的始终，正所谓"仁者爱人"。因为这种战胜欲望本能地将人与人紧紧结合的，正是所谓的"仁爱之心"。这种精神贯穿着人类文明的始终，将个人结合成团体，将团体合并为部落、城邦，乃至国家，形成社会化的人。可以说，这种精神早已刻入基因，成为人类的一部分。

回顾孔子的思想，他所提出的"仁者爱人"正是要唤醒人们心中的仁爱之心。如今，这种精神已经成为中国千年以来的民族精神，今后也将必然继续发展。更好地认识我们自身作为人的本性，对于倡导"仁者"精神，实现和谐社会，无疑是大有裨益的。

---

① 张允熠：《马克思主义与儒学人性论合议》，载《马克思主义与现实》2012年第4期，第180~187页。

忠恕之道与行仁

陈一鸣　弘毅学堂（2022302021079）

【指导教师评语】论文围绕《论语》中的忠恕思想、忠恕的思想内涵、社会主义核心价值观与忠恕的交集三个方面进行了较细致的分析。思路环环相扣，理论理解深入，与现实连接紧密，言之有据。语言通俗流畅，论证规范。总体而言，这是一篇颇有见地的课程论文，作者的一些观点也有一定启发性。（哲学学院　肖航）

摘　要：本文从忠恕之道与行仁的关系入手，从《论语》原文本出发分析了忠恕之道的基本内涵，阐述了"忠"与"恕"的关系，提出了行忠恕之道就是行仁道的核心观点，论述了在"忠体恕用"的思想前提下实现"仁"的方法，并着手于社会主义核心价值观与行仁、建设"仁"社会的融合，从宣传"忠"与建立"底线伦理"两方面提出了建设社会主义精神文明的有效方法。

关键词：忠恕之道；行仁；社会主义核心价值观

在春秋时代，孔子在推行仁爱的过程中，提出了一条重要的原则——"忠恕"。忠，本义是尽心尽意；恕，则是指用自己的心推想别人的心。在孔子的仁爱思想看来，无论"仁"的含义如何发展，均要以爱人作为出发点。① 在以爱人为核心的"仁"的观点里，如何处理好与他人的关系，如何推行人与人之间的仁爱正是孔子的核心目标。而"忠恕"正好是达成此目标的最佳途径。理解了忠恕之道，就能够理解孔子的仁爱思想。而在当今的新时代社会主义精神文明建设中，在人与人之间的和谐关系成为主旋律的背景下，重新拾起这种忠恕思想也就大有必要了。

---

① 苏启：《孔子思想中的"礼"与"仁"》，载《今古文创》2022年第17期，第44~46页。

一、《论语》中的忠恕

《论语》中的忠恕源自孔子与曾参的一段对话：

> 子曰："参乎！吾道一以贯之。"
> 曾子曰："唯。"
> 子出。门人问曰："何谓也？"
> 曾子曰："夫子之道，忠恕而已矣！"①

可见，"忠恕"是孔子"一以贯之"的行为准则。

提起儒家思想中的"忠"，可能人们首先会想起忠君。然而，翻遍《论语》全文，表现为"忠君"的"忠"实际上只有一句：

定公问："君使臣，臣事君，如之何？"孔子对曰："君使臣以礼，臣事君以忠。"

但是这里的"事君以忠"是与前面的"使臣以礼"是并列的，孔子并无特意在强调忠君的重要性，只是针对鲁定公的问题作出回答而已。"忠"是下对上的尽心尽意，而"礼"是上对下的应有礼节，二者共同构成了孔子所推崇的君臣关系，即一种互相谦让尊敬的和谐氛围。结合时代背景来看，在春秋时期这一诸侯国并立的时代，作为鲁国人的孔子选择周游列国讲说，而并非一味对鲁国效忠，这也足以看出在尚未实现封建式统一的周朝，"忠君"并不是一个特意为当时思想家所提及的概念。再针对《论语》文本进行数据分析，可以发现，《论语》中的"忠"字大多与"信"并列。在先秦时期，"信"一字大多指"言语真实，不虚妄"之意。② "信"也是儒家推崇的"五常"之一。由此来看，"忠"应当是与"信"相近的品质。从上可得出结论：孔子的"忠"指的恰是人与人之间的友好态度。只有当社会中的每一个人都尽心尽意之时，孔子心中充满礼的理想社会才可能形成。至于对谁"忠"，是对君主忠诚，还是对人忠实，这似乎并不是孔子讨论的重点。

在孔子眼中的人际交往中，如果说"忠"是站在自己立场的尽心尽意，那么"恕"就是站在对方立场的换位思考。相对于"忠"，"恕"在《论语》文本的频率要低很多（"忠"字出现了十八次，而"恕"只出现了两次）。除了上文所选的一段之外，以下的段落也出现了"恕"：

---

① 《论语译注》，杨伯峻译注，中华书局 2006 年版，第 42 页。
② 陈文祺：《试论"信"的词义引申》，载《汉字文化》2018 年第 16 期，第 48~52 页。

子贡问曰："有一言而可以终身行之者乎?"子曰："其恕乎! 己所不欲, 勿施于人。"

尽管"恕"的出现频率不高, 但是这两段都表明"恕"是君子可以一生贯行的作风。忠恕的思想不可不说是孔子推行仁爱的核心理念。"己所不欲, 勿施于人"的思想在世界独树一帜, 是中国献给世界的宝贵财富。事实上, 这样的思想影响了近代欧洲的民主思想, 如 18 世纪的《法国人权和公民权宣言》与 20 世纪中叶的《世界人权宣言》。

二、忠恕思想的内涵

《论语》中多次阐述到孔子的一贯之道就是忠恕之道。但是我们也熟知, 提起孔子, 我们更多会想到的是"仁", 而并非所谓忠恕之道。那么为何"仁"不是孔子理论中的一贯之道呢? 朱熹给出了这个问题的回答: 其实, "仁"也好, 忠恕也好, 只是同一思想的两种表现形式。行仁道本质上就是行忠恕之道, 行忠恕之道也就是行仁道, 二者并无不同。

仁的目的是"为己成人"。为己, 不是指功利地为自己谋取好处, 而是指提升自己的修养; 成人, 也不是指功利地达成他人所愿, 而是达成一种道德、思想范畴上的和谐。一方面, "仁"是一种道德个人主义, 在孔子看来, 人们通过行仁来获得个人道德上的提升, 达成个人的心灵自主; 同时"仁"是一种修为的超脱, 是人生境界的顶点。[1] 从这方面来看, "仁"就是要为己。另一方面, 行仁的内涵不仅在于助人为乐、见义勇为等表面内涵, 还在于感化他人, 使他人诚服, 从而实现孔子眼中的和谐社会。也就是说, "仁"也要成人。其实, 拥有这两方面特质的"仁"与忠恕思想是相似的。

忠, 就是尽心尽意。尽心尽意的目的不仅是达成"行仁"本身, 而且还在于使自己在积极地以诚待人的过程中完善道德。孔子曰:"古之学者为己, 今之学者为人。"在孔子看来, 只有古代先哲的求学目的——成为君子、圣人, 才是首要的, 而考虑自己与他人的关系, 为社会、国家服务才是次要的。"修身、齐家、治国、平天下"中的"修身"位居首位, 也是在强调为人者必先为己的道理。个人若没有德行, 那么成仁的过程就会出现与理想的偏差。"忠"就是"行仁"的具体行动, 更是对"行仁"的反馈。人在尽心尽意中逐渐提升自己的思想道德, 使自己成为君子, 最终达到"行仁"的效果。

恕, 就是用自己的心推想他人的心。这一思想是"忠"思想的补充, 将"仁"与忠恕思想高度统一。然而, "推己及人"的核心并不在于"及人", 而在于"推己"。毕竟他

---

[1] 陈开先:《孔子仁学思想及其现代意义》, 载《孔子研究》2001 年第 2 期, 第 47~55 页。

人和自己的思想是不同的，我们如何能直接推知他人的心意呢？① 由此看来，忠恕之道的践行需要把自己放在本位。当处理好与自己有关的问题时，关系到个人与他人之间的问题自然也能得到解决。

那么"恕"与"成人"是怎样联系起来的呢？没有忠，只有恕，不能"成人"。或者也可以这样表述：没有忠，就不成恕。"恕"是将自己所想推及至他人，这样就自然产生了两个问题：（1）单纯的"推己及人"能否使他人思想得以教化？（2）将自己的意愿加以别人，这个过程是否正当？下面将对这两个问题作出回答。

只是推己及人并不能使他人的思想得以教化，更无助于和谐社会的形成。因为如果自己不拿出尽心尽意的态度，更何谈身体力行、率先垂范呢？要达到"成人"，我们要以自己为本体，通过自己的行为去感化别人，这样才能"及人"。当自己道德不纯不正之时，用"及人"的方法行仁无疑是空中楼阁。

朱熹在《四书章句集注》中举了这样一个令人深省的例子：如果自己有偷窃之心，如此推己及人，让别人也有偷窃之心，在行仁的角度看来不是十分荒谬吗？由此，只有当自己从"忠"的范畴来看是合理正当之时，忠恕思想才能与"仁"统一起来。

因此"忠体恕用"的思想应运而生。"忠"与"恕"是统摄关系。朱熹的"一是忠，忠是体"观点也正是这样的思想。只有在正当合理的忠的统摄之下，"恕"才不会超出道德规范，"仁"才能从中得以实现，人人和谐的社会才从理论上有了可能。

三、社会主义核心价值观与忠恕的交集

在当今社会主义核心价值观（以下简称为核心价值观）的实践中，我们迫切需要一种思想与之调和并行，而孔子的忠恕思想恰好为其提供了答案。我们应厘清二者的关系：核心价值观中要求的个人品质是与孔子的"成仁""成君子"思想高度统一的；新时代社会主义和谐社会是与孔子眼中的理想社会是一致的。因此将忠恕思想与核心价值观融入在一起，是合理的，并且有助于解决构筑和谐社会的问题。为了实现忠恕思想的广泛践行，可以有以下做法：

（1）大力宣传"忠"。"忠"即尽心尽意。儒家的忠恕之道是由己推人，但是在人口众多的我国，在不同人拥有不同思想的背景下，将不同的个人价值观推及他人，是否就能实现和谐社会呢？我认为这一行为的合理性是建于核心价值观普及性之上的。通俗来说，就是人们越是符合核心价值观，通过忠恕理论达成理想的和谐社会的可能性就越大。从儒

---

① 蒋聚缘：《程朱理学恕思想研究》，山东大学 2017 年硕士论文，第 17 页。

家的观点来看，能在不同人的价值观合乎核心价值观的大前提下达到不同思想的交错统一，这是要高度依赖于"忠"的。不同人的思想即使均合乎核心价值观，具体的表现可能仍有不同。但个人价值观尽管无法完全统一，却都可以合乎"忠"。也就是说，当每个人都尽心尽意地把自己的想法推己及人之时，个体间的差异便可忽略不计了。人们可以放心地汲取他人与自己相合的价值观，而尊重与自己理念不同的思想。宣传"忠"思想，势在必行。

（2）构造"底线伦理"。① 所谓底线，不只是人们绝对不能违反的道德规范，还应是人们在交际之中为达成和谐的基本道德要求。在一个理想的和谐社会中，人们的行为道德底线不仅要做到不触犯核心价值观，还要做到不背离"己所不欲，勿施于人"的原则。只有这样才有助于构建理想的和谐社会。因此要宣传忠恕思想。

在新时代忠恕精神的实践中，我们要取其精华，去其糟粕。比如，过去的封建时代是存在阶级差异的。在儒家思想中，臣子需要对皇帝尽忠。但是在当今平等的时代，我们要时刻怀有人格平等的意识，平等地对待他人，这样推己及人，才能够受到他人的平等对待。同样地，将"仁"应用到当代生活中，更需要我们充满智慧地将古代的优秀思想转化为如今推行核心价值观的精神动力。

---

① 张渝：《儒家忠恕之道及其当代伦理价值》，载《贵州民族学院学报（哲学社会科学版）》2007年第6期，第48~50页。

论墨家兼爱非攻思想及其现实意义

刘远巍　弘毅学堂（2022300004047）

【指导教师评语】该文结合理论与现实，阐述了墨子的兼爱非攻思想及其现实意义，并指出"兼爱"要求给予古代劳动人民尊重，并保障他们生存的基本权利，切实地保护了平民的根本利益，是增强民族凝聚力的重要纽带。"非攻"强调不主动对别的国家发起侵略战争，而对待侵略自己的战争积极抵抗，展现了中国精神的和气与硬气，是中国人民智慧的结晶。同时指出"兼爱"思想主要从道德上教化人们，缺少了法律上的约束。行文及注释遵守学术规范，但是在墨子哲学思想根源方面，还有待更进一步梳理。此外墨家与儒家的关系、兼爱与仁爱的联系与区别也需要更进一步梳理。（哲学学院　连凡）

摘　要：春秋战国时期的思想家墨子提出的"兼爱""非攻"思想。"兼爱"指对待别人如同对待自己一样，平等地爱所有人；"非攻"指反对一切的不义战争。"兼爱""非攻"思想对于中国当今具有重大的现实意义，既有利于中国维系世界和平、获得国际地位；又有利于马克思主义中国化的贯彻与发展；还有利于增进民生福祉、构建和谐社会。所以我们要敢于对墨家思想进行创新，取其精华、去其糟粕，根据中国的国情对墨家精神的局限性进行创新改进，这样更有利于墨家精神在中国的传承与发扬，也有利于中国充分发挥墨家精神的价值。

关键词：墨子；兼爱；非攻；现实意义

在当今国际局势风云激荡下，中国始终坚定自己的立场，反对不义战争，积极为世界的和平作出贡献，也得到了世界的认可；在国内新冠疫情等重重挑战下，中国坚持民本思想和友爱精神，维护了无产阶级的利益，传播了温暖，也得到了人民的拥护。自古以来，爱好和平、友爱善良的理念深植在中国人的心中，这和流淌在中国人血液中的中国精神密不可分。而最能体现这些的便是墨家的"兼爱"与"非攻"。那么为了更好地发扬中国精神、共建美好家园，如何深入理解墨家精神并对其进行贯彻发展成了重要的话题。

一、墨家兼爱非攻思想的内涵

"兼爱"精神是墨家精神的核心，也是墨家学说在中国建立根基的重要标志。"兼爱"的意思是对待别人如同对待自己一样，平等地爱所有人。这意味着亲疏、远近、贵贱都不能作为我们衡量他人以区别对待的标准。"兼相爱"的本质常常与"交相利"相关，墨子不认为爱是一种精神上的慰藉，他认为爱是需要具体地落到实处，没有产生实际效果就不能称之为爱。所以"爱人"在本质上即也是利人。在宗法等级森严的春秋时期，墨子根据当时的社会矛盾，反驳了儒家认为要有差别地去爱他人这一观点，提出了"兼爱"的思想。"兼爱"要求给予古代劳动人民尊重，并保障他们生存的基本权利，切实地保护了平民的根本利益。"兼爱"又反对儒家所崇尚的血缘与贵贱带来的区别对待，减少了中国人之间的隔阂。墨子与儒家的关系可以看作相互竞争与相互借鉴并存的关系，共同丰富了中国古代思想的多样性和深度。从这个角度来看，"兼爱"是增强中国人民之间民族凝聚力的重要纽带。

墨子的"非攻"思想诞生于诸侯混战的春秋战国时期，强大的国家往往发起战争侵略弱小的国家，通过掠夺的方式来争取更多的资源和利益。然而当代的知识分子不仅仅不批判这种行为，甚至将其美化为伟大的事业。在这种情况下，墨子提出了"非攻"的思想。"非攻"是"兼爱"的具体体现和延伸。"兼爱"需要平等地爱每一个人，包括平民百姓。而一旦发动侵略战争，则必然会有平民受到波及，带来杀戮和毁灭。所以墨子提出了"非攻"，即反对一切的不义战争。

值得注意的是，反对一切的不义战争并非反对战争。墨子支持抵抗暴力，保卫家园，维护和平的正义战争。墨子认为，战争是贵族为了满足自己的野心，争取更多的利益而发动的掠夺行为，这种行为破坏了人民安定的生活，威胁了人民的生命，反而不利于社会的发展。而正义战争，是为了维护自己的利益，保护自己的国民不受到其他国家侵略战争的影响而发动的自卫战争。这也是墨子重视对军事的发展，但他的发明却主要以防御工具为主的缘故。"非攻"强调不主动对别的国家发起侵略战争，而对待侵略自己的战争积极抵抗，展现了中国精神的和气与硬气，是中国人民智慧的结晶。

综上所述，墨子思想的根源可以归结为墨子本人的实践经验、对社会现实的观察，以及对早期学派思想的吸收和批判。墨子以其独特的视角和思考，提出了兼爱和非攻的核心理念，旨在追求和平、公正和人民福祉的墨家学说得以形成。

二、墨家思想的现实意义

2000 多年前的思想能够发展沿袭至今仍然被人们所推崇，说明其必然有它别具一格之处，能够让这个时代的人也从中汲取适用于当世的先贤智慧。而中国当今的发展，便应用了墨子思想的智慧结晶。

（一）兼爱思想的现实意义

在当今构建社会主义和谐社会的过程中，墨家的"兼爱"思想中有很多精华起到了不可或缺的作用。

"兼爱"是当代中国外交的理念之一，有利于维系国际关系，提升国际地位。中国在面对其他国家的时候，不卑不亢，始终秉持人类命运共同体的理念，对待每一个国家的每一名国民，中国都一视同仁，并在其他国家有危难的时候，尽己所能地帮助他们共克时艰。2015 年，中国宣布设立南南合作援助基金，为其他国家的发展提供资金、技术等支持；2020 年，中国驰援非洲等地区，提供抗疫物资，为他们抗击新冠疫情贡献一分中国力量。胡锦涛同志也曾在中国共产党第十七次全国代表大会上向世界宣告中国的外交政策，即中国主张和各国人民一同努力构建人类命运共同体，推动建设持久和平、共同繁荣的世界。面对国际上其他有困难的国家，中国不以事不关己的态度冷眼旁观，也不以综合国力作为考量依据，而是平等地对待这些国家如同对待自己一样，倾尽自己的资源帮助他们，这是中国贯彻"兼爱"精神的伟大理想和终极目标。

"兼爱"是当代中国治国的理念之一，有利于更好地实现马克思主义中国化。马克思主义中国化是指中国共产党将马克思主义的理论知识和中国的实际国情相结合，将其贯彻在当今中国现代化的过程之中。马克思主义站在无产阶级的立场上，坚持为人民服务的宗旨；而"兼爱"思想提倡平等地爱每一个人，维护了无产阶级的利益，并且"兼爱"强调的落在具体实处的爱也与马克思主义所强调的"实践性"相符。中国坚持以人为本，在中国，人们不会因为阶级、地位、贫富而被国家和政府区别对待，都具有相同的权利和义务。这是墨子"兼爱"思想的重要传承。中国秉持共同富裕的原则，积极推进乡村振兴战略，全面深化扶贫工作，为贫苦地区的经济发展提供了巨大的帮助。先富带动后富，全面建成小康社会，这是"兼爱"思想和马克思主义中国化相结合的重要体现。总而言之，墨家思想的"兼爱"思想有利于推动马克思主义中国化的发展，使马克思主义深深扎根在中国。

"兼爱"是当代中国人处世的理念之一，有利于构建和谐家园，传播友善能量。墨子"兼爱"的思想随着一代一代的传承，已经根深蒂固地植入我们心中，流淌在我们的血液里。这样的精神，有利于我们建立和谐的人际关系，也有利于我们提升个人道德思想水平。二十四字社会主义核心价值观中的"友善"便是"兼爱"的代名词。云南丽江华坪女子高中校长张桂梅正是"兼爱"精神的贯彻者。在华坪县，山区里的女孩难以摆脱长大后即嫁人、一辈子困在山区的命运。由于根深蒂固的封建思想以及落后的教育资源，大山中的女孩很难获得学习知识改变命运的机会。而张桂梅深深理解这群女孩，认为她们应该和其他孩子一样拥有获得教育，提升自己的机会和权利。张桂梅四处奔走呼吁，募捐筹款，建立了一所免费的女子高中，拖着羸弱的身躯起早贪黑，辛勤付出。14年来，2000多名山区女孩从这里毕业，圆梦大学。正是有了张桂梅这样的"兼爱"精神，对陌生女孩的爱，温暖着她们，改变了她们的命运，给社会留下了一页感人肺腑的诗篇。当今社会，随着群众教育水平的普及，墨家思想更加深入人心，整个社会洋溢着和谐与友爱，各种各样的善举在我们身边随处可见，无关亲疏，无关贵贱，萍水相逢的陌生人之间，因为"兼爱"产生的善心善意，让人感到温暖。正是这种温暖在人与人之间涌动，构建了我们和谐美好的家园，诠释了墨子的"兼爱"精神。

由此可见，墨子的"兼爱"精神在各个层面上对中国的发展和进步存在着重要意义，拓宽中国构建社会主义强国和社会主义和谐社会的阳关大道。

（二）非攻思想的现实意义

墨子的"非攻"之道和中国当今坚持的"人类命运共同体"的理念有异曲同工之妙。中国在国际关系上，主张共同发展，共同进步，构建人类命运共同体，一以贯之"非攻"精神。

非攻，就是反对侵略战争。中国反对通过侵略战争去争夺其他国家的资源，尊重其他国家的主权和领土完整。毛泽东曾说过："战争——从有私有财产和有阶级以来就开始了的、用以解决阶级和阶级、民族和民族、国家和国家、政治集团和政治集团之间、在一定发展阶段上的矛盾的一种最高的斗争形式。"[①] 战争的本质则是国家在一定发展阶段产生矛盾后向外转移矛盾的手段，那么战争的目的则是和平，和平推动人类社会向下一个阶段发展。由此看来，战争与和平是可以互相联系与互相转换的，二者是辩证统一的。

而墨子认为，战争是劳民伤财的，虽然战争转移了眼前的矛盾，从某种意义上可能有利于人类社会的发展和变革，但其对人民幸福安定的生活造成了破坏。从本质上，战争是

---

① 《毛泽东选集》（第 1 卷），人民出版社 1991 年版，第 171 页。

对人类社会不利的，所以墨子坚持反对侵略战争。

但是墨子并不反对不断增强军事力量来保护自己，这与中国当今对待核武器的理念相同。核武器是一种大规模的、杀伤力高的武器，在别的国家的核威胁下，中国顶住压力制造出核武器，宣布这一消息的同时也向世界承诺：中国任何时候都绝对不会率先使用核武器或者用核武器威胁别的国家，且在十余个拥有或潜在拥有核武器的国家中，中国是唯一一个作出这种承诺的国家。这正是"非攻"思想的胸襟与魄力。

当下，和平是当今时代的主旋律。当今社会，高科技武器的诞生使得战争的损失更大，对生产力的破坏更为严重，对人类社会造成的危害更大。随着经济全球化和人类命运共同体的构建，人与人之间的联系更为紧密，这为转移一定发展阶段产生的矛盾提供了新的机遇，即各国之间加强合作，共同发展，坚决贯彻"非攻"思想，有利于各国之间的发展。

不得不承认的是，由于墨子生活的年代距今已有2000多年，即便是墨家思想，在这个时代也会有它的局限性。一方面，"兼爱"思想主要从道德上教化人们，缺少了从法律上的约束。固然人人皆有善心，然而不是人人都如墨子那般拥有济世的圣人胸襟。另一方面，人的本性和情感决定了人不可能对所有人在任何方面都完全一视同仁，我们对待朝夕相处的亲人更容易产生仁爱之心。中华传统文化源远流长，所以我们要敢于大胆实践创新，在实践中丢弃掉传统文化糟粕，积极学习贯彻传统文化中优秀的部分，并大胆创新，将其化为适合我们当下的新思想。

针对墨家思想的局限性，根据中国实情，可以对墨家思想大胆创新。一方面，将墨家的兼爱精神贯彻在法治当中，以人为本，实现道德法律化、法律道德化，将法律落脚到关怀、尊重、保护人上；另一方面，不讲究人们对待所有人都一视同仁地兼爱。墨子提出"兼爱"的本意在于激发人们的善意，我们或许无法做到对世界上所有人都饱含无差别的热烈的爱，但是我们可以充分体会墨子的思想底蕴，即对世界所有人都保留着最纯粹的善意。综上所述，墨子的"兼爱非攻"思想作为中华传统文化的瑰宝，它所强调的人人平等观和和平主义理念具有较高的人道主义精神，在当今世界仍适用，当今世界风云激荡，这时候更需要全世界的人们联起手来，共克时艰。因此，我们要学习领略"兼爱""非攻"的墨家精神，大胆进行实践与创新，充分发挥墨家精神的价值，维护世界和平，推动马克思主义中国化，构建和谐家园。传承之光常在，精神之火不熄！

浅析杜甫的仁民爱物与顽强坚韧

衡佳雯　弘毅学堂（2022300008014）

【指导教师评语】 苦难是底色，热爱是本色，中国精神这一宏大主题本身就是从中国人民上下五千年的实践中提炼而来。作者立意新颖，以一个特定的中国人即中华民族文人品格的楷模——杜甫浓缩表达对中国精神的认识与见解，以杜甫的仁民爱物与顽强坚韧精神为主题娓娓道来，一个瘦弱老者驾着一叶小舟于苦难中逆流而上的形象跃然纸上。文章通过描述杜甫以天下为己任的胸怀和对天下苍生的赤诚之心，引出整个中华民族的坚韧与气节，行文流畅，结构明晰。但对于杜甫"顽强坚韧"的叙述不甚充分，与"仁民爱物"有重叠，另外不妨大胆以小见大，类比文天祥等人物，将其上升至中国精神的层次，更能见其深度。（马克思主义学院　任艳）

摘　要： 杜甫是光辉灿烂的中华传统文化中浓墨重彩的一笔，他的那传颂千年、震古烁今的诗句至今仍触动着无数国人的心弦，深深塑造着每一个中华儿女的品格。走进杜甫，深入了解他的坎坷，方能真正体会这些壮丽诗篇背后的伟大与不朽。杜甫仁民爱物、顽强坚韧的品格凝聚成崇高的中国精神，照耀着无数中华儿女不畏艰险、奋力前行。

关键词： 杜甫；苦难；仁民爱物；顽强坚韧；知人论世；中国精神

谈及杜甫，除却"诗圣""史诗"一类轻飘的头衔外，想到更多的不免是他那样坎坷的命运、那份深重的苦难，还有他仁民爱物、不屈不挠的精神品质。他于苦难人生中展现出的高尚品格作为一种中国古代文人清高端直的文化标识，已融入中华民族的传统文化血脉，凝练成普世关怀、不屈不挠的中国精神，值得我们当代青年学习与景仰。

一、落寞时代下的孤独诗圣

沉郁的黑夜里，是奸臣酷史的得息壮吴，是喊杀声震大的残酷战场，是贫苦百姓流离失所的无助凄惶。山河破碎，生灵涂炭，风雨飘摇的天地间，一束耀眼的白光刺透无尽的黑夜，却又很快地被无情淹没……

（一）杜甫的顽强坚韧

杜甫，字子美，出身于传统的儒官家庭，家学渊博，诗歌底蕴深厚，以"吾祖诗冠名"自傲。七岁开始学诗，九岁惯于写书法大字，少年时便已在洛阳初露头角。若是这般发展下去也许就成为了"一日看尽长安花"的得意少年郎，便能似李白一般万丈豪情，纵情山水，快意人生。然而，家族的没落与唐王朝的衰败终究没能造就第二个李白，但命运的多舛却成就了中华文学史上一个独一无二的杜甫。

杜诗被后人尊为"诗史"，郭沫若亦对于其人其诗给出了"世上疮痍，诗中圣哲；民间疾苦，笔底微澜"这般极高的评价，这更令我们好奇：何谓诗史？为何谓诗史？可当我们细读子美的诗文时，或许一切便迎刃而解了。

杜甫是不幸的，生于动荡的乱世，终日为全家的生计奔波操劳，甚而为当地的权贵写诗逢迎，请求帮助。"苦摇求食尾，常曝报恩鳃""饥藉家家米，愁征处处杯"便真实地还原了诗人的无奈落魄、可怜悲苦。伟大的诗人却不得不经受这般残酷的苦难，但这却是时代悲歌下早已被书写的命运。读罢，便只余叹息扼腕，唏嘘怜悯。

在《佳人》一诗中杜甫刻画了一个命运悲苦的美丽女子，"绝代有佳人，幽居在空谷。自云良家女，零落依草木"。娘家败落、丈夫遗弃，只能幽居空谷艰难度日的不幸遭遇没有压倒她，反而让其越发坚韧。"在山泉水清，出山泉水浊""天寒翠袖薄，日暮倚修竹"不正是子美自己心志的抒发？当苦难避无可避之时，杜甫仍贫贱不移，不与俗世相合。他的气节与情操与中华文明历史上许许多多光辉不朽的伟人相合，这份坚韧刻入了中国精神，给无数正处于艰难困苦境遇中的人们带去力量与动力。

生活已窘迫至此，但他却仍看到了"哀哀寡妇诛求尽""无有一城无甲兵"，看到了"战伐乾坤破，疮痍府库贫"，他切身体会着贫困百姓们的潦倒无助，亲眼见证着战争的残酷，国家的飘摇，也更为任何人所深知盛世美梦下国家的危亡。但他没有为眼前的苟且所退缩胆怯，亦不曾为无尽的黑暗感到麻木不仁，尽管"年年非故物，处处是穷途"，但他却"留滞才难尽，艰危气益增"，这份坚忍不拔便是他之于苦难的不屈回应。

（二）杜甫的仁民爱物

他奋力挣扎在战乱、饥荒、贫病中，眼睛却永远追随真正社会底层的平民大众，"朱门酒肉臭，路有冻死骨"，他忠实地记录着悲剧时代下人民的苦难，官僚权贵们肆意压榨百姓的丑恶，他为生民立命，发出了"安得广厦千万间，大庇天下寒士俱欢颜"的至情呼号，铮铮地回荡在寂寥的天地间，也似一记重锤砸在我的心头。原来，这个体弱多病的老人早已超越了小我，忘却了自身的苦难不幸，宽广的心胸里装着的是天下苍生，是振兴民族的不屈热望。心头顿觉百感交集，沉甸甸的说不上是什么，许是惭愧，是敬仰，更是震撼。

四海漂泊，贫病交迫，却又心系天下，胸怀万物。也许你眼中的杜甫便是这样一个形象。诚然，悲情是杜甫的人生主旋律，但博大宽广如他亦有着常人难及的细腻感官。也许这便是君昏世乱下他给予自己所不多的慰藉与遣怀。"随风潜入夜，润物细无声""穿花蛱蝶深深见，点水蜻蜓款款飞"。

成都的草堂给予了杜甫一方心灵的净土。浣花溪边，圆叶小荷，细麦轻花，隔绝了兵戈扰攘的乱世，生活又似归于闲适悠然。他看琵琶杨柳，听春夜细雨，赏夜色清幽。一句"云掩初弦月，香传小树花"便窥得了诗人的恬淡心境及田园生活的宁静祥和。

日子在优美的自然春光里飞速逝去，悲苦的命运却早已近在眼前，避无可避。看他闲耕南亩，种药培树，心境却蓦地感到十分悲哀了：不如就这般永远地住下去吧，如陶潜一般"采菊东篱下，悠然见南山"又有何不可？他不过也只是一个孤苦无依的老人罢了，纷扰的战乱与权臣间的争权夺利又与他何干？醉心山水，与世无争，茕茕孑立，也许正是当时的杜甫最明智的选择。

但他从未出世，也没办法超然物外，只因他从未止步于这一介小小的草堂，他的心永远与处于水深火热中的劳苦大众紧密相连。即使远离战火纷争，但当他看到被刀斧砍伐的枯棕便立即想起了被官吏剥削的人民："有同枯棕木，使我沉叹久。死者既已休，生者何自守？"眼前的病柏、枯枏，也联结着社会的病象。面对着生活中的悲苦忧郁，他并不常常想到自己，反而永远牵挂着百姓，忧心着天下。思及至此，我便又释然了：也许真正与他所深爱着的百姓站在一起，才是他想要的归宿。"芟夷不可阙，嫉恶信如仇！""新松恨不高千尺，恶竹应须斩万竿"是杜甫激情满怀，惩奸除恶的决心。

无论何时何地，他总是与天下的百姓共同进退，他时时刻刻都记挂着人民的苦难，痛斥社会的黑暗。"盗贼本王臣"，他冷静睿智地抓住了问题的症结，但却"未见有知音"，独立于高山之巅，无力改变。他想远离纷扰是非，但悲苦的黎民百姓还挣扎在一片水深火热之中。他的一生都在寂寥的峰顶苦苦挣扎着，终于立成了一座不朽的民族丰碑。"杜甫是中华民族的脊梁！"

二、苦难造就诗人

怎样坚强的意志和伟大的民族气节啊！这样伟大的诗人是如何成长起来的？究竟是什么练就了他如今的意志品质？这其中又有什么值得我们借鉴的地方？

可当我们看到杜甫的少年时却令人有些失望了，也许是受了祖父杜审言和当时唐朝一般文人习气的影响，他自比稷契，不把屈原、贾谊放在眼里；他放荡齐赵，裘马清狂。这样一个庸俗的、自负自傲的杜甫实在与心目中的诗圣相去甚远，由此可见家世出生并不是成就杜甫的积极因素。

那究竟是什么促使他达到了如今的成就？除却必要的"读书破万卷"的努力外，答案便只剩下一个，这便是那份沉重的苦难。中华上下5000年，决不乏才情卓绝、勤奋刻苦的诗人，可真正达到杜甫这样高度的，又能有几个？细细归根，便不难发现苦难之于杜甫的重要影响。

在长安应征不中，由于父亲的去世家庭状况也急转直下。他在长安蹉跎了十年，生活日渐窘迫，不得不低声下气充作贵族的"宾客"，每日残杯冷羹，悲辛凄凉。

十年长安生活揭开了杜甫苦难人生的序幕，他看穿了精美的雕梁画栋下唐王朝的腐朽没落，看透了偌大政治集团的腐败黑暗。仕途的失意使他更清晰地认识到看似平静的盛世假象下隐藏着的汹涌暗流，自身的饥寒更使他感受到人民深切的苦难。"盖棺事则已，此志常觊豁。穷年忧黎元，叹息肠内热。"他于夔州漂泊时，看到当地人民于艰难的自然环境中辛苦谋生，还承受着统治阶级的无情压迫，这些"和杜甫理想中的安居乐业的生活状态出入甚大，不禁让他陷入沉思当中。再结合杜甫的一生来看，与人民同甘共苦是他一直未变的追求，尽管他已远离朝堂，但他心中那强烈的忧国忧民的情怀促使他不断发出感叹。只是无权无势年迈多病的他也只能心有余而力不足，他这种身处于田园村居，却心系黎民百姓的豪情壮志，在残酷 社会现实的映照下，显得那样的无力与苍白。由此，理想与现实的长久矛盾造就了他忧国忧民、感伤世事的悲情色彩"。①

杜甫眼见着黎庶的悲惨遭际，哪还能写出裘马清狂的诗句呢？颠沛流离中，他饱蘸血泪，挥毫出一句句声泪俱下的哀诉。字里行间都满溢着沉重的苦难，沉郁顿挫，平实悲怆。至此，我们终于明了，真正成就杜甫的，正是那我们所避之不及的苦难。

苦难可以拥有多大的力量？它足以击败一切懦弱，但也能锻造出坚不可摧的意志，它

---

① 黎荔：《杜甫夔州诗的悲情色彩及成因》，载《内蒙古财经大学学报》2022年第2期，第129～132页。

激发人的诗情，使人遇见更好的自我，使一个个平凡的生命趋于不凡。而一个人面对苦难时的态度更能体现其人格的高下：自私自利者落井下石，面目可憎；胸怀宽广之士则超脱小我，善济天下。杜甫深陷于苦难，但他不忘人民，不忘家国，他的伟大就在这波云诡谲的混乱时代中得以凸显。我们不难相信，在民族生死存亡之际，会有这样一批爱国之士，悍然扛起民族复兴的大旗，支撑起中华民族的脊梁。如文天祥"人生自古谁无死，留取丹心照汗青"，如顾炎武"天下兴亡，匹夫有责"，如赵一曼"未惜头颅新故国，甘将热血沃中华"。正是他们，才让民族之魂永远燃烧，民族精神得以传承、升华。他们大义凛然、心系天下的品格凝聚成不朽的中国精神，指引照耀着一代又一代青年人为中国之崛起而奋斗。今天我们更需要站出来接受时代赋予我们的重任，这是中华民族的无上荣光，是杜甫等一众老前辈们代代相传的血脉力量。读罢杜甫，是一代繁华的狼狈落幕，亦是生生不息的民族力量的奔腾觉醒。

"凋谢和不朽混为一体，这就是奇迹。"杜甫一生颠沛流离、灯尽油枯的生命终于走向尽头。人们对于杜甫之死众说纷纭，可这早已为细枝末节的小事。杜甫在他 58 年的生命里创作了上千篇流传至今的佳作，他仁民爱物、忧国忧民的光辉形象早已深深镌刻在了每一个中华儿女的心头。他的作品被称为世上疮痍，诗中圣哲，其深刻的内涵品质终会随着那瑰丽的诗篇在岁月的长河中熠熠生辉，永垂不朽，万古未变。

苦难练就了如歌如泣的不朽诗篇，这亦是杜甫所留给我们的一笔宝贵的精神财富，其中蕴含的中国精神给以我们直面困难的勇气和一颗赤诚的家国之心，以及那对于和平安定、自由美好的朴素热望。

以民为本精神的现代诠释

曾　亮　电气与自动化学院（2022302071023）

【指导教师评语】 该文较为深入地考察了以民为本精神在古代的诠释、至近代的过渡，论证了现代以民为本精神的本质内涵及其在当代的价值，阐明了民本思想在中华优秀传统政治思想中的核心地位。文章坚持逻辑与历史一致的原则，结构清晰，脉络分明，由古及今，史论结合。但作者的文字能力有待提高。（马克思主义学院　左亚文）

摘　要： 自古以来，以民为本的理念向来为统治者所推崇，这种民本思想是中华民族优秀的传统文化，同样也是中国几千年来的核心政治思想。本文主要研究以民为本思想从古至今的转变，以古今结合的方式，考察历史上民本思想的发展以及国家治理政策的变化，深入诠释以民为本的精神，探寻这种精神在现代所具有的意义与价值。实际上，以民为本精神的现代诠释与古代诠释有相通之处，但现代的民本精神传承和发展了古代的民本思想。

关键词： 以民为本；古代诠释；现代诠释；人民至上

中国精神有着自强不息、厚德载物的主题，其中的一个重要组成部分便是以民为本的精神。无论古今，我们都能够或多或少地感受到民本思想的存在。古代的民本思想反映了其统治者和思想家对治国执政的理解，现代的以民为本的精神是建立在传统的民本思想上而不断发展完善的，但其又与传统的以民为本的思想有所不同。以民为本的思想在现代有着新的诠释。

一、以民为本精神在古代的诠释

在传统文化中，儒家始终坚持以民为本的思想。孔子在《论语》中所说的："节用而爱人，使民以时"①，所倡导的是节俭的生活，主张减少奢侈浪费，爱护人民；又有"举直错诸枉，则民服；举枉错诸直，则民不服"②，提出治国理政的关键是使民信服，统治者应当任用贤才；还有大家耳熟能详的"民为贵，社稷次之，君为轻"，更是充分肯定了人民群众的历史地位③。孟子这一大胆主张及其仁政思想，让民本思想变得更加系统完善，他所提倡的民本思想实际上是为了维护国家的长治久安。不止儒家，百家争鸣时期，墨、道两家也对民本思想有着独到的理解与阐释。墨子主张"兼爱"，认为人们要兼相爱、交相利，统治者要爱民护民，这些都源自上天的旨意。道家则主张统治者无为而治，需要顺从民意。而民本思想在后世又得到了发展，董仲舒的"天人合一"、程朱理学中的部分主张等，都为民本思想的发展注入了新鲜血液。这些民本思想反映了封建统治者和政治家们已经意识到，民众才是积累社会财富的关键，民众才是支撑国家发展的主力军，民众才是决定国家兴衰的最重要因素。

总的来看，民本思想在古代就有了系统化的阐释。早期民本思想提出了"民为邦本，本固邦宁"④ 这一观点，乃是中国传统民本思想精髓的体现。以民为本精神在古代的诠释便是：君主应当遵从人民的意志，认识到人民的力量与人民安康的重要性。显然，传统的以民为本精神促使着人民地位的提升。但是在笔者看来，古代这种民本思想虽是立足于民生，但其并非深入每一位君主的心中。在古代，普通民众是无法参与政治决策的，究其根本，人民群众还是处在帝王的管制之下，君主仍然处在至高无上的地位，本质上君还是政治的根基，而非"民为邦本"。君主执政也并未真正做到执政为民，封建时期人民的物资大多来源于国家，这就使得人民不得不依赖且屈服于封建统治，才能够维持正常的生活需求，人民也还是没有意识到自己对这个国家的重要性。从这一点来看，传统的民本思想同时也在维护着封建统治，加强中央集权，这也就不难理解为什么汉武帝要罢黜百家，独尊儒术了。

二、古代民本思想至近代的过渡

从古代民本思想到如今所说的以民为本的精神，其间必定有一个过渡期。笔者认为这个过渡阶段发生在近代时期，即革命与战争年代。自鸦片战争爆发之后，许多仁人志士开始思考着中国的出路，力图救亡图存。洋务运动虽然并未涉及思想的变革，但却为后人的

---

① 《论语》，杨伯峻译注，中华书局 2006 年版，第 4 页。
② 《论语》，杨伯峻译注，中华书局 2006 年版，第 20 页。
③ 《孟子》，郑训佐、靳永译注，齐鲁书社 2009 年版，第 244 页。
④ 《尚书》，王世舜、王翠叶译注，中华书局 2012 年版，第 369 页。

革命方向作出了引导。戊戌变法时期，维新派提出了各种变法内容，其中不乏包含民本思想的政策。比如，准许旗人自谋生计，而取消他们享受国家供养的特权，保障人民的权利处在平等的地位。在文化教育方面，创设京师大学堂，各地又设立中、小学堂。提倡西学，废除八股，改试策论等，使得人民享有受教育权，促进人的发展。而辛亥革命的发起人、伟大的民主革命先行者孙中山先生提出了"民族、民生、民权"的三民主义。他在其学说之中继承了传统民本思想，同时又加以改进与创新，在传统民本思想上实现了超越，尽管仍然有一些局限性，但还是深化了民本思想。同时期的五四运动更是让人民解放思想，使民权思想深入人心。马克思主义的传入让中国人民明白了要靠自己的力量翻身作主的道理，以李大钊为首的早期共产主义者提出的平民主义思想更进一步阐明了社会主义和人民主权的关系，为古代的民本思想注入了民主与自由的新鲜内容，强调要实现无产阶级专政，为受到剥削和压迫的人民振旗呐喊。在这一过渡阶段，传统的民本思想得到了很大程度的完善与改进，此时人民才真正意识到了自己国家主人的身份，进而追求自由，寻求解放。中华人民共和国成立之后，不再有君王皇帝的存在，人民代表大会制度使得人民能够开始参与政治决策而实现"民治"。

三、现代以民为本的精神内涵

历届党的领导人都强调"为人民服务"的基本理念，习近平总书记提到，政治工作者要坚持"从群众中来，到群众中去"。现代以民为本精神的诠释在当代我国"以人为本"的治国理念上也有所体现。毛泽东曾指出："我们共产党人区别于其他任何政党的又一个显著的标志，就是和最广大的人民群众取得最密切的联系。全心全意地为人民服务，一刻也不脱离群众；一切从人民的利益出发，而不是从个人或小集团的利益出发；向人民负责和向党的领导机关负责的一致性；这些就是我们的出发点。"[1] 这些无不体现着人民至上的理念。胡锦涛也提出"权为民所用，情为民所系，利为民所谋"[2] 这一重要思想，同样是从人民的角度出发。他所主张的科学发展观倡导全面、协调、可持续的发展，保障了人民的长远利益，实现了民众当前利益与长远利益的相互协调。

不难发现，当代以民为本精神是真正立足于民生出发的，是国家领导人切实为人民考虑、真心实意为人民谋幸福的。现代以民为本精神要求国家领导人"执政为民"，强调人民群众的主体地位，全面贯彻爱民、保民、富民三大理念，这三大理念同时也是以民为本

---

① 《毛泽东选集》，人民出版社 2006 年版，第 1094 页。
② 《胡锦涛文选》（第二卷），人民出版社 2016 年版，第 9 页。

精神的基本内核。爱民是国家领导人治国理政的出发点，中国共产党人践行主权在民的思想而实现以民为本，以人民为国家的主人翁、以人民群众为主体推进中国特色社会主义建设。保民精神，意即保障人民的民主权益。我国强调依法治国，但同时也推崇着以德治国的理念，提倡加强公民的道德修养。同时，我国推行的九年义务教育也应当是保民理念的体现，它保障了人民受教育的权利。在疫情期间，保民思想则体现得淋漓尽致，及时且高效的防疫措施、方舱医院的迅速竣工、免费核酸检测以及疫情补贴等，都是国家从人民角度出发而施行的政策，无不体现当代民本思想的"保民"。富民精神在改革开放以来也有所体现。改革开放为国家人民带来了巨大变化，党的政策也始终朝着人民共同富裕的方向发展。脱贫攻坚战的胜利、决胜全面小康目标的实现历历在目，中国共产党人时刻关注着民生建设，带领人们实现共同富裕的目标。

四、以民为本精神在当代的价值

从党和国家的层面来看，首先，以民为本精神的推广，有利于得到人民群众的拥护和支持。我国之所以能够稳步发展，离不开广大人民群众的衷心拥护和支持。在我国的发展进程中，国家领导人站在最广大人民群众的立场上处理好国家重大发展问题，切实保障人民权益，以实现国家的长治久安。同时，全面贯彻现代以民为本的精神，有利于民主观念的深入，为民主观念提供基石。其次，它规范着党的行为准则与作风。以民为本精神为党的工作提供了思想指引，要求党"立党为公，执政为民"。这种以民为本精神同时也为共产党人提升个人思想素质提供了道德准则，规范着党的行为作风，使共产党人时刻将人民放在心中，提升思想觉悟，做到以民为本、为民解困、为民服务。最后，以民为本的精神指引着中国的未来发展方向。现代以民为本的精神注重民生，国家社会主义建设的方向应当向民生建设靠拢。在不同发展阶段，民生问题是有所不同的，当前社会经济飞速发展，人民生活质量不断提高，民生问题自然也在发生改变。但只要共产党人深入理解以民为本的精神，便可以抓住民生需求的重点，明确提出民生事业发展的方向。譬如现在我国十分注重生态文明建设，倡导绿色生活，提出"双碳"目标，都是为了国家的可持续发展，是从人民的长远利益角度考虑的。

而从人民角度来看，以民为本精神的深入人心，无疑是能够让人民拥有对国家更深沉的爱与信任。同时，这种以民为本精神的践行也在时刻促进着人的发展，譬如教育行业的发展，社会福祉的改善与普及，都在一定程度上改善着人民的物质生活，促进着人民的全面发展，这同样也是在为培养全面型人才提供帮助，从而推进国家的发展进程。无论从哪一角度来看，以民为本的精神在当代都有着重大意义。

　　总的来看，以民为本的精神在现代有着不可估量的价值，在国家社会今后的发展中，这种精神也会得到更进一步的阐释。以民为本的精神是始终需要坚持发展下去的，以此协助中华民族的伟大复兴，创建更加和谐美丽的家园。

先义后利的精神

先义后利精神的本质与当代意义

杨子潇　电气与自动化学院（2022302071005）

【指导教师评语】 该文在联系儒家和法家义利观的基础上，对先义后利精神中"义"与"利"的本质内涵进行了较为深入的探讨，并结合当代实际，对先义后利精神在当代的映射，以及存在的对其"过度执行"和"片面解读"两种错误倾向，展开了具体的评析，既深掘了传统的义理，又彰显了其现代意蕴，是一篇阐释先义后利精神的佳作。（马克思主义学院　左亚文）

摘　要： 义利之辩，是中国传统思想史上的重要论题。这个问题起源早，持续时间长，涉及的思想主张也颇为多元。倘若从文字表面的意义来看，义与利似乎可以等同为公与私，即义为公义，利为私利。这样会使人觉得义利是二元对立的，然而，这个问题并没有一个一成不变的标准答案——义利之间本就不是势不两立的矛盾关系，加之不同时代对义利观的理解和要求也不尽相同。本文通过对历来各种思想中义利观的理解分析，阐述了义利的对立统一关系，并结合了当代背景，提出了"维护逐利行为的道德性"这一适用于当下的义利观。

关键词： 先义后利精神；合理义利观；当代行为准则

纵观中华文化的发展演变，不难发现，对于义和利的讨论贯穿了中华文明的进程。早在甲骨文中，"义"与"利"这两个字的身影就已然出现。在思想领域里，荀子最早提出"先义而后利者荣，先利而后义者辱"①，"义"也逐渐成为儒家学派最看重的价值之一，而同期的法家强调重利轻义，墨家则秉持义利皆重的原则，一时难分高下。时至今日，关于义与利的讨论依然没有终止，并且将两者更具象化为集体主义和个人主义。不过，我认为部分国人在思考义利观时出现了过于极端的情况，从而导致一些人对此的认知偏离了先

---

① 《荀子》，方勇、李波译注，中华书局2015年版，第46页。

义后利精神的本质。在目前的社会状况下，先义后利精神仍有其独特的价值。我认为，正确地理解和发扬先义后利精神，对当下完善社会主义市场经济的目标有着重要的推动作用。

一、先义后利精神的本质

在不同的文献中，对"义"的解释不尽相同，有人认为"义"是内在道德准则外化于具体行为的一种体现，是君子面对选择时的准绳；也有人认为行"义"就是为更多的人乃至全社会谋取好处。而"利"则是利益，包括物质利益、功名、声誉，等等。

从这种解释出发，可以发现两者并不是直接矛盾的关系，事实上，义与利在很多时候并不矛盾，甚至可以互相转化。比如于一国之君而言，追求民的利就是在实现君之义，这其中的"公利"即为"义"。要注意到的是，"义"的内涵是带有开放性的，可以适用于任何一个个体以及他所代表的群体。在义与利发生不可调和的冲突的情境中，其实是受到更普遍认可的"他利"或"公利"代表的"义"与"私利"产生了矛盾。义利的关系是建立在它们的联系之上的，义是道德层面上的一种准则，但是道德作为一种上层建筑，脱离不了物质基础，而物质基础正是利的一种重要体现，这就是义利的对立统一关系。

首先要明确的一点是，任何一种精神、思想或者主义，都是调节人们行为，维护社会秩序的手段，从这个角度来看，它与法律有类似之处，但是又不具备法律的强制性，而是含着一种规劝的意味。先义后利精神所规劝的，是逐利过程中见利忘义的行为。这里要注意的是，先义后利所强调的，并不是无条件的牺牲，也不是有义无利。人的本性就是趋利的，既已如此，将人类视为丝毫没有私欲的天使显然是不现实的。当然，没有限制地放任逐利的行为也是不可取的，因为欲望会膨胀，从而使人们做出侵害他人利益和公共利益的事情，最终导致社会秩序的混乱。因而，我们需要一条准绳，来有效地约束逐利的行为——这就是先义后利精神的本质。正如荀子所说："人生而有欲，欲而不得，则不能无求。求而无度量分界，则不能不争。争则乱，乱则穷。先王恶其乱也，故制礼义以分之，以养人之欲，给人之求。"① 由此可见，"先义后利"的主要作用不是限制人的合理欲望，而是阻止人们陷入对欲望的无限追求。

法家重利轻义，但并没有提倡为物欲所控。类似地，墨子也提出"利人者，人亦从而利之"②，意图在顺应社会追求利益的前提下，引导其向积极的方向发展。即使是历来给

① 《荀子》，方勇、李波译注，中华书局2015年版，第265页。
② 《墨子》，方勇译注，中华书局2015年版，第127页。

人留下奉行"义"为上之印象的儒家的代表人物孔子，也有言道"富而可求之，虽执鞭之士，吾亦为之"①。对利益的追求能提供生存和进步的物质来源，而人要做的，是在追求中不突破道德的限制而毫无克制，正如孔子的另一句名言所说："不义而富且贵，于我如浮云。"② 至于在实现理想世界的形式上，儒家更强调人靠自身的善性去克制，法家则依赖严刑峻法去压制人的恶性。这来源于它们对人类天性的不同认识，但是不难发现，三家在利的存在与正面价值的认知上是有共通的，也都认可在个人逐利中加入限制的必要性，这更深刻地印证了先义后利精神的本质。

二、先义后利精神的当代映射

先义后利精神在现代，很大程度上体现为集体主义。集体主义的定义是强调集体利益高于个人利益，要求个人利益服从集体利益，眼前利益服从长远利益，局部利益服从全局利益，这与先义后利精神的内涵高度吻合。同时，集体主义也并不否认个人利益，而是提倡把个人利益和集体利益有机结合起来，正如先义后利精神对逐利正当性的认可一样，集体主义也没有站在个人利益的对立面，社会主义时期的义利观，以集体主义为核心，遵循正义谋利的原则。它鼓励人们合法经营，诚实劳动以致富，同时要求人们在利益面前审视思考，做到合"义"而取，合"义"才取，在维护国家和集体利益的前提下，再充分满足个人利益。集体主义既承袭了先义后利精神的本质内核，又针对其中为维护封建统治的糟粕部分进行了改造，突破了传统"义"的标准的局限性，可谓是先义后利精神最佳的当代映射。

在当代，先义后利精神的极端化主要体现为过度执行和片面解读。这两种错误往往会朝着截然相反的方向发展——过度执行是指以先义后利的高尚对一切追求个人利益的行为进行道德绑架，并在其推行的过程中加入强制手段，剥夺合理的个人自由和个人利益；片面解读则是把先义后利理解为完全放弃个人利益，从而批判先义后利精神，以达到将极端个人主义和精致利己主义合理化，为自己不道德的逐利行为辩护的目的。尽管这两种极端的表现方式不同，但是它们背后有一个共同原因：随着时代的进步，生活生产的节奏越来越快，急于求成的现象越发多了起来。组织和团体为了迅速积累出成绩，有时会忽略个人的合理需求，而一些素质不够高的个人，也频频做出为了眼前的利益放弃道德的行为。

两种误读都将先义后利精神歪曲为抛弃个人利益，这无疑是对先义后利精神本质的最

① 《论语》，孔祥瑞译注，上海社会科学院出版社 2020 年版，第 146 页。
② 《论语》，孔祥瑞译注，上海社会科学院出版社 2020 年版，第 149 页。

大亵渎。如前所述，先义后利精神从来都不否认追求个人利益的正当性，它的目的是达到一种平衡，而在极端化的理解之下，这种精神反而会激化失衡。人民公社时期，农村生产高度集中化，政府向农民施加强制的分配政策，收益分配的首要原则是"先国家，后集体"，生产队首先必须完成国家的征购任务，然后才能进行生产队内部分配。国家下达明确的收购数量指标，生产队无论有什么困难，都必须完成任务。① 在国家通过集体化为工业进行积累的制度环境约束和缺乏激励制度的条件下，农民最终能够得到的农业剩余太少，因此，许多农民生产的主要目的并不是增加收入，而是为了维持生活。② 在这个情境中，国家的工业化确实是必须实现的目标，但是为了追求它而强制要求农民只得按照统购价格出售粮食，在荒年依然要上交同样数量的粮食，甚至威胁到他们的温饱，并以"为了国家"的"大义"说法作为理由，这显然是一种忽视了个人利益的、脱离了实际的错误的集体主义。只讲思想，不讲物质，人民公社制度过度执行了先义后利精神，造成了严重的社会问题。

进入 21 世纪，人们已经普遍认识到正确谋取自身利益的意义，敢于依靠自己的劳动大胆地走致富之路。这种思想上的解放，调动了人民群众发展社会主义经济的积极性，极大地促进了我国经济的发展和繁荣。但是，随着商品交换关系的普遍化，一些人见利忘义，不择手段地谋取不义之财，其坑蒙拐骗等种种丑行令人发指。同时，"金钱至上""一切向钱看"的资产阶级腐朽思想泛起，严重腐蚀人的灵魂，破坏了社会主义事业。商品经济发展中出现的这些负面影响令人深思。这种行为和思想不仅违背社会主义道德原则，也与中国人民的传统美德相背离。③ 听到这样的事情时，我们会对这种人进行道德谴责，可见他们"义"的缺失。深究这类利己主义者的心理，不难发现，他们在作出选择时，只把物质财富纳入考量范围，对一切道德标准却嗤之以鼻。在这些人的眼中，先义后利精神是愚蠢的，因为他们并没有意识到伴随社会认可而来的"义"对"利"的潜在正向作用，而只看到了放弃眼前利益的一面，这便是对先义后利精神的一种片面解读。

想要去除对先义后利精神的极端化，必须广泛树立正确的社会主义义利观。要做到"见利思义"，最重要的一点就是摒弃唯物质利益是图的观念。诚然，物质利益能改善我们的生活，但是人作为一种社会性的动物，自身的社会关系也是不能忽视的。如果一个人为了眼前的物质利益，抛弃掉了应有的道德准则，那就是在自断后路，饮鸩止渴，最终只能落得一个人人喊打、无人愿意与之合作、义利两空的结局。而如果全社会普遍建立起了正确的义利观，具有了较高的思想觉悟，那么歪曲先义后利精神的行为也就失去了它的土

---

① 张乐天：《告别理想——人民公社制度研究》，东方出版社 1998 年版，第 271 页。

② 温铁军：《中国农村基本经济制度研究》，中国经济出版社 2000 年版，第 247 页。

③ 张守军、冯郁：《儒家先义后利思想及其现实意义的再认识》，载《齐鲁学刊》1995 年第 5 期，第 32 页。

壤。社会主义义利观自提出以来，一直受到各界的认可，但是在大众百姓的日常生活中，并没有完全将这个概念深化到内心，其约束人们行为的作用也比较有限，这是亟待提高的一点。

三、先义后利精神的当代意义

在 21 世纪，吃"大锅饭"的极左思想已经褪去，追求个人财富成为了社会风潮，但是随着市场经济的蓬勃发展，只讲个人私利，不讲社会道义的精致利己主义也开始出现。在这样的时代背景下，强调逐利行为的道德性，是对抗精致利己风潮最有力的武器。君子爱财，取之有道，我们必须明确，无论在任何时代、体系和制度下，求利都不能作为践踏道德、损害社会利益的理由，因此，先义后利精神在当代仍然具有重要的作用。我们应该从先义后利精神中吸取精华，将"义"和"利"赋予新的时代意义，将人们谋利致富的行为引导到社会主义义利观的正确轨道上来。同时，以集体主义为基本原则，消除集体主义和追求个人利益相矛盾的错误思想，鼓励人们在见利思义、集体优先的前提下走正路致富。只有这样，广大人民群众的利益才能得到强有力的保障，发展社会主义市场经济才能和强国利民的目标真正统一起来。

论先义后利精神及传承

关清晨　信息管理学院（2022302192006）

【指导教师评语】义利关系是古今中外千古不变的话题。如何在义与利的辨析中发掘中国传统精神的本质及其内涵，是本论文主要关心的问题，也是当前探讨中国精神中先义后利观念的重要基点。作者由古及今，对这一历久弥新的话题作了初步探索。（中国传统文化研究中心　余来明）

摘　要：本文针对《中国精神导引》中涉及的九大精神之一——先义后利，进行了一系列的分析和论述，特别是对于先利后义的历史背景以及传承前景，作出了深刻的思考。在社会主义迈入新时代的潮流中，在世界经济蓬勃发展的大背景下，身为中国人，我们应当始终保有先义后利的精神，将其贯彻于生活中，并传承下去。

关键词：先义后利；道德；传统文化；市场经济；社会主义新时代

义，自古以来就是中华民族的传统美德，更是华夏儿女的脊梁；利，是芸芸众生对美好生活的向往，更是天下太平的保障。我以为，在不失本心的基础上，实现义利兼顾，止于至善，实现个人与社会的和谐。先义后利，即在求利之时，以义作为准绳，这是中华民族亘古不变的义利观。就像《晏子·春秋问上》中讲的那样："谋度于义者必得，事因于民者必成。"而对于当下，我们正处于经济快速发展、生产力不断提升的时期，全社会只有更加重视先义后利精神的挖掘和传承，才能让社会主义的光芒照亮中华大地，最终实现中华民族的伟大复兴。

一、义与利的内在联系

罗尔斯在《正义论》中提出了正义的两条原则：第一条，平等的自由原则，即每个人应该在社会中享有平等的自由权利；第二条，差别原则与机会平等原则。前者要求在进行分配的时候，如果不得不产生某种不平等的话，这种不平等应该有利于境遇最差的人们的最大利益，就是说，利益分配应该向处于不利地位的人们倾斜；后者要求将机会平等的原则应用于社会经济的不平等，使具有同等能力、技术与动机的人们享有平等的获得职位的机会。

"义""利"并不存在绝对的对立关系，二者并行不悖，可以互相转化。"义"与"利"这两个存在矛盾关系的概念常相伴出现。孔子曾言："君子喻于义，小人喻于利。"① 林则徐曾在诗中写道："苟利国家生死以，岂因祸福避趋之。"② 许多仁人志士都曾表达过他们对先义后利的赞扬。而程颢："大凡出义则入利，出利则入义。天下之事，唯义、利而已。"③

中国文化传统在讲到相关概念的时候，经常是将许多相互对立又不可分割的关联概念同时并举。老子的《道德经》中就有"有无相生，难易相成，长短相形，高下相倾，音声相和，前后相随"④ 的说法，"有无""难易"等相对的概念总是因为对方而存在。

按照唯物辩证法的说法，矛盾的对立双方不能单独存在，而是在一定条件下，各自以自己的对立面作为自己存在的前提。情同此理，"义"与"利"二者也存在同样的关系。当然，程颢所说的"出义入利"或"出利入义"，是就两者对比关系之下的主要面来说的，并不意味着它们两者之间必然存在排斥的关系。

无论是重义轻利、重利轻义还是义利兼顾的看法，都体现出"义""利"二者是同时并存的，就好像是一个硬币的两面。荀子将"义""利"的先后与"荣辱"联系在一起，他在《荀子·荣辱》篇中提示说："荣辱之大分，安危利害之常体：先义而后利者荣，先利而后义者辱。荣者常通，辱者常穷。通者常制人，穷者常制于人。是荣辱之大分也。"从这一角度来看，先义后利并不是价值正与负，而是基于人的心术、品德的判断。因此，虽然在荀子的论述中，有先"义"后"利"的区别，但二者都是不可或缺的，是需要同时兼顾的。推而广之，对一个国家来说，如何实现"义""利"之间的平衡与统一，也是能够长久维持国与国之间良好、稳定关系的基础。

二、先义后利精神的提出与延续

岁月不居，时节如流。回望过去，孔子的学生子路，救了一个落水儿童，孩子的父亲

---

① 《论语·里仁》，中华书局1980年版，第61页。
② 《林则徐全集》，海峡文艺出版社2002年版，第322页。
③ 《二程语录》，中华书局1985年版，第43页。
④ 《道德经》，中华书局2021年版，第6页。

想报答给子路一头牛。子路秉持君子义以为上，本想拒绝，孔子却劝他收下，说如果善意没有回报，善行可能不会延续。像孔子一样，诸多先贤都极力推广着先义后利的观念。

而朱熹曾说："国不以利为利，如秦发闾左之戍也，是利，堕名城，杀豪杰，销锋镝，北筑长城，皆是自要他利。"[①] 利不必专指财利。所以孟子从头截断，只说仁义。说到"未有仁而遗其亲，未有义而后其君"，这里利却在里面。所以说"义之所安，即利之所在。盖惟义之安，则自无不利矣"，这番话体现了他本人以义为利的思想，更体现了当时官员治国理政的一大方针。

义利合一，不仅象征着太平，而且承载人们对美好生活的向往。义作为人头顶的道德律，利则是悬在心间的一把秤，把道德作为这把秤的刻度，才能一起走向美好。

一切过往，皆为序章。现在的中国需要我们来谱写华章，立足当下，贵州茅台企业将茅台低价卖给抗疫医护人员，既保全了生产方千万员工的薪酬，又以让利的方式致敬医护人员。这让企业及社会对医护人员的致敬落到实处。同时，义借着利的风势，才能在红旗之下，飞入寻常百姓家中。义利兼顾，守得住底线，方能让社会运转得行稳致远，长治久安，构建人类和谐大爱的社会。

然而，社会中仍有管窥蠡测之辈。纵看，有汪精卫叛国做贼，小人唯利是图；横看，有一众政府廉政之风下扫落的贪污腐败之徒。三鹿奶粉、非正规整形医院，以及近年来热门的"精致的利己主义"之谈，此类例子不胜枚举。

《白夜行》有言："世上有两样东西不可直视，一是太阳，二是人心。"他们弃义取利，以小人之心，忘却了承载百姓的责任。

三、社会主义的精神内核——先义后利

先义后利不仅仅是中华民族自古以来的价值取向和优秀传统，更是如今身为社会主义国家的我们应当追求的精神内核。与资本主义国家的以利为重不同，身为社会主义国家的我们，需要于社会的发展中寻求人性的仁义，并将其发扬出来。

荀子提出：我们看一个社会是治世还是乱世，就看它是对"义"的追求超过了对"利"的追求，还是恰好相反。荀子并不否认国家或者个人对"利"的追求，作为人的基本需求，逐"利"是情理之中的事。关键在于，不能让"欲利"之心超过了"好义"之心，当逐"利"的精神和价值成为一个社会或者个人的主要目的之后，社会和国家就会陷入伦理崩溃的混乱当中。

---

① 《朱子语类》，中华书局 1986 年版，第 683 页。

马克思主义科学地说明了"义"与"利"的辩证关系。马克思主义认为"义"和"利"是对立统一的，利益是道德的基础，道德原则是在解决利益关系中形成的。恩格斯说："人们自觉地或不自觉地，归根到底总是从他们阶级地位所依据的实际关系中，从他们进行生产和交换的经济关系中，吸取自己的道德观念。"① 马克思在创立唯物史观时，认为在阶级社会里道德带有强烈的阶级性，利己主义和利他主义都同一定阶级的阶级利益相联系，阶级的利益不同，道德的原则和规范也就不同。

建立社会主义市场经济体制，是我国改革开放十几年来社会主义实践发展和认识深化的必然结果，是我国经济振兴和社会进步的必由之路，也是一项史无前例的伟大创举。这种经济体制，不仅同社会主义基本经济制度、政治制度结合在一起，而且同社会主义精神文明结合在一起。因此在改革开放和社会主义市场经济条件下，"义"与"利"是完全能够统一的。

作为党的第二代领导人的杰出代表的邓小平同志，在义利统一观上曾有过许多精辟的论述。改革开放一开始，他就指出："在社会主义制度之下，个人利益要服从集体利益，局部利益要服从整体利益，暂时利益要服从长远利益""我们提倡按劳分配，承认物质利益是要为全体人民的物质利益而奋斗。每个人都应该有他一定的物质利益，但是这决不是提倡各人抛开国家、集体和别人，专门为自己的物质利益而奋斗，决不是提倡各人都向'钱'看，在社会主义社会中，个人的利益要服从国家和集体的利益。为了国家和集体的利益为了人民大众的利益，一切有革命觉悟的先进分子必要时都应当牺牲自己的利益。"② 正是根据小平同志的这些重要思想，党的十二届六中全会决议指出："我国正处在社会主义的初级阶段，不但必须实行按劳分配，发展社会主义的商品经济和竞争，而且在相当长的历史时期内，还要在公有制为主体的前提下发展多种经济成分，在共同富裕的目标下鼓励一部分人先富起来。在这样的历史条件下，全民范围的道德建设，就应当肯定由此而来的人们在分配方面的合理差别，同时鼓励人们发扬国家利益、集体利益、个人利益相结合的社会主义集体主义精神，发扬顾全大局、诚实守信、互助友爱和扶贫济困的精神，社会主义所要反对的，是一切损人利己、损公肥私、金钱至上、以权谋私、欺诈勒索的思想和行为。"③ 在这里，其实就表达了我们党在新的历史条件下所倡导的义利统一观。

从社会主义实践的经验教训中，从我国建立社会主义市场经济体制、发展社会主义市场经济的实践中，党的十四届六中全会进一步发展了社会主义义利统一观。其决议中明确提出"建立和完善社会主义市场经济体制，必须紧密结合改革和发展的实践，健全社会主

---

① 马克思、恩格斯著：《共产党宣言》，人民出版社 2015 年版，第 271 页。

② 《邓小平文选》（第二卷），人民出版社 1994 年版，第 337 页。

③ 《中共中央关于社会主义精神文明建设指导方针的决议》，载中华人民共和国中央人民政府官网，https：//www.gov.cn/test/2008-06/26/content_1028287.htm，2023 年 4 月 8 日访问。

义法制，加强精神文明建设，引导人们正确处理竞争和协作、自主和监督、效率和公平、先富和共富经济效益和社会效益等关系，反对见利忘义、唯利是图，形成把国家和人民利益放在首位而又充分尊重公民个人合法利益的社会主义义利观，形成健康有序经济和社会规范。"① 这就是我们党在建立社会主义市场经济条件下，对社会主义义利观的高度概括。

在社会主义新时代，人们应该做到坚守心中正确的义利观，取利为小我，生义为大我，共创和谐大同社会，河清河晏盛世太平。让正确义利观如百卉之萌发，如利刃之新发于硎，流淌于千千万万世人心中，并由无数身影躬耕于社会方亩中。义利兼顾，止于至善。古人云："君子爱财，取之有道。"坚持正确的义利观，展望未来理想蓝图，实现家国和谐，构建人类命运共同体。总之，深谋于义者必得。

---

① 《十四大以来重要文献选编（下）》，人民出版社 1999 年版，第 229 页。

浅析义利观的发展及当代价值

陈彦霖　土木建筑工程学院（2022302192077）

【指导教师评语】 本篇论文从义与利的内涵、义和利的关系出发，考察了"重义轻利""重利轻义""义利兼顾"三种义利观，梳理了中华人民共和国成立以来三个时期义利观的变化发展，并总结了先利后义精神的当代价值。论文行文流畅，结构完整，条理清晰，层次分明，内容较为全面。但是一些方面仍有待提高之处，例如，关键词可进一步精练。此外，论文的四个部分之间虽然顺利衔接，但是衔接的流畅性仍有进步空间。建议适当增加对当代价值的理论阐发，以增强学理性，使全文结构更加平衡。（马克思主义学院　吴默闻）

摘　要：自古以来，中国的思想家对于义和利的关系有着不同的见解，在介绍了义和利的含义后，本文重点介绍了三种传统义利观："重义轻利""重利轻义""义利兼顾"，并介绍了在中华人民共和国成立后不同义利观的发展，指出了先义后利精神在当代中华民族伟大复兴关键时期的重要价值。

关键词：义利观；先义后利；当代价值

"义"字的起源可以追溯到古代的甲骨文，在甲骨文中，"义"的字形类似于一个手执带装饰的锯齿状长柄武器并且戴着羊形冠饰的人的形象。而在中国古代各种学说的不同思想中，"义"也有着不同的解释以及多重的内涵，在东汉著名文学家许慎所著的《说文解字》中他写道："义，己之威仪也，从我、羊。"[①] 他认为义是人伦中行为举止合乎人情的仪态。而在清代著名文字训诂学家、经学家段玉裁的《说文解字注》中，他将"义"解释为"善"。因此从他们两个人的解释里面可以看出来，义通常是指正面的人伦价值。在另外的一些人眼里，义有的时候也被描述为正，与行为的正当性联系在了一起，成为中

---

① 汤可敬撰：《说文解字今释（下）》，岳麓书社1997年版，第1809页。

国古代伦理里面非常重要的一个内容。比如，在儒家思想里面，孔子就曾经说过"君子喻于义"① 和"君子义以为质"② 的概念。而后来的孟子更是将义在儒家思想体系中的地位拔高到了一个新的高度。他关于义最为著名的观点就是"生，亦我所欲也，义，亦我所欲也，二者不可得兼，舍生而取义者也"③。从这些例子中可以看出，义由于其包含的各种美好的品质，成为儒家理想君子人格——仁义礼智信——建设的一个重要内容。

"利"字和"义"字一样拥有悠久的历史，最早也可以追溯到甲骨文，它的古字形类似于当时的一种农具。后来利逐渐演化出吉利、利益、功利等多种概念，而后人对于利的解释常常也并不是只限利本身，而多是将它与义联系起来一起阐释，如在《周易》中就说："利者，义之和也"④，所以这里暂时不单独对"利"进行定义。

一、三种中国传统义利观

前文中就说到，在中国古代，思想家们在论述"义"和"利"这两个存在矛盾关系的二者时，大多是将二者捆绑在一起进行论述。而在今天，按照矛盾辩证法的观点，矛盾的对立双方都不能单独地存在，而是在有着一定条件下，各自以自己的对立面作为自己存在的前提。而按照和谐辩证法，义和利二者既相互对立又和谐统一，在人类社会的发展中二者缺一不可，我们不能一味贬低或赞颂其中某一部分，这样都会导致失衡。相反，只有客观辩证地看待二者的关系，才可以树立良好、和谐、有序且利于人类社会发展的义利观。而在中国古代漫漫的历史长河中，大致有着"重义轻利""重利轻义"以及"义利兼顾"三种观点，其中，在中国的历史中，又属重义轻利的思想影响最为深远与广泛。

"重义轻利"的思想主要起源于以孔孟为代表的儒家思想。无论是从义理上还是经济层面，先秦儒家都对于重义轻利十分推崇，比如在孟子的经典著作《孟子·梁惠王上》中，当梁惠王问孟子可以给大梁带来什么好处时，孟子就回答道"何必曰利？亦有仁义而已矣"⑤，似乎在他的眼中，当人们面对物质利益时，首先应该去考虑如何做才能符合义的标准，只要符合了义的标准，黎民百姓才致力于追求更高的人生价值，那么在这个过程中本身就会创造利，而人们不应该以利作为自己的行为准则。

与儒家的"重利轻义"思想相对的，是起源于先秦法家的"重利轻义"思想，究其

---

① 杨逢彬著：《论语新著新译》，陈云豪校，北京大学出版社 2016 年版，第 48 页。
② 杨逢彬著：《论语新著新译》，陈云豪校，北京大学出版社 2016 年版，第 282 页。
③ 《孟子译注》，杨伯峻译注，中华书局 2018 年版，第 293 页。
④ 《易经》，周鹏译注，北京联合出版社 2015 年版，第 189 页。
⑤ 《孟子译注》，杨伯峻译注，中华书局 2018 年版，第 1 页。

根本原因，在于法家多认为人性好利自为。商鞅就认为："民之欲富贵也，共棺而后止"①，而在韩非子的思想中，他似乎也接受了人的性恶论，认为人都是趋乐避苦的，都是自私自利的，甚至是有计算厉害之心的，只讲仁慈道义不但无用，甚至有害。正是源于这样的认识，法家谈论"治道"时，往往强调"因势利导"，"人情者，有好恶，故赏罚可用。赏罚可用则禁令可立而治道具矣"②，在商鞅、管仲、韩非子等人的论述中，处处可见将利作为行义基础的论述，在他们看来，只有满足了人们的需求，然后才可以对他们进行约束，教化。

从上文对于重义轻利和重利轻义两种思想的介绍我们可以看出，在儒家和法家的义利观中，义和利似乎有着某种因果关系，前者大概认为：只要将义作为处世标准，在这个过程中本身就会创造利的价值，而后者大概认为：正是由于人们本性中对于"利"的追求，所以"利"才是"义"的大前提。同时，"重义轻利"和"重利轻义"两种思想具体上来说都是立足于个人，是一种个人的义利观。而"义利兼顾"则不同，它主要是站在整个国家甚至天下的角度来论述义利观，中国古代思想里面"义利兼顾"的观念可以追溯到战国时期墨子的学说，他不但把义与利等同起来，还从义的角度着眼，去定义"义"的行为："兴天下之利，除天除天下之害"③，从这一点我们可以看出他将"义"和"利"二者等同起来的基础就是"天下之利"，也就是所谓的"公利"。也就是说，在墨子的学说中，他认为"利"是存在公与私的特征区别的，在这种思想里面，如果一个人的目标是追求一个国家，一个民族甚至全人类的"利"的话，那么他所追求的东西也就与"义"没有什么区别。综合起来说，在"义利兼顾"的观点里面，二者是没有明显的轻重区别的，二者也没有任何的因果或者逻辑关系，只有同时兼顾义和利，而且让义和利达成一种平衡的关系，才能实现国家的富强与昌盛。

二、中华人民共和国成立以来的义利观发展

上文介绍了中国古代主要的三种义利观，而自从中华人民共和国成立以来，义利观也经历了新的发展。从中国共产党领导人民完成新民主主义革命到现在中国迎来百年未有之大变局的民族复兴的关键时刻，中国人民走过了筚路蓝缕的 70 多年，在这 70 多年里，中国的义利观也在不断发展与变化，大致可以分为三个时期：从中华人民共和国成立之初的

---

① 《商君书注译》，高亨注译，中华书局 1974 年版，第 133 页。
② 《韩非子新校注》，陈奇猷校注，上海古籍出版社 2000 年版，第 1045 页。
③ （清）孙诒让撰：《墨子间诂》，孙启治点校，中华书局 2001 年版，第 100 页。

以集体主义义利观为主，到改革开放之初的个人主义义利观抬头，再到现在的中国特色社会主义义利观的不断完善与发展。

中华人民共和国成立后，由于社会主义制度的实行，中国长期完全贯彻集体主义，并且在毛泽东同志的领导下，一种集体主义义利观逐渐发展了起来。"人民利益至上"和"为人民服务"的观点将个人与集体的利益统一了起来，也就是说将公利与私利二者近乎完全地等同了起来。中华人民共和国成立最初30年的集体主义义利观主要有以下几个特点：第一，毛泽东同志批判了中国传统义利观中不讲效果只讲动机的部分，即传统先义后利的义利观思想里面暗藏的仅仅以"义"为口号作秀的情况，从而提出了所谓的"动机效果统一"论，是对中国古代传统义利观的进一步发展。第二，集体主义义利观成功继承了中国古代传统义利观中"重义"的部分，并结合中华人民共和国成立初期的实际与时代特征进一步发展与丰富了"义"的内涵，提倡为共产主义事业的伟大发展献出自己的一切甚至生命。第三，集体主义义利观有一个最大的缺陷，那就是集体与社会的利益得到了过分的强调与拔高，而个人利益几乎完全被忽视了，这当然是与中国古代传统的"重义轻利"的义利观一脉相承的。① 甚至像这样一直发展到后来，在"文化大革命"期间，由于对阶级斗争的过分强调，集体主义甚至越来越朝着更加极端的方向不断激化，导致只要涉及了个体自由或个体利益的言论大部分都会被扣上"资产阶级自由化"的帽子，这就导致集体主义逐渐成为另外一种形式的专制主义，以消灭"个体"，消除"个性"为主要的呈现形式，个体受到的压制也达到了最为严重的程度，而当集体主义义利观发展到了这个地步，也几乎就完全湮灭了私利的存在，只留下了公利与义。

而当改革开放以后，随着中国对外开放的大门越开越大以及后来市场经济的发展，西方的自由思想逐渐进入中国，一股个人主义、新自由主义、功利主义与拜金主义的思潮逐渐涌入中国。再加上由于"文化大革命"中个人价值被极大地压缩，这时候人们的义利思想逐渐来到了另一个极端，越来越多的人全盘接受了西方的个人主义义利观的思想，在他们眼中，集体仅仅是自己生活的一个地方，是自己谋取利益的一个跳板或渠道，而集体的利益与自己并没有什么关系。但其实这种"事不关己"的个人主义义利观对于整个社会的发展都有着极大的弊端，不少人和企业也见利忘义，以不正当的方式来谋求利益。

经过了改革开放初期的迷茫和探索，在后来中国也逐渐探索出一种更加成熟的具有中国特色的社会主义义利观，大致有以下几个特点：第一，在物质利益与道德二者的关系上，社会主义义利观不仅肯定利益是道德的基础，而且强调道德对社会物质利益关系的调节作用。第二，在公利与私利的关系上，社会主义义利观强调"把国家和人民利益放在首

---

① 张启伟：《传统义利观的历史发展及其当代价值》，哈尔滨工业大学2007年硕士论文，第17页。

位而又充分尊重公民个人合法利益"。第三，社会主义义利观强调义和利二者的和谐统一，还体现在"见利思义""以义取利""以义导利"等要求上。其实发展到这个时期，"先义后利"精神已经成功实现了完善与升华，成为了中国的社会主义义利观，最终成为了指导中华儿女将自己的利益与国家利益相结合的道德准则与内生动力。

三、先义后利精神的当代价值

上文介绍了中国古代三种传统的义利观，以及中华人民共和国成立以来义利观发展的三个阶段，其中对现在影响最大的就是先义后利的精神，其也有着重大的价值。

首先，先义后利精神有利于现如今中国特色社会主义市场经济的发展。马克思曾指出："劳动产品一旦作为商品来生产，就带上拜物教性质，因此拜物教是同商品生产分不开的。"[①] 前文也提到了，在改革开放初期，曾经出现了个人主义抬头的情况。市场经济下，经济主体进行活动的目的是获取利益，这是非常正常的，但求利的方式是否正当则关系到是否合乎义的问题。同时，我们可以看到在建立中国特色社会主义市场经济初期，由于当时的市场经济发育不完全，法律法规还未完善，不少企业为了牟取利益而抛弃了心中之义，以坑蒙拐骗等不择手段的方式获取经济利益，以违法的手段获取不正当利益，如震惊全国的三鹿奶粉事件。而如今，即使相关的法律法规已经基本建立完善，有着法律来约束不正当的行为，但是人们心中先义后利的精神才是激发人们合理参与市场经济活动的内生动力。因此，先义后利精神的宣扬有利于中国特色社会主义的良性发展。

其次，先义后利精神是限制当权者不正当私利的内在要求。在当今社会，一些人认为当权者是权力和财富的象征，甚至将权力变成自己谋取私利的手段，比如十八大以来，党中央打掉了许多"老虎""苍蝇"等腐败分子。虽然现在社会有着法律法规等外部约束，但是同样重要的是先义后利精神的内在要求，当权者必须始终保持高尚的道德观念，将先义后利精神内化于心，外化于行，承担起更多的社会责任，保持清醒，自我约束，才能真正服务于人民，为人民谋利益，谋求公利，促进社会和谐稳定。

最后，先义后利精神有利于激发青年人投身于中华民族伟大复兴的事业。我们可以看到，虽然当今社会精致利己主义仍然没有消失，但是青年也从未失去先义后利的精神。先义后利早就已经深深扎根于中华民族的民族血脉之中，从未离去。中华人民共和国成立以来，我们中就出现了许多坚持先义后利精神的先驱：开国之际，有钱学森等人的舍利回国；民族复兴之际，有黄大年等战略科学家的回国。而再将时间拉回我们现在的青年身

---

① 《资本论》（第一卷），人民出版社 1975 年版，第 89 页。

上，抗震救灾中逆行的"骑士"，在边境戍边的年轻战士，疫情中的无数"90后"甚至"00后"医护人员、大山的女儿黄文秀，新时代愚公毛相林等无数仁人志士，他们对于大义的追求就像是盏盏明灯，指引中华儿女在不断前进的途中坚持对大义的追求，坚决不做精致利己主义者。因此，将先义后利精神根植于青年人的心中，有利于青年在树立自身理想时，将自身发展与社会需要相结合，为中华民族伟大复兴的事业贡献力量。先义后利的精神早就不再是用简单的一句名言，一个故事就可以诠释的。在信息时代，普通人的故事可以被世界看见，而青年一代作为互联网的重要参与者，每天都在网络上见证着无数仁人志士，为了实现中华民族的伟大复兴，忘却个人利益，以人民大义为己任，前赴后继，甘心奉献的故事。正是在这样的耳濡目染中，根植于中华文化的以义为先，先义后利的精神也同样扎根于青年一代，鼓励我们战胜困难，勇往直前，成为实现人民幸福，民族振兴，国家富强的内在动力。

浅论先义后利精神的发展与现实意义

李震韬　弘毅学堂（2022300004072）

【指导教师评语】本文首先从历史的维度出发简要描述了从春秋战国到当代的先义后利精神的发展历程，指出先义后利的精神根植于中国的文化传统且在当下并未过时，关键在于发扬和践行。接着以鸿星尔克捐款事例为典型案例，指出世俗往往在见到一个正义的人之后，便将他推上道德制高点，以至于人们在见到一个正义的人之后，第一时间不是去歌颂，去学习，而是等待着一个反转。作者认为这样的思想，这样的社会是可怕的，从而批判了当今社会上存在着的苛责于人、幸灾乐祸的通病。总之，本文阐述了先义后利精神的发展及现实意义，以小见大，颇有启发意义。（哲学学院　连凡）

摘　要：儒家的义利观告诉我们应当有先义后利的精神，但在当今社会，越来越多的"精致的利己主义者"让社会逐渐走向先追求利益高低再考虑正义与否的深渊之中。但当如鸿星尔克这个甚至即将面临倒闭的公司以先义后利的精神为河南洪灾捐款 5000 万元却被人质疑发爱国财的事件进入我们的视野时，我们才意识到应该要正确理解何为"义"。作为大学生的我们正需要充分理解先义后利精神的内核并将其付诸实践，在当今社会中发挥它的现实意义与价值。

关键词：中国精神；先义后利；发展；意义

先义后利精神从春秋战国到当代的发展历程，说明先义后利的精神根植于中国的文化传统且在当下并未过的关键在于发扬和践行。

一、先义后利精神的发展历程

春秋战国时期，随着社会生产力的逐步提高，人们在物质生活上已经得到了一定程度的满足，开始在精神生活方面有了自己的探索，于是有了"百家争鸣"的思想盛况。而社会阶级分层的加剧，也让人们对于义利观有了自己的探讨。孔子说："不义而富且贵，于我如浮云。"（《论语·述而》）从孔子的话中可以看出他已经对义利之间的关系有了自己的见解。他认为如果是通过不正义的手段获得的利益，那便是不值一提的，甚至是污秽不堪的。在《论语·里仁》中所谈到的"君子喻于义，小人喻于利"也同样证明了孔子对于只追求利益的小人的不屑，以及对葆有先义后利精神的君子品格的人的推崇。

在孔子之后，孟子则是将先义后利精神进行了更系统、更完备的阐释。他说道："何必曰利，亦有仁义而已矣。"（《孟子·梁惠王上》）他告诉我们不必每天都为了追求利益而苦恼，只要讲仁义便是最好的选择。斯言诚哉！倘若我们每天醒来都想着自己今天怎样才能获利更多，我做这件事能得到什么利益，而不是问自己从中能否得到能力的提升，这样的生活无疑是无趣且不被人们所认可的。在《孟子·告子上》中孟子的鱼与熊掌之喻更是深刻而又巧妙地教会了我们在面对生死利益与仁义之间该如何抉择。

进入汉代，哲学家们对于义利观有了更深层次的理解。西汉哲学家董仲舒曾说："正其义不谋其利，明其道不计其功。"（《汉书·董仲舒传》）他将"义"不仅仅解释为正义，更是身而为人的道义。在正义、道义与利益、功劳中，前者无疑是更为重要的。儒家的先义后利精神长久地影响着中国历代百姓的观念，并且显而易见地收获了它的价值。

但是，现如今，面对时代的飞速发展以及各国高速发展的逼迫，人们开始对传统儒家的先义后利精神产生了动摇，认为它并不能使中国进步，更有甚者认为我们应当反其道而行之追求先利后义的精神。不论是屠格涅夫所说的"三种利己主义者"[1]，抑或是钱理群先生对于"精致的利己主义者"[2] 的愤慨都让我们看到儒家传统的优秀先义后利精神在我们这个时代仿佛应该被摒弃。而资本家对于底层人民的压榨，对利益的追求更是让我们心寒又无奈。难道先义后利的精神在当今社会已然不适用了吗？显然不是，从一个个鲜明的例子中我们便能感受到先义后利精神的现实价值

二、先义后利精神的现实意义与价值

在建设具有中国特色的社会主义市场经济的过程中，我们应当清楚地认识到先义后利精神的内核，并继承和发扬其积极价值，树立正确的"义利观"。特别是对于我们新时代的新青年。作为高校大学生，我们更应深入理解先义后利精神并不断发扬践行。而下面的

---

①　[俄] 屠格涅夫著：《罗亭》，陆蠡译，人民文学出版社 1957 年版，第 20 页。

②　钱理群：《北大清华再争状元就没有希望》，载《中国青年报》2012 年 5 月 3 日。

人物则能加深我们对先义后利精神的现实意义的理解，并体会到这传承了上千年的精神所蕴含的价值。

在中国还在探索前进方向的时候，有这样一位先生，名曰：马相伯。他生于鸦片战争，死于日军侵华，从生到死整整一百年，他为中华民族的复兴伟业肝脑涂地。在面对工作与从政的抉择时，他选择了后者，选择先将国家的安危放在第一位，而把自我的利益抛掷脑后。在建设教堂与建设大学的选择中，他把自己所忠诚的宗教先放下，成立复旦大学的前身"震旦大学"，而这样的道义牺牲的不仅仅是自我的利益，更是让他的母亲临死前也不愿原谅他。这种先义后利的精神怎能不让人为之动容。之后中国的发展，证明了他的选择是正确的，也证明了先义后利精神在中国艰难摸索时期的价值。

在中华人民共和国成立初期，国家虽然已经政治稳定，但经济与他国的巨大差距也让这一时期变得无比特殊。此时，有这样一位科学家，他是杨振宁。他被誉为"在世的最伟大的物理学家"①。他在加入中国国籍前被人们所抨击，但殊不知他在更深层地为道义所考虑。当时的中国一穷二白，没有资金也没有能力资助杨振宁完成他在前沿物理领域的研究。虽然他此时身在美国，心中却时刻惦记着自己的祖国。而在中国经济发展之后，他毅然回国，遵循自己内心的道义。回国之后他放弃清华的百万年薪，却为清华捐赠超过600万美元。他依靠自己的人脉与影响力，不断邀请知名学者来中国开展教育工作。而在做完这一切后，他不求回报，只因内心的先义后利精神。这种精神在中华人民共和国初期也被体现得淋漓尽致。

进入21世纪，社会高速发展让有些人不断做出背弃仁义的事。但有这样一位高才生，他被誉为"最美村官"，他叫秦玥飞。他本是象牙塔尖中的佼佼者，但在看到中国的贫困地区的状况后，他选择了扎根泥土。他婉拒组织的提拔，只为继续投身于基层扶贫事业。或许他并不如我们想象中那般光鲜亮丽，但我们都清楚地知道：他是最令人敬佩的人。他的事迹也让我们看到先义后利精神在这个新时代仍然熠熠生辉。

三、从鸿星尔克捐款事件正确理解先义后利精神

事件回顾：相传将要倒闭的鸿星尔克集团在运动品牌中本并不起眼，销售量相比于耐克、阿迪达斯等品牌更是少得可怜。但当河南滔天的洪灾发生时，集团一口气捐款5000万元物资让鸿星尔克火出了圈，人们大力赞扬其先义后利的精神，将它捧上神坛却最后被

---

① 2000年《自然》杂志评选的过去千年以来最伟大的物理学家，杨振宁位列18，是在世的物理学家中位次最高的。

恶意中伤。

一家企业捐款5000万元本就是一件令人动容的事。而当这个企业是经营状况并不好的鸿星尔克，这捐款5000万元的善意与胆量更让人敬佩。鸿星尔克的总裁捐款后表示：我们公司将自己的命运与国家的命运联系在一起，国家有难，我们必会大力相助。这件事如果止步于此无疑是一件对先义后利精神阐释得最完美的事件。一家企业不顾自己的利益只为追求国家安危的正义，完全贴合先义后利精神的每一个要点。但随着事件的发展这个正义却变了味。

人们在知道了鸿星尔克捐款的事件后无一不感动，大家乌泱泱地冲进鸿星尔克的直播间开始"野性消费"来表示对鸿星尔克品牌的支持。但之后有人说"鸿星尔克诈捐：实际只捐赠了20万瓶矿泉水而已，与实际的5000万元大相径庭"，此言一出，人们一股脑地攻击鸿星尔克，说它虚伪，说它发爱国财……攻击的人甚至比之前支持它的人还要多。最后这场对正义者的炮轰在郑州慈善总会与壹基金的公开解释中才渐渐落下帷幕。

事件的本身并不是我想讨论的，在这件事背后，我发现人们仿佛对"义"的理解出现了偏差，它不再是"正义"，"仁义"，这个字被人们推上神坛，渐渐的义＝神，渐渐地，好人不再是凡人，好人必须纯粹，好人必须高尚，好人必须悲壮。这样的思想开始在人们心中萌芽。而当正义的人所做的某一件事不再符合人们对于"神"的预期，他便会被人们从神坛上贬入尘埃。这种思想无疑是可怕的，但无奈的是这种思想越来越蔓延。韩红在武汉发生新冠疫情后，东拼西凑地凑了1000万元购买物资，并亲自开车送给了武汉人民，她为公益事业奉献了一切，却在被人发现戴名牌表后遭受无数的谩骂。古天乐在知道中国教育的极度不平均后，斥资在中国各个地区建学校，只为让每一个孩子都能公平地接受教育。他甚至从未对外公开，默默无闻地做着这一切。但在被人发现所建的某所学校已经废弃（实际是因为政府易地扶贫的搬迁政策而废弃）后遭受各方对他的指责与攻击。所有人在见到一个正义的人之后，便将他推上道德制高点，把他当作一个十全十美的神，而不把他当作一个与我们一样的平凡的人。以至于人们在见到一个正义的人之后，第一时间不是去歌颂，去学习，而是等待着一个反转，等待他从自己并不想站的神坛跌落。这样的思想，这样的社会是可怕的。当一个心存正义的人在做善事前都要思索一番，这个社会难道会好吗？

我们的确崇尚先义后利的精神，但我们所崇尚的是一个正确的先义后利精神。先义后利也并不是要完全地抛弃利益，而是在义与利的抉择前我们先选择义，而将利益先置于事后。所以先义后利也并不是一个神所具有的精神，它是我们每个人都可以达到的境界，也正因此它才会如此美丽，令人动容。英雄不是完全无畏的，正义的人不是完美无瑕的。我们每个人都是凡人，每个人都会有不完美的一面，那又何来的理由以一个神的角度去苛责他人呢？我们理应正确理解"义"，我们理应让正义之士从神坛、从道德制高点上走下。

唯有如此，才能欣赏先义后利精神所带来的人性的光辉。

纵观古今，先义后利的精神从它发展的那一刻起便不断地指导着我们社会的发展。从孔孟的阐释，到汉唐的践行，再到新时代的发扬与继承。先义后利的精神从未失去它的光彩。相反，它在当今社会中有了更独特的意义与价值。我们如何避免成为一个"精致的利己主义者"，我们又如何正确地看待每一个先义后利精神的践行者，千年传承的先义后利精神早已给出了答案。而我们需要做的只是遵守内心的道义，永葆先利后义的品格，在建设新中国的道路上让这伟大的中国精神不断发光发热！

爱国创新的精神

论近代民族精神的创新发展

刘安心　土木工程建筑学院（2022302191482）

【指导教师评语】 文章对中西、新旧之争下"民族精神"意涵创新、发展、演变的经过多有论及，这使文章的立论丰富而具有张力；最后一部分对"国民性"和"自由开放"的观照，更是触及近代中国"民族精神"的内核。总之，文章逻辑严谨、论述规范，引用内容若能进一步完善、规范，则更佳。（中国传统文化研究中心　聂长顺）

摘　要： "中国精神"作为中华民族坚挺的脊梁，其中蕴含着坚强不屈的中国魂。纵观历史长河，我们更需要弘扬这种让中国人自强、自信的国民精神和民族精神。本文重点聚焦于近代民族精神的曲折发展，由两部分展开。第一部分主要从批判创新的角度，具体阐释了中华民族精神的突破与创新。第二部分则结合个人思考，谈及中华民族精神发展的启示和对当今社会的影响。

关键词： 近代；民族精神；创新发展

经历了甲午战争的中国，面临着家破人亡的局面。而在此时出现的一批有识之士如梁启超、康有为、谭嗣同等，他们从西方学习了大量的自然科学和社会科学知识，更是对政治领域提出了改革与创新。这便是中西文化在思想上的第一次碰撞。后来直到 1919 年，马克思主义传入中国，中国最深入人心的思想解放运动——新文化运动出现了。自此，思想碰撞启蒙的火花真正在文人志士的笔下、口中被激发出来。陈寅恪的十字箴言"独立之精神，自由之思想"，李大钊先生的《庶民的胜利》以及作为新文化运动阵地的《新青年》，无一不提倡德先生与赛先生，积极传播马克思主义思想来解放全社会人民的思想。近代民族精神由此便可以总结概括为：独立自由，开放创新。

一、近代民族精神的突破与创新

对于精神的自我反思这个问题，黑格尔曾提出过将认识的进程分为三种类型。黑格尔指出，"外在的反思从外部使这两种规定相互对立，它所注意的只是这两种规定，而不是他们的转化，但转化却是本质的东西，本身就包含着矛盾"[1]。在外在的反思至理性的反思中，事实上还存在着第二阶段：机智的反思。黑格尔这一与哲学密切联系的思想理念，用来描述中国近代民族精神的创新批判性发展，更显"生动鲜活且恰如其分"。接下来便主要论述这一反思进化过程中，表面看是极大的矛盾与冲击，实际上是突破创新的内容，主要结合人文精神从打破传统与结合西方两个方面作具体阐释。

（一）打破传统，对传统封建礼教的反思

我认为打破传统在近代民族精神反思过程中看似为第一阶段"外在的反思"，但实则这一转化已经轻微触及了第二阶段"机智的反思"。黑格尔所论述的外在的反思，是无法意识到本质东西中所存在的矛盾，或仅将矛盾置于表面上视矛盾为非法。而更深一层次的"机智的反思"则是运用"否定性思维"，透过现象看本质，"将事物置于包含着矛盾的相互关系中，从而使事物的概念通过矛盾透露出来"。

而中华民族精神在行进过程中，对于传统封建"吃人"礼教的批判与反思，绝不是只停留在表面的浅尝辄止，也绝不是一概而论的否定。而是真正触碰到了内核，是辩证的反思，尽管可能收效甚微，但仍是极强批判性思维和创新精神的体现。在此处便从鲁迅先生入手，由其对自身人文精神、内心的铮铮铁骨的坚守，来刺破传统封建礼教中的黑暗面纱。

新文化运动中，鲁迅先生积极利用文学作品宣传新思想，树立起反对旧文化、旧思想的鲜明旗帜，为新文化运动打响有力的一枪。在其第一篇白话小说《狂人日记》中，"狂人"认为"凡事总须研究，才能明白""吃人者有着狮子似的凶心，狐狸似的狡猾和兔子似的怯弱"等。严于解剖自己，深刻审视社会，自觉革命——这些思想的背后更是作为新文化运动先驱者的鲁迅先生的批判性人文精神。他借"狂人"之口眼识破了封建礼教的虚伪面目，揭露了封建统治者对人民采取的愚民策略。这一方面是对人民和民族存亡深刻思考的人文思想的体现，另一方面更是鲁迅先生执笔作斝，以笔为枪，大胆批判，"否定性"

---

[1]　[德]黑格尔著：《本质论》，杨一之译，商务印书馆1966年版，第418页。

的反思，一语道破了中国社会的症结所在。鲁迅先生完成这一作品的目的，并不是在于完全地否定中国传统文化，仅在于外在反思。相反，他所创作出的"狂人"，是一个新的生命，他的形象是广大知识分子的夸张形式，既意味着传统文化精神中糟粕的崩溃，同时也体现着鲁迅先生所寄托的时代精神的希望。

（二）批判性结合西方哲学文化

西学东渐的热潮让无数留学生们远赴海外，怀揣着赤诚的爱国之心到大洋彼岸，渴望能用新鲜的"西药"来拯救处于水深火热之中的中国与人民。他们之中，除了耳熟能详的康有为、梁启超等在政治上有一番作为的人物，其实更有为中华民族思想精神注入新鲜血液的美学家、思想家们。这里便选取其中一位具有鲜明有代表性的人物——王国维，从《人间词话》及其所传递的思想中，阐释中华民族精神的创新进步之处。

尽管王国维是作为美学家为大家所知，事实上他的作品中传递出更多他的哲学思考。《人间词话》是王国维的重要著作，在此书中，他将传统文学批评与西方文学思想充分融合，将科学思想融入其诗词评赏中。1904 年，他发表了《论尼采与叔本华》，指出"尼采之学说全本于叔氏"。《人间词话》中的许多核心观点有很多都是由叔本华思想演化而来的。在叔本华看来，"世界是我的表象，这是一个'先验的真理'"[1]。在《人间词话》中，王国维定义与阐释了"有我之境"与"无我之境"，而有与无的本质区别在于自我感情之于自然环境的融入，其本质与叔本华"意志与表象"的观点"不谋而合"。除此之外，他把屈原、陶渊明、杜甫和苏轼称为"旷世而不一遇"的"天才"，又道他们"须济之以学问，帅之以德性"，才具有"高尚伟大之人格"[2]。之所以得此结论，其实源于王国维学习理解康德的三大批判精神，把三个不同维度的概念——知识、伦理、美学融为一体。王国维在《人间词话》中不乏颠覆过去认知和封建礼教的观点，他并不在乎外界眼光，并以此建立了属于他自己的全新的文艺理论体系。他将这些理论和思想充分与中华文化精神相融合，正是中华民族精神中的突破与创新，为此后中国哲学文化奠定了坚实的基础。

中华民族精神的成长与发展，正是在于一位位如王国维一样的思想家们，一次又一次站在中国传统文化与西方哲学文化交汇碰撞的时代潮头。他们努力认清真实的自我，用自己的理论阐述内心真正的想法，更充分体现出了中华民族精神中的王国维等一众思想文学家所坚守的人文精神和爱国主义精神。他们不因循守旧、崇洋媚外，用批判性的精神，理

---

① ［德］叔本华著：《作为意志和表象的世界》，石冲白译，商务印书馆 1982 年版，第 33 页。

② 王国维：《文学小言（七）》，载《教育世界》1906 年第 139 号。

性的视角，在新学与旧学中默默奔走，把堂堂正正的爱国精神置于做学问之前。

二、近代民族精神创新的启示

一种精神也许发源于一位思想家或一个思想流派，但真正孕育成为深深扎根于人民心中的民族精神，需要的是其无可替代性和经历历史和时间的拷打后仍能引起人民反思的能力。新时期以来，每当社会风气略显浮华之时，中华民族精神的魂魄便一次次地被提起。鲁迅先生百年前所言不仅映照当时，更在如今社会的方方面面有所映射，究其根本，是因为我们的民族精神中深层蕴含着以国民为落脚点的准则。

（一）关注国民性

国民性是指文化在民族心理上的积淀，是一个民族在长期历史发展过程中形成的、表现民族文化共同特点的习惯、态度、情感等比较稳定、持久的精神状态和心理素质的总和。[①] 回顾历史长河，我们不仅关注国民性的积极方面，为人民所言所想。以中华传统美德为例，千百年来，是每位中国人对精神气韵的延续和发展，让中华民族成为被世界称颂的民族，拥有深厚的文化内涵和民族教养。然而与此同时，我们更关注国民性中的消极部分。一个个如鲁迅先生的"民族的脊梁"一针见血地提出、戳破了中华民族从封建思想中所带的民族劣根性，以此来倾尽全力拯救国民。

在历史前进过程中，梁启超和鲁迅的思路是以文字传输形式进行启蒙，向大家进行宣传教化；新民主主义时期资产阶级则希望通过行政、政府力量和新生活运动来强制要求思想的解放；而胡适的思路是国民性的变化要跟社会运转规则的变化同步进行。足以可见，思想解放不是空口无凭，只停留在表面的行为举止而不深入每个人内心中的行动，终不会成功，不会彻底有效地内化于中华民族精神中。

新时代全球化浪潮下，我们面对扑面袭来的多元化思想，更需要结合以往历史经验，以更为合适的方式和坚持以人民为先的理念，有效丰富中华民族精神的内涵。

（二）关注思想的自由开放

自由开放思想作为自五四运动以来最广泛传播、影响改变人们最深刻的思想，其实是

---

① 　顾明远主编：《教育大辞典》，上海教育出版社 1998 年版，第 1260 页。

由贯穿历史的中华民族精神的不断发展演变和结合外来文化共同构成的。封建时期，官府垄断，教育是寻常百姓可望而不可即的。而正是由于孔子兴办了私学，如此格局才被打破。孔子的教育思想包含着人文思想和自由开放思想，论语中《子路、曾皙、冉有、公西华侍坐》便是反映其理念的典范。孔子作为思想大家，无论是开办私学，因材施教还是有教无类，早在几千年前他便已经领悟到了将固定束缚的规则所打破创新的重要性，鼓励所有学生畅所欲言，正是为此后深深扎根于各个时代思想家心中的自由开放思想埋下种子。

北大校长蔡元培先生一生践行的"思想自由、兼容并包"的教育理念从北大传递到全国青年。"闭关锁国"的历史教训已经让中国跌倒一次，在如今多元化、全球化的世界中，要想让中华民族站稳脚跟，除了我们自身的文化自信与坚定走中国特色社会主义道路，我们每个人更要紧跟国家开放之政策，坚持独立自主、自由开放的思想。

浅论爱国统一精神及创新发展

李熙瑜　动力与机械学院（2022302191563）

【指导教师评语】什么是爱国？在新的历史条件下国人对统一有着怎样的认识？论文从历史和现实的角度对爱国统一的精神作了简要的解析，对于其实现方式提出了自己的见解，对其当代发展作了适当的引申。作者在阅读古今文献的基础上形成了自己的理解。（中国传统文化研究中心　余来明）

摘　要：中华民族 5000 年文化源远流长，博大精深，伟大的爱国主义精神作为当代中华民族精神的核心，是中华民族的优良传统，也是根植于中华儿女灵魂与血脉深处的精神基因和精神标识。实现中华民族伟大复兴的中国梦需要爱国统一精神作为精神支撑。本文剖析了爱国主义精神的当代价值、现实状况，以及处于百年未有之大变局时代我们应如何创新发展当代爱国统一精神。

关键词：爱国统一精神；价值；创新发展

曾值举国动荡之际，南开大学的老校长张伯苓发出了震耳欲聋的"爱国三问"，即：你是中国人吗？你爱中国吗？你愿意中国好吗？这三问直击内心深处，跨越百年，依旧嘹亮，习近平总书记曾言这是历史之问，更是时代之问、未来之问。这三问正是民族精神内核的外化，背后所蕴含的强烈爱国主义精神更是实现国家伟大富强、民族繁荣振兴、人民生活幸福的强大精神动力。新时代我们面临的一系列"能源安全战""种子保卫战""科技创新战"等"卡脖子"关卡都需要爱国主义精神的支撑；党的十八大以来，党和国家在事业上取得的种种成就，人民生活水平的不断提高，国家综合实力和文化软实力的不断提升无不依赖于爱国主义精神的内在驱动。纵观全球国际局势，"俄乌冲突"持续不断；美国霸权主义思想持续渗透；朝鲜半岛局势持续升温。在这样极其特殊的国际时代背景下，爱国统一思想对于振奋民族精神，增强民族凝聚力与创造力，全面建设富强民主文明和谐美丽的社会主义现代化强国，夺取新时代中国特色社会主义伟大胜利，实现中华民族伟大复兴的中国梦具有着重大的社会价值和深远意义。

一、正确理解当代爱国统一精神

实现新时代爱国统一精神创造性转化、创新性发展的前提是先要深刻地理解何为爱国统一精神。陆游一句"夜阑卧听风吹雨，铁马冰河入梦来"[①] 道尽心酸；林则徐一句"苟利国家生死以，岂因祸福避趋之"[②] 发人深省；文天祥曾诗云"人生自古谁无死，留取丹心照汗青"[③] 引人深思。爱国主义精神的内涵维度丰富，面对"数千年来未有之大变局"，中国传统的爱国主义精神剧烈演变，以适应这一变局中的时代呼声，人民呼唤，以拯救国家安危、实现国富民强、增进团结统一为主要内容的爱国统一精神，成为中华民族精神的主旋律。[④] 爱国主义绝不是抽象的，而是具体的。对当代中国而言，爱国主义是爱党、爱国与爱社会主义的高度统一。

对于一小部分人而言，"爱国"可能仅仅是一种不明所以的政治任务与形式主义工作，一种为了达成某种目的而进行的一系列伪装，抑或一件麻烦且耗时耗力的差事，这些想法是极可悲的。为什么要爱国？爱国是对自己根的认同，是中华民族精神血脉的传承与外现，所谓树高千尺有根，水流万里有源，我们在祖国的养育下成长壮大，在强大祖国的呵护下逐步形成价值观念、价值取向。安身立命，心怀爱国统一精神是对祖国的回报，是对自身成长环境的认同，更是一种"乌鸟私情，愿乞终养"的反哺。孙中山先生曾说道："做人最大的事情是什么呢？就是要知道怎么样爱国，怎么样可以管国事。"[⑤] 习近平总书记也曾指出："爱国，是人世间最深层、最持久的情感，是一个人的立德之源、立功之本。"[⑥] 爱国是一种责任与担当，是由内而外的民族认同。

我国是高度统一的多民族国家，拥有灿烂悠久的文明历史，是世界上少有的历史文明从未间断，一直延续至今的国家。[⑦] 当前，中国特色社会主义正大步迈向新时代，我们坚定不移地向着第二个百年奋斗目标接续。回顾往年，在党中央的正确领导下，我国成为当

① 《陆游诗集导读》，巴蜀书社1996年版，第219页。
② 《林则徐诗词选注》，海峡文艺出版社1993年版，第70页。
③ 《文天祥诗文赏析集》，巴蜀书社1994年版，第121页。
④ 左亚文主编：《中国精神导引》，武汉大学出版社2022年版，第190页。
⑤ 《孙中山选集（下）》，人民出版社2011年版，第923页。
⑥ 习近平著：《在北京大学师生座谈会上的讲话》，人民出版社2018年版，第11页。
⑦ 左亚文主编：《中国精神导引》，武汉大学出版社2022年版，第177页。

今世界上第二大经济体，按照计划实现脱贫攻坚全面小康，人民生活水平不断提高，幸福感、获得感和满足感攀升；贯彻实施新发展理念，全面落实全过程人民民主，推动构建新发展格局；积极正面应对国际事务，为世界提供中国智慧、中国方案，传播中国声音，秉持互利共赢的理念，推动构建人类命运共同体，展现着大国担当与大国风范。

当然，一系列受制于人的"卡脖子"问题亟待攻克；国际的友好交流仍待推进；泛娱乐化浪潮仍待"清朗行动"持续推进；反腐反贪、粮食安全、教育问题、环境保护等社会问题等待解决；台独势力蠢蠢欲动，仍需遏制。每一代人有每一代人的使命与担当，只有深刻了解国家现状，才能更好地奔赴我们的战场。

二、爱国统一精神的现实表现

党的二十大以来，在各平台的弘扬与倡导下，中华民族精神受重视程度不断加深，"爱国主义精神"在各大网络平台也成为高频热词。近年来，国潮风劲吹，一大批优秀的国产品牌凭借自身硬实力走进大众视野，成为"国货之光"，用实践证明国货绝不差劲；《唐宫夜宴》《洛神水赋》《长津湖》等高品质文艺作品独占鳌头，淋漓尽致地展现中华优秀传统文化；中国式地域性文创产品强势出圈，建筑式冰激凌好评满满；戍边战士用热血生命诠释着"清澈的爱，只为中国"，这些无不是当代爱国主义精神的具体表现。

然而令人忧虑的现象也随之产生：爱国主义异化问题明显。部分国人将爱国主义精神表现为对于外国品牌的非理智型诋毁侮辱，甚至是产生暴力行为，对部分网民实行网络暴力，在线下门店毁坏财物，斗殴，这是有损国家形象，不计后果的冲动行为；或是在全球化发展的当今社会对自己"闭关锁国"，于公众场合展露对部分历史上与中国站在对立面的国家的仇恨抵制，拒绝旅游，无论优秀与否，一律拒绝接受对方的文化成果，这是不利于我国进一步实现对外开放的狭隘行为；抑或是将爱国主义精神的有无直接与物质上的爱国主义消费挂钩，疯狂鼓吹非理智性文化消费，以财富的付出作为评判标准并以此作为高傲的资本。类似的这些现象屡见不鲜，这是对爱国主义的异化，更是亟待扶正的过激行为，不仅会对周围人群产生负面引导，还有损我国国际形象，爱国主义精神的创新发展任重道远。

三、爱国统一精神的创新发展

习近平总书记曾多次在讲话中引用中国古代传统名句，指出"要认真汲取中华优秀传统文化的思想精华和道德精髓，大力弘扬以爱国主义为核心的民族精神和以改革创新为核心的时代精神，深入挖掘和阐发中华优秀传统文化的时代价值"①。创新发展爱国主义精神绝不能忘本，更要从中华优秀传统文化中汲取养分，于岳飞"实怀捐躯报国，雪复仇耻之心"② 中领略爱国忠君之思；于范仲淹"先天下之忧而忧，后天下之乐而乐"③ 中感悟忧国忧民之虑。传统文化绝不应仅仅停留在书本中，传说里或是长辈口中，而是应该通过我们的实践，"活"起来灵动起来，革故鼎新推陈出新，进而赋能现代化发展。当代青年学子亦应当好发言人，讲好中国故事，传播中国精神，弘扬爱国统一精神。

"今日之责任，不在他人，而全在我少年。少年智则国智，少年富则国富；少年强则国强，少年独立则国独立"④，青年是爱国统一精神教育的重要主体。创新发展爱国统一教育要抓好青年这一重要抓手，系好青年人生的第一粒扣子。全面组织推进爱国统一精神进校园，落实思想道德政治课程的开展，加强教师队伍建设，充分利用现有各种红色资源开展有针对性的教育教学活动，深入开展中国特色社会主义和中国梦教育，推进国防教育；更要加强教育系统的整顿管理，坚决防范近来网络上引发全民愤慨的"小学语文毒教材"类似事件的再度发生，要不断提升教材品质，严格教材管理；同时推进研学实践活动的精品化，寓教于乐，让青年学子真正了解中国，燃起爱国统一精神的热情。

在当下人人皆有麦克风，人人皆有发言权的信息化时代，切莫让自己的脑袋成为别人的跑马场，莫让自己的嘴巴成为别人的传话筒。党要牢牢掌握意识形态等领域工作的领导权，加强对于舆论的积极引导作用，借助大众传媒传播主流文化，弘扬中国特色社会主义文化。我们要善于抓住时代优势，丰富爱国主义精神的传播形式，也可以借助短视频平台开展爱国主义主题活动；借助 VR 虚拟现实技术身临其境感受经典历史爱国事件；借助网络平台直播，跨越时空局限及时更新祖国动态；将爱国统一精神寓于文艺作品的创作之中，提高文艺作品创作水平，提高对于文艺工作者的文化素养要求，拒绝"泛娱乐化"风气尚行，真正实现文艺精品化。

文化对于人的影响来源于特定的文化环境和文化活动。要让爱国统一精神内化于心，外化于行，需加强对于爱国氛围的营造，可以让爱国元素融入社区民主活动，融入文艺表演，文化宣讲活动，加强精神文明建设，开展党的"二十大"精神学习，让爱国主义精神真正走进老百姓的生活之中，实现"从群众中来，到群众中去"的创造性转化创新性发展。

习近平总书记强调："新的征程上，我们必须大力弘扬爱国主义精神，树立高度的民

---

① 《习近平谈治国理政》，外文出版社 2014 年版，第 164 页。
② 《岳飞诗文选注》，浙江古籍出版社 1990 年版，第 60 页。
③ 《范仲淹集》，远方出版社 2005 年版，第 48 页。
④ 《饮冰全合集（五）》，中华书局 1989 年版，第 11 页。

族自尊心和民族自信心，铸牢中华民族共同体意识……不断巩固和发展最广泛的爱国统一战线，广泛凝聚中华民族一切智慧和力量。"① 涵养爱国主义精神，为中华民族伟大复兴的中国梦指引正确方向，注入强大的精神动力；践行爱国主义精神，为国家富强、民族振兴作出贡献，我们永远在路上！

---

① 习近平著：《在纪念辛亥革命 110 周年大会上的讲话》，人民出版社 2021 年版，第 9 页。

论爱国主义精神的内涵与表现形式

余天成　　弘毅学堂（2022300002050）

【指导教师评语】 论文从爱国主义精神的发展流变、古代表现形式、与现代表现形式等维度，试图对爱国主义精神内涵与载体的流变进行分析，并为爱国主义精神潜在的传播问题与后续发展提供解决方案。思路顺畅可行，语言轻松明快，文献也有一定基础。（哲学学院　肖航）

摘　要： 中华民族具有悠久的文明历史，是世界历史上少有的拥有从未间断、一直延续至今的文明的国家，而在这 5000 多年的文明发展中，中华民族逐渐形成了以爱国主义为核心的民族精神和以改革创新为核心的时代精神。在当今时代，为了更好、更快地实现中华民族复兴的伟大重任，回顾 5000 多年的历史长河，探寻爱国主义精神的形成发展和内涵流变，将爱国主义精神内化于心是必要且必需的。

关键词： 爱国主义精神；内涵；形式；传播

中华民族具有悠久的文明历史，是世界历史上少有的拥有从未间断、一直延续至今的文明的国家，而在这 5000 多年的文明发展中，中华民族逐渐形成了以爱国主义为核心的民族精神和以改革创新为核心的时代精神。[1] 爱国主义精神萌发于夏商时期原居民对于家国的初步认识，在春秋儒家思想的催化下初现雏形，并且在中华民族的 5000 多年发展中不断丰富其意蕴、内涵。在爱国主义精神不断发展的沿途之中，不断洒下了一段段脍炙人口的佳话以及名篇名句。无论是《诗经》中的"君子万年，保其家邦"[2]，还是屈原在

---

① 《习近平谈治国理政》，外文出版社 2014 年版，第 40 页。
② 《诗经译注》，周振甫译注，中华书局 2002 年版，第 354 页。

《离骚》口中的"陟升皇之赫戏兮，忽临睨夫旧乡。仆夫悲余马怀兮，蜷局顾而不行"①；无论是岳飞精忠报国、文天祥碧血丹心、史可法赤胆傲骨、宗泽抗金杀敌，还是抗美援朝、钓鱼岛事件、台海统一。无论何时何地，爱国主义精神在每个时间都散发出无与伦比的光辉。爱国主义精神具有对中国社会来说不可或缺的重要意义：爱国主义精神是贯穿历史的全体中国人共同的信仰和无形的力量，在中国快速发展的进程中迸发出极强的民族凝聚及其高效的动员与号召力、矢志不渝的执行力。由此观之，在当今时代，为了更好、更快地实现中华民族复兴的伟大重任，笔者认为，回顾5000多年的历史长河，探寻爱国主义精神的形成发展和内涵流变，将爱国主义精神内化于心是必要且必需的。

一、爱国主义精神的发展流变

"邦也。从口从或。"② 在炎帝、黄帝时期，一群人跟随着一个或几个能力出众的人就构成了一个部落，以此来使自己可以尽可能地生存下去。这或许就是"国家"的最早存在形式：几个人、一片土地、更大可能性的生存。这一种简单的"国家"形态维系了整个远古时期中国人交互的形态。

而在经历夏、商、周的王朝更替之后，中国人早期关于家、国、家国等问题的认识又在先秦时期发生了重要突破变化。在早期国家的多种因素的不断影响之下，先秦时期的人们开始思考自己与国家的关系，百姓与君主的关系，先秦时期的爱国统一精神的内涵就是在这一时期初步形成的。在众多思想之中，儒家的忠德思想对爱国主义精神起到重要作用。传统儒家忠德思想被认为是"民之望也"③。"忠"乃上中下心，即主体待人公平公正、不偏不倚、问心无愧。一是主体忠于自身，二是主体忠于他人，三是主体忠于国家百姓。忠的真心诚意、全心全意其本质是无私奉献，是大公无私，天下为公的"公"。《左传·襄公二十五年》说："君民者，岂以陵民？社稷是主。臣君者，岂为其口实？社稷是养。故君为社稷死则死之；为社稷亡，而亡之。若为己死，而为己亡，非其私昵，谁敢任之？"④ 所以说，无论君臣百姓都应以社稷为忠。《左传》说："将死，不忘卫社稷。"⑤ 还说，"临患不忘国"⑥。这些都体现了在先秦时期，由忠德思想而演发出的早期

---

① 《楚辞》，中华书局2010年版，第31页。
② 汤可敬撰：《说文解字今释》，岳麓书社1997年版，第884页。
③ 杨伯峻编著：《春秋左传注：修订本》，中华书局2009年版，第1020页。
④ 杨伯峻编著：《春秋左传注：修订本》，中华书局2009年版，第1098页。
⑤ 杨伯峻编著：《春秋左传注：修订本》，中华书局2009年版，第1020页。
⑥ 杨伯峻编著：《春秋左传注：修订本》，中华书局2009年版，第1205页。

爱国主义精神。

在秦统一中国之后，一个个诸侯国不再存在，整片中华土地趋于统一，在这个时候，爱国主义已经从各自关心自己所在的那一片区域，变成关心和自己一样说着汉字的黄种人，爱国主义从此多了"统一"这一重要内涵；随着家国联系的不断密切，国家中的每一个百姓开始有了强烈的民族归属感，为国家之强盛而自豪，为国家之隐患而担忧。有陈亮在抗金胜利之际高呼"万里腥膻如许，千古英灵安在，磅礴几时通？胡运何须问，赫日自当中"① 的民族自豪，也有陆游年老独自担忧"位卑未敢忘忧国，事定犹须待阖棺"② 的忧国报国之情。此外，由于国家外交活动频繁，外交冲突以及国力对比唤起了民族紧迫感，"卫国""体国""强国"等发展性思想的爱国主义运动也由此而发生，王安石为挽救国家"官乱于上，民贫于下，风俗日以薄，才力日以困穷"③ 的危机，提出了"变风俗，立法度"④，表达了"天变不足畏，祖宗不足法，人言不足恤"⑤ 的强烈变法强国决心。总之，在这个时期，爱国主义精神由原来对部落、对君王、对国家人民的忠德，转变为对疆域、土地的赤诚热爱。

到了现代，爱国主义精神由"统一""强国""民族归属"而不断演化。中国人民对香港、澳门回归前的期盼以及回归后的喜悦，对台海问题的坚决态度，在钓鱼岛、南海问题上决不退让的态度，都体现出中国人民对于祖国统一的渴望，而中国大力发展科技、军事、教育充分体现出习近平总书记在十九大报告中指出的"实现中华民族伟大复兴是近代以来中华民族最伟大的梦想"。除此之外，中华人民在对于人民、疆域的关注之外，对中华民族的文化也更加自信、更加有底气……爱国主义精神就是在这 5000 多年一次次的演化之中不断丰富、不断扩展其内涵的。

二、爱国主义精神的古代表现形式

（一）从《诗经》中看爱国主义精神

《诗经》是中国古代诗歌的开端，最早的一部诗歌总集，收集了西周初年至春秋中叶

---

① 唐圭璋编：《全宋词》，中华书局 1965 年版，第 2703 页。
② 《陆游诗词》，山东文艺出版社 2015 年版，第 96~97 页。
③ 《王安石集·上时政疏》，凤凰出版社 2014 年，第 217~223 页。
④ 李志敏主编：《唐宋八大家名篇赏析》，福建美术出版社 2013 年版，第 442 页。
⑤ 参见《宋史·王安石传》。

的诗歌，反映了周初至周晚期约 500 年间的社会面貌。笔者认为，《诗经》中的某些诗篇可以反映当时劳动人民的爱国精神，可以借由其中诗篇分析。

《鄘风·载驰》

载驰载驱，归唁卫侯。驱马悠悠，言至于漕。大夫跋涉，我心则忧。

既不我嘉，不能旋反。视而不臧，我思不远。既不我嘉，不能旋济。视而不臧，我思不閟。

陟彼阿丘，言采其蝱。女子善怀，亦各有行。许人尤之，众稚且狂。

我行其野，芃芃其麦。控于大邦，谁因谁极？大夫君子，无我有尤。百尔所思，不如我所之。①

《鄘风·载驰》是《诗经》中的一首诗，作于卫文公元年，据传是春秋时期卫国被狄人占领后，许穆夫人赶到曹邑为吊唁祖国的危亡而作。全诗共四章，第一章描写了作者听到国家危亡，驾车回家，回去吊唁卫侯，却被丈夫派遣的许国大夫阻拦；第二章细腻地剖析出许穆夫人的内心矛盾，许穆夫人自己内心渴望回国坚持赴卫，而另一边是许国大夫劝她回去，一边是她的祖国，而另一边是她的丈夫；第三章则写女子在劝阻之后爬山采药以缓解自己的忧愁，其中"女子怀善，亦各有行"② 中的"行"便是女子的做人准则——这准则就是对于祖国的关心与爱；最后一章则是作者在被许国大夫叫回之后，不知道该如何做才能拯救自己的祖国时的无奈与茫然。

在这一首诗中，十分形象地描绘了许穆夫人在得知自己祖国即将灭亡之际，想要回到自己祖国身边帮忙，却又无奈被许国大夫劝阻，虽然与许国联姻，但心中仍充满对于祖国的牵挂却无能为力的痛苦。正是这种伟大而悲烈的爱国主义使得这首诗可以广为流传且百读不厌。

一些著名的文学家也对这首诗作出如下阐述：

《毛诗序》说："《载驰》许穆夫人作也。闵其宗国颠覆，自伤不能救也。卫懿公为狄人所灭，国人分散露于漕邑。许穆夫人闵卫之亡，伤许之小力不能救。思归，唁其兄又义不得。故赋是诗也。"③

清·姚际恒："（严氏说）一章，凡诗人之言，婉者直之，直者婉之，全不可执泥。""二章三章始微露己之意见与许人别……""四章，严氏曰：盖至是始慨然责之，而不得不

---

① 《诗经译注》，周振甫译注，中华书局 2002 年版，第 76 页。

② 《诗经译注》，周振甫译注，中华书局 2002 年版，第 76 页。

③ 李学勤主编：《十三经注疏（标点本）（上）》，北京大学出版社 1999 年版，第 210~211 页。

告其情矣。"①

（二）从《离骚》中看爱国主义精神

作为中国历史上的伟大爱国主义诗人，屈原的诗篇处处展现出他对于自己国家——楚国的炽热感情。而其在《离骚》这一首中国古代最长的抒情诗当中，屈原用绚烂的文笔、天马行空的想象向我们勾勒出了一幅拥有极大生命活力、积极浪漫主义的爱国画卷。其人格精神也寄托在屈子投江永远流传至今。屈原在离骚这一首长篇诗中，其爱国主义精神主要展现为其对于自己国家血脉的珍重、对于国家以及老百姓现状的忧虑、对于国家应革新自强的期待。

"帝高阳之苗裔兮，朕皇考曰伯庸"② 这句话看似简单说明了自己是高帝阳氏的子孙，但其实在其中处处表现出屈原对于自己身份的高度珍视，他在乎自己是楚国人的血脉，他在多次被放逐之后，仍然想着借此诗篇唤醒领导者对国家的深切意识，"纷吾既有此内美兮，又重之以修能"③ 流露出屈原因流淌着楚国人的血液而天生存在的自豪感与自信感。由此可见，屈原十分珍重自己是楚国血脉，他于楚国的关系就如同鱼与水的关系、鹰与天空的关系，所以，在楚王昏庸，自己多次被人诽谤嫉妒之时，他对于楚国是又爱又恨。

他恨楚王的不察民心，"怨灵修之浩荡兮，终不察夫民心"④；他恨楚王的远贤亲佞，"世混浊而嫉贤兮，好蔽美而称恶"⑤；他恨阿谀奉承的小人玷污楚国的风气，"世混浊而不分兮，好蔽美而嫉妒"⑥；他恨百姓受苦却无人问津，"长太息以掩涕兮，哀民生之多艰"⑦；他恨自己报国无门，"国无人莫我知兮，又何怀乎故都！"⑧；他恨自己生不逢时，"曾歔欷余郁邑兮，哀朕时之不当"⑨；他恨自己如此深爱着自己的国家。

但他仍然抱着振兴楚国的最后希望，他在《离骚》中给出"美政"的建议：他希望君王可以对自己严格要求、洁身自好、引用贤人，"举贤而授能兮，循绳墨而不颇"。除此之外他还希望楚王可以学习优秀前辈的做法，新修法度，倡导法治和德政"汤、禹俨而祗

---

① 《诗经通论》，中华书局 1958 年版，第 79 页。
② 《楚辞》，中华书局 2010 年版，第 3 页。
③ 《楚辞》，中华书局 2010 年版，第 3 页。
④ 《楚辞》，中华书局 2010 年版，第 10 页。
⑤ 《楚辞》，中华书局 2010 年版，第 24 页。
⑥ 《楚辞》，中华书局 2010 年版，第 19 页。
⑦ 《楚辞》，中华书局 2010 年版，第 10 页。
⑧ 《楚辞》，中华书局 2010 年版，第 31 页。
⑨ 《楚辞》，中华书局 2010 年版，第 16 页。

敬兮，周论道而莫差"①。他多么希望可以为自己的乡土出一份力。

屈原的爱国主义精神是爱土地、爱人民、爱国家。也正是因为屈原的爱国主义精神与其在混乱时代独醒的人格品质，让屈原成为中国历史上伟大的爱国主义诗人。

三、爱国主义精神的现代表现形式

随着近现代的发展，爱国主义精神不断依托于各种形式而逐渐发展。比如，以爱国抒情为主的诗歌：《我爱这片土地》《祖国啊我亲爱的祖国》《七子之歌》《乡愁》……；以爱国主义为题材的电影：《长津湖》《战狼》《我和我的祖国》《万里归途》……；爱国主义歌曲：《我爱这蓝色的海洋》《我爱祖国的蓝天》《今天是你的生日》。除此之外，由传统爱国主义精神衍生的如"五四精神""抗疫精神""长征精神""抗美援朝精神"等现代爱国主义精神也是爱国主义精神的重要传播、丰富途径。

由此可见，当代爱国主义精神主要寄托于某个可以广为流传的载体并通过当代新型媒体进行发扬与传承，也即以新媒体与新媒介去更加广泛地传承爱国主义精神。下面以反映"抗美援朝精神"的《长津湖》为例，分析新媒体与新媒介对于爱国主义精神的传播优势。

在互联网时代，新媒体的覆盖面积相比于传统媒体来说传播范围更广，传播速度更快。电影《长津湖》在首日上映之时综合票房达到 20520.2 万元，而在国庆期间最高单日票房达到了 49368 万元，总票房达到了 577505.6 万元，位居单日中国影视票房第一。由此可见，在短短的国庆周，《长津湖》所传达的抗美援朝爱国精神就已经在全国各地广泛传播。

新媒体的传播形式使得人们可以不再被动地接收信息，也使人们不再成为信息的接收者。新媒体的出现使每一个人可以主动获取信息并且也可以作为信息的发出者。在看了《长津湖》这部影片之后，人们更加主动地去了解抗美援朝的真实历史，对于一些人来说，这部电影让他们从一个几乎不愿了解中国抗美援朝的人乐意且有兴趣去了解这场战争。

相比于传统用文字或者收音的传播形式，新媒体可以做到将文字、内容、图像、声音等融合，让接受者更轻松地接收、获取信息。《长津湖》中一个个鲜活的人物、一个个逼真的场景，无论是火车上看到的大好河山，还是冷风中冻得像石头一般的小土豆，无论是驾驶汽车引开飞机的雷爹，还是即使冻成冰雕手中的枪依旧不移的冰雕连，这些鲜活而有

---

① 《楚辞》，中华书局 2010 年版，第 16 页。

声有色的场景不禁让观众产生共鸣。

新媒体的传播使得信息不再仅仅为有基础门槛的接收者接受，任何只要想了解这个东西的人都有机会了解。在影院中，无论是专业的历史学家，还是仍在上学的学生，无论是打工人，还是已经退休的老人，他们都可以在这种故事性的叙述中真切地感受到抗美援朝战争时期国人被激发出来的浓浓的爱国主义情怀。

四、爱国主义精神潜在的传播问题与后续发展

在近代，随着爱国主义传播的便利化，爱国主义也逐渐被某些人妖魔化、激进化、病态化。排日仇美、抵制日货，甚至有的人会在大街上砸日系车辆，在肯德基门前语言炮轰里面的食客……这些激进的民族主义分子，他们或盲目爱国，或以极端的行为表现出自己的爱国，正借由快捷的新媒体传播形式，打着"言论自由"的幌子，将一个个爱国主义分子拉向极端的民族主义者。

而在这种情况之下，我们该如何在新时代的历史方位中更好地赓续爱国精神而不落入民族主义的圈套之中呢？

"活到老，学到老"，只有不断加强理论学习，丰富自己的理论基础，才可以在面对错综复杂的问题时冷静判断、明辨是非曲直。

在面对非官方平台发布的消息时，不盲目信服，思考其可能性。在面对不确定的问题时，通过多方面求证。相关机构管理好网络交流空间，相关科普机构者认真负责，不可为了流量搞噱头，每个网民遵守网络纪律，通过合法手段共同维护网络传播环境。

习近平总书记指出："历史深刻表明，爱国主义自古以来就流淌在中华民族血脉之中，去不掉，打不破，灭不了，是中国人民和中华民族维护民族独立和民族尊严的强大精神动力，只要高举爱国主义的伟大旗帜，中国人民和中华民族就能在改造中国、改造世界的拼搏中迸发出排山倒海的历史伟力！"[1] 爱国主义的内涵与传播形式虽然随着时间的变化而不断变化，但其本质不应随时间与个体而有差异，在新时代用新的方式去弘扬爱国主义精神，对于振奋民族精神、凝聚全民族力量，实现"两个一百年"奋斗目标、实现中华民族伟大复兴的中国梦，具有重大而深远的意义。[2]

---

[1] 习近平：《在纪念五四运动100周年大会上的讲话》，载新华网，http://www.xinhuanet.com/politics/2019-04/30-1124440193.html，2023年10月18日访问。
[2] 唐佳海、罗栋：《过程论视角下新时代爱国主义教育新探》，载《武陵学刊》2022年第5期，第132页。

论爱国统一精神的民间传承

郑廷煜　土木建筑工程学院（2022302191721）

【指导教师评语】 作为当今中国人普遍遵循的情感价值尺度，爱国统一精神在民众间的确立、传承、发扬过程是十分值得关注的。本文便聚焦于爱国统一精神在民间的扩展历程，选取古代、近代、现代、当代四个历史场景，结合不同时期的社会结构、中外关系、观念演进，对爱国统一精神的具体内容、呈现形式进行了详细论述，刻画出爱国统一精神由君主到精英知识分子、再到社会大众的发展历程。这便在历史时序的逻辑线中，呈现出了爱国统一精神的深广度与厚重性，不失为一篇具有历史情怀和现实关怀的佳作。（中国传统文化研究中心　聂长顺）

摘　要： 作为中华民族精神的核心，践行爱国精神已经成为现代中国人民的常态。由于中国的特殊地理禀赋，中国的爱国主义又展现出浓厚的统一倾向。本文将以时间为轴，聚焦爱国统一精神在民众当中的扩展，从上古起源到当下的新内涵，以历史的高度与厚度深入剖析中国精神中的爱国统一精神。

关键词： 爱国统一；精神；民间传承

华夏文化中的爱国统一精神具有在整个人类社会中罕有的历史长度。中国的爱国精神起源于何方？要回答这一问题，先考据中国的国家起源是必须要做的。恩格斯在《私有制、家庭与国家的起源》中对国家起源有如下的定义："由子女继承财产的父权制，促进了财产积累于家庭中，并且使家庭变成一种与氏族对立的力量。"[①] 而具体到中国国家的起源，在神话中，国家的起源便是启由他父亲手里继承王位体现的"公天下"转化为"家天下"的过程。但是实际情况并非与神叙述的简单化结构相符，根据中国学界的普遍认同，中国早期国家起源于新石器时代的多元文化圈，多元文化圈一体进化模式是中国国

---

① 《马克思恩格斯选集》，人民出版社 2012 年版，第 121~122 页。

家的一种进化模式，中国统一文化精神可谓滥觞于此。这种进化模式指出：中国的国家并不是起源于单一的文化圈，而是众多文化圈"众星拱月"服从于黄河与长江流域的优势文化。① 这点从周礼中便有所体现。周礼中提到的邦国就有数十次，邦国是分立的小国，但它们却服从于统一的周王廷。时间进入春秋战国时期，虽然周礼崩坏，但是其中"效忠"的规训却被保留了下来，在士大夫与贵族阶级产生了众多爱国的典范，例如伍子胥、屈原等。但社会绝大多数的庶民与奴隶只是依附于贵族，对国家的感情直观地表现为对安定的渴望。其次，国家政权的频繁更迭也使得庶民对国家的感情浅薄。例如刘邦所生活的沛县，百年间就更替了三次政权，由宋国更替为楚国，最后再统一于秦国，有时国家甚至在一代人中流转了多次。最后，春秋战国尤其是战国时期各诸侯国普遍采取了军国主义的架构，战争成为生活的主旋律，国家大量使用人力成为常态，庶民与国家的关系被简化为"徭役"，连年的战争使得庶民对国家的负面印象加剧。以上种种原因使得庶民们对于国家的感情并没有士大夫那么深厚。

一、封建时期的爱国统一精神在民间的发展特点

秦始皇实现了"前无古人"的"大一统"，并构建了延续千年的中国基本架构。我国古代爱国统一精神也由此进入了新的阶段。士大夫阶层的爱国统一精神建构进一步深化，由于道德与制度的完善，士大夫产生了以"忠君"为代表的爱国精神。但是对于民间来说爱国主义仍是以实用性为主，注重于具象地对和平环境以及对国家水利设施的依赖；并没有明确的国族认同，而是体现为皇帝认同，更不能准确地把握现代的民族共同体概念。在历史上的体现便是中央政府在面对少数民族的入侵时并不能有效地用民族来进行有效的动员，而大部分百姓所忠于的并不是总体的民族、国家等概念，而是具象的部分的乡土。

中国民间为何会将部分的乡土的重要性置于国家整体的兴亡之上呢？我们可以从不同学科的研究中窥之一二。首先，这与中国社会的底层架构有关。中国古代社会的格局，黄仁宇称之为"潜水艇夹面包式"的结构，而费孝通在《乡土中国》当中提出了差序格局的理念。在这些学者概括的格局中，地方基层总是与身居皇城的最高层之间距离遥远，正如费孝通所说："在差序格局中，社会关系是逐渐从一个一个人推出去的"②，传统道德中与爱国深切融合的"忠君"对于基层民众来说过于遥远，临近的乡土才与他们息息相关，

---

① 冉博文、吴灿：《三种进化模式：中国早期国家起源研究的回顾与反思》，载《哈尔滨师范大学社会科学学报》2022 年第 12 期，第 126~132 页。
② 费孝通著：《乡土中国》，北京出版社 2005 年版，第 40 页。

因此，只要老百姓的乡土不受到直接的冲击，国家的诞生或灭亡或是国家政权被其他民族夺取并不能激起他们心中的波澜。其次，中国传统的生产方式十分顽强，不论上层建筑如何变换，统治者最后都会发现，小农方式生产是最有利于统治的。最后，中国北面有寒冷的西伯利亚阻隔，西有高耸的喜马拉雅山及戈壁沙漠阻挡，东有广阔的太平洋包围，不似西方一般易受来自同一地区的同级文明的侵扰。因而长江黄河流域的中华核心文明总是能占据地域范围内的文明"制高点"，始终可以同化较为落后的少数民族入侵者，使得华夏的文化不会有被替代的风险。以上几点便是中国民间的爱国统一思想始终无法深入百姓的缘故。以明清交替时期的广州为例，当崇祯皇帝于北京自杀时，广州居民的态度大多是较冷漠的，可以从时人的记载中得知一二：

> 甲申年，即崇祯末年，京都陷于李闯贼王。时为清顺治元年，丰居天末，官尚演戏、请酒，民间熙嚷作乐。知事者焦心浩叹，不知者曰："皇帝死，于我们何干？且北京距我尚远。"①

政权的变革并没有在百姓当中产生足够的震撼，除非威胁到自身的生存。这便是持续数千年的"秦始皇体制"中民间对国家以及统一的一贯认知。

二、近代民族危机下民间国家统一思想的发展

中国传统政治格局的稳定延续源于多种因素，包括地理和文化等方面。尽管在某些时期，中国政权经历了分裂和少数民族的统治阶段，但最终这些政权都趋向于重新统一，而少数民族的统治也大多以汉化的方式维持。除了一些在初期或分裂时期出现的混乱局面，中国社会结构在大多数时期都相对稳定，这使得中国的社会建筑在很长一段时间内得以保持其本质特征。

然而，近代以来，西方列强的入侵打破了这种稳定格局。西方文明程度的相似性与中华文明的异质性导致了面对少数民族统治的"同化"手段失效，进而加剧了中国社会的动荡与不稳定。

但是建构现代的爱国主义不能只靠对西方入侵的防御而没有理论的发展。针对这一现象，孙中山曾经有这样的洞见："中国人最崇拜的是家族主义和宗族主义，所以中国只有

---

① 《明清广东稀见笔记七种》，李龙潜、杨宝霖、陈忠烈点校，广东人民出版社 2010 年版，第 53 页。

家族主义和宗族主义，没有国族主义……"① 孙中山根据他的这一判断，提出了新的三民主义，其中的"民族主义"摒弃了传统的胡汉对立观念，中华民族清除了封建时期的迷雾。虽然在近代爱国统一精神如同黑暗中的烛火，能够照亮民族与国家的发展前程，但在五四运动之前这种精神在民众当中的"渗透率"还偏低，中国面临威胁的境况没有得到根本的改变。

三、从五四运动到中华人民共和国成立爱国统一精神在民间的承扬

之所以近代革新的爱国统一精神在基层中如同空气般被人无视，未能深入人心，是因为参与革新的这部分知识分子与基层群众的距离遥远，未曾紧密地接触过民众。但是五四运动的到来改变了这一情况。五四运动的领袖曾经对掌握先进思想的学生发出了这样的号召："青年呵！速向农村去吧！日出而作，日入而息，耕田而食，凿井而饮。"② 在五四运动余波当中成立的中国共产党继承了五四运动"到民间去"的号召，在农村的工作当中逐步引导教育民众，成效显著。抗日战争时期，越来越多的人受到曾经高不可攀的知识分子的引导，对国家以及民族的认同逐渐深化，使得爱国统一精神在内外交困的中国的民间逐渐扩展。

而之后中华民族经历的抗日战争可以被称为华夏文明史上面临的最大威胁。这种危急形势也有利于某一思想的传播，中国的爱国统一精神也正是在此危难之际前所未有地深入民间。此时爱国统一精神的最高体现，便是抗日民族统一战线。

面对亡国亡种的威胁，中华大地上出现了前所未有的团结战线，不论是知识分子、农民还是曾经水火不容的大多数政治派别都联合起来，高喊"四万万同胞"的口号，团结抵抗侵略者的入侵。此时的爱国统一精神，在这大团结的背景下，就犹如春风一般传遍了神州大地，终于打破了之前只有少量读书人才信仰的困境。但是，这毕竟是特殊时期的应激反应。在和平时期，爱国统一精神还能在民间成为自觉的精神吗？这个问题还是要由先前就在建立现代体制中崭露头角的中国共产党来解决。

四、中华人民共和国成立之后爱国统一精神在民间的进一步承扬

中华人民共和国成立之后，中国共产党在基层的工作进入了一个新的阶段。与之相伴

---

① 《孙中山全集》（第九卷），中华书局 1985 年版，第 188~189 页。
② 《李大钊全集》（第二卷），人民出版社 2013 年版，第 422 页。

的是爱国统一精神在基层也进入了全新的发展期。

要理解中华人民共和国成立之后爱国统一精神的发展，就必须对旧中国爱国统一精神发展的不足进行分析。从前面的论证可以看出，中华人民共和国之前的爱国统一精神的发展存在不足。首先是存在一种精英主义的倾向，底层百姓缺乏真正的国家观念，只有社会层次较高的士大夫阶层才有明确的国家观念。其次，精神的自觉性不足，中华人民共和国之前的爱国统一精神只会在国家面临危难时才会集中地表现出来，更像是应激性的反应。最后，旧中国的基层体制偏向于内部的协调，很难与外部产生充足的共鸣。但中华人民共和国发生的变化打破之前爱国统一精神发展的障碍。

首先，共产党在农村的大规模扫盲运动促进了基层的国家意识的形成，具体来说有以下几个方面：第一，文字的广泛普及打破了过去由方言阻隔的交流障碍，让大规模的跨区域交流成为可能，让中国做到真正的"书同文"；第二，扫盲教育强调思想政治工作，其中就包括爱国统一教育，使得基层群众在潜移默化当中加深了对国家以及主权的理解。

其次，中华人民共和国的成立彻底改变了乡村的架构。第一，中国共产党在中华人民共和国成立初期通过土地改革，发动群众等方法扫除了盘踞在传统乡村社会中的黑恶势力、宗族势力，为中共重构乡村的封建结构打下了坚实的基础。第二，中国共产党积极推动"党支部下乡"的政策，资料显示，1954 年至 1956 年间，农村党员和基层党组织获得了飞速发展。到 1956 年年底，农村党员发展到 670 万人，与 1953 年相比，增长了近100%。98.1%的乡镇建立了党委或党总支、党支部，绝大部分行政村（高级社）建立了党支部。① 党支部在各地的开花结果，使得现代的国家政权深入基层中，将乡村治理权力收回到党和政府手中，使其掌握了基层乡村治理的主动权。

中国共产党通过以上的手段，消除了之前封建社会"皇权不下乡"的问题，而对基层管理的加强使得基层民众与国家的关系更加紧密。

再次，共和国改变了中国基层的生产关系，中华人民共和国成立初期，中国共产党通过土地改革以及土地合作化运动，打破了乡村原有的封建生产关系。合作化运动使得社会主义生产方式进入农村，使得农村被组织起来。同时，中国共产党通过推进工业化建设，使得农村居民逐渐向城市迁移，转化为无产阶级工人，摆脱了农业生产所带来的土地束缚。在更加社会化、科技化的生产环境中，这些工人接触到了不同地区的人群和文化，扩宽了他们的社会视野和认知。此外，工人作为生产的主要力量之一，积极参与了建设国家经济的过程，强化了对祖国的热爱，激发了对国家统一的认识。这种认识也在更广泛的历练中得到了提升和加深。

---

① 中共中央组织部编：《中国共产党党内统计资料汇编》，党建读物出版社 2011 年版，第 136、331页。

除此之外，文化传媒的发展也为爱国精神的普及作出了贡献，报纸、电视、网络等手段的发展，使得爱国统一通过实例由抽象变为具象，推动了爱国统一精神的普及。

最后，中国在爱国统一精神的宣传中将人民作为了主体（人民当家作主），爱国或维护统一的典型以最广大群众为主要组成部分。中国共产党贯彻群众路线以靠近群众的通俗的方式进行宣传，让群众更能体悟爱国统一精神的内涵。

中国共产党通过以上的作为，使得爱国统一精神真正成为大多数人真实信仰的精神。

我们可以看到，中华人民共和国成立之后爱国与维护统一走出了精英阶级的垄断与乡土结构的限制，真正成为广大民众的自发行为。顾炎武"天下兴亡，匹夫有责"的理想在现代中国成为现实。

论自强创新精神的内涵与实现

任佳琦　土木建筑工程学院（2022302192110）

【指导教师评语】 本篇论文分析了自强创新精神的内涵，点明自强创新精神的现实性，强调实现自强创新精神的必要性，并探索了当代大学生如何实现自强创新精神。论文语言流畅，结构完整，思路清晰，紧扣主题，现实性强。全文不仅理论性不错，也颇具现实意义和实践价值。但是全文仍有待提高之处。例如，摘要对核心观点的概括还有提升空间。建议将全文三部分的核心观点补入摘要，进一步提炼。（马克思主义学院　吴默闻）

摘　要： 自强创新精神是当代重要的精神力量，当代社会需要坚守自强创新精神，当代大学生更需要将自强精神与创新精神相互结合并且融入日常生活，弘扬发展其中的现实意义，为建立良好的社会风气和繁荣富强的现代化国家添砖加瓦，为伟大复兴的中国梦而不懈奋斗，带领一代新生力量开启新时代新篇章，为民族复兴贡献自己的一份力量。

关键词： 自强创新精神；内涵；实现

自强创新精神在历史的洪流中融合了创新和自强的核心内涵。直到现在，自信自强、守正创新已经成为了我们奋进的新征程，实现新时代的伟大精神力量，体现在中国共产党不断自我革新，自我完善；体现在新时代中国特色社会主义的建立；体现在一代又一代中国青年踔厉奋发，谱写历史新篇章。当前国际形势严峻，局面错综复杂，面对百年未有之大变局，自强创新精神对于世界、国家、个人来说都极其重要，自信自强，守正创新是我们应该坚定的信仰理念。

一、自强创新精神的内涵与现实意义

理解自强创新精神的内涵，首先要分别理解"自强"与"创新"的深层含义。

"自强"的提出最早可追溯到《易传》中的《乾卦·象传》。《象》曰："天行健，君子以自强不息。"这句话意味着君子需要像天道一样生生不息，奋勇自强以不断提升自己的能力和道德。这指的不是被动地顺应天时，而是自己主观地去把握世道的变化从而主动驾驭变化。庄子《逍遥游》中曾言："御六气之辩，以游无穷者，彼且恶乎待哉。"在永不停息的世间中自己主宰的精神力量的提升才是所谓的"自强不息"。"创新"，则是在生生不息的基础上进行的更迭换代。世界在永不停息地创造一个更新的世界，我们也就在其中不自觉地被推动延伸发展新的自己。的确，向前发展是一种必然趋势，与我们的主观意愿并无太大关联。"自强创新精神"中的"创新"意味着在不断前进的过程中实现自我突破与超越。一个国家，一个民族，乃至一个人，从存在到消亡，都在不断进行着各种意义上的发展与创新。习近平总书记曾言："创新是一个民族进步的灵魂，是一个国家兴旺发达的不竭动力，也是中华民族最深沉的民族禀赋。在激烈的国际竞争中，惟创新者进，惟创新者强，惟创新者胜。"① 这是当代经由历史塑造的创新精神。而要创新，需先自强。要自强，必创新；唯创新，才自强。② 要有创新，首先得有创新的基础。创新，就是创造新的事物，没有基础，没有积累，创新便无从下手。而在历史长流的冲刷下，充分证明唯有创新才能自强。中国的近代革命历史就足够说明这一点，从备受屈辱到如今的世界大国说明，只有创新才会有出路，一味地故步自封只会走向灭亡。总而言之，自强与创新息息相关，密不可分。只有创新才能自强、才能争先。唯有自强才会有创新、才会有发展。

二、实现自强创新精神的必要性

人的成长和发展，是与社会和国家息息相关，甚至是与其一起发展的。自强创新精神，不仅是对个人，对社会、对国家都有重要意义。在我们追求人生理想的路上，自强创新精神是必不可少的。大学，正是我们理念和意识成型的最终培养阶段，大学生也是未来

① 习近平：《在欧美同学会成立100周年庆祝大会上的讲话》，载《光明日报》2013年10月22日。
② 《邱勇在第二届中国发展规划论坛开幕式上的致辞》，载新浪网，https；//finance. sina. cn/hy/hyjz/2020-11-30/doc-iiznctke3944373. shtml，2023年2月19日访问。

近几年社会的主要力量，因此，在大学生中形成自强创新精神就十分必要。首先从我们个人的角度来看，它是促进我们全面发展，成才成德的主观思想。我们的成长，从根本上说就是不断接受外界刺激，获得新的经验，不断超越自己，在这个过程中我们也会不断有更远大的人生理想和目标，而不是拘泥于眼前，被一时的放松贪逸迷了眼，从而停滞不前。这就需要有自强创新精神的指引，带我们走出自己的舒适圈，寻求全面发展的新历程，在更多的劳动中获得更多经验和进步。"青年强，则国家强。当代中国青年生逢其时，施展才干的舞台无比广阔，实现梦想的前景无比光明。"① 这是习近平总书记对当代青年的寄语，也是这个社会对当代青年的期望。当代青年在担当民族复兴大任的过程中将自身同国家和社会联系起来，将个人价值与社会价值统一起来。

自强创新精神，不仅是个人发展的重大精神力量，更是社会发展的重要指导思想。自强创新精神，可以为社会发展良好的风气和卓越的治理能力提供精神力量的支撑，是我们实现中华民族伟大复兴的不竭动力。从古至今，中华民族用历史证明，自强创新精神是不断向前发展的必需精神。从鸦片战争到中华人民共和国成立，从甲午战争到改革开放，中国人民始终独立自主，勇于创新，实现了从站起来、富起来到强起来的伟大飞跃，迎来了中华民族伟大复兴的中国梦。自强创新精神，是民族精神与时代精神的融合，在实现中国梦的路程上，需要每一个中国人恪守自强创新精神，不断自我革新，自强不息，才能让自强创新精神成为我们向前发展，笃行不懈的精神力量。自强创新精神也为国家繁荣富强源源不断地提供精神动力，它指导着我们走过历史的纷纷硝烟，指引着我们建立中国特色社会主义国家。一个国家，如果不创新、停滞不前就会落后于世界，就会挨打，这是中华民族用曲折磨难的历史验证的，但是在落后、被孤立的情况中，中华民族自强不息，积极进取，勇于创新，一个民族之所以伟大，是因为它拥有独特的民族精神。中华民族自强不息、革故鼎新的民族精神不断激励着我们为自己伟大复兴的中国梦而不懈奋斗。

三、当代大学生如何实现自强创新精神

当代大学生作为新时代青年的主力军，树立自强创新精神就显得尤为重要，自强创新是一个漫长的过程，它没有尽头，一直处在不停地发展和创造之中，在这个过程中，个人认为应当做到以下几点：

首先，要做好为实现理想而不懈努力的心理准备。回溯中国青年从"自在"到"自

---

① 习近平：《高举中国特色社会主义伟大旗帜 为全面建设社会主义现代化国家而团结奋斗》，载《人民日报》2022 年 10 月 17 日。

为"的百年征程和奋斗岁月，这过程就是与中国共产党共同寻求自强之路和创造伟大事业，在自强创新精神的正确指引下、在党的正确领导下，中国青年积极进取，不懈创新，成为最积极、最活跃、最有生气的现代力量。习近平总书记曾言："火热的青春，需要坚定的理想信念。"① 唯有信念坚定，准备充足，才不会轻言放弃，才不会被当下盛行的"丧文化"影响，才会走得更加长远。

其次，需要不断反思，坚持奋斗，勇于创新。自强创新，需要多从自身出发，在不断的错误中吸取经验，在不断反思中去改变、超越自己，才会有发展，有创新。马克思曾说过："人们奋斗所争取的一切，都同他们的利益有关。"② 我们的奋斗也是为了中国人民共同的利益，这就需要我们有坚定的斗争目标并为之不懈努力，更需要有自强创新精神的支撑。自强创新，是自我创新，坚持奋斗的不竭动力和支撑力量。

最后，需要树立自强创新理念，知行合一，将自强创新精神融入实践。具有自强创新精神并不难，难的是形成自强创新思维，将自强创新精神融入实践，这就需要我们充分调动主观能动性，真正实现自己的本性。外部因素是变化的条件，内部因素才是变化的根本所在，如果自我自强创新意识不强，就不会有发展，而且就算有发展也不会很长久，归根结底还是需要我们自身观念的改变，提高自己的主观能力。在日常学习和工作中只有充分发挥自己的主观能动性，才能最大限度地发展自身的潜力。将自强创新精神融入日常生活，就需要我们在学习和工作中不因循守旧，以创新的视角来激励自己，充分发挥自己的主观能动性和无限潜能。

自强创新精神是历史与现代结合下的新精神，对于当代全民族实现中华民族伟大复兴的中国梦具有重大意义，实现中国梦是每一个中国人的远大理想，也是我们当代青年的奋斗目标，树立自强创新理念，将创新和自强有机结合起来并将其融入实践是必要的，这不仅仅体现在我们个人物质上的收获，更重要的是自我精神上的提升，是对我们自己意义的一种肯定，而实现自强创新也是一个任重而道远的过程，需要我们坚守初心，砥砺前行，自信自强，革故鼎新，守正创新，在新的时代新的起点开启历史的新篇章。

---

① 习近平：《在庆祝中国共产主义青年团成立100周年大会上的讲话》，载《光明日报》2022年5月11日。

② 《马克思恩格斯全集》（第1卷），人民出版社2006年版，第82页。

浅谈自强创新的中国精神

金凌寒　弘毅学堂（2022301112054）

【指导教师评语】创新，尤其是科技创新能力，是衡量国家综合实力的重要指标，如何提升中国人的创新意识和创新水平，是当下的重要课题。此文首先解读了自强与创新的逻辑关系，同时论证自强创新精神的重要性；其次列举分析了四种创新的模式，并指出我国应该而且已经开始逐渐由被动的、信赖性的创新模式向主动的、独立性的创新模式转变；最后，从个人、集体和国家三个不同的主体分析如何弘扬自强创新精神。如果适当调整各部分内容及相互之间的关系，使全文逻辑合理，文脉通畅，便是一篇学生佳作。（马克思主义学院　杨建兵）

摘　要：自强创新精神历来是中国精神的重要组成部分。随着时代变迁，自强创新精神的内涵与实践方式同样有所转变。本文将以自强创新的中国精神为核心，重点探讨其价值与意义，并结合当今中国面临的创新形势，提出一系列应对方法与措施。

关键词：自强创新；中国精神；民族复兴

　　自古以来，自强创新便是中华民族最深沉的民族禀赋。《周易》有云："终日乾乾，与时偕行。"① 正是依靠朝乾夕惕的求索、改良与革新，古老的华夏文明才拥有了模因绵延意义上的永续。前有古人造纸印刷，将文明之种播撒四方；后有共产党人孜孜矻矻，探索救国新路。五四精神、红船精神、"两弹一星"精神、改革开放精神，无一不是对中华民族自强创新精神的继承与发扬。毋庸置疑，自强创新是鞭策我们在改革开放中与时俱进的精神力量，也必将成为中华民族未来走向辉煌胜利的精神脊梁。而在当今时代背景下，如何更好地践行自强创新精神，担当起中华民族伟大复兴的使命，无疑值得我们深入探索

---

① 冯国超译注：《周易》，华夏出版社 2017 年版，第 25 页。

与思考。

一、为何时代呼唤自强创新精神？

自我勉励，奋发图强，谓为"自强"；创造改进，思维常新，是为"创新"。自强是创新之诉求，创新是自强之根基，二者相辅相成，密不可分。

欲求自强，必须创新。创新思维作为促进人类认识和改造世界的重要精神实践活动，已经越来越成为当今社会不断完善和实现自我超越的一种普遍行为模式。纵观近代中国每一次大规模的自强运动，无一不以创新为基础和前提。进入 21 世纪，"创新"在国际舞台上更是拥有举足轻重的地位。一方面，创新本身便富有重大意义。正如拿破仑·希尔所认为的那样，创造性的思维正是人的可贵之处。人若要有所作为，就只有通过创造才能发挥出自己的聪明才智，才能体会出人生真正的意义和价值。[1] 创新思维在实践中的成功应用，无疑会给人类带来巨大的获得感、满足感，并激励着人类用更多的热忱去进行创造，以期实现自己的人生价值。从辩证的否定观来看，创新是对现有事物的辩证否定。我们唯有积极否定那些迂腐、不合理的旧事物，才能去创造符合人类发展需求的新事物，从而在各个方面臻于完善。

创新为人们提供优良的客观条件。首先，创新型科技成果能够直接推动社会生产力的发展。工业革命中大量涌现的机器发明极大地提高了社会生产效率，使人们不再困厄于物质生活的贫乏窘况。其次，创新必然推动生产关系发展和现代社会制度的巨大变革。洋务运动、戊戌变法等一系列政治改良与革新，使近代以来中国社会面貌发生了深远而持久的转变。同时，创新推动人类思维和文化的发展。中国共产党坚持"百花齐放，百家争鸣"的文化方针，无疑赋予了当代中国文化极大的生机与活力。

欲创新，先自强。自强总是与创新紧密相连，创新过程中，必定会遇到许多意想不到的阻力。这就要求创新者有过人的胆识和自强不息的精神，超越功利，才能做事业的强者。中华民族之所以从列强的铁蹄下走出，屹立于世界之林而不倒，靠的正是"十年饮冰，难凉热血"[2] 的奋进自强。"路漫漫其修远兮，吾将上下而求索"，先辈的步伐为我们指明前行的道路，先辈的精神点燃我们的心灵火种，自强精神在一代又一代的民族接力中，永不泯灭。

---

① ［美］拿破仑·希尔著：《拿破仑·希尔把握财运铸造富豪的成功法则全书》，伍心铭编译，时事出版社 2001 年版，第 6 页。

② 《饮冰室合集》，中华书局 1989 年版，第 3 页。

赫拉克利特曾言：万物皆流变，无物常驻。欲立身于"流变"的时代浪潮之下而不倒，我们唯有自强创新。于一个民族而言，自强创新是促使其社会进步繁荣的重要灵魂；于一个现代国家而言，自强创新将是维系其经济兴旺、文明发达的不竭动力。当下，我们正在经历着一个飞速发展的时代，与以往任何时代都不同——经历了三次科技革命之后的世界不再是曾经"唯武力者胜"的古代世界。今日，唯创新者进，唯创新者胜，唯创新者强。观察现代的科技战争，自强创新是胜利的筹码；在国际经济贸易争端中，唯有自强创新才能扼住命运的喉管。市场无情而竞争残酷，只有坚持自立自强，敢于创新，个人才能冲破思想观念的障碍，企业才能突破利益固化的藩篱，国家才能走上良性发展的繁荣富强之途。

二、当今中国面临的创新形势

在此有必要先阐明我依据不同标准所定义的两组创新模式：

（1）根据创新的激发因素划分：（1）主动性创新。所谓主动创新，指在主观因素激发下自发性的创新行为。在整个创新过程中，创新主体牢牢掌握主动权，无须借助外物激发。（2）被动性创新。所谓被动创新，指在客观因素（常常包含问题或危机等负面因素）影响下，创新主体做出以防御与保护自身利益为目的创新性行为。在整个创新过程中，创新主体处于被动姿态。

（2）根据创新是否依据现有成果划分：（1）独立性创新。独立性创新，指创新行为主体不依赖既有创新成果，完全独立自主研发新产品的创新模式。此类创新成果所具有的功能一般具有首创性，与已有成果通常有较大差异。（2）依赖性创新。依赖性创新，指创新主体引进他人创新成果并进行改良，从而研制出具有新功能或新优势的产品的创新模式，其功能也许与既有产品具有相似性。

受时代大环境与瞬息万变的国际局势影响，中国的创新形式是复杂的、多变的，但总体处于由被动性创新向主动性创新、依赖性创新到独立性创新的转型阶段。

首先，当今国际竞争的实质是以经济和科技实力为基础的综合国力的较量。而当今的国际局势存在诸多不稳定因素，为了应对外部挑战，中国必须通过创新来提升自己的综合实力。因此，中国的创新处在外界推动之下，处于被动状态。但是，目前中国已经认清了创新给综合国力带来的巨大优势，一向自立自强的中华民族正逐渐由重视创新之初的被动姿态，过渡到主动姿态。

其次，由于封建文化的影响，中国进行有意识、大规模的创新行为相较于西方国家来说晚得多，因此中国在科技最前沿的创新能力上尚有所欠缺，导致中国当前许多创新技术依然依赖于发达国家现有的创新成果。与此同时，一些核心技术，中国还处于尚未能够完全独立自主研发的阶段。因此中国的创新模式依然具有依赖性。然而，在认识到西方"卡脖子"的危机之后，中国已经走上了核心技术研发之路，在多个关键领域取得重大突破。电磁窗技术研制国家队的领航人张明习把握战略机遇，积极创造条件，占据国际技术制高点，带领特种技术团队开展电磁超材料技术攻关研究，并组织编写《超材料概论》一书，实现了国内特种技术所在电磁超材料技术专著方面的最大突破。同时，中国也已拥有大批核心技术，如航空航天技术、量子保密通信技术等。由此观之，中国正在由依赖性创新一步步向独立性创新转变。

三、自强创新精神的时代弘扬

百年的战火纷飞延缓了中国的发展进程，但却从未磨灭中华民族伟大的自强创新精神。正如古语云，不日新者必日退。而如何濯淬创新模式，赓续自强精神，精准把握航向，却依然是一个引人深思的命题。

首先，对于个人而言，要着眼时代，迎难而上。通过"这个时代需要什么""怎样才能让这个时代变得更好"的思考，我们的创新成果将更贴近时代，更具现实意义。同时，伟大的创新成果往往并非一蹴而就，而是历经百般打磨、无数次改进。百转千回，才有百炼成钢；千帆过尽，方得苦尽甘来。40余年坚守大漠，终带来敦煌文明的熠熠生辉；40余年的刻苦钻研，才换来青蒿素的成功问世；唯有无数个你我，携手奋进，自强创新，方能为祖国富强的大厦添砖加瓦。

其次，对于企业而言，掌握核心技术，各个角度创新突破，才真正意味着将命运掌握在自己的手中。在制造业全球化竞争激烈的严峻背景下，中国制造业欲取得持久综合竞争规模优势，仅仅依靠劳动力的低成本远远不够。管理制度创新作为我国企业管理模式创新的一个重要发展方面，对推进中国现代制造业发展同样具有战略性意义。一个现代国家如果没有这种企业管理和创新机制体系以及现代科学的新型企业管理模式，就不可能产生具有完全国际竞争力的中国现代制造业。同时，企业想要在高科技产品创新方面取得突破，就必须重点抓住核心技术研究，目光放眼长远，敢于投入资金。如此方可最大限度地避免他国"卡脖子"的悲剧。

最后，对于一个民族、一个国家而言，自强创新是发展的永恒底色。改革开放从酝酿之初到发展壮大的奋斗历程，是中华民族追求科技自立自强的时代缩影，也是中国人民勇担使命、服务国家的生动写照。然而，我们不可沉溺于过去的辉煌，而当"刀子向内"，勇于自我革命，取于制度创新。在经界方面，国家要着眼国际发展趋势，结合自身国情，重点扶持高新技术产业，在科技创新技术上投入更多资金，争取尽快实现从被动性创新向主动性创新、依赖性创新到独立性创新的蜕变。

在这个经济持续向前跨越式发展、科技地位显著提升的 21 世纪，中国共产党正带领着全体人民继续解放思想、开拓创新，为建设一个社会主义现代化强国而不懈奋斗。创新是中国共产党永葆活力的思想源泉，也是中华民族自强不息精神的集中体现。21 世纪的钟声里，我们正走向世界舞台的中央，为跻身创新型国家前列、实现中华民族伟大复兴的中国梦努力拼搏。濡淬创新模式，赓续自强精神，拥有深厚自强创新底蕴的中华民族，定将持续、稳步向前迈进。

论奋斗精神的发展及时代启示

冯玉蓉　土木建筑工程学院（2022302192169）

【指导教师评语】本篇论文以时代为线索，通过历史上和当代具有代表性的事例，阐发了奋斗精神。全文文笔优美，融情于文，结构完整，层次分明，思路清晰，文学性强，可读性好，事例丰富，选题视角独到，富有历史感和时代感。但是全文仍有待提高之处，例如，注释的规范性，摘要对全文核心思想的体现，以及全文的理论性仍有提升空间。建议进一步增强论文的思想性和深度，以提高论文的学理性。（马克思主义学院　吴默闻）

摘　要：中华民族历史悠久，绵延至今。这样一个古老的民族之所以能够在一次又一次的时代变迁中存留下来并通过不断地自我革新，焕发新的生机，一个关键原因就在于中华民族百折不挠、激流勇进、自强不息的伟大奋斗精神！同时，奋斗精神不是一朝一夕形成的，而是所有中华儿女在几千年来的持续携手奋斗中一点点凝聚起来的。

关键词：中华民族；奋斗精神；时代内涵

追溯古时，万户乘着自己的飞天梦想利用爆竹升天，尽管这种行为在如今身处技术高度发达时代的我们看来十分不明智甚至是愚蠢，但不可否认的是万户对天空的向往以及不懈奋斗，正式开启了后人对飞天的探索之路；民族英雄岳飞，自幼家贫且生逢乱世，在拜师学得一身武艺后，率领一众志同道合之士加入抗金救国的爱国洪流之中；再看匡衡凿壁借光，只为读书，成为后世学者为读书不懈奋斗的一代楷模……从古时起，或是能人志士，或是普通百姓，在众人的共同推动下，便形成了"奋斗精神"的雏形。但古时的"奋斗精神"可能尚未形成风潮，而个别人的"奋斗"极少是真正一心为国家大利，大多还是为了自己的私利。尽管如此，偶尔出现的是以引领一个时代的伟大人物为这个时代作出的不懈奋斗，还是会极大地影响人们的观念，并推动"奋斗精神"的形成。

一、奋斗精神的近代发展

到了近代，中华民族陷入水深火热之中，这段日子算得上真正的黑暗无光。在这一时期，奋斗精神与寻求救国救民正确道路的远大志向结合在一起，与不畏艰险、心系人民的思想信念结合在一起，充分激发了人们内心深处的革新自救意识，激起人们为民族存亡不懈奋斗的热情。其中也涌现的一大批具有时代意义的伟大人物如毛泽东、邓小平、鲁迅等都极大唤醒了"沉睡"着的中华儿女，推动了"奋斗精神"的形成与进一步发展。

在此处举几个典型人物的例子。

首先，如毛泽东同志，作为中国人民的伟大领袖，他带领中华儿女进行一系列改革，这雷厉风行的态度和举动，使得在全国上下都掀起了一股奋斗热潮，一扫之前萎靡不振、好吃懒做的风气。同时，他带领红军壮士进行的震惊世人的二万五千里长征，更是中华民族历史上一次具有里程碑意义的大事，生动诠释了在拯救民族危亡的时刻，何为"奋斗"，展现了中华儿女团结一心、不惧艰险的强大精神面貌，为"奋斗精神"注入了自强不息、勇毅前行的时代内涵，使得"奋斗精神"逐步根植入人们心中。

再如鲁迅先生，他称得上是中华民族黑暗时光里的一把耀眼火炬，在中国人麻木不仁、冷漠无情的黑暗时期，他弃医从文，以笔为戈，生生划破了笼罩在中国人灵魂上的黑纱，一步步唤起了民族觉醒。正如他所作的诗一样："寄意寒星荃不察，我以我血荐轩辕"，他确以义无反顾的态度勇敢投身到了唤醒中国人麻木灵魂的事业中去，并且在他的影响下，一大批有志青年积极参与其中，与腐朽思想进行斗争的队伍越来越庞大，并在数不胜数的"觉醒者"前赴后继的奋斗与牺牲中换来了民族的觉醒。正如前段时间爆火的电视剧《觉醒年代》，为什么这部电视剧如此地摄人心弦？一个重要原因便是，人们深深被救亡图存过程中前人所展现出的坚韧不拔、义无反顾的"奋斗精神"所感动。

近代是一个复杂的时段，它一边拥有无边至暗，一边又不断在各个角落闪现耀眼的光芒。经过这段时期，"奋斗精神"有了显著的升华，它从过去的更多"为个人私利而谋"转变为"为家国大利而谋"，"奋斗精神"也从此在更大范围内植入人们心中。

二、奋斗精神的时代启示

到了现代，特别是在进入新时代后，随着人民素养不断提高，中华民族共同体意识不断增强，人们的"共同奋斗"热情高涨，"奋斗精神"内涵不断被丰富。可以说，当下的艰苦奋斗精神的内在性已表现为人们之间同心同德、齐心协力，共同为中华民族伟大复兴的中国梦而奋斗。因而我们比历史上任何时候都要团结、都要有奋斗的热情，不论是在物质文明层面，还是在精神文明层面，中华民族都迎来了空前的发展机遇！

"嫦娥"奔月、"蛟龙"入海、"天眼"探空……中国在科技上取得的成就令世人瞩目，这离不开一代又一代中华儿女的不懈奋斗！不惧艰险、敢为人先的全国道德模范兼"嫦娥五号"总设计师杨孟飞、数十年如一日坚持不懈奋斗的中国天眼总设计师南仁东，还有矢志江流治理的三峡工程总设计师郑守仁院士……

这几个人只是新时代不懈奋斗背景下的一个代表，还有许许多多的普通人，他们默默无闻，但都用自己的实际行动为中华民族伟大复兴作出了贡献，推动中华民族这个古老的民族持续焕发生机与活力，"奋斗精神"也正是因为这千千万万或伟大或平凡的中华儿女的共同奋斗而变得熠熠生辉！由此我们也可以看到：艰苦奋斗作风的实质是在客观条件都不充分的条件下，通过对资源的整合，从而创造有利于自身发展的拼搏精神，是在尊重客观现实基础上，充分发挥主观能动性的科学精神！

同时，奋斗精神在当代展现出与时俱进的特色，它的践行与马克思主义理论息息相关，融合了中华民族特色的知行合一、身体力行、不懈奋斗思想信念，并与当代中国社会主义核心价值观相适应，无形中促使人人自觉践行艰苦奋斗精神，共同为中华民族伟大复兴而奋斗，形成了良好的社会风气，这也就是为什么"奋斗精神"对当代中国十分重要的原因。

过去，我们往往更加重视物质文明的发展，随着新时代的发展，陆陆续续有人引领起重视精神文明的风潮，这使得"奋斗"的内涵变得更为广泛："奋斗"不仅仅限于为科学技术努力，也在于对中华优秀传统文化的传承与发展。

说到对中华优秀传统文化的传承，那么一个不得不提的人便是叶嘉莹先生。她是中国最后一位被人们尊称为"先生"的女士，被人们亲切地称为"诗词的女儿"。她一生醉心于诗词的研究与创作，执教七十多年，所到之处桃李满园。她在晚年变卖自己的房产，将一生积蓄捐给南开大学教育基金会，鼓励年轻学子进行诗词研究与传承，而自己的生活不过一箪食一瓢饮。她说是诗词拯救了她，但她对中华诗词文化的传承也如一缕清风，抚慰着如今被快节奏生活裹挟着前进的人们的心灵。她在传承诗词过程中展现的尽己所能、不为名利的精神，不仅影响着广大群众，也进一步丰富了奋斗精神的内涵。

还有近段时期备受大众好评的河南卫视，节目通过将精美的舞蹈和现代的高端技术结合，让人们近距离感受到了中华文化的博大精深与精妙绝伦！在《洛神水赋》中，舞蹈演员化身"洛神"绝美登场，或拂袖起舞，或拨裙回转，或娉婷婀娜，或衣袂翩跹，生动再现了曹植名篇《洛神赋》，让人们深切体会到了什么是"翩若惊鸿，宛若游龙"。

博览 5000 年，塑造当代贤。越来越多的人对中华优秀传统文化的重视与传承让我们的精神文明也越来越富足，"奋斗精神"的外延也因此变得更加广泛，其时代特征变得更为明显。

进入新时代，青年的力量越来越突出，我们用"奋斗"擦亮青春底色，争做能够担当民族复兴大任的时代新人。在新冠疫情中，"00 后""90 后"的身影活跃在各地的志愿岗位和医院救助行动中，我们用行动描绘了"大写的青春"，彰显了新时代青年的责任与担当。

任何精神文明都是人类主体在生存发展过程中通过努力积极主动构建起的优秀成果，都有其存在和延续的丰富土壤滋养。在过去，凭着一腔热情的奋斗之情，中华儿女取得了傲人的成绩，但这还远远不够，我们要继续在社会实践中通过艰苦卓绝、坚韧不拔的奋斗点亮"奋斗精神"，持续革新"奋斗精神"的内涵，让其在新时代焕发新的生机与活力，让奋斗精神紧扣时代脉搏、紧跟时代主题，继续引领人们为中华民族伟大复兴的中国梦而奋斗！作为新时代青年，我们更要勇敢接过时代交予我们的接力棒，"不驰于空想，不骛于虚声"，承担起应有的时代使命，继续秉着"奋斗精神"让中华民族持续生生不息！

论庄子无用之用思想对创新精神的启示

蔡宏林　水利水电学院（2022302061005）

【指导教师评语】 本文试论述庄子自由精神与我国当代对创新的提倡之间的正向关联，角度颇新，但对二者之间的张力没有认识到位。本文指出：庄子经典的"无用之用"的辩述，体现的正是对固有思维的突破，对经验主义的反对，这正是他所追求的"自由"；庄子在物质世界苦苦思索追寻"无所待"的自由无果之后，终在精神世界找到了接近逍遥的精神自由的状态，而这正是创新精神所需要的；创新的生命正在突破传统的限制，拨开经验主义在眼前抹上的薄雾，跳出固有的思维，这一切又与精神自由相契合。（哲学学院　连凡）

摘　要： 庄子是中国古代伟大的思想家之一，一生追求"逍遥"的境界，在此过程中他对精神自由的追求能够极大地启发创新精神，促进传统用于现代，弘扬中国精神。在探讨庄子"无用之用"的思想、追求精神自由的思想的基础上，我们结合以中国精神之创新精神对于时代的重要性，探讨了庄子身上所体现的对精神自由的追求对新时代创新精神的启示。

关键词： 庄子；精神自由；创新精神

当下正处于科技高速发展、对创新要求与日俱增的时代，同时又兼有复兴民族、弘扬传统文化的重担，从而从传统文化中汲取智慧，助力新时代的创新发展成为了当务之急。在面临如此时代重任的情况下，我们在古远的春秋时期遗存下来的吉光片羽之中，发现庄子的思想对当下新时代的创新进程有着独特的启示。

一、庄子眼中的"无用之用"

《庄子》内篇《逍遥游》①中，惠子问庄子以五石大瓠，说自己从魏王得一种，种植它长出了足装五石水的大瓠，但是大瓠过大，盛水有余而占用空间，借以讽刺庄子的思考是无用的"大瓠"，对治世无用，但庄子反驳说，无用的大瓠若是用来泛舟，则甚为便利。他又举善为不龟手之药的宋人的例子，宋人世代以洴澼絖为业，终年易使皮肤龟裂，才发现此良药，有客闻之，以百金求方，宋人只是目光短浅，认为药无大用而能得百金，便快意成交，而客却是借此帮助吴王在冬天打败越王，获得赏赐封爵。庄子借以反讽，他眼中的无用，其实是因为他的无知，被一贯的经验和视角束缚，从而无法发掘出"无用"的真正用处。

庄子眼中的"无用之用"，正是透过现象，跳出惯性思维，将"无用"之物放置于适宜的环境和用法下，不从惯性思维的角度去思考作用，不从经验主义的角度去判断价值，而是跳脱出来，从更加灵活的视角，终于发现"无用之用，方为大用"。

为人所周知的是庄子一生追求着的"自由""无所待"，可人们的论述、对庄子的研读似乎总是停留在了物质的层面，在此方面的文章也是不胜枚举，而庄子的"自由追求"是远不止于此的，庄子在追寻肉体的"逍遥"的同时，也在追寻着精神层面的自由。"无用之用"正是庄子精神自由的追求的集中体现，是激发创新精神的重要源泉。

何谓自由？用庄子的话讲，大鹏"抟扶摇而上者九万里"是对自由的追求，但是庄子却发现这并不是"无所待"的，它要乘风而上，凭借的是"生物之以息相吹"。在物质上，庄子找不到自由事物，于是他将目光聚焦于精神世界。他发现，对事物"无用"之判断正是建立在被传统观念，被一贯经验所限制的不自由之上的，如果跳出惯性思维，超出过往经验，获得精神的自由，那么，"无用之用"便出现了。正如庄子对惠子的辩驳，如果五石大瓠在惯性思维下一无是处：难以喝水、不能置物、占用空间，那么为什么不用其泛舟于江上呢？如果治疗龟裂之药在传统环境下没有大价值，只能在偶尔治疗洴澼絖的职业病，为何不将其用于军队在寒冷中作战呢？庄子也许会大喜，"无用之用"正是精神层面的自由呀！

在庄子的苦苦追寻中，精神自由为他带来了曙光。精神自由是没有凭依的，一个人跳出了固有思维，思想便能无限地徜徉，庄子甚至更进一步，尝试跳出"人之常情"。庄子晚年丧妻，他没有悲伤地号啕大哭，没有长久的缄默不语，更没有悲痛欲绝的倾诉情愫，

---

① 《庄子今注今译》，陈鼓应译注，商务印书馆2016年版，第5页。

反而是边敲着小鼓，边唱着歌，不论他是为妻子获得了某种意义上的自由而欣慰，还是在告慰妻子之灵，他的做法都是跳出了常理，跳出了规矩，跳出了人们的一般实践。或许其中反映出的有庄子脱俗豁达的人生观，但不可否认，其本身就是庄子对精神枷锁的挣脱，对精神自由的追寻，纵使没有达到真正的逍遥，其自由精神仍值得尊敬瞻仰。

二、自由精神对创新精神的启发作用

有人认为庄子的思想不适用于当下，认为他是避世的，难以成为治世之方，其实不然，庄子对精神自由的追求恰恰是击中了创新的痛点，对当下建设创新型社会、创新型国家有着重大的实际与实践意义。

首先我们来探讨下何为创新。创新是对传统的突破，既然是突破传统，那么必然是不能沿用古旧的经验，而是要干出开天辟地的大事来，干出前无古人的新事来。在这种语境下，自由精神便成了突破固有思维的指路明灯，自由的精神让人不必拘泥于"应该怎么做"或是"应该怎么想"，而变成"如果那样做会怎样"或是"如果那样想会有什么结论"，如此思考，便能够让人拓宽思路，扩大视野，在一定的条件下便催生了新事物。

在共和国的发展史上，于敏先生发明于敏结构的氢弹便是一个极佳的例子。对于氢弹的研究，当时世界上已经被证实可行的构型只有美国提出的 T-U 构型氢弹，但是于敏不拘泥于已有的成果，不被现存的试验数据所束缚，而是坚持着眼实际，最终论证了一种更加易于保存和维护的新构型——于敏结构，最终让初生的中华人民共和国在成功试爆核弹后短短数年内就成功试爆了我国第一枚氢弹，成为第三个掌握相关技术的国家。

不仅在国内，国际上也有同样典型的例子。爱因斯坦论证了光的波粒二象性后，人们惊叹于其思维独特，但是大多数人也仅仅局限于成为爱因斯坦的拥趸，然而数年后法国大学生德布罗意却让世人认识到想象和创新可以多么的天马行空，他猜测，光可以是波粒二相性的，那么人们眼中一贯认为的"实物粒子"是否其实也是波粒二相性的呢？在各种物理实验的论证下，这种情况竟然是成立的，这个理论的提出也让他得到了诺贝尔物理学奖。不难看出，被证明可行的 T-U 构型氢弹，被下意识划清界限的"粒子"和"波"的概念都是"应该怎么做"，"应该怎么想"，它们在人的思维中蒙上了一层难以触及、难以戳破的薄纱，令人难以察觉但又切切实实地限制了人思考的空间和余地，然而，当一个人从思想上得到解放，思绪在脑海中自由翱飞，便会不断突破限制，探寻到一番新的天地。

三、创新精神之于当下的重要性

近 10 年来，党中央不断强调世界正处于百年未有之大变局。全球技术迭代不断加速，产业转移不断进行，地缘政治摩擦更加频繁，实现中华民族伟大复兴的第二个百年奋斗目标也剩下不到 30 年。故而，对内来说，创新是提高国家竞争力，促进产业转型升级，推动社会经济发展的强大动力，有创新，人民才能切实体会到劳动成果的辉煌，社会信心才能不断被提振，社会的凝聚力从而得到提升，国家将能够行稳致远。对外而言，创新是国家竞争的正确路径，是对人类进步有益的方式。从这个角度看，创新精神不仅是中国精神的精华，更是与中国精神的其他内涵也是遥相呼应，不仅是天下胸怀的具体实践，还是奋斗精神，进取精神的集中体现。

党的二十大报告指出，"我们要坚持教育优先发展、科技自立自强、人才引领驱动，加快建设教育强国、科技强国、人才强国，坚持为党育人、为国育才，全面提高人才自主培养质量，着力造就拔尖创新人才，聚天下英才而用之"。字字句句深入人心，全面彻底强调了创新的重要性。

庄子经典的"无用之用"的辩述，体现的正是对固有思维的突破，对经验主义的反对，这不正是他所追求的"自由"吗？不被过去的思维所束缚，不被经验的看法所蒙蔽，因为惯性思维和经验正是精神世界的"有所待"，庄子在物质世界苦苦思索追寻"无所待"的自由无果之后，终在精神世界找到了接近逍遥的精神自由的状态。而这种状态，不正是创新精神所需要的吗？创新的生命正在于突破传统的限制，拨开经验主义在眼前抹上的薄雾，跳出固有的思维，这一切是与精神自由多么的契合。故而，在当今这个科技发展日新月异的新时代，在这个弘扬中国精神的时代，在这个迎来百年未有之大变局的时代，从庄子的思想中看到精神的自由，从精神自由中找到对创新精神的启示，是十分迫切且必要的。而跳出经验和固有思维，正是启示所在。

浅谈思乡情怀中体现的自强精神

付　硕　水利水电学院（2022302192055）

【指导教师评语】对"自强"一题未必要作宏大叙事，于具体而微中也可感知其真意。而"思乡"一事也未必只能沦于庸常，打开格局思之亦能见其高度。作者角度新巧，把"思乡"与"自强"二题贯通，以细腻生动、丰富灵动的文笔，道出了一番颇有洞见的感悟——思乡是一种反思、一种感动、一种修身的方式，它包含对世界的认识和对生活的赞美，表达对生活的珍惜与尊重，是自信自强的体现。文章很好地结合生活实际呈现了一个大学生对自强精神的细腻体悟与独到思考。如果能在第三部分"引发思乡的是冲突"分析末尾处，以"自强"作为此话题的落点，从而不使该部分从内容上有游离于题之外的感觉，则更能加强全篇对主题线索的紧扣度。(马克思主义学院　史姗姗)

摘　要：文章从个人对思乡情怀的理解出发，讨论思乡情怀的表现、成因、内涵及内涵的拓展，并将思乡情怀与自强精神联系起来，讨论大学生如何妙用思乡情怀塑造强大的内心、迎接一切挑战。

关键词：思乡情怀；自强精神；塑造

从思乡情怀的理解出发，讨论思乡情怀与自强精神的联系，看大学生如何妙用思乡情怀塑造强大的内心、迎接一切挑战。

一、从两种情形看思乡情怀的表现

你可曾有过这样的经历：在周日的下午，天气晴朗，气温回暖，你走在一个老小区的小路上，感受着温暖的同时，又不由得产生一种怅然若失的复杂情绪。这种情绪来得突然，又有些捉摸不定。如果放任不管，它可能会逐渐变弱，直至你的内心归于平静，从内到外都是暖洋洋的，就如同这晴朗的下午一样。但更多的时候，它会让人产生一种虚无感，让人迫切地想做一些能证明自己存在意义的事情。总而言之，这种情绪来得突然，能在短时间内达到高峰，会自然消散，又或者激起人的斗志。

另一种情形下，也能产生类似情绪波动。傍晚，一下午的高强度学习，你刚在食堂犒劳自己，饱餐而归。天色逐渐昏沉，周遭的景色由明亮变得模糊，自然中的色彩对比与周围物体的轮廓逐渐不可辨识。只有人家窗户中透出的光亮依旧刺眼，窗中的人影清晰可见：这是视觉上最突出的地方。听觉上，锅铲与铁锅碰撞发出的"铛""铛"声，以及从某个角落传来孩子的嬉闹声，盖过了其他自然的声音。走两步，有时会突然闻到浓郁的饭菜香味，而片刻之后却又像鼻子对它产生了免疫似的，闻不到了。这时，忆忆的闸门不由得打开，脑海中开始浮现出类似的场景，也是最熟悉的场景：晚饭时分的家乡。如果这时你又恰好刚刚结束了一项繁重的工作，比如完成一篇结课论文，你的心境可能产生一种波动：对周遭的陌生环境感到莫名的留恋，所见之物都或多或少地染上了家乡的影子，从而感到无所适从。突然想起还有新的工作没有做完，刚写完结课论文的满足感又重新被虚无感占据。这时的你迫切地想做些什么，让自己忙起来，重新找回平日的稳重。

从结果来看，两种情形所产生的效应是相似的——都能让人产生莫名的空虚感，从而让人迫切地想要做一些事来填补这种空虚。这又与责任感有所不同。如果是责任感起主导作用，步履匆匆的赶路人可没那么细腻的心思去观察、去倾听。责任感使注意力高度集中，虽然完成任务的效率高了，但从周围环境获得感悟的能力却受抑制了。这种空虚感源自细腻的观察和感性的共情，引发一种想要做些什么的冲动。这种冲动没有明确目的，只为了填补内心的空虚而生。而思乡之情就是这样来无影去无踪，略显无厘头的情感体验。可以说，在这种情况下，主要是思乡之情在发挥作用。

二、思乡情怀为什么与自强精神有关

思乡情怀，说白了也是一种对新环境的适应方式。我们不妨从"思乡"的概念出发。

"思乡"的内涵注定不是单一的。如果把故乡定义为曾经生活过的那片土地，那么，常年在外打拼的人也就没必要一到过年就挤破头皮往老家赶。真正意义上的故乡，是现实与记忆交织成的复合体，既有客观的边界，即曾经生活过的一片区域；也有不可见的抽象的边界，即与我有关的一处地方及其附属物。也就是说，与这片土地息息相关的记忆也是主体。所谓思乡，其实是思念家乡的风土人情，是懂得珍惜美好事物的表现。

其实有关故乡的记忆并非都是美好的，但我们会自动遗忘那些对自我发展无用的记忆，只保存能对自己起积极作用的部分。取舍间把故乡打造成精神上的避难所，以之为精神上的后盾。这样能在复杂变化的现实生活中寻得一份宁静。我有这片土地的记忆，我与这片水土有羁绊，我于这方土地有归属感。过年回家，因为亲人在家里，还有充满回忆的物什，以及未被功利气息沾染的儿时形成的友谊圈子。在家里可以治疗一年里产生的磨损，也就是所谓的精神内耗。这样会使我们重整旗鼓，足以应对后续接踵而至的挑战。

通过打磨这近乎理想的家乡印象，将其打造成心灵的避风港、充电站，自我人格将变得越发强大，面对意外情况与挫折的打击更有底气。自强也就是内心的强大——有了故乡作为后盾，将无惧风风雨雨，更加保持坚韧。

一般在什么时候，会产生思乡之情？分析上面的两个例子，可以发现一些共同点：冲突。这种"冲突"一般是隐性的。走在温暖明亮的路上，此时的心态应该是放松的；那么，上路前，也就是在屋子里，都发生了什么？有可能做的事有很多，但最有可能引发后续情绪变化的，还是紧张的工作、学习。从狭小封闭、相对黑暗的屋子里突然到了阳光刺眼、周遭开阔的环境，自然感到不适应。此时感到的不是阳光的温暖，而是它的刺眼；周围的开阔也不让人觉得坦荡，而是虚无。这种强烈的冲突，会加深环境的陌生感，给人以不安定的感觉，这种情形下的思乡，是在寻找庇护，而不是无病呻吟。在第二个例子中，天色的转变，是一种冲突：作为路人的自己与周围生活于此的原住民的格格不入，一件要紧事大功告成后的安逸与仍有事待办的急迫，都形成了冲突。这种冲突是隐性的：环境的转变是渐变的，自己与周围人和事的冲突是一直存在的，但自己与周遭人和事的冲突是随着天色渐暗、所观察到的事物逐渐受限而一步一步彰显的。这种情况下，当事人不易察觉到冲突的演化，但却能感受到它确实存在。所能察觉的那部分引导思乡之情涌上心中，而不能察觉的那部分则决定了生发的是思乡之情，而非恐惧等其他的情绪。

三、思乡情怀内涵的拓展

思乡可以是思念家乡，但它的意义可不止于此。思乡是一种反思。华夏儿女从来都是善于从过往的经历中学习的。通过对过去的总结反思，能得到对当下难题的解决方法。这是继承，同时也是对经验的实用化，又何尝不是一种创新。思乡也不应局限于感伤，而应以有关家乡的经验为基础，构造一个脑中数据库，随取随用，再加上对现实情况的理解，以对症下药。思乡是一种感动，这种感动是美的体验。记忆中保留的美好的回忆，都是能打动自己的珍贵宝藏。时常翻看自己的宝藏，总能保持一种好心情。而保持着好心情的人是可以相互影响的。以长于思乡的人为中心，周围的人都会受到积极影响。而且在美的陶冶中，也能培养发现美的眼光，学会像欣赏自己一样欣赏他人。思乡是对根的强化。一遍遍地回忆，也是一遍遍地打磨，也是对精神堡垒的加固。这也是一种修身，是自强的体现。这样看来，思乡情怀是包含善于总结，温故知新，学以致用，精益求精等在内的实用思想。

思乡情怀包含对世界的认识和对生活的赞美，是自信自强的体现。过好每一天，珍惜美好的瞬间，是对生活本身的尊重，有利于自我的强大。

一般地，思乡之情是油然而生、不受自己控制的，这就是想家；也有主动的思乡，也就是恋家。想家程度较轻，属于正常现象，是难免的。这种情况下，想家是一种放松，是对紧张单调生活的调剂。但恋家的意义就不同了。这是对既有舒适圈的依赖，是适应能力跟不上环境变化速度的体现。这种情况下，会有强烈且挥之不去的想家的感觉，很可能对正常生活造成严重影响。这是身体在给自己敲响警钟。也就是说，尽管思乡的行为本身无害，甚至一般程度的思乡对健全人格的培养有积极作用，但程度较为激烈仍可能对正常生活造成消极影响。有时思乡之情出现得不合时宜，轻则会分散注意力，使做事效率降低，严重的还有可能影响到正常生活秩序。

正常情况下，生活按部就班，不必考虑太多。但对大学生活而言，无处不在的竞争和高强度的压力是悬在头顶的利剑。时间久了，总需要调剂。思乡行为本身可以作为转移注意力的方式，通过回忆美好事物缓解压力；也可以作为一剂强心剂，帮助找回当初选择进入大学的目的；也可以作为解毒剂，以过去的美好中和现在的不适。思乡不能包治百病，但可以带来慰藉，提供片刻的放松。

然而，做一个自强的大学生，当然不能沉溺在过去的美好中。思乡本身不能让人进步，它只能守住精神内核，有助于保障基本的精神健康。思乡仅可作为调剂情绪的工具，而不应成为处世的通则。人总是在进步的，思乡这一方法也有其局限性。在保持内心强大的同时不断学习，从基础到卓越一步一步晋升，才是切合实际的。

浅析自强创新精神的体现与价值

朱利佳　弘毅学堂（2022300004055）

【指导教师评语】 本文指出"自强"的"自"意味着必须依靠自己个人的拼搏奋斗而成为强者，其根源乃是自己的心灵，源于其寻找情绪出口的个人意志，符合其"自强"的特征。最后从个体、社会和国家三个层次分析了自强创新精神的现实意义与时代价值，从而深化了主题。总的来看，本文具有一定的新意，在事例的论证上也比较深入，格式符合学术规范。（哲学学院　连凡）

摘　要：自强创新精神是中华优秀传统文化的重要组成部分，不仅激励着一代代古人先贤，传承至今，更是指引着现今新时代的青年奋发向上。结合疫情的背景环境，探讨自强创新精神在当代大学生上的体现，以期发现自强创新精神在当今时代的重要启示和价值意义。

关键词：大学生；自强创新精神；价值

自强创新精神是中华民族得以屹立数千年之久而不绝的不竭精神力量，是中华文明绵延至今的关键所在。自强创新精神表现为两方面的精神，即永不言弃、拼搏不屈的自强精神和不断超越、与时俱进的创新精神。作为意识形态层面的自强创新精神，其具体体现并不是一成不变的，相反，它是在中华民族漫长的社会发展中逐步形成的，随着时代的进步而日臻完善，而在不同的时期以及不同的群体中呈现多样的表现形式。

一、自强创新精神的体现

在全民抗疫的特殊时期，为了保障学生的生命安全，许多高校纷纷实行封闭式管理居家隔离，线上教学。日复一日的核酸检测，每日必备的扫码打卡，持续的疫情使得自由无拘的大学生活只能成为"梦想"。同时，疫情的到来使得就业形势日趋严峻，学业及就业压力增大。而面对此种艰难环境，在校的大学生没有被压力所压垮，而是选择去创造一个合适的情绪出口和缓解方式。例如纸箱宠物正是因此而成为校园新星，而这正是自强创新精神在当今时代大学生活中的新型体现。

（一）自强不息精神的体现

自强不息是中华民族的传统美德，是流淌在民族文明血管中生生不息的血液，是人民代代相传的珍宝。

其中的"自"，即指自己，这意味着必须依靠自己个人的拼搏奋斗而成为强者，既不能是在别人的一手促成下得到的优势和力量，也不能是从天而降的运气所赐予的资本。《乾·象传》中提到的"时乘六龙，以御天"，意思是要通过把握变化之中的常道而主动地驾驭变化，这就强调了主体的主动性。例如，依靠父母获得权力与地位而游手好闲的人不是自强，买彩票中千万大奖的幸运儿也不是自强。严格来说，他们都不算真正意义上的强者，只是获得了世俗视角上的成功，却没有达到心灵上的坚韧与顽强。既是"自"，则说明自强不息的精神在个体上的表现状态应是由内而外，其根源乃是自己的心灵。在这个层面上进行探讨，大学生制作纸箱宠物以增添枯燥生活的趣味，缓解心理上的压力以及满足社交陪伴需求的行为是自发的、主动的，来源于其寻找情绪出口的个人意志，符合其"自"的特征。

"强"，即强大。首先，也是最为重要的一点，即是坚守道义的强大。《礼记·中庸》中，孔子曾谈过对于"强"的理解："故君子和而不流，强哉矫！中立而不倚，强哉矫！国有道，不变塞焉，强哉矫！国无道，至死不变，强哉矫！"[1] 这意味着真正的"强"是和而不同，不会盲目附和他人观点，也不会轻易放弃自己的立场和原则；是依靠自身的能力而立于世，不依附他人；是孟子所说的"得志，与民由之；不得志，独行其道。富贵不能淫，贫贱不能移，威武不能屈"[2]。从前，纵横家公孙衍、张仪不会被视为强者，因为他们没有自己的原则和信仰，只一味地听从附和国君的观点，依附国君去抓住权势和地位。如今，损公肥私的官员，即使再有能力和才干，人们也不会认为他是强者，因为他违背了最基本的道义，站在了人民的对立面。"强"，也可指"变强"。不同于"强大"的状态特性，"变强"是一个发展变化的动态过程，意味着由弱转强或是逐步增强。疫情下的

---

① （汉）郑玄注，（唐）孔颖达正义：《礼记正义》，上海古籍出版社 2008 年版，第 1994 页。
② 《孟子译注》，杨伯峻译注，中华书局 1960 年版，第 128 页。

紧张氛围和烦闷心理需要一个出口，看似"发疯"的行为背后是以柔克刚的智慧，以及自强不息的精神品质。大学生们尝试抛下逆境中的负面情绪，以更乐观的心态去学习和生活，修炼出更加坚韧的心。

（二）创新精神的体现

创新精神主要表现在其创造性与进步性，而创新的根本原则就是不违背基本道义和伦理道德。一切创造一旦越过这条红线，就不再是创新，而是逾越。创新性是创新精神的核心要义。所谓创新，就是创造出原先不存在的新事物。而创新精神则体现在勇于创新、积极创新、不断超越、不断进步中，最终归结于实践的宗旨。《周易·贲卦》曰："观乎天文，以察时变，观乎人文，以化成天下。"[1] 意味着通过观察人事变换的基本方式，则能化育成就天下万物。故中国传统思想的基本方法论是一种实践的方法论，创新精神体现最终还是在具体的万物中。纸箱宠物则无疑是大学生创新精神的表现载体。甚至于受大学生们的真情实感影响，有些高校专门设置了"停狗场"，还有学校官方举办纸箱生物展览大会，"溜纸箱狗接力跑"还成为运动会的项目之一。这些大学生们的奇思妙想正是他们的创新精神在学校范围空间内的具体体现。

二、自强创新精神的现实意义与时代价值

发展革新的时代正赋予自强创新精神以新的内涵和价值。一代人有一代人的使命和担当，一代人有一代人的思想和操守。时代在变化，社会在更迭，技术在发展，主体在改变，而自强创新精神也随之不断丰富和完善。这缘起于数千年前的中华优秀传统文化，历经时间的沉淀和打磨，在现代的天空下仍闪耀着夺目的色彩。在这百年未有之大变局的关键时期，自强创新精神无论在个人、社会还是国家层面，都发挥着不可或缺的重大作用，展现出无与伦比的现实意义与时代价值。

（一）有利于个体的成长和发展

实现个人价值，意味着成就有价值有意义的精彩人生，成长为人格独立，价值意识成熟，于家庭、于社会、于国家有用的人才栋梁，体现个人生命的价值和意义。而这些个人

---

[1] 《周易译注》，黄寿祺、张善文译注，上海古籍出版社 2007 年版，第 11 页。

的成长，都离不开自强创新精神。创造性活动标志着作为目的本身的人类能力的发展，人们在"活动时享受了个人的生命表现"，"感受到个人的乐趣"①。马克思认为，创造是个人生命的表现，这在某种程度上说明了实现个人生命价值意义，要依靠创新精神。自强是创新的能源，创新创造所需的知识储备和能力才华来源于奋发向上、拼搏变强的自强路上奠定的基础。创新则是自强的现实表现，个人的发展离不开创新，创新的动力来自自强。自强创新精神是实现个人价值，助力成人成才的关键要素。

当今时代，互联网技术的快速发展，负面情绪以之为媒介迅速大范围传播，易于给人造成心理上的焦虑和不安，加之如今疫情反复，封闭的空间和疾病的传播，更加加重了心理上的不安，而此现象在青年人群体中体现得尤为明显。"内卷""躺平"等热点词汇，频登热搜的大学生"发疯"语录，是当代青年人巨大心理压力的现实反映。诸如此类的负面情绪，其外部的因素是与沉重的学业负担与日益严峻的就业形势，而抵制和排解负面情绪的根本之法，是从内向外打破屏障，以自强不息精神唤醒个体内在的向上向善之心以及对生活和生命的热爱，洋溢和焕发内心深处的精神力量；是以创新精神创造出解决问题的有效方法，探求向强向上的新型路径。而大学生"遛"纸箱宠物就是疫情背景下的青年人以自发的主体能动性，破除抑郁的雾霾，寻求生活的出口，战胜困难，坚强不屈。

（二）有利于社会的发展和人民美好生活的实现

党的十九大报告指出："我国社会的主要矛盾已经转化为人民日益增长的美好生活需要和不平衡不充分的发展之间的矛盾。"② 邓小平同志也曾言，创新是引领发展的第一动力。因此，解决社会矛盾的主要关键在于发展，而发展的关键在于创新。社会的主要矛盾体现在科技教育、医疗保障、食品安全、生态环境等多个方面，自强创新精神则是解决矛盾、促进发展的精神内核。社会的更平衡、更充分的发展，人民美好幸福生活水平的实现都要依靠自强创新精神来提供精神支撑。在思想上，要创新和吸纳更适应我国国情的先进思想，对于传统思想观念，要坚持取其精华、弃其糟粕，剔除过往封建迷信，保存先辈思想精华。社会是无数个体的集合，自强创新的核心要义就在于自我精神境界的提升，对自我生命的认可，对自我意义的肯定。当一个社会由无数生命充满力量，生活充满活力的个体组成，便是美好生活，也是美好社会！

---

① 《马克思恩格斯全集》（第一卷），人民出版社 1995 年版，第 408 页。
② 习近平：《决胜全面建成小康社会夺取新时代中国特色社会主义伟大胜利——在中国共产党第十九次全国代表大会上的报告》，载《人民日报》2017 年 10 月 28 日。

（三）有利于国家富强和民族振兴

实现国家富强、民族振兴的中国梦，离不开自强创新精神。中华民族之所以能够一直昂扬屹立在世界民族之林，中华传统文化之一的自强创新精神就是关键所在。它一次次指引中华人民战胜困难，化险为夷，从站起来到富起来再到强起来。如今，在中国特色社会主义进入新时代，国际环境趋于复杂化的重大时期，自强创新精神在提升我国综合国力和国际地位中起着中流砥柱的关键作用。综合国力以雄厚的经济实力为支撑，国际地位又与军事实力密不可分。科技领域的发展，军事实力的提高的背后是自强创新精神作为精神支撑。在新的历史起点，实现国家富强和民族振兴，更加需要自强创新精神提供持续不竭的精神动力！

浅析基于《左传》的中国士大夫精神

张卓飞　电气与自动化学院（2022302191232）

【指导教师评语】文章选取《左传》这一特定文本作为研究对象，分析了其中所展现的中国士大夫精神，并对这些精神作了深入的概括和凝练。考证严密，评析合理，具有一定的学理性。（马克思主义学院　左亚文）

　　摘　要：士大夫作为中国历史上一定阶段产生并长期处于中国文化政治中心的群体，在历史发展过程中形成了其独特而深刻的精神内涵。这一士大夫精神在中华文化和中国精神的演变发展过程中扮演了极为关键的角色。本文从《左传》出发，分析其中人物展现出的士大夫精神及其在后世的大致演变，探讨士大夫精神在中国当下的现实意义。

　　关键词：《左传》；中国；士大夫精神

　　自第二次世界大战以来，世界上绝大多数的国家以民族为核心构建了自己的国家概念和文化内蕴，中国作为文明古国中唯一一个没有文化断流的国家，在其 5000 多年积淀而成的历史文化的基础上，逐渐形成了独树一帜而又复杂抽象的中国精神。可以说，中国精神牢牢植根于中华民族的血脉之中，微妙而显著地影响中国人的价值取向乃至整个民族的历史进程。它涉及方方面面，庞杂无比，广大精微，包括但不限于道行天下、仁者爱人，以及本文主要探讨的士大夫精神等层面。

　　《左传》是春秋三传之一，大致成书于战国中前期。相传由鲁国史官左丘明所著。中国古代书分经、传，经是权威的典籍，而传就是解释经书的文本。《左传》作为儒家经典《春秋》的"释本"，以更为详尽的文风拓展了微言大义的《春秋》的史学及文学性的边界。朱自清评价《左传》"不仅是史学的权威，也是文学的权威"①。书中描写的士大夫群

---

　　① 朱自清著：《经典常谈》，陕西师范大学出版社 2011 年版，第 83 页。

体生动可感，揭示了春秋战国时期士人的精神样貌。

一、士大夫阶层及士大夫精神的出现

（一）士大夫阶层的形成

周武王建立周朝之后，为整顿国内政治局面、稳定周王朝的统治，制定周礼，行分封制，将统治集团分为天子、诸侯、卿、大夫、士，由此形成了最早意义上的"士大夫"集体。"中国古代的士大夫，事实上是社会精英群体，在这个群体中知识分子和官僚是主要组成部分。"① 之后的历史变迁中等级制度不断变革，士大夫的概念也不断变化，到春秋战国时期的士大夫集体已不再局限于周礼中规定的享有分封的贵族，这个概念拓展化为包含绝大多数中下等级的文士以及略微高于平民阶级的小贵族。从这里开始，中国精神，或者说中华文化意义上的士大夫阶层基本形成。之后的千年时光中士大夫阶层的概念不断细化、变革，但基本没有脱离春秋时期的"中下等级文士"这个概念框架。

（二）士大夫精神的出现

士大夫阶层形成后，自然而然地开始形成这个阶层独有的精神向度。世界上一切精神或思想的活动都无法脱离其主体阶级的限制，正是士大夫这一独特的阶层，塑造了独特的士大夫精神。较之于上层统治阶级，士大夫们出身卑微，只有参政的资格而没有实际干政的资本，这使得士大夫阶层于政治始终有一种若即若离之感，这最终演化成了士大夫精神中政治理想化、精神自由化的一方面；较之于底层平民，士大夫有更好的受教育水平、更接近国家机器的核心，这一点让士大夫阶层有了普通平民没有的政治自觉性和责任使命感。这两点，在孔子身上其实已经得到了淋漓尽致的展现。

《论语·微子》中记载了"子路问津"的典故。

> 长沮、桀溺耦而耕。孔子过之。使子路问津焉。长沮曰："夫执舆者为谁？"子路曰："为孔丘。"曰："是鲁孔丘与？"曰："是也。"曰："是知津矣。"问于桀溺。桀

---

① 张钟声：《士大夫精神及其对新时代领导干部的启示》，载《领导科学》2022 年第 7 期，第 147~149 页。

溺曰，"子为谁？"曰："为仲由。"曰："是鲁孔丘之徒与？"

　　对曰："然。"曰："滔滔者，天下皆是也，而谁以易之？且而与其从辟人之士也，岂若从辟世之士哉？"耰而不辍。子路行以告，夫子怃然曰："鸟兽不可与同群，吾非斯人之徒与而谁与？天下有道，丘不与易也。"①

这一段中，孔子对长沮、桀溺的看法表示出的不同意，正是体现了士大夫的自觉使命和锲而不舍的政治理想追求。

二、《左传》中表现出的士大夫精神向度

《左传》以其简练生动的语言，塑造了一大批闪光的士大夫形象。在他们身上，士大夫精神表现出了极为丰富的向度。

（一）以国为重

在《左传》中，士大夫阶层往往表现出一种强烈的国家使命感，他们积极地投身于国家治理或者战争之中，以自己的智慧推动国家的发展，有时甚至起到挽狂澜于既倒、扶大厦之将倾的作用。如庄公十年，曹刿论战。公将战，曹刿请见。其乡人曰："肉食者谋之，又何间焉？"刿曰："肉食者鄙，未能远谋。"乃入见。② 曹刿本没有进谏的义务，但以国为重的精神催促他必须为国贡献自己的智慧。再如僖公三十年烛之武退秦师，辞曰："臣之壮也，犹不如人；今老矣，无能为也已。"公曰："吾不能早用子，今急而求子，是寡人之过也。然郑亡，子亦有不利焉！"③ 烛之武不得重用心有不满，但面对国家危亡还是毅然决定只身退秦，正是以国为重的体现。

（二）忠君直谏

士大夫们特有的道德观和义礼观决定了其忠君的思想。"今灭德立违，而置其赂器于

---

① 《论语译注》，杨伯峻译注，中华书局 2019 年版，第 270 页。
② 《左传》，郭丹译注，中华书局 2016 年版，第 39 页。
③ 《左传》，郭丹译注，中华书局 2016 年版，第 123 页。

大庙，以明示百官。百官象之，其又何诛焉？国家之败，由官邪也；官之失德，宠赂章也。郜鼎在庙，章孰甚焉？武王克商，迁九鼎于雒邑，义士犹或非之，而况将昭违乱之赂器于大庙。其若之何？"① 鲁桓公受华父督的郜鼎，臧哀伯直言进谏，其文辞之犀利，说理之晓畅，实属谏言之典范。臧哀伯敢于面刺国君之过，正是因为他忠于国君，臧哀伯恳切的谏言完美体现了士大夫们忠君直谏的精神。

（三）崇礼克己

春秋战国，周王室衰微，礼崩乐坏。当时不只有孔子痛心于礼制的瓦解，事实上，士大夫集体几乎都在以自己的方式维护仅存的礼制。隐公三年周郑交质，周王室与诸侯国互换质子，这无疑是悖礼之举。《左传》中对这一事加以批评，认为这是周王室不行仁义导致的礼崩乐坏。像这样的例子在书中还有很多，当时的士大夫们几乎无一例外地提倡遵礼。"春秋战国时代的士大夫'士志于道'，致力于重建社会秩序。"② 这是士大夫们崇礼克己的根源。

（四）崇德人道

虽说"春秋无义战"，但在春秋时期的士大夫身上，甚至就在战争中，往往表现出一种崇尚道德、充满人道主义的精神样貌。王孙满对楚王九鼎轻重的回答，深刻阐释了士大夫心中统治天下"在德不在鼎"的逻辑。

> 对曰："在德不在鼎。……成王定鼎于郏鄏，卜世三十，卜年七百，天所命也。周德虽衰，天命未改。鼎之轻重，未可问也。"③

另外，在邲之战、泓之战中，都体现出了重视德行、关怀人道的精神。在邲之战中，楚军教溃败的晋军如何逃跑；在泓之战中，宋襄公所秉持的是春秋式战争的正义精神和贵族精神，后世中很多人也认同襄公的守礼，太史公谓"褒之也，宋襄之有礼让也"④。春

---

① 《左传》，郭丹译注，中华书局 2016 年版，第 27 页。
② 张钟声：《士大夫精神及其对新时代领导干部的启示》，载《领导科学》2022 年第 7 期，第 147~149 页。
③ 《左传》，郭丹译注，中华书局 2016 年版，第 157 页。
④ 《史记》，陈曦、周旻等译注，中华书局 2022 年版，第 4157 页。

秋前期战争频繁，但人道主义精神的光辉仍随处可见。

（五）民本精神

民本精神在《左传》中被体现得最为明显，也是士大夫精神中闪光的一点。中国古代的士人早就认识到了人民在国家体系中无可匹敌的作用与力量。"民贵君轻"从来都不是一句空话，而是士大夫阶层恪守的精神指向。季梁论民为神主："臣闻小之能敌大也，小道大淫。所谓道，忠于民而信于神也。夫民，神之主也。是以圣王先成民，而后致力于神。"[①] 曹刿论战须得有民从之。这些都是民本思想在士大夫身上具象化为政治主张的实例。

（六）灵活智慧

有一种观点认为，士大夫阶层都是一群面目呆板的腐儒。但事实上，虽然士大夫阶层作为传统文人知识分子代表不可避免地会带有一些迂腐气质，但更广大的士大夫群体其实表现出的是一种灵活而智慧的精神特质。

> 子鱼曰："君未知战。勍敌之人，隘而不列，天赞我也。阻而鼓之，不亦可乎？犹有惧焉！且今之勍者，皆我敌也。虽及胡耇，获则取之，何有于二毛？明耻教战，求杀敌也。伤未及死，如何勿重？若爱重伤，则如勿伤；爱其二毛，则如服焉。三军以利用也，金鼓以声气也。利而用之，阻隘可也；声盛致志，鼓儳可也。"[②]

在这一段司马子鱼的论战中，司马氏批评了泓之战中恪守仁义、最终失败的宋襄公，认为襄公之举无疑迂腐。由此可见，士大夫群体并不总是满口仁义道德的卫道士。

（七）矛盾无奈

这是中国古代士大夫群体一个无解的命题，几乎所有的士大夫精神中，都有一层矛盾与无奈的阴影。宋城，华元为植，巡功。城者讴曰："睅其目，皤其腹；弃甲而复！于思于思，弃甲复来！"使其骖乘谓之曰："牛则有皮，犀、兕尚多，弃甲则那！"役人曰：

---

① 《左传》，郭丹译注，中华书局 2016 年版，第 33 页。
② 《左传》，郭丹译注，中华书局 2016 年版，第 73 页。

"从其有皮，丹漆若何？"华元曰："去之，夫其口众我寡。"① 一声去之，就是华元的无奈。其实这一点在孔子身上被体现得更深。想要恢复周礼的理想与春秋时期残酷现实的巨大矛盾，将孔子无情地抛入一生颠沛流离、郁郁不得志的无奈人生中。士大夫总是深感理想与现实的差距，纠结于出世入世的矛盾。这样的矛盾与无奈，可以称得上是中国文人精神世界的千古之愁了。

三、士大夫精神在春秋之后的双层次发展

士大夫精神在春秋之后的发展，可以用"内圣外王，兼济独善"来概括。随着历史的前进，士大夫群体在数量上的增加和组成成分的复杂化都驱使着士大夫精神发生多元而深刻的变革。经过魏晋唐宋的演变，事实上单从精神角度来看，身为统治者的曹操，不问政事归隐田园的陶渊明，盛唐舞台上性格文风迥然不同的诗人们，以天下为己任的官吏范仲淹、王安石，这些士大夫精神不啻天壤之别的人都可以被归入士大夫的行列。这让士大夫精神的发展空前复杂。

（一）外王：天下情怀与大同精神

"汉代以后文人的身份普遍带有复合性的特征。阎步克将'文人'与'官员'融合的文士称为'士大夫'，他指出汉代之后'亦儒亦吏''一身二任'的学者型官僚是政坛的主导。"② 这样的士大夫在政治上是理性化的，在他们的精神观念中，万世不朽的王道统治是他们希望达到的最高理想。正如张载所言"为天地立心，为生民立命，为往圣继绝学，为万世开太平"③，士大夫所保有的是一种至高的天下情怀与大同精神。这使得中国古代政坛有一种奇怪的现象，身为统治者的皇帝往往在政治高度上比不上他的臣子，这是因为皇帝考虑的往往是维持统治这样现实的问题，而臣子身为士大夫，其特有的精神使得他们更期待"开万世之太平，济天下之苍生"。

---

① 《左传》，郭丹译注，中华书局 2016 年版，第 143 页。
② 倪晓明：《士大夫身份与王充征引文书的文化意味》，载《哈尔滨工业大学学报（社会科学版）》2022 年第 3 期，第 108~114 页。
③ 《张子全书》，林乐昌编校，西北大学出版社 2015 年版，第 302 页。

（二）内圣：士大夫内心世界的复合性

"士文化是理性精神与现实介入意识的融合体。"① 这种融合最终导致了士大夫群体内心精神上的复杂性。儒家对于修齐治平的理想通常构成士大夫内在精神的主干，但围绕这一主干，不同时代、不同社会风气下，士大夫精神的表现迥然相异。如魏晋社会的动荡和黑暗下士大夫的行乐放荡，盛唐多元文化下诗人群体的差异化。事实上，这些不同的表现归根结底都是士大夫追求内圣的结果，只是方式不同，或者可能最终目的也不同罢了。

中国古代文化信仰的一个显著特点就是融合发展，具体来说就是儒释道三种文化的碰撞融合。士大夫精神在这种文化背景下也显现出独特的张力。以唐朝诗人为例，当其内心的矛盾与无奈达到一定程度时，士人们总会寻求解决。李白走向了道家，选择了逍遥自在；王维走向了佛家，选择空门；只有杜甫，坚定地走在儒家致圣的道路上。"儒、道两家，前者作为后世官方意识形态能不弃民本，展现出正大闳约的气魄；后者向内发展，变为士人心灵世界的依托，成为中国士大夫阶层寻求自我生命意义的根据。儒家让厚重的仁爱精神进入士人的政治理想，道家为士人的个体生命提供了自由超越的可能。儒道互补，是中国士大夫身上极为明显的特质。"②

<hr />

① 任聪颖：《试论士大夫精神的发展及其特质》，载《中国民族博览》2022 年第 6 期，第 189～192 页。
② 任聪颖：《试论士大夫精神的发展及其特质》，载《中国民族博览》2022 年第 6 期，第 189～192 页。

不朽大同的精神

浅析"三不朽"精神的内涵与意义

廖成诚　电气与自动化学院（2022302191567）

【指导教师评语】本篇论文以中国古代的"三不朽"思想为主题，介绍了"三不朽"的渊源，探讨了"三不朽"精神对仁人志士作为终极目标的重要意义，阐述了与之相对应的"三立"——立功、立德、立言的内涵，并探讨了它对当今中国及中国青年的意义和影响。全文行文比较规范，文笔流畅，逻辑清晰，结构完整。内容有一定的深度和广度。其中对于生命终极意义，包括面对死亡活出生命的广度的思考，尤为深入，视角独到，对于当代社会尤其是青年也很有意义。但是一些方面仍有待提高之处，例如"三不朽"与"三立"实质上是同一观点的不同概述，在内容的概括、特别是小标题的概括上如能更精确，文章的呈现效果会更佳。（马克思主义学院　吴默闻）

　　摘　　要："三不朽"出自《左传》，"太上有立德，其次有立功，其次有立言，虽久不废，此之谓三不朽"。无数的先贤大哲将其视为人生目标，不仅对中国古代的哲学思想有所启发，同时也体现了一定古代先哲的思辨，作为中国精神的具体体现之一，探索"三不朽"及其之于今日所代表的含义具有启示意义。

　　关键词："三不朽"；中国精神；"三立"

　　人生的奋斗目标是理想，理想又是一种强大的精神动力，并且以信念作为基础，信念指导理想。由此可见，中国人的信念、理想和信仰是融为一体，相辅相成的，这也引导出了中国人信仰的特征：以人为本，感性并以经验为主。这种信仰体现在具体社会现象中，便是"三不朽"。

一、"三不朽"的源头

"三不朽"出自《左传·襄公二十四年》，文中范宣子询问叔孙豹，自己家族世代厚禄，弥久不衰，是否称得上"不朽"呢，叔孙豹回答：世代富裕、知识、官禄的延续，称不上是不朽。而真正不朽的事业有三种：最低级的是创立学说，中等的是建功立业，最高等的是树立德行。士人能达到这三个标准，也就是后人合称的"立德、立功、立言"这三立，那才能算得上是不朽。

在这数千年以来，"三不朽"的精神就像是一座鲜亮的灯塔照亮了中国精神行走的道路上，并且对中国的社会思想发挥了难以数计的重要积极作用。无数的贤人志士、哲学大家将"三不朽"奉为人生所追求的终极目标，并将其作为人生理想和社会信仰。以三国志士为例：荀彧以此劝解曹操："既立德立功，而又兼立言，诚仲尼述作之意；显制度于当时，扬名于后世，岂不盛哉！"[1] 曹丕也在给王朗的书中言志："生有七尺之形，死唯一棺之土，唯立德扬名，可以不朽。"[2] 曹植也在《又求自试表》中云道："故太上立德，其次立功，盖功德者所以垂名也。名者不灭，士之所利，故孔子有夕死之论，孟轲有弃生之义。"[3] 这些鲜活生动的例子都可以表示"三不朽"在中国古代的价值意义，庾信、欧阳修、柳冕等历史名人都以此自勉。"为天地立心，为生民立命，为往圣继绝学，为万世开太平"这横渠四句也是经历了"三不朽"的漂染，使得万代青年热血沸腾；"读书学圣贤耳"的宏伟志向，也大抵是受此激励而成。

二、"三不朽"的内涵

"三不朽"本质上指的是三种实现不朽的方式，因此，它为我们所带来的，实际上是中国古代儒家精神中对于死亡这个"生命最本质的痛"的探讨。在西方的宗教信仰中，超越死亡的方式无非只有两种，一是死后的世界，比如天堂和地狱，彼岸的世界；二是轮回，比如佛教中有的，积攒功德，为下个轮回造势。而中国古代的儒家思想中，对于超越死亡的问题解决的方式便是"不朽"，也就是被后人所铭记。有这样一句很出名的话：一

---

① 参见《三国志·荀彧传》。
② 参见《三国志·魏书·文帝纪》。
③ 参见《三国志·魏书·陈思王植传》。

个人一生中会死三次，第一次是脑死亡，意味着身体死了。第二次是葬礼，意味着在社会中死了。第三次是遗忘，这世上再也没有人想起你了，那就是完完全全地死透了。

千年之后，我们依旧记得文王、武王、周公、孔子，因为他们"立德"；我们依旧记得秦皇、汉武、唐宗、宋祖，因为他们"立功"；我们依旧记得老子、庄子、司马迁、屈原，因为他们"立言"。

这就是"三不朽"的终极内涵与其本质，它代表了中国精神中对待生死的态度，生命的尽头，人们都要面临死亡这个无法解决的问题，我们如何做，才能留下最少的遗憾呢？这便是"三不朽"中的"三立"——立德、立功、立言。

"朝闻道，夕死可矣。"[1] 这也就体现了"三立"，早上我了解了宇宙的法则，我将我毕生所学，一切知识与能力回馈到世间，那么我即使是去世了，也会被后人记住，也会成为不朽的圣哲。

对死后不朽之名的追求，可以激励个体生命释放出无比巨大的能量，拼搏奋进，建功立业。人类活着，不仅要活出生命的长度，也要活出生命的广度。这就是"三不朽"给中国精神提供的最重要的内涵：给死亡一个答案。

三、如何做到"三立"

刚刚我们阐述了"三不朽"的内涵，也就是给了死亡一个答案，那么这个答案是什么呢？

我想答案蕴藏在"三立"之中——立德、立功、立言。要全面分析"三立"，首先就要知道它有何意义。

"立德，谓创制垂法，博施济众，圣德立于上代，惠泽被于无穷；立功，谓拯厄除难，功济于时；立言，谓言得其要，理足可传。"[2] 根据孔颖达的说法，立德作为三立中的首位，起主导作用。中国自古就有重道德的传统思想，"身修而后家齐、家齐后而国治、国治而后天下平"[3]。所以，立德为先、为基、为要。"敬德保民"将"道德"标榜为天意，先秦百家又将"察于人伦"作为人与兽的分界，旨在说明对于人类来说道德之重要性。故在"三立"之中，德于功先。而立功作为二位，是指通过实施行为使得国家或他人有所裨益，也就是创造社会价值，造福于社会。而作为末尾的"立言"，则或是像司马迁、陈寿

---

① 参见《论语·里仁》。

② 参见《春秋左传正义》。

③ 参见《礼记·大学》。

一样，"成一家之言"，用文字记录历史，或是像杜甫李白一样，开创文学流派，使得自己的文字流芳于百世而不朽。

因此来看，"三立"并非各自独立，而是相辅相成，你中有我，我中有你。比如立功，立什么功？怎么立功？如何做才能对社会有所裨益？这些都是由道德决定的，也就是由"立德"决定，林则徐虎门销烟，那么其心中必定有挽救生民，行大道于苍天，救庶民于水火的德行。同时，"立功"又能确保"言"和"德"为人民和社会带来的目标确实落到了实处，避免了空喊"立德"而毫无所得的尴尬现状。又如"立言"，立言实际上是以文字阐述"立德"的形象化，记述"立功"的具象事件，并以此彰显善恶之评价，社会之论断。"立言"还可以为"立功"提供历史借鉴，理论指导。

四、"三不朽"的意义与影响

"百年来，中国共产党人将初心铭记在心、使命担当在肩，内化于心、外化于行，忠贞不渝、义无反顾，深刻地诠释了中华璀璨文化的'三不朽'精神。"

此言不差，习近平总书记也有言，"《左传》讲'太上有立德，其次有立功，其次有立言'，立德是最高的境界。文化文艺工作者、哲学社会科学工作者都肩负着启迪思想、陶冶情操、温润心灵的重要职责，承担着以文化人、以文育人、以文培元的使命。大家社会影响力大，理应以高远志向、良好品德、高尚情操为社会作出表率"[1]。

随着时代的发展与变迁，"三不朽"与"三立"被赋予了新的含义，但尽管如此，在本质上"三不朽"依旧承接了中国古代的儒家思想并将其深化。首先是"立德"，当今的立德，不再是儒家思想中圣人化、同质化、抽象化的"圣德"，而是具体化、形象化并科学化了，社会主义核心价值观的十二个词语便是对其的最好体现——以其为旨归，并提升民众的科学认知，培养道德情操、信念意志、习惯思想，这便是新时代中的"立德"。同样地，新时代的"立功"不仅限于抗胡反倭，南征北战，为国家征服，或者在庙堂之上为皇帝出谋划策。"立功"之人，可能是街头站岗的警察，可能是贫困乡村致力于扶贫事业的扶贫工作者，可能是海关边防挺拔站立的将士们。只要敢于担负起民族复兴的大任，能够不以一己之私、一己之利而是奉献人民、奉献时代地去为人民谋福利，为国家图发展，那便是"立功"。而新时代的"立言"，也同样地，以马克思主义为理论依据与指导，为生民立命，为人民立言，为时代发展而发声，笔下的文字中能够展现中国特色社会主义道路、理论、制度、文化自信，并且文字不轻浮，接地气，与人民同行，与事实联系紧密。

---

① 习近平：《一个国家、一个民族不能没有灵魂》，载《人民日报》2019年4月16日。

而如今的中国青年，很多人正在因为未来而担忧，从本质上讲，是因为他们无法给予死亡这个复杂的问题一个根本性的解答，"三不朽"思想，可以从根源上提升当代青少年的文化软实力，并且给他们的人生做一个好的指导方针——立德、立功、立言。

论"三不朽"精神对司马迁的影响

李静怡　弘毅学堂（2022300001022）

【指导教师评语】"三不朽"作为一种价值评价标准和价值评价标准体系在中国人的精神生活中占有重要的地位，有关"三不朽"的历史文化研究对于当下的文化建设具有现实意义。此文首先追溯了"三不朽"的语源，剖析其内涵，然后分析其历史文化价值，接着按照"三立"的标准解构还原历史文化名人司马迁的坎坷人生和精神世界，对于当下的青年学生规划和塑造自己的人生理想是有借鉴价值的。（马克思主义学院　杨建兵）

摘　要：司马迁创作了中国第一部纪传体通史《史记》。他替李陵败降之事辩解而受宫刑，调任中书令。在经历了身心摧残后，他仍能发奋继续完成公认为是中国史书典范的史籍。在这当中，中华传统"三不朽"精神发挥着重要作用。因此，司马迁如何借助"三不朽"精神实现自己的价值、自己的人格不朽是个值得探究的话题。本文通过分析"三不朽"精神对读书人的意义，探究司马迁的"三不朽"精神，进而探究司马迁如何实现自己的心境转变，实现自己的不朽人格。

关键词："三不朽"；司马迁；人格不朽；信仰

在中国的精神谱系中，信仰极为重要，它是个人安身立命之本、是社会探索的加速剂、是社会发展的助推剂。而在信仰这一精神谱系中，又以"三不朽"最为突出。所谓"三不朽"就是通过"立德""立功""立言"这三项事业使姓名流传于后世，以价值生命的延长与无限来超越自然生命的短暂和有限。① "三不朽"精神自春秋，便在不断塑造古代士人的精神品质、民族性格，形成中华民族的精神血脉。"三不朽"精神也是古代士人

---

① 左亚文主编：《中国精神导引》，武汉大学出版社 2022 年版，第 315 页。

衡量自己人生价值的重要方式。司马迁深受此精神的影响，在经历人生巨大打击后创作出史学巨著《史记》。司马迁一生经历了"三立"偏重的转换，并最终走上"立言"留名以不朽的道途。虽然"三立"精神在司马迁身上有所偏重，但未偏废，"立德""立功"与"立言"三者终统一于司马迁不朽之路。它们帮助司马迁突破有限的人生长度，在历史的长河中被世人铭记，实现其人格不朽。

一、"三不朽"精神对读书人的意义

"三不朽"，语出《左传·襄公二十四年》。范宣子用自己家族世代厚禄、历史悠久向叔孙豹求证，自己及其家族是否会因此"不朽"。叔孙豹认为这并不是真正的不朽，这只是官位的世袭，并举前鲁国贤大夫其言论流传于后世，为人所称颂的事例，指明他所认为的"死而不朽"。"大上有立德，其次有立功，其次有立言。"这便是他所认为的真正能让人实现"不朽"的三种事业，并分为三个档次：最高等是树立德性；其次是建功立业；最低等便是创立学说。达到这三种境界的人，尽管身体已经死去，但仍能被世人铭记，做到不朽。

在早期人类摆脱蒙昧、努力觉醒的过程中，当一个值得信任和追求的理想目标出现后，这个目标便会逐渐发展为个人坚定不移的信念，为人提供源源不绝的、强大的精神内驱力，以此推动人自身的成长和社会发展。结合司马迁的早期人生遭遇，可以窥探出："三不朽"精神是促进司马迁思想成熟和人格成长的重要原因。

司马迁的特殊遭遇，注定他不会也无法遵循《左传》中所记，实现人格不朽的传统方式——"立德"以不朽，誓死捍卫自己的忠臣和气节，证明自己的价值，实现人格不朽。他在《报任安书》中写道："人固有一死，死有重于泰山，或轻于鸿毛，用之所趋异也。"[①] 他探索出了一条前所未有的道路以实现人格不朽，直到魏晋这个自觉意识觉醒、文化自觉兴起、唯才是举的时代，司马迁的不朽观才逐渐被世人接纳。曹丕言："盖文章经国之大业，不朽之盛事。年寿有时而尽，荣乐止乎其身，二者必至之长期，未若文章之无穷。是以古之作者，寄身于翰墨，见意于篇籍，不假良史之辞，不托飞驰之势，而声名自传于后。"[②] 时至此，"立言"以不朽才得到世人的重视，人们开始突破传统"立德"不朽的束缚。生命有涯，追求荣华富贵或者及时行乐都只能获得一时之乐，只有文章可以跨越千古、超越时间，因而用文学的不朽延续生命的长度，实现人生价值的"无涯"。

---

① 《汉书》，商务印书馆 1930 年版，第 1928 页。
② 中华传统文化观止丛书编委会编：《魏晋南北朝文观止》，学林出版社 2015 年版，第 13 页。

二、司马迁的"三不朽"精神

虽然"三不朽"有立德、立功、立言这三大要素，但并意味着只有当三者同时兼有时才能实现人生的不朽。三者实是相互配合的整体，"立德"居于主导地位，是"立功"与"立言"的依据，"立功""立言"则使"立德"所确立的目标落到实处。① 但是，很难有人能同时做到"三立"，这里所指的"三立"意为在这三方面都取得瞩目的成就。一般情况是某人在一具体方面很有天赋，并不断将其发展，最终实现人的不朽。

（一）立功

儒学大家孔颖达用"立功，谓拯厄除难，功济于时"，"勤民定国，御灾捍患，皆是立功者也"（《春秋正义》）解释"立功"。换言之，在救国救民、消解国难、福泽百姓等事业中作出重要的贡献，并获得他人称赞或留名青史，就算是"立功"。

司马迁在《报任安书》中感叹自己："上之，不能纳忠效信，有奇策材力之誉，自结明主；次之，又不能拾遗补阙，招贤进能，显岩穴之士；外之，不能备行伍，攻城野战，有斩将搴旗之功；下之，不能累日积劳，取尊官厚禄，以为宗族交游光宠。"② 这四个方面司马迁都没有作出成绩，已受宫刑的司马迁清楚地知道传统文武"立功"的道路不再适于他。

"立言"在某种意义上也可谓"立功"，但是这种等同需要经过时间、历史、人民、社会的检验。如文艺创作和历史总结有益于精神文明建设，学术创新促进科技的发展等"立言"上的突破有功于国家、社会和人民，在经过时间检验后证实其价值，也可谓"立功"。虽然司马迁将目光从"立功"的角度转移，但他的"立言"经受住历史的检验实现了"立功"，给人类历史留下了一笔宝贵的精神财富、史学财富。

（二）立德

何为"立德"？《春秋正义》所下定义为："立德，谓创制垂法，博施济众，圣德立于上代，惠泽被于无穷。"在他看来，"立德"即通过创制法，并施行于广大的百姓，传先

---

① 左亚文主编：《中国精神导引》，武汉大学出版社 2022 年版，第 319 页。
② 《汉书》，商务印书馆 1930 年版，第 1924 页。

代的圣德,造福天下,此为从大处着眼的结果。

从小处着眼,聚焦于司马迁所见之"立德"。司马迁在遭受宫刑后便对自己的处境有了清楚的认识:"取予者义之符也,耻辱者勇之决也,立名者行之极也。士有此五者,然后可以托于世,列于君子之林矣。故祸莫憯于欲利,悲莫痛于伤心,行莫丑于辱先,而诟莫大于宫刑。刑余之人,无所比数,非也,所从来远矣。"①受过宫刑获得余生的人,在政治仕途中是无政治地位可言的。所以他很清楚自己已不再被纳入"君子"之列,他的"立德"也很难再被时人所认可。

但是,司马迁的"德"仍是世人不可忽视的一部分。"立德"之路虽走不通,但"德"仍塑造着司马迁的人格,作用于实现人格不朽。幼时司马迁从师于董仲舒,深受传统儒家思想的影响,也继承发扬了孔子作《春秋》时天下为公、反抗批判,"乱臣贼子惧"的著书精神,为此《史记》的实录精神常为后人称道。这种实录精神表现在对历史及历史人物的客观评价上;表现在不讳上而禁言上;表现在对假儒学的讥讽、批判上。这种实录精神正是司马迁史学精神——尊孔子、继《春秋》、达王道的文化理想;天下为公、反抗专制的批判精神;究天人之际,通古今之变的理性精神的集中体现。同时从司马迁创作《史记》的动机——继承古代史官著史的历史意识和推原历史盛衰以关注现实政治的忧患意识来看,我们可以认识到:司马迁的"德"为他树立了标杆、指引了方向。

(三)立言

司马家族世代为史官,其父司马谈官为太史令,志在继《春秋》作新史,甚至在临终时仍在告诫司马迁要接替他编史的使命。司马迁谨记父亲的重托,以《春秋》为样,著史立说,致力实现司马世家的史学理想。

"上不辱先,其次不辱身",司马迁受宫刑后,身心受重创,且他认为自己的遭遇让先祖受辱,因而面临着忍辱负重而生和不堪受辱解脱而死的艰难选择。最终他决定坦然接受自己的贪恋,"夫人情莫不贪生恶死","且勇者不必死节"(《司马迁传》)。但是由于他已不再被传统士大夫承认,所以不得不退而求其次,以"立言"为人生目标,成就一番不朽事业。司马迁曾在致友人的书信中,倾诉自己如何在遭遇人生重大挫折后,重振信心,"所以隐忍苟活,幽于粪土之中而不辞者,恨私心有所不尽,鄙陋没世,而文采不表于后世也"②。鲁迅先生也曾评价说:"恨为弄臣,寄心楮墨,感身世之戮辱,传畸人于千秋。"③

---

① 《汉书》,商务印书馆1930年版,第1924页。
② 《汉书》,商务印书馆1930年版,第1929页。
③ 《鲁迅全集(第9卷)》,人民文学出版社2005年版,第434页。

《史记》不仅是传承历史血脉，史学经典的使命之作，也是司马迁抒发感情泄愤的"发愤"之作，通过"立言"的特殊方式，成就自己的人生不朽。此时，司马迁的心境已经到达了一个新的境界，他完成了一次思想的蜕变，这也为他私人著史，成一家之言奠定基础。

司马迁自传其作《史记》，"欲以究天人之际，通古今之变，成一家之言"，以史书为载体，抒发个人关于政治、经济、文化等社会各方面的见解。"究天人之际"即要推究天道与人事之间的联系；"通古今之变"即以宏观的视角观察、分析社会变迁及其规律性；"成一家之言"，其中的"一家"非儒家、道家等诸子百家中的一家，而是史学一家，开创一种私人著史的新型史学方式，站在历史事件之外，客观评价，从中有所反思，有所体悟。总而言之，司马迁著史的思想核心在"原始察终，见盛观衰"（《太史公自序》），探寻历史的发展规律，总结历史教训，为后世提供借鉴。

司马迁通过上文所介绍的三种主要创作手法，最终以文化理想审视历史，以文学笔法书写历史。借助著史立说，以文学的不朽性实现人格不朽。"立言"以"立身"，"立言"以成就不朽。

综上所述，在司马迁身上，我们看到"三不朽"的实现，"三立"的转换，以及司马迁最终完成不朽人格的探索。"立德"是"立功""立言"的基础，决定了司马迁人生的深度；司马迁通过"立言"在历史长河中留下浓墨重彩的一笔，决定了司马迁人生的高度；经过时间的淘洗，《史记》为史学发展作出了巨大贡献，也是中国古代宝贵的文学财富，实现了"立功"。

正如宫崎市定先生说的："人类有各种定义的方法，如果以肉体为重就是生物学的人类，如果以所持物品为重就是社会性的人类，这些都会随着人的死去而消亡。最本质的定义方法是历史性的人类，虽死不灭的人类就是其中之一。不灭的人类之所以能够虽死犹生，就是因为他的名声。"① 司马迁的"三不朽"精神让他突破有限生命的限制，借助文学的不朽，在无限的历史长河中实现自己的人格不朽，成为历史性的人类。

---

① ［日］宫崎市定著：《宫崎市定解读〈史记〉》，中信出版集团 2018 年版，第 111 页。

论"三不朽"精神对颜真卿的影响

葛恒卓　弘毅学堂（2022300006014）

【指导教师评语】论文聚焦于中国传统文化的"三不朽"标准，依次讨论了"三不朽"的历史语境、梁启超"三不朽"标准下提出的"两个半圣人"、颜氏家训传承中的"三不朽"，以及"三不朽"对颜真卿的影响和颜真卿何以为"三不朽"。选题具体明确，饶有趣味；核心论点也做到了凝练鲜明。（哲学学院肖航）

摘　要：以"三不朽"为标准，历史上仅有梁启超评价的"两个半圣人"，然而，在历史长河中，未被尊为圣人、却有圣人之实的人物其实还有很多。本文将以"三不朽"为标准，在分析"三不朽"的语境解释和精神价值的基础上，对比梁启超"两个半圣人"的评价，结合颜氏家族及颜真卿的发展轨迹和历史功绩，聚焦讨论"三不朽"精神对颜真卿的指引作用及颜真卿为何可以尊为圣人。同时，本文的研究将为当下家风家训的传承与个人美好品德的培养提供一些有益的启发，确是以中国传统精神——"三不朽"精神引导当代中国个体不断完善自我，报效家国。

关键词："三不朽"精神；三立；两个半圣人；颜真卿

"三不朽"亦即"三立"，指立德、立功、立言。它最初出自《左传·襄公二十四年》"太上有立德，其次有立功，其次有立言，虽久不废，此之谓不朽"①。这句话指出人的不朽应该分为三种：最高等的是树立德行，中等的是建立功业，较低等的是创立学说。达成此三种成就，人方能立于世间，也才能求"不朽"于历史。历史往后望，北宋的横渠先生提出了历代传颂不衰的横渠四句"为天地立心，为生民立命，为往圣继绝学，为万世开太

---

① 《左传·襄公二十四年》，郭丹、程小青、李彬源译注，中华书局2012年版，第1328页。

平"。作为理学创始人之一，在他复兴儒学的人生使命中，这四句亦是他对"三不朽"的全新解读。从此，"三不朽"不再只是一个冰冷的准则，它变得更加具体，因而也更有实践意义。

笔者认为，"三不朽"也正是这时，在一代代先贤的追求和秉承之下，在后人对前辈的敬仰中不断演化为一种值得发扬传承的精神追求——"三不朽"精神，也因此再度活跃在无数士人和学子的心中，成为他们的人生追求，鞭笞着他们保持初心。"三不朽"精神凝结着人生追求的恒久价值，在当代社会，对塑造青年的理想人格同样具有重要作用，我们每个人都是这一崇高精神的载体，我们每个人都可以将其外化为个人的自觉行为。譬如现今，以"立功"为出发点，中国共产党提出了"为人民服务"的口号，要求我们密切联系群众，积极投入实践，恰如《人民日报》指出的："人生道路是走出来的而不是说出来的，社会主义是干出来的而不是喊出来的。共产党人的理想人格也要在为人民服务的行为实践中来体现。"

由此可见，当代"三不朽"精神仍在不断具体化，不断被赋予可实践性，仍激励着中华儿女脚踏实地、不懈奋斗，投入社会主义伟大实践中，实现中华民族伟大复兴的中国梦。

一、梁启超所言的"两个半圣人"

中华上下5000年，历史上却只有梁启超提出过"三不朽"标准下的"两个半圣人"，即万世师表孔子、心学大师王阳明和一代哲人曾国藩，而其中曾国藩只能算半个圣人。作为历史的后继者，我们不免疑惑，圣人为何只有"两个半"？但我们也唯有真正了解真相后才有发言权，提出自己心中的圣人。

孔子，创立儒学，提出学而不厌、诲人不倦的教学理念，宣讲人伦道德、以德为本，传学于三千弟子。他创立私塾，主张"教而无类"，是打破教育垄断的第一人。在那个礼崩乐坏的时代，他游说各国，宣扬自己的政治主张——"克己复礼""吾从周"。我想，孔子其德大多立于其言《论语》，显于世间，从而引人向善，成为他的万世功德。

王阳明，提出"知行合一"的方法论，精通兵法，能将自己的"读心""治心"之术巧妙运用于人事、军事，使自己能够巧妙从容地化解一次次危机，赢得战场和官场上的胜利。世人称王阳明为"治学之名儒，治世之能臣"，他的故居挂着的一副对联"立德立功立言真三不朽，明理明知明教乃万人师"，便是他"圣人"的最高礼赞。

曾国藩作为洋务运动的倡导者为我们熟知，但其实小到学习、修身、治家，大到治军治国，他身上都有值得我们学习的地方。毛泽东、梁启超都把他作为偶像来崇拜，其传世家训家风颇受世人推崇,后人亦评价他"立德立功立言三不朽,为师为将为相一完人"。

此三位在国家和国民的大道大义上从不偏离,修身养性也堪称世人楷模,由此方得卓如先生"圣人"之赞。可纵然有此"两个半圣人"之论在先,纵然历史上能者英才云集,笔者认为,颜真卿之"三不朽"仍不可泯灭,仍对当代青年有崇高的榜样示范和引领作用。

二、颜氏家训传承中的"三不朽"

对于颜回,很多人知道他是孔子的弟子,是"七十二贤人"之首。对于颜真卿,很多人从"颜筋柳骨"中知道他是楷书大家。很少有人知道,颜真卿是颜回的第40世孙,颜氏家族卓有功绩者众多,对后世影响十分深远。若要论述颜真卿身上的"三不朽",我们得从颜回讲起,从颜氏一族的脉络溯源,了解颜氏族人在历史长河中,如何修身、为学、治家、处世,如何立德、立功、立言,从而更加全面认识颜真卿,品读他身上的"三不朽"精神。

颜路的眼光十分独到,对孩子的家庭教育极有远见,是他把颜回带上了儒学之路。颜回则不断发展出自己的宗派——颜氏之儒。《韩非子》指出,颜氏之儒是儒家的八大学派之一,重在立德。颜回之德给后世世人留下不朽的精神文化遗产,更为颜氏后辈树立了做人的准则。

颜之推作《颜氏家训》,从各方面对颜氏族人起到了训诫作用。教育子女时,颜之推认为不能有妇人之仁,不能溺爱,要教会他们如何做人,如何坚守气节和尊严。读书求学方面,他认为读书在于打开心智、明辨是非,从而明白为人处世的道理。在选择倾慕的对象时,不应该选择畸形的、无意义的偶像,应该把大贤、大德之人作为偶像,效仿他们的行为、学习他们的做事方法来提高自己。《颜氏家训》中的道理在今天看来仍然没有过时,本着"治国有方,营家有道"的目的培养子女,颜氏后人大多成为于己、于家、于国、于社会都有用的人才。

除了颜回的颜氏之儒、颜之推的《颜氏家训》,颜氏家族的功德更体现在颜杲卿和颜真卿,他们则用生命诠释了自己和家族的刚正不屈气节。颜杲卿是颜真卿的从兄,安史之乱时,颜真卿镇守平原,颜杲卿与儿子共同镇守常山。在常山被叛军攻破后,颜杲卿被押到洛阳,他毫不畏惧安禄山并怒骂之,被安禄山残忍杀害。《资治通鉴》记载,颜真卿面对叛军李希烈的威胁,亦毅然赴死,半年后叛乱被平定,颜真卿尸骨被护送回京,唐德宗悲痛之下废朝五日,以示哀悼。颜真卿和颜杲卿二人同为颜氏族人,他们内心都谨守着《颜氏家训》中的"气节尊严不可失",在生死关头视死如归、以身殉国,令后世钦羡不已。

三、颜真卿之"三不朽"

纵观颜真卿一生，为民时，他为民请命，以身垂范；为官后，他心系百姓，率先垂范。"我之兴举，惟义之所在，必践其行"，他不畏强权、执法严明，以义为先、公而忘私；他坚持正义、正气，坚持正道、正直之风；他以忠义为本、任人唯贤，清正廉明、宽厚为民。

（一）立德

颜真卿一生主张且坚守"不唯书、不唯上、只唯实"。这一道德标准，要始终保持正气凛然、公而忘私的高尚情操；要始终坚持"为天地立心，为生民立命，为往圣继绝学，为万世开太平"的崇高目标；要始终坚持德才兼备、以德配天、全面发展的严格要求。

玄宗在位后期，政治上腐败、社会风气上腐朽的现象早已十分严重，在这样的环境下，颜真卿敢于坚持正义，不与世俗同流合污，一生坚持以身报国，彰显了良好的品格和境界，成为后世影响深远、家喻户晓、妇孺皆知的民族英雄。这些正确导向是颜真卿提倡正义思想、弘扬正气人格魅力的真实写照，也与我们今天提倡的社会主义核心价值观十分契合。他以自己的言行给世人树立了一个正面的榜样，而今天中国社会需要的正是这种弘扬正气、凝聚力量、开创未来的人才和力量。

（二）立功

颜真卿的书法以其特有的笔墨气韵，在艺术上独树一帜，其书法不仅有刚健遒劲者，也有温婉含蓄者。被称为"颜体"的楷书是颜真卿在书法史上创造的一种崭新字体，这种字体传承了王羲之风格，对继承先贤传统书法，增强其影响力起到了重要作用。

书法史上，颜真卿为后世文人、书法家树立了典范，如宋代大文豪苏轼就曾这样评价："书至于颜鲁公，画至于吴道子，而古今之变，天下之能事毕矣"①；北宋大书法家欧阳询也称赞颜真卿书"其结构跌宕纵横之中有洒脱之气"；近代思想家章太炎说："颜书

---

① 参见苏轼的《东坡题跋》。

如神出之笔而神出焉!"

除了书法上无与伦比的成就,颜真卿还是唐朝一代重臣。他曾力辅四代君王,官至鲁郡开国公、上柱国正二品勋阶,食邑二千户。面对郭子仪父子不按常规安排百官站位顺序,他坚持"朝廷纪纲,须共存立",以《与郭仆射书》加以斥责,极力维护国家制度。面对奸臣陷害,他明知凶多吉少,却不推脱,视死如归,恰如其言"行其道而死生勿替"。

颜鲁公的刚正不屈和忠贞不阿,让叛军李希烈都敬畏三分,从始至终想将颜公揽为己用。对颜真卿采用缢杀也是为了保留颜公全身。须知,在我国历史上,缢杀法其实属于对敌人抑或对手含有礼敬意味的夺命法。以至于后世的黄庭坚到颜鲁公当年殉国处凭吊,看到鲁公遗迹,也发出感叹:"余观颜尚书死李希烈时壁间所题字,泫然流涕。鲁公文昭武烈,与日月争光可也。"

(三)立言

颜真卿是唐代伟大的书法家,其书法作品自安史之乱后流传甚广,后世称赞不已。纵观颜真卿书法风格,可以看出他的胸怀气度、学养气质、人格修养和精神追求,而这一切都与他对"三不朽"精神的秉持,对儒家思想的深刻理解有着极为重要的关系。

北宋初期,宋太宗赵光义曾亲为颜真卿书赞曰:"颜之人品,已出古人;品之学问,已出人中。所为善书为天下所重重。"宋代书法大家欧阳修赞颜真卿"字如其人",人书合一。宋代书法家苏轼也赞颜真卿"书品清正,为世称颂"。

"黑发不知勤学早,白首方悔读书迟",这句诗是我们孩童时期的诗学启蒙,亦是长辈们语重心长的劝学诗,更显示了颜真卿对读书学习的无限热爱与刻苦坚持。事实上,颜真卿不只是一个书法大家,他对中国传统文化,对儒学也有极大的兴趣和热爱,更有着自己深厚的历史文化底蕴和积淀。通过自身的所观所感所思,他还著有《韵海镜源》《礼乐集》等多部文集。不只他个人,颜氏家族也致力于以诗书传家、以书法传世,在传承中华优秀传统文化方面作出了卓越贡献,从北宋末年到元代中后期近300年里形成了宗族内部文化交融的良好局面。《颜氏家训》《颜氏家规》等儒家经典也成为中国文化宝库中具有重要地位、具有时代价值的经典文本,成为中华优秀传统文化的重要组成部分。

从以上"三不朽"看颜真卿,他不再只是唐朝名臣,更是唐朝不二功臣;是大书法家,著有其说,更是言德行一致,字如其人的一大圣贤。古往今来多少事,而颜鲁公一生又何其英勇,何其坚守,确是对后世有着深远影响,而我们也将无数次在对"三不朽"的传承中忆起他的身影,又无数次在对颜公的敬仰中秉承和发扬"三不朽"精神。

在颜鲁公身上,我学到了孟子所说"欲平治天下,当今之世,舍我其谁也"的担当,是为立功；学到了《孔子家语》所述"气若兰兮长不改，心若兰兮终不移"的坚定，是为立德；学到了韩愈所称赞"焚膏油以继晷，恒兀兀以穷年"的刻苦，是为立言。"我果为烘炉大冶，何患顽金钝铁之不可陶熔？"先贤之问和颜鲁公为立功、立德、立言的垂范之举始终在历史长河中激荡，也正因此，唯愿吾辈青年自觉以崇高的"三不朽"精神为绳，敢于担当，勇于探索，追求立言于专业，立德于天地，立功于人民，成就自我家国梦。

从反乌托邦谈大同精神及其当代价值

陈奕锦　水利水电学院（2022302191201）

【指导教师评语】 本文将大同社会与乌托邦和反乌托邦进行对比，阐释大同社会不同于乌托邦的可行性，以及其与反乌托邦的异同，说明其独特性及价值。文章指出：大同理想不是空想。大同理想的形成是有历史背景的；大同社会的构想是有现实依据的；大同以人民幸福和社会健康作为终极目的，尊重人的存在；大同精神对于当代的价值，体现在指引和警醒方面。文章主题可被证伪，全文逻辑严谨，结构完整，论述清晰有力，格式符合学术规范，是一篇优秀的论文。（哲学学院　连凡）

摘　要： 大同精神是中国精神的代表之一。但由于大同理想看上去过于虚浮，很多人质疑其为"乌托邦式的空想"，实际上并非如此。大同社会从其历史依据和可建设性两个方面考虑都不能算作"空想"。但同时，"乌托邦"一词令人联想到著名的反乌托邦社会，大同社会与反乌托邦社会也有着差异与联系，这可以给予我们指引和警醒。

关键词： 大同精神；大同理想；大同社会；乌托邦；空想

中国人常说"天下大同"。大同精神是中国传统精神中重要的一部分。儒家经典《礼记·礼运篇》中，孔子首次提出"大同理想"，描述了他理想中的"大同社会"的样子。于是我们可以大致认为，"大同理想"就是一种出于"大同社会"的向往和追求。

一、大同理想与大同社会

我们不妨首先总结一下大同社会的基本特征。

"大道之行也，天下为公，选贤与能，讲信修睦。故人不独亲其亲，不独子其子，使老有所终，壮有所用，幼有所长，矜寡孤独废疾者皆有所养，男有分，女有归。货恶其弃于地也，不必藏于己；力恶其不出于身也，不必为己。是故谋闭而不兴，盗窃乱贼而不作，故外户而不闭。是谓大同。"（《礼记·礼运篇》）第一，"天下为公"，明确定义了社会性质为公有，社会所有制的主体是公有制。第二，"选贤与能"强调人才任用方面以才能为依据，民主公正。第三，"故人不独……女有归"，描述人各尽其力、相互扶助的和谐人际和社会关系，强调了社会和谐和民生福祉。第四，"货恶其弃……故外户而不闭"，描述了人之间坦诚相待的状态，强调人的道德观。若用四字总结，即"公、信、仁、和"①。

二、大同理想与"空想"

说到孔子"大同"理想，人们几乎一致认为这只是一种"假托"，一种"乌托邦式的空想"。②"乌托邦"来源于英国空想社会主义者莫尔所著书，意为"没有的地方"或"完美的空想境界"。大同社会确实看似与古代中国社会有着天壤之别，这样大的跨度和这样完美的设想，不禁让人联想到"乌托邦"的概念，于是出现这样的质疑也合情合理。有意思的是，虽然这句话重点意在质疑大同思想的可行性，但其提及的"乌托邦"社会，却也与大同社会有着千丝万缕的联系和共通，值得我们思考。下面，笔者将从"乌托邦"和"空想"两个角度进行探讨此质疑的合理性，同时也借此比较过程，试图继续挖掘大同思想的内涵。先下结论，大同理想不是空想。

大同理想的形成是有历史背景的。《论语·八佾篇》中记载："'子曰：周监于二代，郁郁乎文哉！吾从周。'"孔子生活于礼崩乐坏、社会动荡的春秋末期，在这样的社会环境中提出大同社会的构想，其实也是对于当时不良社会现状的一种反映。所以，大同理想的形成，在某种意义上也是儒家和中国古人对于社会现实的抗争，是对于现实问题提出的现实性的建议。所以从历史依据角度出发，我们不能说大同理想是一种完全的空想。

大同社会的构想是有现实依据的。在《礼运》中孔子有言："大道之行也，与三代之英，丘未之逮也，而有志焉。"在这里，"与三代之英"中的"与"应该理解为"推举"，是与"大道之行也"相呼应，描述尧舜禹三代能选举出治理国家的英才的情况的。在孔子看来，大同社会并非出自虚空，而是历史上"三代之英"时期曾经出现过的良好社会。于

---

① 杨朝明：《"大同"学说与传统中国的文化信仰》，载孙聚友、石永之主编：《儒家大同思想的现代价值》，中国社会科学出版社2016年版，第17页。

② 杨朝明：《"大同"学说与传统中国的文化信仰》，载孙聚友、石永之主编：《儒家大同思想的现代价值》，中国社会科学出版社2016年版，第14页。

是我们可以将大同社会的构想理解为基于历史实际的超越性概括，将曾经的良好社会状态加以高度总结并进行优化。所以从未来可行性的角度出发，大同社会一定不是不可建构的，不是空想。

综上所述，大同理想有所依据，大同社会可能建成，故大同理想不能算作空想。

三、大同社会与"乌托邦"

虽然大同理想并非"乌托邦式的空想"，但其定语中的"乌托邦"一词却可以给予我们一些启示——大同社会与"乌托邦"或许也有着某种联系。下面将就此进行讨论。

人们之所以对乌托邦社会不抱有乐观态度，是因为真正的乌托邦式社会实现难度很大。如果想要达到乌托邦社会，难免经历一个过程，那就是思想价值的统一化。而这，正是容易出现问题的环节，在这个过程中，统治者将很有可能为了达到所谓的统一乌托邦而走向极权统治，运用非人性手段强行控制思想和人的行动，最终导向黑暗、畸形的"反乌托邦社会"。

西方文学有著名的"反乌托邦三部曲"，即尤金·扎米亚金的《我们》、阿道斯·赫胥黎的《美丽新世界》、乔治·奥威尔的《1984》，此三部作品分别描绘一个反乌托邦社会。《我们》描述极权统治下全员一体化的"一体国"，人们没有隐私与情感、想象；《美丽新世界》描述一个等级森明、人为培养胚胎、人们靠活动和药物维持快乐的腐朽社会；《1984》则描述一个强权政府通过控制历史和控制思想塑造成的恐怖国度。

三个社会看似不同，其核心都在于通过某些特定手段实现最大程度的统治，实现完全没有混乱的所谓"和平社会"。根据统治手段，可以将三者进行归类。"我们"社会可归为"归属型社会"，长期的统一化统治使人们的思想观念也受到了重塑，使人一方面对于集体化生活产生归属感，一方面对于这种生活方式也产生了一种理所应当的接受和认同，使人们完全地服从于当下并满足于当下，对统治产生归属感。"美丽新世界"社会可归为"依赖型社会"，其统治运作是通过生产消费链实现的。人们消费自己的生命在这样一个巨大的市场中并乐在其中，从而成功控制人的思想。"1984"社会可归为"强迫型社会"，通过极高强度的监控和洗脑，用极端手段迫使人的思想向着统治者所期待的地方发展。

总体来看，此三社会有着相同的特征：①居民思想被高度统一化和去个人化。②极权统治，居民对统治阶层保持极高的服从。③社会丧失人性温度，丧失除统治外的一切意义。

很显然，先哲设想中的大同社会绝不是反乌托邦社会。那么，大同社会与（反）乌托邦社会相比，有什么异同之处？鉴于依赖型的"美丽新世界"社会和强迫型的

"1984"社会与大同社会的差异相对较大，暂且以"我们"社会为代表与大同社会比较。

　　首先看相似点。第一，大同社会与乌托邦社会都以高度的和平统一为基础，拥有高秩序性。大同社会"天下为公"，"谋闭而不兴，盗窃乱贼而不作"；"我们"社会则用高度统一化的作息规定每个社会成员的一举一动，从而防止混乱发生。第二，人的私人性被一定程度上减弱，社会性进一步加强。大同社会"人不独亲其亲，不独子其子""外户而不闭"，更多地关注和信任他人；"我们"世界则更加夸张，人的住所由透明玻璃制成，人的举动几乎都在他人的可视范围内，人作为社会的一枚螺丝而非独立个体生存。第三，社会长期运转，社会生产力水平保持稳定。大同社会生活幸福，"男有分女有归"，"我们"社会集体管理，保证生产生活统一，二者所追求的，都可以理解为一种社会的"终极形态"，稳定长久地运作。其实要实现这一点，社会生产力水平一定是处在较高的水平。大同社会需要高生产力来维持小康甚至共产，"我们"社会需要高生产力来保障各项机制的实施。在这种情况下，社会的整体生产力和社会特征都维持在较平稳的高水平，发展和变化速率较低。

　　从上述分析可以看出，二者确实看似存在一些相似，但本质是有明显差别的——"我们"社会明显呈现畸形状态。下面分析大同社会相异于"我们"社会的优势之处。

　　第一，大同社会有着更强的自治性。"我们"社会建立在统治者（造福者）的强权之下，依赖于统治阶层，而大同社会的达成更多在于居民的自发向往，于是它的管理更加人性化。第二，大同社会保留人的多元性。"我们"社会禁止个体之间存在过大的差异，扼杀人的个性。而大同社会反之。"同，犹和也，平也。"（郑玄注《礼记·礼运》），大同社会追求的"同"是人类之间"和""平"的理想状态，而并非绝对的"相同"，是在承认个人独立性的基础上发展的人际和观念上的自觉统一，不扼杀个人特质与性格。第三，大同社会保证人的思想自由。"我们"社会里人的思想是被控制和改变的，这种改变更多出现在社会形成过程中，以集体思想形式改变。经过多年的统治和客观环境的感染，人逐渐丧失自身独立思考的能力，其价值观念也随之改变。而大同社会从萌生到发展不会对人的思想观念进行控制，正如第一点所说，一切都是自发形成且顺应民心，故人的思想是自由的，大同社会正是实现人民思想愿望的结果。第四，大同社会中人具有认同感与幸福感。"我们"社会中的个体不会为个人幸福而奋斗，仅为统治者和国家统一而工作。在如此社会中，情感、感性的丧失是必然的。即使有认同感，也是在思想受控之后被动形成的畸形认同，在此基础上的幸福也不可能是真切的幸福。而大同社会中人能自觉其内心情感，拥有真实的生活幸福感并发自内心地认可和拥护社会状态，从而形成良性循环。

　　表面相似，内在不同，究其根本差异，在于"目的性"和"强制性"。以"我们"社会为代表的反乌托邦社会中，统治本身而非人民幸福和社会健康是终极目的，而社会和个体都成为手段；大同社会则相反，以人民幸福和社会健康作为终极目的，尊重人的存在。也正因为此，反乌托邦社会才会采取暴力的强制性方式来控制人。

乌托邦的构想并不可怕，但其实现过程是可能将其导向灾难的关键环节。大同社会不是反乌托邦社会，也不会成为所谓反乌托邦社会。但前提是，一切的发展过程必须遵从"大同"理想的实际内涵，顺应大同思想，保持清醒的头脑和审慎的态度，否则将有可能受统治欲望和极端思想的影响，误入反乌托邦的歧途。

四、大同精神的当代价值

孔子由他对于当时社会的不满和对前人社会的向往，生发大同社会的设想，产生大同理想；而千百年来中国人思考着、认同着、崇尚着这样一种理想，挖掘并补充着其中的内涵，逐渐形成了宏大的"大同精神"。以"公信仁和"的社会理想为核心的大同精神，其实就是中国人为其最高理想努力的奋斗精神。同时，笔者认为，虽然大同理想并非"乌托邦式的空想"，但上述对于大同精神产生的质疑，也应该被囊括在整体的"大同精神"之内，作为大同精神的补充与完善。大同精神在当代更多作为一座灯塔，作为一种中华传统文化和精神的集中体现，给予人们以行动上的指引、鼓励与警醒。

大同精神对于当代的价值，可以体现在指引方面。第一，大同精神蕴含朴素的和平精神。现代社会需要坚守和平观念，和平是国家和实际发展的最基本前提。第二，大同精神蕴含了和而不同、美美与共的共情力与包容力。个人和社会层面上，指引我们关心他人、服务社会；世界层面上，指引我们培养国际视野，培养与世界人民休戚与共的博大胸襟。第三，大同精神蕴含一种敢于梦想、敢于追梦的奋斗精神。大同社会的存在就像是人的理想，大同精神本身就是一种坚守理想的精神，拥有着磅礴的力量，激励人们前进。

大同精神对于当代的价值，可以体现在警醒方面。从其本身角度，它警醒我们不应向着其相反的方向发展。而从"乌托邦"的质疑角度，它警醒我们不能蹈反乌托邦社会的覆辙。首先，必须坚持以社会安定和民生福祉为目的，不能被权力等因素诱惑。其次，应时刻保持思想的独立性和活跃性，时刻反思和审视自我和社会状态，防止偏离初心，掉入反乌托邦陷阱。

一种精神必须经过践行才能实现其最高价值。如今，中国积极构建人类命运共同体，就是在世界层面对大同精神的完美诠释。它"超越了西方消极意义上的同一个地球、地球村等，形成积极意义上的休戚与共，就是不仅要在物质层面，还要在制度、精神层面上求同存异，聚同化异，达到天下为公、世界大同的境界"①。

　　这无疑是中国政府对全体中国人民和世界人民对于践行大同精神的一次表率。或许天下大同的理想很难真正实现，但我们必须保证"大同精神"之灯长明，指引、鼓励与警醒我们，领着我们一直走在这条宽阔的通往光明的大路上。

---

① 张岂之著：《儒学·理学·实学·新学》，陕西人民出版社1991年版，第6页。